어둠을 뚫고 새벽을 열다

-'88서울패럴림픽 앞뒤 이야기-

어둠을 뚫고 새벽을 열다

초판 1쇄 발행 2022년 6월 24일
재판   발행 2023년 7월 25일

지은이 | 차흥봉, 박삼옥, 안이문
펴낸이 | 김경옥
디자인 | 류요한
펴낸곳 | 도서출판 온북스

등록번호 | 제 312-2003-000042호
등록일 | 2003년 8월 14일
주소 | 서울시 은평구 은평로 194-6, 502호
전화 | 02-2263-0360
팩스 | 02-2274-4602

ISBN 979-11-92131-16-0   03690

잘못 만들어진 책은 교환해 드립니다.
이 출판물은 저작권법에 의하여 보호받는 저작물이므로
무단 전재와 무단 복제를 할 수 없습니다.

-'88서울패럴림픽 앞뒤 이야기-

차흥봉·박삼옥·안이문

온북스
ONBOOKS

책을 열면서

어둠을 뚫고 새벽을 연,
장애인들의 굳센 삶 이야기!

해돋이를 표현하는 우리말에 어두운 상태 그러니까 어둡고 캄캄함을 어둠이라 하고 희미하게 밝아 오는 빛인 여명을 갓밝이라고 한다. 그리고 날이 밝을 무렵을 새벽이라 하며 날이 새고 얼마 안 된 때를 아침이라고 한다. 바로 이 책은 우리 장애인들이 걸어오고 걸어갈 길을 꿰뚫는 "어둠과 갓밝이와 새벽과 아침의 이야기"이다.

뒤돌아보면 우리 장애인복지는 1948년 대한민국 정부수립 이후 2021년까지 캄캄한 어둠에서 출발하여 갓밝이와 새벽과 아침을 차례로 경험하였다. 그래서 [어둠을 뚫고 새벽을 열다]라는 이 책은 장애인복지의 해돋이가 상징하는 네 가지 내용을 두루 담고 있다. 잘 아는 바와 같이 우리나라가 1988년 개최한 서울올림픽은 세계사에서 동서냉전이 매우 치열했음에도 가장 완벽하게 동서화합의 장이 되었다.

그토록 빛났던 서울올림픽과 동반 개최한 '서울장애자올림픽'은 한국 장애인복지가 캄캄한 어둠 속에서, 희미한 갓밝이를 거쳐 해맑은 새벽을 열고 찬란한 아침을 맞게 한 분수령이었다. 아울러 한국이 장애인 등 소외계층을 대상으로 여러 시책들을 펴나가려고 노력하는 나라임을 세계에 널리 알리는 훌륭한 기회도 되었다.

그렇게 뜻 깊고 가슴 뭉클했던 1988년 서울장애자올림픽은 대회가 끝난 후 그 명칭이 두 번에 걸쳐 바뀌었다. 먼저 이듬해인 1989년 심신장애자복지법을 장애인복지법으로 개정하면서 장애자란 용어가 장애인으로 바뀌어서 서울장애인올림픽으로 고쳐 부르게 되었다. 이어서 장애인올림픽을 관장하는 국제패럴림픽위원회(IPC : International Paralympic Committee)가 공식 대회명칭을 '패럴림픽(Paralympic)'으로 확정함에 따라 현재는 [서울패럴림픽]이라 부르고 있다.

어느덧 1988년 그해로부터 30여 년이 훌쩍 지나가고 우리에게 감동과 용기를 주었던 서울패럴림픽은 아스라한 추억의 역사가 되었다. 그런 가운데 국민체육진흥공단 상무이사와 창원경륜공단 이사장 및 한국자전거문화포럼 회장을 역임한 박삼옥(朴三玉) 수필가가, 서울패럴림픽조직위원회-이하 SPOC- 홍보과장과 사업부장으로 일하며 간직했던 소중한 이야기들을, 종합문학지인 국제문예 2019 가을 호에 [우리의 희망은 끝이 없도다!-미당(未堂)의 장애인 헌시(獻詩)]라는 제목으로 엮어서 실었다.

그런데 이 글이 계기가 되어 서울패럴림픽 당시 한림대학교 사회복지학부 교수로 재직하며 선수촌 본부장으로 자원봉사하였고, 이후 보건복지부장관과 한국사회복지협의회장 등을 역임한 초록우산 어린이재단의 차흥봉(車興奉) 대표이사가 새로운 제의를 하였다. 즉, 서울패럴림픽이 한국 장애인복지의 발전과정에서 획기적인 전환점이 되었음을 강조하면서, 서울패럴림픽의 성과와 자신이 보건복지부 사회과장으로 1970년대 초창기의 장애인 정책들을 추진하거나 대학에서 강의한 자료들과, 장애인관련 단체에 재직하며 체험한 내용들을 묶어 단행본으로 내면 좋겠다고 하였다.

그래서 이 제안을 보건복지부에서 장애인 관련 실무를 담당한 후 한국장애인재활협회 기획부장을 거쳐, SPOC 기획과장과 서울패럴림픽 개·폐회식 총괄부장을 역임한 안이문(安二文) 한국장애인문화예술단체총연합회 정책위원장과도 협의하였다. 그랬더니 서울패럴림픽 이후 장애인복지의 발전된 내용과 향후의 과제도 추가하면 좋겠다는 뜻을 표하였다. 이에 따라 세 사람은 저서의 방향을 협의하면서 장애인복지 관련 전문가들의 다양한 의견도 청취하였다.

그렇게 숙의(熟議)를 거듭하여 [어둠을 뚫고 새벽을 열다]라는 명칭으로, 우리 장애인문화의 꽃이 인간사랑이라는 큰 뜻을 바탕으로, 밝은 햇살을 듬뿍 받고 활짝 피게 하는 책을 만들어 보기로 의견을 모았다. 이에 따라 1988년 서울패럴림픽 당시 SPOC 위원장으로서 대회를 성공적으로 이끈 고귀남(高貴男) 전 국회의원과 의논한 결과 적극적으로 격려해주었다. 이어서 SPOC 실무부위원장으로 다양한 역할을 수행한 김한규(金漢圭) 전 총무처장관도 기꺼이 찬성하였다.

이에 한결 북돋움을 받아 각종 자료들을 찾아 꼼꼼히 챙긴 후 이를 토대로 원고를 작성하였다. 먼저 각자 전문 주제별로 나누어 집필한 후 서로 자세하게 확인하고 내용을 보완하였다. 따라서 주제의 특성상 단독 집필이 불가피한 경우를 제외하곤 최대한 공동으로 원고를 완성하였다. 그리하여 우리 장애인들의 굳센 삶 이야기를 제1부는 [어둠편], 제2부는 [새벽편], 제3부는 [아침편]으로 각각 구분해서 실었다.

이런 과정을 거쳐 [어둠을 뚫고 새벽을 열다]라는 이 책은 마침내 펴내게 되었다. 그래서 한국 장애인복지의 과거 역사와 현재 상황을 살피고, 미래 발전을 가늠하는데 도움이 되기를 기대한다. 아울러 책의 발간에 즈음하여 격려사를 써준 '88대회 당시 SPOC 고귀남 위원장과 김한규 부위원장 그리고 추천사를 써준 최불암 초록우산 어린이재단 전국후원회장과 격려를 해준 안중원 전 한국장애인문화예술원 이사장에게 감사드린다.

2022년 5월. 신록의 계절을 맞이하면서,
차흥봉 · 박삼옥 · 안이문

격려사

한국 장애인복지의 실록이며 지침이다

'88서울패럴림픽대회조직위원회 위원장
제10·11·12대 국회의원, 전 한국장애인고용공단 이사장
고귀남(高貴男)

　돌이켜보면 1988년 10월 15일 오후 3시 서울 잠실 주경기장에서 서울장애자올림픽대회의 개회식을 알리는 팡파르가 울려 퍼졌다. 그리고 내가 대회조직위원장으로서 "여러분이 이 대회에서 달성해야 할 궁극의 목표는 더 빠르게 더 높이 더 멀리가 아니라, 용감한 도전자, 자랑스러운 극복자, 평등한 참여자의 모습을 보여주는 것"이라고 대회사를 한 것이 엊그제 같다. 그런데 벌써 서른 네 해가 훌쩍 흘러갔다.

　그래서 이제는 그 명칭도 2018평창패럴림픽과 구분하여 1988서울패럴림픽이라하며, 이를 다시 줄여서 서울패럴림픽이라고 부르고 있다. 바로 그 서울패럴림픽 당시 선수촌 본부장과 사업지원처장과 개폐회식 총괄을 각각 담당했던 세 사람이 공동저자가 되어, "어둠을 뚫고 새벽을 열다"라는 책을 펴내게 되었다. 그러니까 2021년 5월 어느 날로 기억된다. 바로 그 세 사람이 나를 만나자고 해서 광주광역시에서 상경하여 서울시청 부근 커피숍에서 만났다.

그런데 구상 중인 그 책의 편찬계획서를 보여주면서 어둠이란 서울패럴림픽 이전의 한국 장애인복지의 캄캄한 상태를 뜻하고, 새벽이란 바로 장애인복지의 획기적인 전환점이 된 서울패럴림픽을 뜻한다고 했다. 따라서 한국 장애인복지의 분수령이 된 서울패럴림픽의 빛나는 의미를 분야별로 다시 되새겨 보면서, 자신들이 직접 체험하고 실천한 한국 장애인복지의 과거와 현재를 짚어보고, 나아가 바람직한 미래의 발전 방향을 제시해 보겠다고 했다.

일찍이 세 사람의 올곧은 삶의 모습을 서울패럴림픽 때부터 줄곧 가까이에서 지켜보았기에 참으로 많은 기대를 하게 되었다. 그래서 힘이 닿는 데까지 성원해야겠다고 다짐하였다. 마침내 그런 알찬 내용을 고스란히 담은 한국 장애인복지의 생생한 역사가 한권의 책으로 그 모습을 드러냈다. 이에 따라 새삼스레 서울패럴림픽이 쌓아올린 성과가 내 가슴에 와 닿았다. 아울러 서울패럴림픽을 위해 애쓰신 분들이 새록새록 떠올랐다.

그 가운데 가장 먼저 떠오르는 분은 뛰어난 선경지명으로 주변의 반대를 뿌리치고, 기어이 서울패럴림픽을 유치한 김정례 보건복지부 장관이다. 그분의 장애인에 대한 끝없는 사랑과 빼어난 열정이 없었다면, 오늘날과 같은 수준의 장애인복지가 이루어졌을까라고 생각하니 지금도 그분의 혜안에 절로 경의를 표하게 된다. 다음으로 고마우신 분은 서울패럴림픽을 앞장서서 물심양면으로 지원한 박세직 제3대 서울올림픽조직위원회 위원장이다. 누가 뭐래도 그분은 서울패럴림픽 성공의 일등공신이다.

그리고 박 위원장의 주선에 따라 인력지원단의 일원으로 파견되어 서울패럴림픽을 실무적으로 도운 변재일 현 국회의원도 빼놓을 수가 없다. 그 다음으로는 1983년 미얀마 아웅산 묘소 테러 때 돌아가신 이범석 외교부 장관의 부인으로서, 서울패럴림픽 자원봉사단장을 맡아 경기장을 비롯해서 행사장과 선수숙소 등을 알뜰하게 보살폈던 이정숙 단장이다.

여기에 더하여 또 한 분은 한국홀트아동복지회장으로서 서울패럴림픽 조직위 실무부위원장을 맡아서 대내외적으로 숱한 난제들을 재빠르고 적절하게 잘 해결한 김한규 회장(제13대, 14대 국회의원)이다. 마지막으로 서울패럴림픽조직위 설립 당시부터 사무처의 책임을 지고 여기저기서 모여든 인력을 일사분란하게 통솔하고, 긴장감을 늦추지 않고 밤낮 없이 대회 준비 실무를 총괄한 조일묵 사무총장이 떠오른다.

그러나 무엇보다도 서울패럴림픽을 성공적으로 치른 것은 각 경기장을 직접 찾거나, 집에서 TV 중계를 시청하면서 열렬히 응원해준 국민 여러분과 묵묵히 제 역할을 다한 자원봉사자들과 신체적인 장애를 극복하고 투혼을 불태운 선수 여러분들이 있었기 때문이다. 그 결과 국제패럴림픽위원회(IPC)는 1988년 서울패럴림픽을 하계올림픽과 패럴림픽의 동반개최 등, 공조체제를 확립한 역사적인 대회로 확고하게 인식하고 있다.

다시금 서울패럴림픽의 개최 의의와 성과를 되새겨주고, 한국 장애인복지가 어둠과 새벽을 거쳐 아침을 맞아 밝게 빛나도록, "어둠을 뚫고 새벽을 열다"라는 책을 펴낸 세 사람의 노고에 격려의 마음을 표한다. 그야말로 이 책은 우리 장애인들이 지금껏 살아온 실록으로서 앞으로 나아갈 소중한 지침이 되리라고 생각한다.

2022년 5월 6일

위와 같이 격려사를 쓴 고귀남 전 SPOC 위원장이 2022년 5월 15일 갑자기 타계하셨다. 비보를 접한 우리 저자 세 사람은 다음날 광주광역시에 마련된 빈소에 가서 명복을 빌었다. 그리고 고 위원장의 격려사는 당초대로 게재하기로 하였다. 그렇게 하는 것이 생전의 숭고한 뜻을 기리는 것이라고 여겼기 때문이다.

격려사

서울패럴림픽의 성과와 교훈을 담았다

'88서울패럴림픽조직위원회 실무부위원장
제31대 총무처장관, 현 21세기 한중교류협회장
김한규(金漢圭)

먼저 '88서울패럴림픽 앞뒤 이야기를 담은 "어둠을 뚫고 새벽을 열다"라는 책을 공동 저술한 3명의 저자에게 격려와 축하를 표한다. 이들 세 사람들과는 서울패럴림픽 때 함께 일하였다. 그런데 1988년 당시의 명칭은 서울장애자올림픽이었지만 30여 년이 훨씬 지난 지금은 서울패럴림픽이라고 부르고 있다. 어떻든 이 책의 출간을 계기로 우리 역사에 길이 남은 서울올림픽과 동반 개최된 서울패럴림픽의 감동과 환희를 다시금 느끼게 되었다. 아울러 그 빛나는 성과와 뜻 깊은 교훈이 한국 장애인복지 발전에 계속 이어지고 있음도 확인하였다.

뒤돌아보면 우리나라는 분단의 아픔과 대내외적인 어려움을 딛고, 1988년 서울올림픽의 성공 신화를 이루어냄으로써 스포츠를 통해 인류평화에 기여했다는 찬사를 받았다. 아울러 서울올림픽과 동반 개최된 제8회 서울패럴림픽은 전 세계 장애인들에게 재활의지와 용기와 희망을 심어주었다. 또한 패럴림픽 역사상 최대 규모인 61개국 4,301명의 선수단이 참가한 서울패럴림픽은, "도전과 극복·평화와 우정·참여와 평등"을 대회 이념으로 내세웠다. 그리고 "우정 어린 대회·검소한 대회·특성있는 대회"라는 3대 목표를 차질 없이 성실하게 수행하였다.

서울패럴림픽은 각 장애유형별 특수종목(보치아, 골볼, 론볼링, 휠체어 슬라럼 등)의 국제대회 출전 경험이 전무한 실정에서 장애인스포츠를 육성하고 발전시키는 획기적인 계기를 만들었다. 또한 황폐한 불모지 같은 우리나라 장애인복지를 근본적으로 전환시키는 계기도 되었다. 당시 서울패럴림픽조직위(SPOC) 실무부위원장으로서 국회올림픽 특위 위원장(간사 겸임)이었던 내가 양대 올림픽의 성공적인 개최에 가교적인 역할을 한 것은 일생의 보람이며 영광이라고 여기고 있다.

당시 서울올림픽은 국가·사회적인 관심도 높았고 기업의 후원도 있었지만, 서울패럴림픽은 사실상 예산도 엄청 부족하고 인식자체도 미약하기 그지없었다. 애당초 서울패럴림픽 개회식은 동대문운동장에서 하자는 안이 나올 정도로 예산이 태부족하여 개최 전부터 걱정과 염려가 많았다. 하지만 서울올림픽조직위(SLOOC) 제3대 박세직 위원장과 적극적인 협의를 거쳐 패럴림픽 동반개최의 위상과 성공적 개최를 위해 예산과 인적 지원을 받았다.

뒤돌아보면 나는 1981년 홀트아동복지회장으로 취임하였다. 그리고 지적장애·자폐성장애 등 사실상 유기된 장애인의 수용보호시설인 경기도의 홀트일산원을 인간의 존엄과 사랑이 보장된 케어와 자립 홈으로 만들었다. 또한 소비적 존재에서 생산적 일꾼으로 전환시키는 직업재활관과 서울패럴림픽 보조경기장인 홀트체육관까지 겸비한, 세계최초의 장애인복지마을인 홀트일산복지타운을 조성하였다. 바로 이런 뚜렷한 성과는 서울패럴림픽이 계기가 되어 앞당기게 되었다고 생각한다.

또 하나 서울패럴림픽 때 홀트아동복지회가 "최상의 작품이라기보다는 최선의 작품입니다"라는 슬로건으로 진행한 행사가 떠오른다. 즉, 홀트일산복지타운의 직업재활관에서 만든 도자기와 수공예품들을 비롯하여, 전국 직업재활시설의 시각장애인이 영혼의 눈으로 빚은 도자기와 뇌성마비장애인이 손과 발로 만든 작품들을 합쳐, 올림픽 주경기장에서 장애인작품 전시회 및 판매장을 열었다. 이 전시회에는 엄청난 사람들이 관람했으며 판매한 금액도 실로 대단하였다. 바로 서울패럴림픽 개최의 또 다른 의미이며 보람이었다.

그 외에도 '88대회가 끝난 이듬해인 1989년 12월에 내가 여당인 민주정의당 소속 국회 보사위원(간사)으로서, 장애당사자들의 요구에 의해 심신장애자복지법을 장애인복지법으로 개정하여 장애자를 장애인으로 명칭을 바꾸기도 하였다. 더구나 서울패럴림픽을 준비하면서 낙후되어 있는 우리나라 복지시설 등의 바람직한 정책의 개발 필요성을 절실히 느꼈다. 그래서 서울패럴림픽 개최 직전인 1988년 9월부터 재활복지전문가가 모여 한국사회복지정책연구원을 설립하여 운영하였다. 그리고 1992년 보건복지부로부터 사단법인 허가를 받고, 30여 년이 넘게 장애인 복지정책을 비롯한 사회복지를 선도하는 연구원이 되었다.

그 동안 장애인 정책의 기준이 되는 장애인 통계를 파악하기 위해 "장애인 등록제"를 제안하였다. 또한 사회복지전문인력제도의 필요성을 느껴 '사회복지전담공무원제도'를 도입하고, 정부 및 공공기관과 단체에 장애인 편의시설을 설치하게 하는 법을 제정하게 하는 등 수많은 정책연구와 제안을 하였다. 앞으로 우리나라가 완전한 선진복지국가가 되기 위해서는 서울패럴림픽의 정신을 계속 승화·발전시켜나가야 한다. 그런 맥락에서 이번에 출간한 "어둠을 뚫고 새벽을 열다"라는 이 책의 발간이, 완전한 참여와 평등이라는 서울패럴림픽의 성과와 교훈이 더욱 활발하게 이어지는 계기가 되기를 간절히 바란다.

추 천 사

장애인복지 발전의 길잡이가 될 책이다

초록우산 어린이재단 전국후원회장
최불암 (崔佛岩)

　새삼 돌이켜보니 1980년 10월부터 장장 22년간 방영된 MBC의 농촌 드라마인 '전원일기'에서 나는 김 회장 역으로 출연하였다. 그런데 나는 그 전원일기에서 집 앞에 버려진 업둥이인 '금동이'를 기르면서, 아이들에 대한 사랑과 어른들의 역할에 대해 많은 생각을 하게 되었다. 바로 그런 인연으로 초록우산 어린이재단-이하 '어린이재단'-의 전국후원회장도 맡게 되었다. 그래서 우리 사회에 도움이 필요한 아이들이 무척 많음을 알게 되었고, 그런 아이들에게 조금이라도 도움이 되기 위해 지금껏 후원 활동을 계속하고 있다.

크나큰 감동을 준 시각장애인 어머니!

　그런 가운데 지난해 우리 어린이재단이 후원하는 어느 한 어린아이의 장애인 어머니에 관한 이야기를 듣게 되었다. 그래서 좀 더 자세히 알아본 결과 시각장애인으로 하루하루를 고달프게 삶을 꾸려가면서도, 18개월 된 '우주'라는 아들을 정성스레 기르는 참으로 훌륭한 어머니였다. 잘아다시피 오늘날 비장애 여성들이 선뜻 아이를 낳지 않으려고 하는 상황에서, 우주 어머니는 보고 싶은 것들을 전혀 보지 못하는 시각장애인임에도 불구하고, 당당히 우주를 낳고 알뜰하게 키워가는 모습에서 나는 크나큰 감동을 받았다.

이에 따라 어린이재단의 해당 지역본부를 통해 우주와 그 어머니의 근황을 종종 물어 보는 등 큰 관심을 갖게 되었다. 곰곰이 생각해 보면 시각장애를 지니고 살아가는 처지로서는, 아이를 낳지 않는 것이 자신의 고단한 삶을 헤쳐 가는데 훨씬 더 쉽고 편한 길이었을 것이다. 하지만 우주 어머니는 그런 길을 택하지 않고 오히려 우주를 낳아 기름으로서, 참된 자식사랑이란 이런 것임을 세상을 향해 몸소 들어내 보여주었다. 이를 계기로 갖가지 장애를 견디며 여기저기서 어렵게 살아가는 분들에 대해 무한한 존경심이 솟구쳤다.

서울패럴림픽, 새로운 이정표를 세웠다

그리고 문득 1988년 10월 15일 잠실주경기장에서 거행된, 서울장애자올림픽-지금은 '서울패럴림픽'-의 개회식 중계 TV화면에 표출되었던 성화봉송의 한 장면이 떠올랐다. 바로 척수장애인 조현희 선수가 휠체어에 앉아 앞 주자로부터 성화를 넘겨받자마자, 여섯 살 난 딸 '보람'이가 그 휠체어를 밀며 종종걸음으로 뛰어가서, 어머니가 최종 점화자에게 성화를 건넨 가슴 뭉클했던 그 광경이다.

당시에 나는 물론 TV를 시청하던 많은 국민들에게 눈물과 함께 엄청난 감동을 주었다. 그렇게 뜻 깊게 개회식을 한 후 10월 24일까지 열흘간 진행되었던 서울패럴림픽은, 우리들에게 장애인에 대한 인식을 확 바꾸게 하면서 장애인복지의 새로운 이정표를 마련한 쾌거였다. 그런데 최근에 뜻밖에도 서울패럴림픽의 성과와 의미를 되돌아보게 되는 계기가 있었다. 그러니까 지난 3월 25일 우리 어린이재단 사무실에서 차흥봉 대표이사와 내가 재단 업무관계로 모임을 가졌다. 일단 업무 협의가 끝나고 나서 보건복지부장관을 역임한 차 대표이사가 나에게 한 가지 부탁을 했다.

자신이 서울패럴림픽 당시 선수촌 본부장으로 자원봉사를 했는데, 그 때 사업지원처장과 개폐회식 총괄부장으로 일한 동료 두 사람과 함께, 서울패럴림픽 앞뒤 이야기를 담은 "어둠을 뚫고 새벽을 열다"라는 책을 펴내기 위해 집필하고 있다고 했다. 설명을 들으니 우리 장애인들에게 새벽을 연 서울패럴림픽 이전은 캄캄한 어둠이었고, 이후는 밝은 아침이 되었음을 알리는 책이라고 했다.

그러면서 나에게 그 책의 발간에 즈음하여 추천사를 부탁하였다. 나는 뜻 깊은 출간을 반기면서 사실은 아내가 "사랑의달팽이" 회장(김민자)으로서, 생활형편이 어려운 청각장애인들과 난청인들에게 인공와우(蝸牛.달팽이관) 수술비와 보청기 및 언어재활치료비 등을 지원하고 있다. 지금껏 총 1,500여 건의 인공와우 수술을 지원하기도 했다. 그래서 나도 우리 장애인복지에 대해 남다른 관심을 갖고 있다고 토로했다.

장애인 북돋우기 위해 호미문화의 뜻을 새기자!

또한 나는 2011년 1월부터 KBS가 매주 목요일 19시 40분에 방영하는 "한국인의 밥상"을 진행하고 있다. 그런 가운데 때로는 밥상 식자재의 생산에도 관련되는 농기구인, 호미의 용도와 상징성에 대해 늘 관심을 갖고 있었다. 그래서 2022년 4월 14일 방영된 "그대 없이는 못살아 봄날의 호미"편에서는 국내 최고의 호미 영주대장간(석노기 장인)을 비롯해 호미와 연관된 음식 이야기와 상징적인 의미를 소개하였다.

우리 전통 농기구인 호미는 통일신라 때부터 사용하였고, 생활 주변에서 흔하게 보는 자그마한 연장에 불과하지만, 우리들 삶의 지혜로 삼을 수 있는 뜻 깊은 상징성을 함축하고 있다. 한편 호미로 일을 하는 행위를 호미질이라고 하는데, 호미질은 모종심기와 땅파기 등 다양한 쓰임새가 있지만 주로 논밭의 잡초를 뽑는 김매기를 위해서 한다. 그래서 주로 땅을 파는데 사용하는 괭이나 곡괭이가 남성의 연장이라면, 주로 김을 맬 때 사용하는 호미는 여성이 쓰는 연장이라고 할 수 있다.

왜냐하면 호미질은 할머니·어머니·며느리·누나·딸 같은 여성들이 거의 다 감당하여 왔기 때문이다. 그런데 호미질에서 생겨난 파생

어인 '호미문화'는 아직껏 보편화되지 않은 생소한 개념이다. 하지만 나는 "힘든 일도 마다하지 않는 우리 여성들의 지극한 가족사랑"이라는 개념으로 이해하고 있다. 그렇다면 왜 굳이 그런 의미의 호미문화를 거론하는가. 바로 장애인들을 북돋우기 위해서는 호미문화의 뿌리인 '가족사랑'을 발판으로, 보다 더 크고 더 넓은 '인간사랑'으로 도약해 가야 하기 때문이다.

그런 맥락에서 1988년 서울패럴림픽을 비롯해서 줄곧 장애인들을 위해 힘써온 차흥봉 전 보건복지부 장관 등 세 분이 공동저자가 되어, 우리 장애인들이 지난 날 걸어왔고 앞으로 걸어갈 길을 함께 담아 "어둠을 뚫고 새벽을 열다"라는 저서를 발간하게 되었다. 그런데 우리나라가 장애인복지를 더욱 성숙되게 발전시켜 나가기 위해서는, 인간사랑을 바탕으로 쓴 이 저서가 확실하고 든든한 길잡이가 되리라고 여겨졌다. 이에 따라 기꺼이 여러분들에게 추천해드린다.

CONTENTS

책을 열면서-어둠을 뚫고 새벽을 연, 장애인들의 굳센 삶 이야기!   4
격려사 : 고귀남-한국 장애인복지의 실록이며 지침이다   9
격려사 : 김한규-서울패럴림픽의 성과와 교훈을 담았다   13
추천사 : 최불암-장애인복지 발전의 길잡이가 될 책이다   17

제1부 | 어둠편 - '캄캄한 밤'중에 '갓밝이 빛' 트다   29

제1장 캄캄한 밤(1948-1980)

제1부 제1장에 들어가며~ 한국 장애인복지는 '캄캄한 밤'이었다!   32
제1절. 1970년대 시각장애인들 구걸하며 살았다!   37
제2절. 청각장애인의 누나가 대통령께 호소하다!   43
제3절. 1970년대 청각·언어장애인의 고달픈 삶!   52
제4절. 왜소장애인 '작은 순자'의 가련한 삶!   61
제5절. 파란만장한 삶을 견뎌온 지체장애인!   67
제6절. 지적장애 아들을 내 가슴에 묻었다!   76
제7절. 뇌병변장애 아이들에게 빛을 주소서!   82
◆ 저자노트-1970년대는 한국 장애인복지의 암흑기!   92

제2장 갓밝이 빛(1981-1983)

제1부 제2장에 들어가며~ 새벽을 미리 알린 '갓밝이 빛'들이 트다!   98
제1절. 캄캄한 어둠을 뚫은 희망의 '갓밝이'들!   101
제2절. 유엔 세계장애인의 해(IYDP) 기념사업들!   106

제3절. 장애인의 날·기능경기대회·전국체육대회 개최! **110**
제4절. 최초의 장애인복지법을 제정하다 **116**
제5절. 장애인이라는 용어는 인권개념이다 **122**
제6절. 최초의 장애인복지관을 개관하다 **126**
◆ 저자노트-장애인복지 갓밝이의 희망을 보면서~ **130**

제2부 | 새벽편 - '부풀은 꿈' 안고 '샘솟는 힘' 쏟다 **135**

제1장 **부풀은 꿈**(1984.6.-1988.10.)

제2부 제1장에 들어가며~ 서울패럴림픽 준비하며 '부풀은 꿈'을 꾸었다! **138**
제1절. 서울패럴림픽조직위원회 정식 출범하다 **141**
제2절. 서울패럴림픽 개최국 가조인 협약하다 **148**
제3절. 대회 기본계획 수립을 위한 제반 목표 **152**
제4절. 서울패럴림픽 세 가지 상징물 개발하다 **155**
제5절. 전국장애인체전은 '88대회 성공의 열쇠였다 **166**
제6절. SLOOC 박세직 위원장의 지극한 장애인 사랑 **178**

CONTENTS

제7절. 갖가지 형태의 수익사업을 전개하다   **186**
  ◆ 저자노트-소외된 장애인 위해 힘껏 일해서 보람찼다   **198**

제2장 샘솟는 힘 (1988.10.15.~10.24.)

제2부 제2장에 들어가며~ 서울패럴림픽 선수들, '샘솟는 힘'을 내었다!   **204**
  제1절. 성화! 강화 마니산 참성단에서 채화하다   **209**
    ◆ 저자노트-'88서울패럴림픽의 개회식을 맞이하며~   **213**
  제2절. 드디어 잠실벌에 팡파르가 울려 퍼지다   **216**
  제3절. 서울패럴림픽 개회식의 보람, 오래도록 새기리라!   **225**
  제4절. 역사상 최대 규모의 서울패럴림픽대회였다   **229**
  제5절. 서울패럴림픽 경기는 이렇게 펼쳐졌다   **239**
  제6절. 폐회식! 이제는 모두 헤어져야 할 시간!   **249**
  제7절. 가락동 선수촌, 평화와 우정의 한마당이었다!   **252**
  제8절. 선수촌 송별연에서 '황연대극복상'을 수여하다   **262**
  제9절. 자원봉사단의 헌신적 활동이 대회를 빛내다!   **266**

제3부 | 아침편 - '새로운 날' 맞아 '밝은 햇살' 받다   275

제1장 새로운 날

제3부 제1장에 들어가며~ 한국 장애인복지는 나날이 '새로운 날'이었다!   278
- 제1절. 서울패럴림픽조직위 후속기구 설립하다   280
- 제2절. 장애인 복지·체육·문화예술로 3원화되다   286
- 제3절. 장애인 인식 깨고 굳센 용기 주었다   293
- 제4절. 장애인 권리는 어떻게 확대되었을까   306
- 제5절. 장애인 문화예술정책은 선진복지의 완성이다   317
- 제6절. 장애인복지 단체가 발전하고 다양화되다   324
- 제7절. 서울패럴림픽 뜻 담아 장애인복지관 열다   329

제2장 밝은 햇살

제3부 제2장에 들어가며~ 장애인문화는 '밝은 햇살'처럼 따뜻하리라!   336
- 제1절. 한국 장애인복지의 발자취는 이러하다   339
- 제2절. 장애유형과 범주의 확대가 이루어지다   351
- 제3절. 장애인복지법제도와 정책이 발달하다   357

CONTENTS

제4절. 장애인의 이동 및 접근성이 개선되다 365
제5절. 장애발생 예방과 의료재활이 향상되다 379
제6절. 장애인의 직업재활과 고용이 확대되다 385
제7절. 장애인의 소득보장이 발달하다 391
제8절. 장애인복지 시설이 다양하게 발전되다 396
제9절. 서울패럴림픽 이후 장애인복지의 평가와 과제 405
제10절. '장애인문화'가 꽃피는 선진국을 향하여! 409
■ 저자 인터뷰 – 1. 장애인복지, 새천년 새희망을 추구하자! 415
      – 2. 장애인복지, 새천년을 바라보면서! 426

'88서울패럴림픽을 성공으로 이끈 세 사람! 438
■ 서울패럴림픽조직위원회 고귀남 위원장
■ 서울패럴림픽조직위원회 김한규 실무부위원장
■ 서울패럴림픽조직위원회 조일묵 사무총장

■ 장애인 에티켓 - 우리 함께 장애인을 올바르게 대합시다!　　457

책을 덮으며-어둠을 뚫고 새벽을 열어 '밝은 햇살'로!　　464

부록

1. 서울패럴림픽 국가별 참가인원　　468
2. 서울패럴림픽 국가별 메달현황　　470
3. 개·폐회식 출연기관 및 참가인원　　472
4. 부처별 소관 법인단체현황　　475

제1부 | 어둠편

'캄캄한 밤' 중에
'갓밝이 빛' 트다

늘 푸른 소나무 새 하얀 눈꽃! 까치 두 마리 기쁜 소식 전해오네!

최일권 작

제1장

[캄캄한 밤]

1948 – 1980

손영락 작

제1부 제1장에 들어가며~

한국 장애인복지는 '캄캄한 밤'이었다!

제1부 어둠편 제1장의 제목을 '캄캄한 밤'이라고 붙였다. 그 까닭은 우리나라가 일본의 강점에서 벗어나 대한민국 정부를 수립한 1948년 8월부터 1970년대 말까지, 장애인에 대한 인식 수준과 복지상태는 그야말로 캄캄한 밤이었기 때문이다. 특히 우리는 1950년대엔 동족상잔의 6·25전쟁을 치르는 등 잇따라 국가적인 엄청난 격랑을 겪었다. 이 시련의 시대 우리나라는 이 지구상에서 가장 가난한 나라였다. 그 당시의 우리 1인당 국민소득은 100달러 미만이었다.

수많은 국민들이 제대로 먹지를 못했고 아파도 돈이 없어서 병원에 가보질 못했다. 이렇게 캄캄한 밤중에 사회적 약자인 장애인에 대한 인식 개선과 체계적인 지원정책은 전혀 이루어내지 못했다. 그러나 참으로 다행스럽게도 1960년대 이후 세 차례의 경제개발5개년계획을 성공적으로 추진하여 1인당 국민소득 1,000달러를 달성하는 상태에서 유엔(UN)이 1981년을 세계장애인의 해(IYDP)로 정함에 따라, 비로소 우리나라에서도 장애인복지와 관련된 정부차원의 정책들을 추진하게 되었다.

 그 당시 우리나라에는 장애자 또는 장애인이라는 용어조차 아예 없었다. 일반적으로 우리가 지나간 어떤 시대의 상황을 짚어보기 위해서는, 당연히 그 당시의 정치·경제·사회·문화 등의 수준을 복합적으로 정확하게 가늠해서 평가해야한다. 그런 차원에서 1980년대 이전의 우리 장애인복지 상태를 정확하게 가늠한다는 것은 분명히 어려운 문제이다. 그렇긴 해도 그 당시의 장애인에 대한 인식과 복지상태를 짐작할 수 있는 하나의 척도(尺度)는 있다고 생각된다.

 일반적으로 우리는 어떤 사람이나 사물을 대할 때 그때그때 상황에 따라 적절한 언어나 문자로 표현한다. 따라서 우리가 어떤 사람이나 사물을 대상으로 어떻게 언어와 문자로 표현하느냐에 따라, 그 사람이나 사물을 대하는 우리의 자세나 마음가짐이 표출된다. 예를 들어 누가 어떤 인물을 '그분'이나 '그 사람'이라고 표현하는 경우와, '그놈'이나 '그 자식' 또는 '그 녀석'이나 심지어 '그 새끼'라고 표현하는 경우 우리가 받는 느낌은 확연히 다르지 않겠는가.

 그런 맥락에서 우리가 오늘날 장애인으로 호칭하는 사람들을 대할 때, 1980년 이전에는 어떤 표현들을 사용하였을까. 모름지기 현재의 인식수준에서는 언급하기조차 부적절하지만, 앞으로 한국 장애인복지의 정확한 진전과정을 살피기 위해서 부득이 짚어 본다. 왜냐하면 우리나라는 1981년에 [심신장애자복지법]을 제정하면서 장애자라는 용어를 처음 사용하였다. 그런데 1988년 10월 서울패럴림픽을 치르고 나서 1989년 12월에 [심신장애자복지법]을 [장애인복지법]으로 개정하면서 장애자를 장애인이라는 용어로 다시 바꾸었기 때문이다.

그런 까닭에 1948년 8월 15일 정부수립부터 1981년 6월 5일 [심신장애자복지법]이 제정되기까지, 오늘날 우리가 장애인이라고 통칭하는 사람들을 대상으로 가장 흔하게 쓴 용어는, 바로 병신이라는 용어였고 문서상으로는 불구폐질자라는 용어를 쓰기도 했다. 그런데 사전적 의미에서 병신(病身)이란 몸의 어느 부분이 온전하지 못하거나 기형인 사람으로서 바로 불구자(不具者)를 뜻한다.

그래서 이를 여러 가지로 구분해서 부르곤 했다. 즉, 오늘날 지체장애인은 불구자·절름발이·외팔이·앉은뱅이 등으로, 시각장애인은 맹인·봉사·장님 등으로, 청각·언어장애인은 벙어리·귀머거리 등으로 불렀었다. 또 정신박약·정신지체·발달장애인은 폐질자 등으로 호칭하였다. 특히 6·25전쟁으로 인한 전상 장애 군인과 경찰이 많이 발생하였다. 그런데 우리는 이들을 불구자 또는 상이군경이라고 불렀다.

그리고 사람의 신체 부자유로 인한 움직임의 특징을 흉내 내는 춤인, 이른바 병신춤[1]도 70년대와 80년대 초까지도 존재했었다. 따라서 그런 명칭의 춤이 있었다는 사실 자체가 당시 장애인복지 수준이 정말 캄캄한 밤이었다는 것을 단적으로 증명하고 있다. 비록 그 춤의 기원이 조선시대 민중의식이 높아지면서 양반을 풍자해서 조롱하기 위해 자연스레 등장했다고 하더라도, 오늘날의 인식기준으로는 참으로 인격모독적인 얼토당토않은 표현이었다.

갖가지 사례들로 되돌아 본 캄캄한 상황들!

한마디로 장애인은 함께 더불어 살아갈 소중한 인격적인 대상이 아니라, 단지 멸시와 조롱의 비인격적인 대상이었음이 지금껏 살펴본 각종 호칭과 춤의 명칭에서 뚜렷하게 나타나고 있다. 그렇다! 바로 1980년 이전의 우리나라는 장애인복지의 '캄캄한 밤'이었다. 그렇다면 장애인이라는 용어조차 없었던 당시를 살아온 우리나라 장애인들의 실제적인 삶은 얼마나 캄캄하였을까.

그래서 제1부 제1장은 시각·청각/언어·왜소·지체·지적·뇌병변장애인의 갖가지 애달픈 사례들을 통해 캄캄했던 당시 상황을 살펴보기로 한다. 제1부 어둠편 제1절~제5절은 저자(차흥봉)가 보건복지부 사회과장(1978.7-1981.11)과 37대 보건복지부장관(1999.5-2000.8)으로 재직하며 직접 체험하거나 쓴 내용들이다. 제1절은 저자가 1979년 7월 3일간 서울역 앞 양동의 시각장애인 집거촌을 찾아가서 직접 살펴본 삶의 모습이다. 제2절은 1980년 7월 20일 어느 청각·언어장애인 누나가 대통령에게 보낸 탄원서이다. 이 탄원서는 청와대에서 보건복지부로 이첩된 것으로 그해 9월 심신장애자복지법 제정 공청회에서 저자가 직접 전문을 낭독한 것이다.

---

1) 병신춤은 밀양지방에서 도드라졌고 종류도 매우 다양하였다. 특히 일인 창무극을 펼친 공옥진(孔玉振,1931~2012)에 의해 널리 알려졌다. '88서울패럴림픽 이후 장애인을 비하하고 모독한다는 여론으로, 병신춤을 중지하고 '동물모방춤'으로 바꾸었다. 오늘날 '병신춤'은 비도덕과 인권문제로 소멸되고 있는 춤이다.-출처 : 한국민속예술사전/두산백과.

제3절은 1980년 12월 서울시민회관에서 개최된 헬렌 켈러 탄신 100주년 기념행사 후에, 청각·언어장애인인 운보 김기창 화백이 저자에게 준 한국농아자활원 설립계획서이다. 제4절은 저자가 초등학교에 다닐 때 만났던 왜소장애인 여자 동창생이 어렵게 살아온 삶의 이야기이다. 제5절은 중증 지체장애인인 류종춘 (사)한국장애인정보화협회 회장이 직접 쓰고 구술한 내용을 종합한 파란만장한 삶의 발자취이다.

제6절은 사회복지사로서 한국장애인재활협회에서 장애인취업알선 사업 시스템을 만들었던 한국재활재단의 이청자 고문이 지적장애 아들의 안타까운 이야기와 당시의 캄캄했던 상황을 직접 써서 소개한 것이다. 제7절은 한국뇌성마비복지회장을 역임한 최경자 여사가 뇌병변장애를 가진 딸을 양육하며 스스로 체험한 내용이다.

사례1-시각장애인

-제1절-
1970년대 시각장애인들 구걸하며 살았다!

서울 한복판에 이런 열악한 곳이 있을까

　서울역 건너편에서 남산으로 올라가는 큰 도로변에 많은 고층 빌딩이 들어서 있다. 바로 그 옆 그러니까 서울역 앞 퇴계로 입구에서 불과 200미터 떨어진 언덕에, 눈이 먼 사람들이 한데 모여 사는 마을인 이른바 맹인(盲人) 집거촌(集居村)이 있다. 바로 이곳 '맹인촌(盲人村)'은 행정구역으로는 서울시 중구 양동 101번지 일대이다. 나(저자 차흥봉)는 1979년 7월 24일부터 26일까지 3일간 이 맹인촌의 실태를 조사하였다. 이 조사에는 맹인촌 친목회장 등 8명이 참여해 주었다. 그 당시 맹인촌엔 대부분이 맹인들인 주민 100세대 약 400여 명이 참으로 열악한 환경 속에서 살고 있었다.

　그들을 대상으로 조사한 결과 맹인촌 세대주의 연령은 대체로 30대와 40대이며, 한 세대는 대략 4인 가족이고 자녀는 20세 이하가 가장 많았다. 그리고 부부가 다 맹인인 경우는 70%였고, 나머지 30%는 남편이 맹인이고 부인은 아니었다. 일찍이 이 맹인촌은 한국전쟁 직후에 몇 세대의 맹인들이 이곳에 살면서 형성되기 시작하였다. 그 후 1970년대에 이르러 100여 세대로 늘어남에 따라 맹인들의 숫자도 부쩍 증가하게 되었다. 아무튼 이곳의 맹인들은 서울 한복판에 과연 이런 곳이 있을까라고 의심할 정도로 몹시 취약한 주거환경 속에서 고달픈 삶을 이어가고 있었다.

한마디로 맹인촌은 지은 지가 무려 20년 이상 된 4~5층 다가구 주택의 낡은 건물에, 각 층별로 10~20세대용의 방이 구획되어 있었다. 그리고 1세대가 겨우 1평 미만(4자×5자)의 극히 좁은 방 하나에 온 식구가 엄청 심하게 부대끼며 살고 있었다. 그래서 한여름에 날씨가 푹푹 찌면 부득이 식구 중 일부는 남산 공원의 벤치나 잔디밭에서 잠을 자기도 한다. 또한 실내에는 부엌이 따로 없고 무연탄을 때는 아궁이는 하나뿐이다. 그리고 수도는 각층별로 1개를 공동으로 이용하며 화장실도 매우 불결한 동네 공동 화장실을 이용하고 있었다.

양동 맹인촌은 구걸하기 좋은 위치였다

한편 이 맹인촌의 주변 환경을 살펴보면 상점 일부를 제외하고는 모두 비슷한 빈민들이 모여 살고 있다. 그리고 맹인들과 다른 영세민들이 함께 섞여 사는 경우도 있었다. 그렇다면 맹인들이 이곳 양동 맹인촌에 모여 사는 이유는 무엇일까. 바로 첫째 이유는 이곳이 서울시내 중심가여서 생계를 위해 행인들에게 돈을 구걸(求乞)하기가 쉽다는 지리적인 위치 때문이다. 말하자면 서울역 주변은 물론 가까이 있는 남대문시장도 구걸하기가 좋기 때문이다. 그리고 둘째 이유는 서울 변두리에 전세방을 얻으려 해도 50만 원~100만 원 정도의 목돈이 필요하지만, 우선 그 정도의 돈도 없을 뿐더러 설사 돈이 있어 변두리에 가더라도, 맹인과 그 가족은 재수가 없다면서 선뜻 방을 세 주지 않기 때문이다.

또 한 가지 이곳 맹인촌 맹인들은 한동안 어린 자녀들과 함께 구걸행위를 하는 경우가 많았다. 그러나 관계 당국의 제재 때문에 지금은 성인만이 구걸에 나서고 있다. 그래서 그들의 수입은 점점 줄어들고 있다. 지난날엔 부부와 자녀가 함께 구걸을 하다가 부랑인 단속에 걸려들어, 아버지는 시립갱생원으로 가고 어머니는 부녀보호소로 갔다. 그리고 자녀들은 아동보호소로 각각 분산 수용되어 이산가족으로 살아가기도 했다. 이렇게 몇 달을 하염없이 헤어져 살다가 눈물 속에 가족이 다시 합류하는 경우도 번번이 일어나곤 했다. 당시의 그런 상황은 지금도 간혹 벌어진다고 한다.

아무튼 이곳 맹인들이 가계생활에서의 가장 큰 지출부분은 바로 집세이다. 그들에게 일세 1,500원 그러니까 세대 당 월 4만 5천 원 정도의 집세는 매우 큰 부담이다. 따라서 구걸로 번 돈 가운데 나머지 3~4만 원 정도로 월 생계를 겨우 이어가고 있다. 또 연탄은 그 날 그 날 한두 장씩 사서 사용하고 있다. 그리고 가재도구는 담요 몇 장과 냄비 등 취사도구 약간 뿐이다. 이들 맹인 가족의 세대주는 30~40대 장년층이 많아 성인이 된 자녀수는 적었다. 그리고 맹인 자녀들의 취학 상태는 거의 초등학교 졸업으로 끝났고 그래서 고교이상 학생은 전무하였다.

맹인과 자녀의 교육 수준은 매우 낮았다

그래도 자녀 교육에 대한 열의는 살아 있어서 세대주로 구성된 친목회에서 회원 1인당 월 500원 정도의 회비를 모아 중학교 진학 자녀의 학자금을 지원하고 있었다. 그런데 초등학교를 졸업하고 중학교에 진학하지 못한 자녀들은, 부모의 길잡이 등 이곳 맹인촌 사람들의 생활에 필요한 보조적인 역할을 맡아 하는 경우가 많았다. 한편 맹인촌 세대주의 50%는 무학자이고 맹학교 초등과 졸업생이 35%, 고등과 졸업생이 15% 정도였다. 무학자는 물론이고 맹학교 이수자도 사회진출 후 취업이 여의치 않아 이곳으로 다시 흘러 들어오고 있었다.

이들 맹인들 가운데는 후천적인 중도 실명자가 다수였다. 따라서 졸지에 실명되어 치료비 등으로 가산을 다 날리고, 그래서 가족과의 생활이 어려워짐에 따라 가정을 이탈하고 이곳 맹인촌으로 들어오는 경우가 많았다. 여기에 사는 맹인 100세대 중에서 4세대가 생활보호대상자로 지원을 받고 있었다. 그 외에 정부로부터 지원을 받는 것은 아무 것도 없다고 했다. 그런데 그들은 동사무소에서 생활보호대상자를 책정할 때 동네의 체면을 생각하고, 혹은 귀찮다는 이유 등으로 대상에서 일부러 제외시키고 있다고 생각하고 있었다. 그렇지만 생활보호대상자가 되면 의료혜택을 받을 수 있어서, 대상자로 선정되기를 바라고 있지만 쉽지는 않다고 했다.

맹인들을 위한 종합 대책이 절실했다

이와 관련하여 이 양동 맹인촌의 맹인들이 정부에 바라는 것들은 무엇일까, 첫째는 생활보호법에 의한 생활보호대상자로 지정해달라는 것이었다. 둘째는 신문·복권·담배 판매 등 특정 업종에 우선 취업할 수 있도록 조치해달라는 것이었다. 셋째는 서민아파트 우선 혜택 등 주택 문제 해결에 도움을 달라는 것이었다. 그렇다면 정부에 대해서 고맙게 생각하는 것들은 무엇일까. 이들 맹인들은 정부시책에 대하여 민감하게 잘 알고 있었고, 버스정류장에 점자표시를 하는 정부시책에 대하여 매우 고맙게 생각하고 있었다. 아울러 지난날 이 맹인촌에 '이웃돕기성금'으로 흰 지팡이 등 맹인 생활용구가 민간복지단체를 통해 전달된 것도 잘 기억하고 있었다.

나는 이번 조사결과를 토대로 이곳 맹인촌의 맹인들이 왜 그처럼 어렵게 살고 있는지 그 문제점들을 나름대로 분석해 보았다. 첫 번째는 그들은 자신의 의지와는 전혀 관계없이 맹인이라는 심각한 신체적인 장애를 지니고 살아간다는 점이다. 두 번째는 어쩔 수 없이 구걸로 하루하루 생계를 유지하고 집세를 내며 살아갈 뿐, 그들 스스로는 이를 타개할 어떤 방안도 갖고 있지 않다는 점이다. 세 번째는 정부가 그들의 삶을 개선하기위한 항구적이고 체계적인 대책을 적어도 그 당시까진 마련하지 못하고 있다는 점이다.

따라서 맹인 문제의 근원적인 해결을 위해서는, 정부가 교육·취업·주거·의료 등 종합적이고 체계적인 대책을 하루빨리 세워야 한다고 판단되었다. 그렇게 되지 않으면 "비 오는 날은 공치는 날이다"라는 우리 속담만 곱씹게 될 것 같았다. 바로 비가 오면 맹인들이 구걸에 나설 수가 없기 때문이다. 그렇다면 언제까지 구걸이 맹인들의 생계를 위한 주된 수단이 되어야하는가. 아니 언제까지 우리는 그들을 그냥 그렇게만 바라보아야 하는가. 나는 참으로 짙은 의구심과 함께 강한 책임감도 들었다. 그래서 하루 빨리 사회적 약자인 맹인들을 위해 우리 정부가 적극적인 대책을 마련해야한다고 절실하게 느꼈다.

사례2-청각·언어장애인(1)

-제2절-
청각장애인의 누나가 대통령께 호소하다!

저희 집 장남인 동생은 농아입니다

　오늘날과 같은 이런 비상시국에 각하님의 옥체는 편안하시 온지요. 저는 경상북도 대구시 중구 대봉 2동에 살고 있는 어느 가난한 가정주부입니다. 말씀드리기는 어려우나 높고도 높은 곳에 계시는 각하님께 상상도 할 수 없었던 말씀을 올리고자 이렇게 펜을 들었습니다. 저의 나이는 올해 34세입니다. 저희 집엔 말 못하는 동생과 올케가 살고 있습니다. 그리고 그들의 자녀인 두 남매가 있는데 큰애는 계집애로써 올해 초등학교에 입학을 했고 그리고 사내아이는 올해 다섯 살에 접어들었습니다. 그리고는 또 금년 들어 60세인 나이 많은 어머니가 계시고 아직도 출가를 못한 두 남동생들이 있습니다.

　저희 집은 옛날부터 가난으로 근근이 지내오다가, 자식들께 물려줄 만한 재산도 하나 남김없이 아버님은 세상을 떠나셨고, 혼자서 어린 동생들을 부족하나마 고등교육까지 마치도록 뒷바라지를 한 장하고도 훌륭한 분이 계십니다. 그분이 바로 저의 어머님이십니다. 저는 이집 식구 6남매 중 맏딸로 태어나서 가난 때문에 동생들보다는 교육도 제대로 받지 못하고 그럭저럭 지내오다가 결혼을 했습니다. 결혼을 막상 하고보니 저희 시집도 가난한 농가였습니다. 저희 남편은 8남매 중 장남으로 저는 가난한 시집의 맏며느리가 되고 말았습니다.

그래서 항상 삶에 쫓기고 쫓기는 몸이 되다보니 친정이 가난해도 별다른 도움을 주지 못하는 것이 가슴에 한이 맺히는 것 같습니다. 그럼에도 불구하고 말 못하는 '농아'인 동생은 직업 없이 그냥 집에서 놀고 있습니다. 나이가 올해 32세가 됩니다. 그래서 그의 생계를 60세가 된 어머님이 이것저것 온갖 궂은일을 다 하시어 말 못하는 농아인 아들과 며느리 그리고 손자 손녀까지 부양하고 있습니다. 이것도 한 해 두 해라야죠. 내일 모래면 저승길로 떠나셔야 할 늙은 어머님이 불쌍한 아들네 식구들을 행여나 굶어 죽일 수가 없는 냥, 날이면 날마다 목구멍에 거미줄 치지 않으려고 온갖 노력을 다하고 있습니다.

농아들의 비참함, 생각해 보셨습니까

이 한 많은 제 어머님의 인생을 어느 누구가 보상을 해 주겠습니까. 하늘이나 알고 땅이나 알 수 있는 저의 어머님의 한 평생이 가련하기 짝이 없고 가난이 무엇인지 원망스러울 뿐입니다. 젊었을 땐 아버님의 구박으로 날이면 날마다 눈물로 세월을 보내셨고, 늙어서는 불구인 자식을 둔 죄로 비가 오나 눈이오나 그들의 부양을 위해 일을 하셔야만 하니 이런 서글픈 비극이 또 어디에 있겠습니까. 그러나 진작 하고 싶은 얘기는 저희 어머님이 아니고 제 동생입니다.

　말 못하는 '농아'인 제 동생은 저희 집의 장남입니다. 그렇지만 불구이기 때문에 장남의 구실도 제대로 못하거니와, 아버지의 노릇도 제대로 하지를 못하고 있습니다. 그래서 어머니의 손이 닿지 않으면 무슨 일이든 되지를 않습니다. 현재 저희 집의 환경이 이런 상황에 놓여 있습니다. 그나마 남동생 하나는 군 복무 중이라 저희 친정에는 별다른 수입이 없습니다. 그래서 생각다 못해 각하님의 부름도 없이 무고하고 못 배운 한 여인이 이렇게 각하께 대화를 나누어 보고 싶어 잠시나마 펜을 들었습니다.

　존경하는 각하님! 저희는 무식해서 각하께 무슨 말씀을 먼저 드려야만 될지도 몰라 생각나는 대로 올리오니 너그럽게 용서하시기 바랍니다. 이 세상엔 저희 집 뿐만 아니라 저희 집보다도 더 어려운 처지에서 살고 있는 분들이 얼마나 많다는 것을 저는 잘 알고 있습니다. 그러나 특히 말 못하는 농아들 그들의 사회생활을 한번쯤 생각해 보신분이 이 세상에서 과연 얼마나 될 런지요. 각하께서는 우리 온 국민의 아버님이시요 이 나라의 주인이십니다. 저희 동생뿐만 아니라 이 세상 어느 구석구석에 살고 있는 농아들이 얼마나 비참하고 어두운 거리를 헤매고 다니는지 각하께서도 한번 생각해 보신일이 있으신지요.

　그들은 부유한 가정에 태어난 농아나 가난한 환경에서 태어난 농아나 부유와 가난을 떠나서 지능은 모두가 낮습니다. 그리고 사회 멸

시도 한 몸에 받아가며 해서는 안 된다는 것을 수없이 가르쳐도 그 말을 듣지 않고 나쁜 짓을 계속 되풀이 하고 있습니다. 저희 동생도 물론이거니와 다른 농아들 역시 마찬가지입니다. 행복한 부모를 만난 농아는 그나마 좋은 길로 인도되는 것도 없지 않아 가끔 있습니다. 그러나 저희같이 불행한 환경 속에서 태어난 농아는 열이면 열, 백이면 백 모두가 나쁜 곳에 어울려 결국은 나쁘게 지내게 됩니다. 그 이유에 대해서 저가 아는 대로 잠시 말씀을 드리겠습니다.

농아들은 사회의 멸시를 받고 삽니다

제가 그들 농아의 말을 잠시 들어 본 일이 있습니다. 농아들은 농아학교에서 그들 나름대로의 수화를 배우고 있습니다. 그리고는 그들의 장래 의식주를 해결해 나가기 위해, 학교에서 독특한 기술을 방과후에 개개인의 취미대로 익히게 됩니다. 남녀 할 것 없이… 기술을 익히고 학교를 졸업하게 되면 그들이 익힌 기술을 바탕으로 직장을 찾아다니게 되겠지요. 그렇게 되면 사회에 첫발을 디디게 되는 사회 초년생이 됩니다. 말 못하고 듣지를 못하는 농아들은 드디어 직장을 찾게 되고, 찾은 직장은 천만다행으로 그들과는 다른 건강하고 웅변들이 좋은 정상적인 사람들입니다.

그런 정상적인 사람들과는 어울리지도 않게 어울려 처음으로 자기들 손으로 노동의 대가를 흐뭇하게 만져 볼 수 있는 그런 가슴 뿌듯한 직장을 가지게 됩니다. 그래서 닥치는 대로 옆 사람의 놀림도 무릅쓰고 나름대로의 일을 열심히 하고 있습니다. 그러나 그것도 오래

견디기가 어려운 사람이 하나 둘이 아니었습니다. 놀림이 심하다 보면 해코지도 하게 되고 농아들의 심리를 마구 괴롭히기 시작하겠지요. 그래서 그들은 직장을 싫어하게 됩니다. 그렇게 해서 자신이 맡은 일에 충실치 못하면, 역시 벙어리이니깐 할 수 없다는 명목을 붙여 해고가 되고 말죠.

말 못하는 농아들은 여기서부터 사회의 멸시를 받게 됩니다. 정상적인 사람과 어울리기를 싫어하겠지요. 아직은 때 묻지 않고 순진한 농아들인 그들은 할 수 없이 농아들끼리 어울려 다니며 다른 직장을 찾습니다. 그곳 역시 그들을 외면하고 마는 것입니다. 월급을 제대로 주지를 않는다지 뭡니까. 큰 회사를 제외하고는 조그마한 개인 공장에는 인건비도 제대로 주지 않고, 계절을 타기 때문에 그곳에서도 자기들의 의식주를 해결하기에는 너무나도 불가능하기 짝이 없습니다. 그러다 보면 자연히 실업자가 많아지고 사회에선 그들을 외면하게 되는 것입니다.

농아들, 나쁜 짓에 빠지기도 합니다

그들의 마음은 어느 곳에서나 정착할 만한 곳이 없습니다. 밖이나 안이나 불구인 자기 자신을 표현도 할 수 없는 마음으로 괴로움에 마냥 가슴만 두둘겨 볼 따름입니다. 그러다 시간과 나날을 보내면 농아학교란 곳에 모였다가 헤어지고, 또는 휴게실에서 농아들끼리 만나 나쁜 화투놀이나 즐기다가 헤어지고, 이렇게 보내다가 나쁜 친구를 사귀게 되면 실업자가 된 농아들은 돈도 없고 춥고 배고프니까 자연스레 나쁜 짓을 하게 됩니다. 그들 농아들의 나쁜 짓이라면 절도가 되겠지요. 바보 같은 녀석들이 그런 자신 없는 짓을 저질러 놓고는 모든 책임을 부모형제에게 미루게 됩니다.

그렇게 되면 그들의 부모형제들은 농아협회를 찾아가게 되고 협회장과 대화를 나누게 됩니다. 협회장의 얘기를 들어보면 너무나도 엄청난 일이 하나 둘이 아니겠지요. 그동안 아무런 사실도 몰랐던 것이 협회장님의 말씀을 듣고 보면, 부모 형제들은 하늘이 무너지고 땅이 꺼지는 것 같은 괴로움을 당하게 됩니다. 해결방법을 아무리 물색해도 방법이 없습니다. 그러면 결국 형을 마치고 나오게 됩니다. 형을 마치고 나온 농아들은 예전과는 전혀 다른 사람으로 둔갑을 하고 말아요. 더욱 난폭하고 무서운 그런 농아로 변해버립니다.

앞이 캄캄할 뿐이고 모두가 다 같이 죽고 싶은 심정 뿐 아무런 생각도 없습니다. 부모님은 그래도 불구자식이니 불쌍하기 짝이 없어 설득을 시키고, 협회장을 만나서 잘 타일러 달라는 부탁도 수차 드리고는 다른 직장을 물색해서 직장을 마련하게 됩니다. 그 직장 역시 그들의 냉대는 어디가나 여전하게 멸시만을 받게 됩니다. 어떻게 얻은 직장인데 그만두고 나오게 되느냐고 애원을 하지만, 그 애원도 뿌리치고 그날부터 실업자란 대명사 아래 농아들은 마냥 놀기를 좋아합니다. 아무리 생각해도 그들을 이해할 수가 없고 그들과 형제지간이지만 통하지가 않으니 답답하기 짝이 없습니다.

온갖 구실로 타일러도 되지를 않습니다. 한편으로는 답답하기 전에 불쌍하기 짝이 없었어요. 왜 남들처럼 정상적인 인물이 되지를 못하고 이런 불구의 몸이 되어, 부모 형제 가슴에 못을 박는지 농아들 모르게 남모른 눈물을 흘리는 그들의 부모 형제는 이 세상에도 얼마나 많을런지요. 목이 터져라 울어도 그들의 앞길을 해결할 수가 없으니, 어느 누구가 그들에게 희망과 내일의 계획된 설계를 그릴 수 있도록 도와 줄 런지요. 아무리 찾아봐도 그런 구세주 같은 분은 이 세상에 나타나지가 않습니다.

농아에게 용기와 의욕을 베풀어 주소서

존경하는 각하! 이 불쌍하고 가련한 백성을 굽어 살피시고 도와주세요. 그들 농아에게도 힘과 용기와 살아야한다는 의욕을 각하께서는 좀 베풀어 주실 수는 없는지요. 그들도 비록 불구자일망정 대한민국의 국민인 것만은 틀림없는 사실입니다. 사회에서 인정받지 못한 그들에게 각하님의 따뜻한 보살핌으로 그들을 보장해 줄 수는 없는지요. 농아들은 천진난만합니다. 가난한 농아나 부유한 농아나 농아들은 모두가 착한 사람들입니다. 그러나 사회의 멸시와 버림을 받다 보니 그들은 자연스레 악하게 되고 말았습니다.

저에게는 힘이 없습니다. 그렇다고 그들을 위해 발 벗고 나설 능력조차 불가능합니다. 그럼 어떻게 해야 만이 그들을 구할 수가 있을까요? 저는 오래 전부터 이런 생각을 아주 오랜 옛날부터 하고 있었습니다만, 힘이 되어주고 벗이 되어 줄 만한 그런 인물이 될 값어치조차 없는 하나의 여인에 불과했을 따름입니다. 그래서 저는 생각다 못해 상상도 할 수 없는 각하께 한번 애원을 해보고 싶을 뿐이었습니다. 그들을 살려 주십시오 하구요. 각하님께서는 무언가 얘기가 이해되실 것 같았기에 수십 일을 두고 생각을 해서 이렇게 글월을 올리는 것이 옵니다.

　각하님! 이 가련하고 힘과 능력 없는 여인의 소망을 지우지 말아주십시오. 농아들은 부모의 효도는커녕 자녀의 교육도 제대로 시킬 능력이 없는 존재들입니다. 그럼 그들의 2세는 어떻게 되는 것입니까. 그들의 2세는 장차 이 대한민국의 일꾼이 될 인물들입니다. 그럼 그 2세들을 잘 키워야 되겠지요. 몸과 마음과 머리를 튼튼하게 말입니다. 그럼 부모들의 능력이 부족해 키울 수 없으면 그 아이들은 어떻게 되나요. 역시 비참한 인물이 또 되지를 않겠습니까. 우리 온 국민이 그것을 한번 막을 수는 없을런지요. 부모의 능력이 모자라면 그 2세들은 사회의 능력이라도 받아야 만이 될 수 있을 것 같습니다.

　각하님! 각하께서는 이 나라의 주인이시오 아버님이십니다. 각하님! 이 불쌍한 내 민족 내 동포를 따뜻한 마음과 보살핌으로 보호해 주소서. 그리고 도와 주소서 그 불쌍한 불구자를… 이 세상에는 얼마나 불쌍한 불구자가 많은지 저는 가끔 그런 생각을 하게 됩니다. 각하님! 이 애끓는 마음으로 보내는 이 글월을 꼭 읽어 보시고 보잘 것 없는 여인이지만 이 소망을 지우지 말아 주시면 무한한 영광으로 생각하고 한 평생을 죽을 때 까지 각하님에 대한 존경심을 영원히 간직하겠습니다. 모든 사람들이 그들을 다 외면하드라도 각하께서는 친히 살피시고 그들에게도 영원한 삶을 누리며 행복하게 살 수 있는 기틀을 좀 잡아 주세요.

　이 여인이 눈물로써 각하께 호소하는 바입니다. 이런 비상시국에 한 나라의 국민으로써 마음과 마음으로 협조를 못해드리고 이런 상상도 할 수 없는 글을 올리게 된 가난한 여인을 욕되게 꾸짖어 주시고 만약에 잘못된 글이 지적이 되오면 곧 벌을 내려 줄 것을 바라옵니다. 이 모든 기구한 운명을 가진 불구자들을 대표하여 눈물로써 각하께 호소하는 바입니다. 용서하십시오. 각하님의 은총을 기다리며 각하님의 옥체에 영원한 행운이 깃들기를 비 오며 이만 줄입니다.

　　　　　　　　　1980년 7월 20일
　　　　　경상북도 대구에서 가정주부 **최태순**

사례3-청각·언어장애인(2)

―제3절―
1970년대 청각·언어장애인의 고달픈 삶!

청각장애를 딛고 한국화가로 우뚝 서다

운보 김기창 화백(초상화)

    1980년 12월 어느 눈 오는 날 서울시민회관에서 헬렌 아담스 켈러(Helen Adams Keller) 탄신 100주년 기념행사가 열렸다. 운보(雲甫) 김기창(金基昶) 화백(畵伯)이 당시 한국농아복지회 임원들과 함께 준비한 뜻있는 행사였다. 헬렌 켈러는 1880년 미국에서 태어나 1968년까지 살면서, 맹·농·아 3중장애를 이겨내고 인류사회에 큰 희망을 보여준 장애인이었다.

    운보 김기창 화백은 1913년 서울에서 태어나 일곱 살 때 열병을 앓았다. 그로인해 농아자(聾啞者)가 되어 그 후 한 평생 장애인으로 살면서, 숱한 어려움을 극복하고 우리나라 최고의 한국화가로 우뚝 선 인물이다. 그날 기념행사는 마침 첫 눈이 내리는 날에 열려 참석한 많은 사람들에게 큰 감명을 주었다. 당시 저자(차흥봉)는 이 기념행사 전에 운보 김기창 선생과 저녁식사를 같이 하였다.

이 자리에서 운보 선생은 저자에게 그의 자전적 수기인 "나의 사랑과 예술"이라는 책을 주었다. 오늘날 자기가 있도록 도와준 어머니, 부인, 외할머니의 이야기를 담은 내용에서, 운보 선생은 어린 시절 농아자가 되어 초등학교 시절 친구들의 놀림을 받았던 아픈 경험을 소개하고 있다. 그 이야기 속에 보면 서울 종로구 안국동에서 자신을 놀리는 친구들에게 지지 않기 위해, 청와대 뒷산 북악산 등반 시합을 했던 이야기가 나온다.

그러니까 북악산 정면에 보이는 큰 바위 산을 바로타고 똑바로 올라가는 시합을 했는데, 다른 비장애 친구들은 모두 꾀를 부려 바위산 위쪽으로 쉬운 길을 택해서 올라가고, 자신만은 당초 약속대로 똑바로 바위산을 어렵게 타고 올랐던 일화를 소개하고 있다. 바로 이 이야기는 운보 선생 자신이 소년시절부터 결코 장애에 굴하지 않고 극복의 정신을 적극 발휘했다는 것을 강조한 것이다.

한국농아자활원 설립의 긴요성 및 계획

운보 선생은 이 행사를 준비할 즈음 한국농아자복지회를 창설하기 위해 분주하게 활동하였다. 청각·언어장애인의 자활·자립을 위하여 한국농아자활원을 설립하는 것이 그 목적이었다. 1979년 10월 만들어진 한국농아자활원 설립계획은 당시 청각·언어장애인들의 어려운 생활상을 소개하고 국가의 복지대책을 강조하고 있다.

당시 전국적으로 수만 명의 성인 농아자들이 있으나 이들 중 직업을 가진 사람은 극소수이고, 대부분은 친지의 도움으로 도식하거나 보호자 없이 배회하고 있다. 이들 농아자들이 살아가는 생활상의 참상은 이루 말할 수 없을 정도이다. 이 계획서를 통하여 그 당시 한국 농아자들의 생활상을 알아보기로 한다.

"한 국가사회의 불구자 교육 및 복지사업의 발전은 그 국가사회의 문화수준을 재는 좋은 척도가 된다." 이 말은 맹·농·아 3중 불구자인 '헬렌 켈러' 여사의 말이거니와 현 한국 실정을 이 말에 비추어 저울질할 진데 부끄러울 뿐이다. 우리나라 농아자들의 실태와 환경을 소개하며 이들에게도 갱생의 길이 열리기를 비는 마음 간절하다. 이 사업은 개인과 국가와 사회가 합심하여 이루어야할 지상의 과제이다.

농아자의 실태와 교육방법

1) 원래 농아자란 신체적 기능결함으로 인하여 듣지 못하고 말 못하는 자이나 이들 중에는 듣지 못하는 농자가 대부분이다. 듣지 못하므로 말을 배우지 못하여 벙어리가 된 것이며 그들의 발성기관은 정상인과 하등 차이가 없고 구화교육만 충실히 시행한다

면 언어를 발하게 된다.

2) 농아자가 되는 원인은 선천적(유전적)인 것과 후천적(병인적)인 것으로 대별할 수 있으며 선천적인 농아자는 극소수이고 전체 수의 90%는 후천적인 농자이다. 즉, 유아 시의 질병, 홍역·장질부사·뇌염·뇌막염·중이염·폐렴·기타 심한 열병으로 인하여 청신경이 상실되거나 마비되어 난청 또는 완전 청력상실에 이르게 된다.

3) 이러한 농아자수는 1969년 현재 약 10만 명으로 추산된다. 각종 조사통계자료에서 보는 농아자들의 빈도는 정확하지 않다. 이는 신체상의 결함을 공포하기 싫어하기 때문이다. 최근 프랑스의 경우 인구 10만 명에 대한 농아자 비율은 46명으로 나타나고 있고, 일본의 경우 인구 10만 명에 약 110명에 가깝다. 한국에는 아직 근거 있는 자료가 없다. 기실은 없는 것이 아니라 실시한 바가 없기 때문이다. 단적으로 그들이 사회보장제도의 혜택대상에서 당국자들로부터 방임 유기된 증좌라고 할 것이다.

4) 농아자들의 교육기관은 국립서울맹아학교, 대구사립맹아학교, 도립부산맹아학교, 제주와 합해서 10여 개뿐이고, 기타 사숙으로 지도를 받고 있는 각종의 클럽이 산재하고 있을 뿐이다. 현재 취학 농아 아동수는 극히 소수에 불과하며 전체 취학적령 아동 6세~13세 까지를 2만 명으로 본다면 8%의 비율밖에 안 된다. 이 취학아의 실태도 부유층 자제들만의 특권혜택이 있을 뿐이다.

1954년 농아학교 수 320개소를 가지고 있는 일본과 비교하면 일본이 얼마나 발전하고 있는가를 엿볼 수 있다. 각 농아학교에서 실시하고 있는 교육과정은 명목상 일반학교와 동일한 초등학교 6년·중학교 3년·고교 3년의 과정을 실시하고 있으며 대체로 일제 시의 교육방법인 수화교육법을 사용하고 있다. 농아교육법에는 현재 각국에서 실시중인 구화독순법·지문자법·수화법 등 3종류가 있지만 그중 가장 효과적이며 실시 가능한 것은 구화독순법이다.

즉, 상대의 목에 손을 갖다 대고 발성 시 진동으로 상대의 말을 알 수 있을 뿐 아니라, 스스로 습득되는 경험과 훈련(발성 연습)으로 말을 할 수 있게 되는 것이다. 상기한 방법은 교재기구나 탁월한 교육법이 필요하지만, 그들에게도 정상인과 다름없이 육성함에는 필요불가결한 교육법이다. 우리나라에는 이 부분의 전문교육을 전공한 자가 부족하므로 유능한 특수교사의 양성은 긴요한 문제이다.

농아 성인의 자활과 직업보도

1) 전국 수만에 달하는 성인 농아자 중 직업을 가진 자는 극소수이고, 대부분은 친지들의 도움으로 도식하는 자 또는 보호자 없이 배회하는 자 들이다. 90%의 문맹 농아자를 제외한 일부 농아자가 주동이 되어, 사회단체 한국농아복지회를 조직하여 그들의 복지시설을 만들기 위해 노력하고 있으나, 당국이나 종교·교육·사회단체로부터 협조가 없어 유명무실할 뿐 그 생활상의 참상은 이루 말할 수 없다. 유리한 환경이 사람을 키운다. 발달 지체는 수

양을 통하여 보충할 수 있으므로, 과학적 적응성을 띤 끈기 있는 교육을 저능아 및 불구자들에게 실시하는 것이 절실히 요청된다.

2) 농아자란 신체적 결함(농아 근성) 즉, 불구로 인한 자아 존중감 및 정신적 발전의 결여로, 이들을 향상시키기 위해서는 각별한 정신적 격려(쇼크)가 필요하다. 사회적 보상을 할 때 일시적 구제의 미봉책을 위주로 하고, 원인진단과 인간교정에 대한 과학적 고찰 없는 대책으로는 성과를 기대하기 어렵다.

3) 비단 몸은 불구일지라도 보장된 인권과 권리를 향유하는 것은 어느 누구에게나 평등할 것이다. 우리나라는 농아자들에 대한 의무교육제도가 없고 사회적 보상으로 부터 이들을 제외하고 있는 실정이다. 당국은 그 부당성을 지양하고 조속히 대책을 강구해야 한다.

4) 맹인들에 대한 복지시설은 어느 정도 발전하였는데 일반국민들은 맹인과 농아자를 동일시하여, 맹인하면 곧 맹아(盲啞)로 생각하는 인식부족으로 오늘과 같은 실정을 초래하고 있다.

5) 적합아동에 대한 의무교육을 실시하고 직업교육도 실시하여, 갱생의 길을 열어주고 따뜻한 보도를 해주는 것이 우리들의 의무이다. 불구자복지법을 제정하여 이들 불구자들이 국가적인 혜택을 받게 하는 것은 재론을 요하지 않는다.

6) 농아자들에게 적합한 직업은 소리와 관계없이 주로 눈으로 보고 할 수 있는 일이라면 정상인과 별 다름이 없다. 예능계통의 특수한 인재는 고사하고라도 일반적으로 취업할 수 있는, 제본·인쇄·지물사·제화·양재·재단사·정원사·목공·세탁·이용사, 수예 등이 있고 그 이외에도 150종의 적성직종이 있다. 집단적으로 수용할 수 있다면 농장·원예·가축양육 등도 가능할 것이다.

7) 미국과 프랑스의 농아복지사업의 현저한 발전은 예외로 하드라도, 일본에서는 국립기관으로 갱생지도소를 설치하고 성인들에게 각 방면의 직업교육을 실시하여, 독립생활을 돌보아주어 다대한 성과를 올리고 있다. 한국에서 농아자활원의 설립은 문맹퇴치운동, 농아성인직업보도 등은 농아자들에게 꼭 필요한 긴급한 대책이다.

이러한 기관의 설치에 대하여 일반 종교 사회단체에서는 막대한 비용을 연상한 나머지 불가능하다고 단정한다. 그러나 실제로는 무의무탁한 농아자들을 수용할 수 있는 안식처 제공으로도 족하다. 오전에는 학과, 오후에는 기술교육으로 자급자족할 수 있는 이 자활원의 설치는, 최소한의 비용으로 지향하는 목적을 달성할 수 있는 것이다.

농아인의 부수적 문제

1) 농아자의 결혼문제도 중대한 과제이다. 혹자는 농아자의 자녀도 농자가 되지 않나 걱정하지만 대개 후천적인 그들의 자손들

에게는 유전성이 없다고 보는 것이 타당하다. 결혼문제의 지도, 출생아의 언어지도 및 양육 문제도 무시할 수 없는 중대사이다.

2) 농아자들의 종교 및 신앙생활 문제도 중요하다. 농아자들은 사제와 함께 수화로 찬송가도 할 수 있고 기도도 능히 할 수 있다. 추상적이거나 신비적인 것에 대한 이해도 삽화나 유추 등으로 지도한다면 가능할 것이다.

3) 비단 몸은 불구일지라도 인간다운 생활을 보상받을 인권은 평등하다는 점에서 농아자에 대한 사회복지 혜택이 절실히 필요하다. 농아자에 대하여 의무교육을 시행하고 직업교육으로 재활의 길을 열어주는 복지법을 제정해야 한다. 한국농아자활원의 설립은 농아자를 위한 문맹퇴치운동과 성인직업보도 등 한국적 대책의 방법이 될 것이다.

농아자활원 설립추진계획

1차 계획 : 농아자활단체 교육실습장 건설

- 전국농아자 실태조사//각 지방지부 조직.

2차 계획 : 농아자활원 부설 실습장 설치

- 농축산물 시설 설치//생산품 판매장 설치.

3차 계획 : 재단설립//농아실업자 구제

- 국제교류에 의한 국위선양.

※ 농아자활원은 1, 2, 3차 계획을 동일지역에서 할 수 있게 적절한 건물과 실습에 필요한 토지가 요망됩니다.

(사)한국농아복지회 명예회장 **김기창**, 회장 **김태수**, 상무이사 **주영해**

사례4-왜소장애인

−제4절−
왜소장애인 '작은 순자'의 가련한 삶!

　1999년 가을에 나(저자 차흥봉)는 고향 경북 의성을 찾은 길에 꼭 보고 싶었던 초등학교 동창생인 '작은 순자'를 만났다. 그런데 같은 학년에 순자라는 이름을 가진 아이가 둘이라서 우리는 '작은 순자'와 '큰 순자'로 구분해서 불렀다. 그리고 선생님도 출석을 부를 때는 그렇게 불렀다. 참으로 애석하게도 작은 순자는 키가 1m 조금 넘는 난쟁이, 그러니까 요즈음 용어로는 왜소(矮小)장애인이었다. 그렇지만 그녀는 항상 쾌활하고 친구들을 곧잘 웃기는 편이어서 나를 비롯한 친구들과는 정말 재미있게 잘 어울렸던 것으로 기억한다.

　저녁때쯤 나는 남자 동창생 한 명과 의성 읍내에서 벼가 익어 가는 넓은 들판을 지나, 십여 리쯤 떨어진 시골 마을로 작은 순자의 집을 찾아갔다. 그리고 동네 어귀까지 마중 나와서 눈물을 글썽이며 맞이하는 그녀의 손을 꼭 잡았다. 실로 우리들이 초등학교를 졸업한지 무려 45년만의 만남이었다. 나는 시골집이지만 정갈하게 꾸며놓은 마루에서 그녀가 지금까지 가난과 장애를 극복하고 살아온 이야기를 너무나 감격스럽게 들었다. 그렇지만 그 동안 아무런 도움도 주지 못한 내가 참으로 부끄러웠다.

그녀는 초등학교 졸업 후 집도 어렵고 몸도 장애인이고 해서 더 이상 학교를 다니지 못했다. 그리고 오빠 집에 살면서 허구한 날 구박도 많이 받았다. 하지만 스무 살이 되던 해 시집간 언니의 주선으로 인근에 있는 여자기술학교에서 6개월간 미용기술을 배웠다. 그리고 농번기(農繁期)에는 논과 밭에서 부지런히 일손을 거들어 주는 한편, 농한기(農閑期)에는 비록 미장원을 따로 차리지는 못했지만, 이 마을 저 마을을 다니며 아주머니들의 머리를 손질해주고 돈을 벌었다. 곧이어 그녀의 머리손질 명성은 차츰 이웃 마을까지 퍼지게 되었고 단골도 늘어갔다.

동네 아이들의 놀림과 돌팔매를 당하다

어느 해 겨울 이웃마을 토면리에서 머리를 손질해 달라는 전갈이 왔다. 머리 손질할 때 쓰는 도구를 머리에 이고 문밖을 나섰을 때는 눈발이 날렸다. 그래서 미끄러운 길을 아장걸음으로 걸어 반나절 만에, 새색시가 시집을 가면서 고개에 올라 가난한 친정 집 쪽을 보면서 한없이 울었다는 울음재를 넘어 목적지 마을에 도착하였다. 그러나 못된 동네 아이들이 난쟁이라고 놀리면서 돌팔매질까지 하며 따라다녔다. 갑자기 허리에 뜨거움을 느끼는 순간 눈 위에 털썩 주저앉고 말았다.

한참 만에 작은 순자가 희미하게 의식을 회복했을 때는 어느 집 따뜻한 아랫목이었다. 곧이어 젊은 부부가 살고 있는 단칸방이라는 것도 나중에 알았다. 눈물이 하염없이 흘러 내렸다. 그것은 상처의 아픔 보다는 그들 부부에 대한 고마운 눈물이었다. 생각해보니 활짝 한 번 피어보지도 못하고 살아온 27년, 온갖 냉대와 따가운 눈총을 비켜가며 살아 온 못난 육신이 죽고 싶도록 미웠고 한스러웠다. 곧바로 딸의 소식을 전해 듣고 고개 너머 홀어머니가 지어다준 보약으로 회복도 빨랐다. 하루 빨리 일어나 고마운 분들에게 보답하고 싶었다. 그렇게 부지런한 그녀에게 세월은 빠르게 흘러갔다.

산골 무료 미용봉사와 경로잔치 베풀다

이렇게 아주머니들의 머리를 손질하기 위해 산 너머 다닐 때는 밤이 늦으면 아무 산골 집에서나 잠도 자고 다녔다. 그렇게 악착같이 생활하면서 모은 돈으로 작은 순자는 고향마을에 논도 사고 밭도 사서 농사를 일구었다. 갖은 구박과 설움과 놀림에도 굴하지 않고 꿋꿋하게 살아온 것이다. 그렇게 혼자 살면서 모은 돈으로는 오빠가 병으로 세상을 뜨자 네 명의 조카들을 대학까지 공부도 시켰다. 그동안 마을 할머니들의 머리손질은 언제나 무료봉사였다. 그리고 지난봄에는 자기 돈으로 관광버스를 전세 내어 이웃 동네노인들까지 서울 관광도 시켜드렸다.

아울러 형편이 여의치 못한 동네에는 마을 회관에서 경로잔치도 벌여 주었다. 동네에서는 "미용사 김순자 님 고맙습니다"라는 현수막을 동네 입구에 걸기도 했다. 뿐만 아니라 '구술'이라는 동네에 혼자 살고 있는 할머니가, 중풍으로 문밖출입을 못한다는 소문을 듣고 찾아가서 몇 달간 병 수발을 하기도 했다. 이 모든 사실을 듣고 난 나는

"네가 정말 보건복지부장관이다"라고 말 했다. 그랬더니 '작은 순자'는 나에게 장관 비서 좀 시켜달라고 농담으로 받았다.

나는 그날 작은 순자가 살아온 이 감동적인 삶의 이야기를 들으며 눈시울이 뜨거워지는 것을 감출 수가 없었다. 작은 순자를 만나러 갈 때 나는 장애인인 그 친구가 틀림없이 못 살 것이라고 생각했다. 오랫동안 장애인 문제에 관여하면서 차별과 냉대 속에서 소외된 삶을 사는 우리나라 장애인을 많이 보아왔기 때문이었다. 그런데 45년 만에 만난 작은 순자의 모습은 나의 선입관을 훨씬 초월하였다. 장애와 소외를 극복한 인간승리의 모습이었다. 그렇지만 한편으론 50년대 이후 70년대까지 장애인에 대한 인식 결핍과 국가 차원의 지원이 전혀 없었다는 것이 참으로 부끄러웠다.

장애인증 준 것을 후회도 해보았다

2000년 5월 나는 보건복지부장관실에서 작은 순자 친구를 만났다. 보건복지부가 주최하여 서울올림픽공원에서 열린 '건강박람회 2000'을 구경할 겸 친구를 초청하였다. 이때 초등학교 때 또 다른 농아친구도 함께 불렀다. 이 친구에게도 가슴에 맺힌 슬픈 추억이 있었다. 바로 초등학교 4학년 때니까 꽤 오래전 일이다. 학교 운동장 옆에 자그마한 실습농장이 있었다. 그해는 이 농장에 학생들이 호박씨를 심었다.

그런데 어느 날 하루 누군가가 아직 떡잎이 채 나오지 않은 호박밭을 온통 파헤쳐 놓았다. 담임선생님이 크게 화를 내시며 당연히 추궁이 뒤따랐다. 우리 반 아이들 모두가 운동장에서 오리걸음으로 돌며 기합을 받았으나 범인은 끝내 나타나지 않았다. 그러던 중 한 아이가 범인을 지목하였다. 지목된 아이는 듣지도 못하고 말도 못하는 농아인, 그 친구는 이름이 오상탁이다. 나는 이 농아 친구를 생각하면 초등학교 시절 아픈 기억이 떠오른다.

그때는 장애아 특수학교가 없어서 농아친구도 다른 학생과 함께 일반학교에 다녔다. 그 아이는 내가 한 일이 아니라며 손을 저었지만, 한시라도 빨리 기합으로부터 벗어나고 싶었던 못된 친구들이 만만한 상대를 골라 죄를 덮어 씌었던 것이다. 그 당시 반장이었던 나는 그 아이가 범인이 아니라는 생각을 하면서도 제대로 옹호해 주지 못했다. 그 아이는 우리들이 보는 앞에서 말 한마디 못하고 선생님으로부터 회초리를 맞았다. 그리고 우리 반 아이들도 모두 기합을 한참 동안 계속 받았다.

앞서 언급한 것처럼 내가 초청하여 경북 의성에서 올라와서, 먼저 건강박람회를 구경한 두 명의 친구들이 과천 정부청사 보건복지부 장관실로 찾아왔다. 반갑게 인사하며 50년 전 초등학교 시절 이야기를 즐겁게 나누었다. 나는 이 자리에서 장애인 친구 두 사람에게 장애인증을 수여하였다. 당시 등록 장애인은 보건복지부 장관 명의로 된 장애인증을 받을 수 있었다. 각종 혜택을 받도록 하는 것이 그 목적이었다.

보건복지부에서 장애인증을 받고 고향으로 돌아간 왜소장애인 작은 순자는 한참 뒤 어느 날 그 장애인증을 활용하여 전동휠체어를 싼

값에 구입하였다. 그 때까지 이웃 동네의 노인들을 위해 파마 서비스를 하고 있었던 친구는, 무거운 파마 도구를 싣고 이동하는 것이 편리했기 때문에 이 전동휠체어를 산 것이다. 그런데 그 것이 화를 불러왔다. 그러니까 전동휠체어를 타고 다니기 시작한지 5개월쯤 지난 어느 날 꼭두새벽에 친구는 어둠이 채 가시기 전에 일찍 집을 나섰다.

친구가 이 전동휠체어를 타고 동네 어귀에 나서 막 시골길 자동차도로에 들어섰을 때, 멀리서 달려온 트럭이 휠체어를 들이 받는 사고가 발생한 것이다. 도로가의 논바닥에 떨어진 친구는 휠체어 옆에서 일어나지 못하였다. 그런데 사고를 낸 트럭 운전자는 모른 체하고 벌써 도주해버렸다. 아직 이른 새벽이라 아무도 보지 못하였다. 아침 녘 날이 밝아진 후 동네 이웃이 현장을 발견하고 구급차를 불러 다친 사람을 읍에 있는 병원으로 이송하였다. 시골 병원에서 치료할 수 있는 상황이 아니었다. 하는 수없이 응급치료하고 다시 80리 떨어진 경북 안동에 있는 큰 병원으로 이송하였다. 그러나 시간이 너무 지나고 말았다.

이렇게 '작은 순자' 친구는 세상을 떠나고 말았다. 장관 임무를 마친 뒤라 시간도 있던 참에 나는 고향으로 내려가 친구 빈소를 찾아 문상을 했다. 빈소에 차려진 친구의 사진을 쳐다보며 한없이 울었다. 보건복지부 장관실에 찾아 왔을 때 장애인증을 주지 말걸 그랬다고 혼자 후회도 해보았다. 그러나 이제 어찌할 수 없는 일이 되고 말았다. 소녀시절 가난한 농촌에서 학교에도 가지 못하고 온갖 어려움을 겪으면서도 본인의 의지로 삶을 개척하고 형편이 좋아졌을 때는 어려운 이웃을 도와준 '작은 순자'를 생각하며 나는 충심으로 명복을 빌었다.

사례5-지체장애인

-제5절-
파란만장한 삶을 견뎌온 지체장애인!

홍역을 앓고 지체장애인이 되다

　사단법인 한국장애인정보화협회 류종춘(76) 회장은 1946년 부산에서 태어났다. 겨우 세 살 때 홍역을 앓아 지체장애인이 되었다. 그래서 한 번도 제대로 걷지 못하여 양쪽 고관절 뼈를 20㎝ 절단하는 인공관절 수술을 하였다. 그로 인해 팔을 써서 몸을 많이 움직여야 하는 관계로 어깨 근육과 힘줄이 끊어져 양쪽 모두 수술을 했다. 하지만 많은 세월이 흐름에 따라 다시 재발되어 사지를 못 쓰는 상태이다. 따라서 팔과 손가락까지 통증이 심하여 현재는 일어서고 앉지도 못해 전동 기립용 특수 휠체어를 사용하는 중증장애인이다.

　그런 상태이기 때문에 류 회장의 집은 마치 병원처럼 꾸며져 있다. 즉, 건강보험공단에서 환자용 침대를 임대하여 일어나고 눕는 생활을 겨우 하고 있다. 또한 화장실 대변기도 40㎝ 높이는 장치가 부착되어 있다. 아울러 집 곳곳에 봉을 세워 몸을 의탁하여 움직여야만 하는 중증장애인이다. 류 회장이 어릴 때 의사의 진단은 사지의 뼈가 다 삭아 하반신 반신불수가 될 것이라고 했다. 그래서 어떻게도 치료할 수가 없고 오로지 진통제 처방밖에 없으니 고통을 참으며 살라고 했다.

류 회장이 어렸을 때 그러니까 가장 인고의 세월을 보냈던 50~60년대엔, 장애인이라는 명칭도 없어서 병신·절뚝발이·앉은뱅이라는 놀림에 따라 감히 밖에도 못나갔었다. 그래도 남자는 삐딱거리며 좀 나가기도했지만 여자는 아예 문밖에도 나가지 못했다. 그래서 초등학교에 다니는 것은 언감생심이어서 겨우 야간에 다니는 공민학교를 3년 다녔을 뿐이었다. 그렇게 몸 상태가 엉망진창이었고 어린 나이였음에도 불구하고 살아야 했기에 처음에는 농사일을 했다.

그런데 기어가며 일을 하니까 몸에서 나는 피고름 냄새 때문에, 파리들이 구더기를 생산해 수십 마리가 몸에서 꿈틀대니 가려워서 잠을 잘 수도 없었다. 또 거름을 하러 산에 오를 때면 기어가며 풀을 베긴 하는데 그 풀을 가지고 내려 올 수가 없었다. 그래서 초등학교 4학년 동생이 등에 지고 비틀거리며 내려오는데, 그 모습이 안쓰러우면서도 어쩔 도리가 없어서 마음이 찢어지게 아팠다.

그런데 치료라고는 오로지 피고름을 막는 방법뿐이어서 혼자서 가제(거즈)를 상처에 붙이곤 했다. 그러나 가제를 살 돈마저도 없었기 때문에 수십 번 빨아야 했다. 처음엔 흰색이 노란색으로 변하도록 빨았지만 고약한 냄새가 계속 나므로 남몰래 빨아야 했다. 또한 찬물에 빨면 손이 그렇게도 시렸지만 무엇보다도 냄새가 나니, 다른 사람들이 옆에 오지 말라고 하는 그 차별의 고통이 오히려 더 컸었다.

물건은 안 사고 돈만 던져주었다

아무튼 근원적인 해결방법은 도저히 찾을 수가 없었다. 그래서 두 번씩이나 스스로 목숨을 끊으려고 했었다. 그러나 아버지가 글을 가르쳐주고 굳세게 살라고 격려하는 등 워낙 잘해주셨기 때문에 세 번째 시도는 하지 않았다. 한편 별다른 수입이 없어 밥도 먹을 수 없는 처지에도 어쩌다가 돈이 생기면 마이신 항생제 주사약을 구입했다. 그리고 주사기를 물에 끓여 소독하고 혼자서 엉덩이에 주사를 놓는 것도 참으로 어려운 일이었다. 하지만 그 아까운 주사약을 흘리게 되어 마음이 더 아프기도 했다.

어떻든 살아가기 위해 부산 광복동과 남포동에서 노점상도 해보았다. 그런데 사람들은 물건은 안사고 돈만 던져주고 갔다. 그래서 돌려주려고 목발을 찾아 짚고 섰을 때는 이미 그 사람은 저만치 가버린 뒤였다. 따라서 이건 장사가 아니라 거지가 동냥 받은 처지라는 생각을 했다. 원치 않는 거지가 되는 것은 절대로 아니다 싶어 비록 열차 탈 돈도 없었지만 열차에서 물건을 팔아보자는 생각이 들었다. 그래서 무작정 화물칸으로 몰래 들어갔다가 열차가 출발하면 적당한 시기에 승객실로 가서 물건을 팔았다.

한 번은 기차가 슬슬 출발하기에 화물칸에 뛰어올라 탔다. 그런데 화물칸이 높아 나무 목발이 박살이 나고 상품은 파손이 되어 못쓰게 되었지만 살아 있었다. 장애인들이 열차사고로 많이 희생한다고 들었지만 자신은 운이 좋았다고 생각하였다. 그리고 이번엔 버스에서 친구와 같이 상품을 팔았다. 그런데 어쩌다 한 개가 팔리면 점심은 4시고 5시에 먹는 것이 일상이었다. 그런 가운데 설상가상으로 부산 집에서 화재가 두 번이나 발생하고, 아버님이 화상을 입어 4년간 병원에 입원하였다.

열일곱 살 때 무작정 상경하였다

따라서 집안에 돈 버는 한 사람도 없어 가정은 몰락하고 밥을 지어 먹을 형편이 못되었다, 또한 잠을 잘 수 없고 옷을 입을 수도 없는 딱한 처지가 되고 말았다. 더군다나 장애인이었기에 사람의 생활이라고는 차마 말할 수 없는 지경에 이르렀다. 이것이 1962년 나이 열일곱 살에 홀로 열차를 타고 부산에서 서울로 올라오게 된 사정이다. 며칠씩 굶어가면서 용산역에서부터 미아리 고개를 넘어 수유리까지 갔었다. 어떻게든 먹고 살려고 주유소도 들러보고 제약회사도 가보고 했는데, 몸에 피고름이 흐르고 목발도 두 개 짚고 있으니까 아무도 채용해 주려고 하지 않았다.

그렇게 지칠 대로 지쳐있는데 마침 부근에 화장품 케이스 만드는 공장이 눈에 띄었다. 그래서 3일간 무료로 일을 해줄 테니까 잘하면 채용해 주고 못하면 내보내라고 했더니 그렇게 해보라고 했다. 다행히 채용이 되어 걸레로 기계를 닦는 것부터 시작해서 2년 정도 일했다. 그리고 그 옆에 전기소켓 만드는 공장에서 또 2년 정도 일했다. 그렇게 4년 동안 일해도 아무런 희망이 보이지 않았다. 그래서 이것은 아니라고 생각되어 동대문시장으로 진출하였다.

고난을 딛고 신성양행을 설립하다

그리고 동대문시장에서 상인들이 장사하는 것을 배워서 30년 동안 일했다. 당시 동대문시장에 취업이 되면 건강한 사람은 하루에 5만 원 받았다. 그런데 자신은 장애인이어서 2만 4천 원을 받고 일했다. 수유리 공장을 뛰쳐나와 시장에 온 것은 더 나은 삶을 살기 위해서였다. 따라서 돈을 저축하기 위해 점심 값마저도 아껴야 했다. 점심은 아예 먹지 않았고 잠도 사무실에서 잤다. 말이 사무실이지 당시의 시장 건물은 판자로 지은 가건물이라 잠자면 쥐가 천장에서 난리를 쳐댔다. 또 그때는 일요일도 첫째와 셋째 주에만 쉬었다. 하지만 일요일이 되어도 밖에 나가면 차비라도 드니까 그냥 침낭에 들어가 있곤 했다.

그런데 주야로 줄곧 사무실에 있으니까 전보가 오면 받아서 처리해 줄 수가 있었다. 공장 같은 데서 급하게 무슨 재료가 필요하다면서 전보가 오는데, 대부분 휴일에는 다른 가게에서는 전화를 받지 않지만 받아주니까 새로운 거래가 생기게 되었다. 게다가 그로서는 온통 잘 모르는 사람들이니 어음대신 현금을 달라고 해서 사장에게 건네주니 그를 무척이나 신임하게 되었다. 그리하여 1973년에 스스로 신성양행이라는 회사를 만들었다. 그런데 처음 꿈은 컸으나 오랫동안 돈을 벌지 못 했다. 그렇게 25년쯤 워낙 성실하게 하니까 회사의 신용도를 알아주고 신뢰하기 시작했다. 이제야 비로소 그 나름으로 꿈꾸었던 일을 겨우 펼쳐보게 된 것이다.

과부 사정은 과부가 잘 아는 것처럼 장애인 사정은 장애인이 가장 잘 안다고 생각되어, 열아홉 살 때부터는 스스로 장애인을 위해서 조금씩이나마 뜻있는 일을 하였다. 그가 적극적으로 장애인을 위해 도움이 되는 일을 하게 된 것은 바로 신성양행을 운영하면서 부터이다. 경북 안동에 소재한 한국신체장애인협동회(회장 김윤동)-이하 '협동회'-에서 장애인들이 면장갑을 만들면, 그것을 받아 시장에서 팔아주고 다시 원사(原絲)를 사서 실어 보내 주는 그런 역할을 했다. 한국신체장애인협동회에 도움을 주었다.

그런 인연으로 그는 '협동회'의 김윤동 회장을 가까이에서 도와주게 되었다. 그런데 김윤동 회장은 극심한 지체장애를 갖고도 장애인들을 위해 큰 업적을 남긴 사람이다. 김 회장은 경북 안동 출신으로 고등학교 다닐 때 뜀틀을 잘못 뛰어넘어 중증장애인이 되었다. 그래서 보행은 커녕 앉지도 못하고 서서 있거나 누워있어야만 하는 엄청난 장애를 갖고 살았다. 그런 상태에서도 김 회장은 1968년 '주간한국' 신문에 신체장애인끼리 협동하여 삶을 찾자고 호소하였다.

이에 호응한 33명의 장애인과 함께 한국신체장애인친목회-이하 '친목회'-를 설립하여 회장에 선출되었다. '친목회'의 첫 사업으로 장애인들에게 희망과 삶의 의욕을 북돋우고, 확고한 정신자세를 확립코자 계몽지(啓蒙誌)인 월간 '태양'을 발행하였다. 이를 전국의 장애인들에게 무료로 배부하였다. 이어서 1969년에는 사비(10만 원)와 안동 로터리클럽 회원들의 십시일반하여 마련한 돈을 밑천삼아, 기계 3대를 구입하고 장애인 5명을 고용하여 장갑공장을 만들었다. 그리고 이를 통해 장애인들의 직업보도(輔導)를 시작하였다.

이후 1971년에 '친목회'를 한국신체장애인협동회-이하 '협동회'-로 명칭을 개칭하여 경상북도 사회단체(제93호)로 등록하였다. 이어서 안동시청으로부터 보조금(년 10만 원)을 수령하기 시작했으며, 전국 회원을 301명으로 증원하였다. 또한 이제껏 '협동회'는 좁은 셋방을 전전하였으나 1973년에 안동시 용성동의 잡종지를 불하로 매입하여 직업훈련센터와 회관을 준공하였다. 장갑공장과 인쇄공장을 운영하고 농산물 재배와 유통사업도 하며, 여성장애인을 위한 수예부와 편물·편직 등을 가르쳐서 수많은 장애인의 일터가 되고 재활의 희망이 되었다.

안동재활원 김윤동 회장과 험난한 삶을 이겨내다

이 '협동회'를 바탕으로 가칭 사회복지법인 안동재활원의 설립을 추진하였다. 그렇지만 막상 지방의 작은 장애인단체인 '협동회'를 사회복지법인으로 발전시켜가는 과정은 결코 쉽지 않았다. 이런 상황에서 류 회장은 안동재활원의 설립 발기인으로 참여하고 힘을 보탰다. 사회복지법인의 허가 부처인 보건복지부의 담장 과장으로 일한 저자(차흥봉)는 극심한 장애의 몸을 이끌고 기차를 타고 상경하여 보건복지부를 방문한 김윤동 원장으로부터 험난한 삶의 이야기를 많이 들었다. 그리고 안동을 찾아가서 낙동강 변 둑에서도 그가 고생하며 살아온 이야기를 함께 나누었다.

그리하여 20년이 넘도록 고생하며 노력한 끝에 마침내 1978년 사회복지법인 안동재활원(원장 김윤동)이 설립되었다. 무엇보다도 안동재활원은 당사자인 장애인들이 처음으로 설립한 사회복지법인이라는 데 큰 의의가 있다. 이렇게 안동재활원이 설립되기까지는 안동과 서울을 수없이 오르내린 김윤동 원장의 끈질긴 노력과 헌신적인 사명감이 밑바탕이 되었다. 이렇게 안동재활원이 설립 된 후에 류 회장은 처음엔 총무로 일하였다. 그리고 서울지부장과 부원장으로 18년간 일하였다. 그 결과 장애인들에게 다양한 기술을 연마시켜 재활 할 수 있는 토대를 만들어 주었다. 이와 함께 장애인도 기술을 배워 익히면 어떤 일이든 할 수 있다는 자신감을 갖게 하였다.

시대를 앞서가는 한국장애인정보화협회!

안동재활원 이후에 류 회장은 한국지체장애인협회의 부회장과 '새보람' 신문 발행인으로 20여 년간 일하였다. 이어서 서울시립북부장애인복지관 관장으로 재직하며, 30여 개의 장애인복지관을 장애인이 직접 운영하게 하였다. 또 사회복지공동모금회에 직접 1억 원을 먼저 기부하여 '나눔고리'를 설립하고 장애인 대학생들(276명)에게 장학금(5억 3천여만 원)을 지원하는 나눔 사업에도 앞장섰다.

그리고 2018년 8월부터 현재까지 한국장애인정보화협회의 중앙

회장으로서, 장애인 컴퓨터 교육과 사랑의 PC 무료나누기를 주로 하고 있다. 나아가 시대와 기술의 변천에 맞추어 드론(drone) 조종자 국가자격증 취득과 드론 조립, 그리고 수리정비사 자격증 취득 및 드론 촬영교육 등을 시행하고 있다. 바로 류종춘 회장은 캄캄한 어둠을 뚫고 줄기차게 헤쳐 온 자랑스러운 지체장애인이다.

사례6-지적장애인

-제6절-
지적장애 아들을 내 가슴에 묻었다!

이 청 자
한국재활재단 고문

부주의로 한 살짜리 아들이 심한 화상을 입었다

일찍이 1960년대 이화여대에서 사회복지를 전공한 내가 장애인에 관해 그만큼 무지했다면, 당시의 시대 상황에 비추어 일반적으로 장애인에 관한 인식이 어떤 수준이었는지는 미루어 짐작할 수 있을 것이다. 우리 주위에서 6·25전쟁이나 질병에 의해 장애를 입은 사람들을 본 적은 있었으나, 내가 낳은 자식이 어떤 장애를 갖고 있는지 알게 되기까지는 상당한 시간이 흐른 뒤였다.

나는 대학교를 졸업하고 결혼을 했다. 그리고 직장 관계로 1970년생인 갓난아이를 데리고 고향인 서울을 떠나 충북 청주에서 생활할 때이다. 어느 날 남편도 집에 없는 시간에 한 살인 아들이 나의 부주의로 심한 화상을 입었다. 그런데 이를 보고 놀란 주인집 아주머니가 자신의 상식으로는 화기를 빼야 한다면서 온몸에 염기를 발랐다. 하지만 그 결과는 심한 패혈증으로 나타났고 아이를 데리고 병원에 갔더니 의사의 진단은 생존 가망성이 없다는 것이었다.

나로서는 땅을 치고 하늘을 올려다보며 통곡을 한들 결코 사고 이전으로 돌아갈 수는 없었다. 그래도 다행히 입원한지 40일 후에는 아이의 생명은 건지고 퇴원은 하게 되었다. 그러나 문제는 이후 성장기의 다른 아이들이 걷고 말하고 자기 의사 표현을 할 때, 내 아이는 걷지도 말하지도 못하면서 사고 이전의 한 살 상태에 그냥 머물러 있었다. 급기야 동생이 태어나서 무럭무럭 성장해 가는데도 막상 큰 아이는 화상 이전에 머물러 있었다.

나는 그것이 도저히 믿기지 않아 여기저기 유명한 의사를 찾아가서 진료를 받아보았지만, 돌아오는 답은 이런저런 원인으로 아마도 '늦될 거다'라는 것이었다. 그런 가운데 1977년 어느 날 집에서 TV를 보다가 서울의 삼육재활원에서 말 못 하는 아동을 위해 언어치료를 한다는 것을 알게 되었다, 그래서 곧바로 내 아들에게도 그런 교육을 받게 하고 싶다는 내용의 편지를 보냈다.

직접 체험한 70년대 장애인 상황은 이러하였다

그랬더니 오히려 삼육재활원에서는 나에게 간곡한 부탁을 했다. 바로 그즈음 한국뇌성마비아부모회를 결성하고 독립 운영할 수 있도록 준비 중이니 나더러 속히 상경하여 도와달라고 하였다. 즉, 내가 장애아동의 부모이고 사회복지사이기 때문에 할 일이 많을 것이라고 했다. 그리하여 당시엔 우리나라에서 가장 우수하다는 삼육재활원을 통해 처음으로 장애 현장을 접하게 되었다. 그렇게 하여 내가 직접 체험한 70년대 우리나라의 장애인 상황은 이러하였다.

즉, 삼육재활원 원생은 대부분 소아마비 아동이었는데, 지적장애가 있는 소아미비아인 경우에 같은 원생들 속에서도 따돌림을 당했다. 뇌성마비아들도 원활한 의사소통이 어렵거나 자세가 안정적이지 않아서 지적장애 취급을 받았다. 그리고 5~60년대의 우리나라는 소아마비 환자가 많이 발생하여, 6·25 전상자 외에 소아마비 장애인은 대표적 장애였다고 할 수 있다.

당시 우리나라의 전반적인 여건은 좋지 않았지만 고아(孤兒)나 기아(棄兒)는 재활원에서 다양한 치료를 받을 수 있었다. 그러나 일반 가정에서 성장하는 장애인은 치료비를 부담해야 하고, 경제적으로 어려운 가정은 재활치료가 불가능하였다. 그래서 내가 상담하면서 장애 자녀를 몰래 재활원에 두고 가라고 권한 적도 있었다. 또한 당시에는 부모가 있으면서도 감추고 재활원에 보내는 경우가 많았다. 그 까닭은 치료 외에 가문의 수치라거나 감당이 어렵다는 이유 때문이었다.

따라서 집안에 감춰져 지내던 장애인들보다 재활원에 입소된 아동들은 지능에 문제가 없었으므로, 다양한 직업훈련의 기회를 얻었고, 이후 능력이 있는 사회인으로서 자리매김한 사례가 많았다. 당시 재활학교가 방학인데도 장애 아동들이 집에 가는 것을 꺼려하는 경우가 종종 있었다. 그 까닭은 편의 시설이 잘 갖추어진 재활원보다 불편한 집안 구조와 가족의 싸늘한 냉대 때문이었다.

장애아동과 학생의 소외받는 실상을 언론에 알렸다

또 하나 딱하고 기막힌 경우도 왕왕 있었다. 즉, 시골에서 농사짓는 가정에서 태어난 시각장애아는 지체장애까지 갖게 되는 경우도 더러 있었다. 왜냐하면 부모들이 농사 때문에 아이를 돌보지 못하고 일터에 나갈 때 아주 큰 항아리에 먹거리와 함께 아이를 넣어두었다. 이에 따라 본의 아니게 항아리에 갇히게 된 아이는 하루 종일 독 안에서 움직이지를 못하여 지체장애까지 얻게 되었기 때문이다.

1981년 세계장애인의 해라는 이유로 언론들은 장애인에 관한 각종 기사를 써서 내보냈다. 그래서 나도 시설에 입소된 장애아동과 일반 고아를 비교하여, 장애아동 대부분이 가정으로부터 소외되고 있다는 기사를 동아일보에 투고하기도 했다. 또한 상태가 경미한 소아마비 학생이 일반 상업고등학교를 졸업했음에도 불구하고 후원해주던 은행에서조차 취업의 기회를 주지 않는다는 정보를 방송국 기자에게 알리기도 했다. 그래서 방송을 타니 여러 은행에서 채용 의사를 밝히고, 모 은행에서 채용했으나 결국 창고정리 수준의 일거리를 주고 차별함으로 정신질환까지 앓게 되는 것도 발견하였다.

그런데 우리나라 국민의 장애인에 대한 의식과는 달리 홍콩지사에서 근무하다 한국지사로 옮겨왔다는 외국은행 책임자는, 장애인을 창구보다 좀 한적한 곳에서 일하게 해달라는 나의 제의에 이의를 제기했다. 당시에는 재활원이 아동 시설과 성인 시설이 분리 운영되었고, 삼육재활원은 아동 시설이어서 만 18세가 되면 퇴소하거나 지방에 있는 성인 시설로 전원(轉院)되었다. 우리나라 최고 수준의 시설에서 돌봄을 받던 원생들을, 열악한 환경의 시설에 맡기고 돌아서는 나도 마음이 무겁고 그들도 너무 힘들어 했다.

"저 아이보다 하루만 더 살다 죽게 하소서!"

한편 연고가 없는 원생을 취업시키려고 하였으나 이들 대부분이 이름은 있어도 호적이 없었다. 그래서 난생 처음으로 이들을 위해 창씨를 하고 호적을 만들어주기도 했다. 그리고 지적장애나 뇌성마비 장애의 구분이 분명치 않았다. 따라서 내 아들의 경우에도 어느 의사는 MR(지적장애)로 표기하고 또 다른 의사는 CP(뇌성마비)라고 표기했다. 여러 장애 중에서 가장 소외당하는 불리한 조건을 가진 것이 지적장애였다. 현재 15개 장애 종류 중에 지적장애의 이름이 정신박약·정신지체·지적장애·지적 발달장애 등으로 가장 많이 바뀐 것이 이를 증명한다.

우리나라의 70년대에 지적장애인이 외부 활동하기란 참으로 쉽지 않은 환경이었다. 부모들도 가문의 수치로 생각하여 시설에 자녀를 맡기는 것이 최선이라고 생각했다. 첫 번째 아이를 지적장애아로 둔 부모는 두 번째 아이를 낳으면서 장애 자녀를 시설에 맡기고 지방으로 이주하여 둘째나 이웃이 모르게 했다. 또 자녀를 결혼시키면서 지적장애 자녀가 있음을 숨기느라 장애 자녀 주민등록을 옮긴 가정도 있었다. 또 지적장애 특수학교 수준도 엉성하여 다른 사람 물건을 만진 내 아들을 도벽이 있다고도 했다. 참으로 억울하고 분통이 터지는 어이없는 일이지만 당시의 시대 상황이 그러하였다.

내 아들보다 훨씬 어린 동네 꼬마들도 "말 못하는 벙어리야" 하며 아들의 반응을 보려고 건드려 보기도 했다. 내 아들을 본 동네 낯선 분 중에는 태연하게 자기가 낳은 아이가 이상해서, 윗목 차가운 곳으로 밀어냈더니 죽었다며, 나를 미련한 여자로 취급한 황당한 일도 겪었다. 그런데도 보통의 부모들은 그런 자식들의 걱정 때문에 "저 아이보다는 내가 하루만 더 살다가 죽는 것이 소원"이라고 입버릇처럼 말하기도 한다. 그래도 내 아들은 33살에 동생의 결혼식에 참석하고 다음 해에 하나님의 품으로 안겼다. 아니 바로 내 가슴에 영원히 묻었다.

사례7-뇌병변장애인

-제7절-
뇌병변장애 아이들에게 빛을 주소서!

최 경 자
전 한국뇌성마비복지회장

나 혼자 만이 불행을 겪고 있지 않다

뇌성마비-지금은 '뇌병변장애'라 함-첫 딸을 가진 나는 그 애를 독립된 인간으로 키우기 위해 많은 노력을 해왔다. 그리고 누구보다 나는 노력하며 살아왔다는 자부심을 갖기도 했다. 그러나 '어부의 아내', '기술자의 아내', '놀부의 아내'들을 읽으면서 그 좌절하지 않는 굳은 의지와 성실하고 겸손한 마음에 저절로 고개를 숙이게 되었다. 나 혼자만이 고생을 하고 나 혼자만이 불행을 겪고 있지 않다는 것을 알 때 사람들은 큰 희망을 얻는다고 생각한다.

양팔이 뒤로 젖혀지고 고개를 가누지 못하는 아이, 팔다리와 머리 그리고 눈이 끊임없이 저절로 움직이는 아이, 팔다리가 빳빳한 어린이들이 모여 자동차놀이·소꿉장난·집짓기·걷는 연습 등을 한다. 바로 이곳은 뇌성마비아동 복지시설인 삼육재활원의 모습이다. 자신의 의지대로 몸은 뇌의 명령을 듣지 않고 엉뚱한 곳으로 빗나간다. 팔과 다리와 고개를 움직여 먼 곳에 있는 소꿉 살림과 냉장고를 집으려고 몇 번씩 시도하는 어린 여자아이의 노력은 눈물겨운 사투와도 같다.

뇌에 손상을 입어 운동·지능에 장애가 있는 뇌병변은 어느 먼 이웃의 이야기가 아니다. 바로 서너 살이 되도록 고개도 못가누고 말도 못해 늦된 아이인줄만 알았던 나의 딸이, 뇌성마비라는 것을 알고는 창피해서 늘 끌어안고 울기만 했다. 딸아이가 아홉 살 되던 해, 상담소의 소개로 삼육재활원에 가서 보니 비슷한 아이가 많고, 또 뇌성마비는 더 진행되거나 전염되거나 유전 되는 게 아니라는 것을 알게 되었다.

이제는 창피한 것도 초월했고 내 딸이나 그와 비슷한 다른 애를 위해서라면 모든 것을 바칠 각오로 뛰어 다녔다. 딸아이는 엄마의 헌신적인 보살핌으로 7년 만에 초등학교를 졸업하고, 이제 중학교 2학년에 재학하면서 피아노도 치고 그림도 그린다. 누구나 가임기의 여성이라면 꼭 알아두어야 할 만큼 뇌성마비는 임신과 출산, 그리고 출산 후의 과정에서 후천적으로 발생한다. 따라서 얼마든지 사전에 예방이 가능한 것이기도 하다.

비록 의학적으로는 정확히 나와 있진 않지만 뇌성마비 부모들을 조사한 통계에 따르면 임신중독·연탄가스중독·독일홍역 등이 전체 뇌성마비아의 60%를 차지한다. 출산 중의 난산·조산·겸자분만·산소결핍 등이 전체의 80%이고, 출산 후 심한 황달·납중독·사고외상·뇌막염후유증·뇌종양·고열이 약 10%가량이고 그밖에 35세 이상의 초산과 심한 음주와 흡연도 원인이 되고 있다.

숲을 지나 와야 그 아름다움을 말 할 수 있다

스스로 숲을 다 지나온 사람만이 그 숲이 얼마나 아름다운 지를 말할 수 있다고 한다. 어디에 오솔길이 있고 어디에 맑은 시냇물이 흐르고, 어디쯤 꽃이 피며 어디에 언덕이 있는지를… 그렇다면 나는 이제 겨우 숲의 어귀에 들어서서 숲을 이야기하려는 것처럼 여겨진다. 이렇듯 뇌성마비라는 십자가를 진채 살아가고 있는 나의 딸아이는 이제 17살. 그렇게 17년을 함께 살았을 뿐인 내가 뇌성마비아동 부모로서 글을 쓴다는 것은 너무 빠를지도 모른다.

그래서 우리는 앞으로도 더 험한 길과 시내를 수없이 건너야 할 것이며 또한 아름다운 꽃들을 만나게 될 것이다. 그런 줄 알면서도 굳이 내가 이 글을 쓰는 것은 지난 17년간 내가 겪었던 고통을 돌이켜 보며, 똑같은 처지에 있는 분들에게 조금이라도 그 고통을 덜어 주고 싶어서이다.

연애 끝에 결혼한 나는 첫 애를 낳았다. 그 아이가 바로 내 딸이다. S종합병원에서 난산을 했던 나는 몹시 지쳐서 아이를 못 본채 하루를 지냈다. 그러나 간호사들은 다음 날도 그 다음 날도 아기를 내게 데려다 주지를 않았다. 그 까닭을 물으니 "최경자씨 아기는 우유를 잘 안 먹어 내일 데려 오겠다"고 대답했다. 철없는 풋내기 엄마는 난산으로 아기도 곤욕을 치러 엄마처럼 힘이 드나 보다 하면서도 한편으론 서운했다. 퇴원하는 날에야 내 아기와 상면했다. 아기는 너무 작고 미웠다. 나는 속으로 실망을 금할 수 없었다. 2.5kg의 미숙아였으며, 그때부터 내 딸과 엄마의 이인삼각의 힘든 달리기가 시작되었다.

집에 돌아 온 후에도 아기는 젖을 빨지 못해 밤새 아기를 안고 젖을 짜서 한 방울 씩 흘려 넣어 주곤 했다. 밤새도록 우는 아기를 달래며 나도 많이 울었다. 힘들게 2개월이 지나고 딸아이는 조금은 자란 듯 했다. 예쁜 옷을 입혀 포대기에 싸안고 처음으로 병원에 예방접종을 하러 갔다. 큰 방에는 아기들이 가득 있었다. 그때부터 나는 많은 사람들 앞에서 내 딸로 인하여 주눅이 들기 시작했다.

다른 아기들은 모두 탐스럽고 예뻤으며 엄마와 아기 들은 행복해 보였다. 나는 더욱 정성스럽게 내 딸을 돌봤으며, 그런대로 딸아이는 젖도 잘 빨고 잘 자랐다. 뽀얗게 살도 오르고 예뻐졌다. 나는 손위 시누이와 같이 한달 전후로 딸을 같이 낳았는데, 시누이의 아기는 벌써 뛰어 다니고 하는데, 내 딸아이는 여전히 발육부진이라면서 충분히 영양섭취를 잘 해서 기르면 괜찮을 것이라고만 하신다.

용한 의사가 있다는 말만 들으면 달려갔다.

그렇게 힘든 시간을 보내면서 딸아이는 그래도 조금씩 건강한 모습으로 자라고 있었다. 나는 이런 딸의 모습을 보고 어떻게든 정상적인 아이를 만들어 보고 싶은 안타까운 욕심도 커져가고 있었다. 어디에 '용한 의사'가 있다는 말만 들으면 딸아이 업고 달려갔다. 남이 들으면 미친 소리라고 웃어버릴 소문에도 딸을 위해서라면 직접 가서 확인을 하지 않고는 견디지를 못했다. 언젠가는 앉은뱅이를 일으켜 세웠다는 어느 전도사의 기도원에도 달려갔고, 한의사가 지어주는 풀잎과 같은 약을 열심히 지어다 먹이기도 했다. 그리고 때로는 지압도 받았다.

다른 데와 달리 지압에서는 효과를 좀 보았던 것 같다. 딸아이의 허리에 힘이 생겨서 업어주고 안아주기에 좀 수월하고 혼자서 앉기도 했다. 지압을 받을 때 딸아이는 아파서 울었다. 그러나 어떻게든 병이 나아야 한다는 의지는 누구보다도 강해서 지압을 할 때면 옷을 갈아입혀 달라고 서두르는 것이 애처롭기도 하고 대견했다. 만 네 살이 지날 때 쯤 딸아이는 혼자 앉고 기어 다니면서 놀았다.

그러나 온 가족이 보살펴 줘도 잘 넘어져 상처가 가실 날이 없었다. 그때 우리는 한옥에서 살았는데 어머님은 매일 아침 시멘트 바른 마당을 깨끗이 걸레질을 하시곤 해서 방처럼 깨끗한 마당을 딸아이가 기어 다니면서 놀았다. 분별없이 미친 듯이 용하다는 곳을 찾아다니던 나는 어느 날 국립의료원 소아과에 찾아갔다. 마지막으로 다시 한번 의사의 말이 듣고 싶었다. 의사는 절망하는 표정이 완연한데도 '괜찮으니 잘 기르라'고만 하였다. 나는 그때 내 딸아이가 가망이 없음을 확실히 알게 되었다.

치료의 적기를 놓치는 것은 치명적인 손해다

왜 그때 의사들은 나에게 "당신의 아이는 뇌성마비요"하고 말해주지 않았을까. 알아봤자 가망이 없으니 모르는 편이 낫다고 생각한 것일까. 아니면 아직도 희망을 품고 있는 엄마에게 절망을 주기가 어려웠을까. 나는 지금도 그때의 의사들이 원망스럽다. 좀 더 빨리 딸아이가 뇌성마비라는 것을 알았다면 우리는 그 희망과 절망이 교차되는 숱한 괴로움을 일찍 떨쳐버리고 치료를 서두를 수 있었을 것이다. 돈과 시간의 낭비는 둘째치고라도 '치료의 적기'를 놓치는 것은 치명적인 손해다.

 나는 심신장애아를 데리고 이리저리 헤매는 엄마들을 볼 때마다 하루 빨리 전문 치료기관을 찾아가라고 말하곤 한다. 나는 딸아이를 위하여 아기를 다시 갖지 않겠다고 결심까지 했다. 나의 모든 정성과 시간을 딸만을 위해서 쓴 다해도 부족할 것만 같았기 때문이다. 그러나 내 생각을 밀고 나가지 못한 채 곧 딸아이의 동생이 태어났다. 그래서 딸아이는 동생과 같이 자랐다. 말하는 것도, 걷는 것도 동생이 더 잘했다. 동생은 누나와 밖에 나가 놀다가 아이들이 누나를 놀리면 속이 상해서 아이들을 쫓아가 때리거나 집으로 달려와 엄마에게 응원을 청하곤 했다.

 그는 누나를 돌보면서 큰 힘이 되어 주었다. 딸아이는 8살이 되었으나 학교에 보낼 수가 없었다. 부모님은 "내년에는 보낼 수 있겠지"라고 위로해 주셨다. 나도 그렇게 믿으면서 1년을 기다렸다. 해가 바뀌어 딸아이가 9살이 되어도 여전히 학교에 보낼 수 없었다. 얼마나 어리석은 일인지… 나는 그제 서야 무작정 기다릴 수만은 없다는 생각에 시립 아동상담소를 찾아가 딸아이에 대해 상담했다. 상담소에서 우리 아이와 같은 애들이 다닐 수 있는 특수학교를 여러 곳 알려 주었다.

진찰을 받았더니 뇌성마비라는 결과가 나왔다.

나는 주소를 들고 이 학교 저 시설을 찾아다니기 시작했다. 삼송리·도봉산·우이동·오류동·대전 등 먼 곳을 찾아 갔다가 실망하고 돌아오는 날이 많았다. 그러다가 대방동에 있는 삼육재활원을 찾아가게 되었다. 딸아이에 대해 상담하고 다음날 딸아이를 데리고 가 진찰을 받았더니 뇌성마비라는 진단이 내려졌다. 무슨 이유에선지 알 수 없지만 뇌신경에 손상을 입어 완치는 안 된다는 것이다.

엄마가 무지한 탓에 딸아이는 9살에야 병명을 알았던 것이다. 한스럽기 짝이 없었지만 비로소 내 딸이 있어야 할 곳을 찾은 것에 안도의 숨을 내쉬었다. 삼육재활원의 병실에 들어가 본 나는 깜짝 놀랐다. 내 딸과 같은 아이들이 많을 것을 보고 한편, 안심이 되면서도 흐르는 눈물을 참기가 힘들었다. 내 딸아이는 그때 불안하게나마 조금씩 걷고 쉬운 말은 할 수 있었으나, 전혀 움직일 수도 없이 침대에만 누워있는 심한 아이들을 보고 나는 밖으로 뛰어나와 흐느껴 울었다.

팔이 뒤틀린 아이… 다리와 발이 꾄 아이… 너무 슬픈 광경이었다. 그 기막힌 비극 그러니까 "죄 없는 그 아이들"에게 지워진 너무도 무거운 짐에 가슴이 찢어질듯 해서 나는 며칠 동안 밥도 먹을 수가 없었고 잠도 잘 수 없었다. 그 놀라움과 슬픔을 진정할 수가 없었다. 다음날부터 딸아이는 치료를 받기 시작했다. 여러 선생님들이 모두 따뜻하게 대해 주셨다. 물리치료(몸 운동)와 작업치료(손 운동·지능개발)와 언어치료를 받는 고된 훈련을 시작했다.

나는 집안일과 두 아이의 양육을 어머님께 맡기고 아침마다 딸아이를 업고 나섰다. 9살이나 된 큰아이를 업고 버스를 타면 뭇사람들의 시선이 따갑게 느껴졌다. 친절을 베풀며 걱정을 해주는 애꿎은 아주머니에게 톡 쏘아 핀잔을 주기도 하며, 뜨거운 낯을 참고 아현동까지 오는 1시간이 왜 그리 긴지 몰랐다. 3월이 되어 딸아이는 삼육재활초등학교에 입학했다. 예쁜 가방과 책과 공책도 샀다. 우리 딸이 마침내 학생이 된 것이다. 나는 참으로 즐거웠다.

비록 업고는 가지만 우리 딸은 이제 어엿한 학생이 되었다. 어느 날은 잘 걷는 것 같아 기쁘고 어느 날은 잘 못 걸어서 슬프게 하며, 딸아이는 눈이 오나 비가 오나 열심히 치료하고 공부했다. 그래서 딸아이는 차츰 잘 걷게 되었고 2학년이 되자 완연히 곧잘 걷게 되었다. 우리가 그 길고 무서웠던 고통의 날들을 벗어나 비로소 희망을 품게 되었다. 딸아이도 달라져 가는 자신의 모습을 기뻐하며 더 나은 미래를 꿈꿀 수 있었다.

"치마 입은 모습을 못 봤는데 혹시 다리가?"

하루는 재활원의 한 처녀 선생님이 내 옆에 오더니 "궁금한 게 한 가지 있는데 물어봐도 되겠느냐"고 했다. 그래 물어보라고 했더니 "한 번도 치마 입은 모습을 못 봤는데 혹시 다리가 불편해서 그러느냐"는 질문이었다. 나는 그때서야 비로소 내가 몇 년 동안 바지만 입고 살아온 것을 깨달았다. 딸아이를 업은 채 버스를 타고 다니려니까 바지가 편하기도 했지만 그보다 도 이웃 저웃 예쁜 옷을 찾아 입을 마음의 여유가 없었던 것이다.

  두 아이의 양육과 집안일을 온통 어머님께 맡기고 바쁘게 밖으로만 뛰어다니다 보니 그런 신경을 쓸 시간조차 없었다. 엄마의 옷뿐 아니라 딸아이의 옷차림도 마찬가지였다. 아동복점에는 레이스와 리본이 달린 예쁜 옷들이 많았지만, 나는 늘 허리에 고무줄을 넣은 저지바지와 신축성 있는 스웨터만을 사 입혔다. 딸아이는 예쁜 치마를 사달라고 조르며 골을 내기도 했지만 내가 편한 옷만을 고집했던 것이다.

  선진 외국의 책들을 보면 장애인들에 대한 따뜻한 배려를 아끼지 않는 사회, 근본적인 복지 대책은 물론 온갖 편리한 생활용품들이 상품화되어 장애인들이 남의 도움 없이 활용할 수 있도록 되어 있는 것이 부러웠다. 그러나 우리 사회는 어떠한가. 장애인에 대한 가혹한 편견이 심하고 휠체어나 시각장애인 앞에서는 택시가 세워주지도 않고, 클러치를 짚는 장애인이 버스를 타려고 하면 그냥 떠나버리는 사회가 아니던가.

  나는 뇌성마비인을 둔 가정을 잘 알고 있다. 그 집에는 혼기를 앞둔 예쁜 언니가 있었는데 선을 보는 과정에서 장애인 동생이 있다는 것을 알고 혼담을 깨는 사례가 있었다. 그러니 그 뇌성마비장애인의 가족들을 차츰 그 애를 원망하기 시작했고, 구석진 골방에서 되도록 밖에 나오지 말라고 가르쳤다. 그 아이의 엄마는 성치 못한 딸 때문에 성한 언니의 장래마저 막을 수는 없다고 말했다. 불쌍한 그 아이는 얼마 후 죽었다는 소식을 들었다.

뇌성마비인들은 적절한 치료와 훈련을 하지 않으면 척추가 오그라들고 온몸이 퇴화되어 일찍 죽게 되는 것이다. 나는 그 불행한 아이의 죽음을 듣고 눈물 속에서 "축 사망"이라는 말을 생각했다. "축 사망" 이런 말이 있을까. 그러나 자신의 존재를 누구도 원치 않는 이 세상에서 고통스러운 삶을 살았던 그 아이의 죽음을 이렇게 밖에는 표현할 수가 없었다. 부디 장애인에 대한 편견이 없는 하늘나라에서 행복하게 살아가기를 빌었다.

모름지기 우물은 목마른 사람이 파야 한다.

장애인 자녀를 둔 우리나라의 부모님들은 눈물만 짓고 있으니 정말 안타까운 일이다. 캐나다 봉사회의 전 선생님은 우리에게 좋은 말씀을 해 주셨다. 즉, "우물은 목마른 자가 파야한다"는 것이다. 나는 부모님 몇 분에게 연락하여 모임을 갖고 우리도 좀 더 보람 있는 일을 해보자고 의논했다. 우리가 해야 할 일에 대해 비로소 방향을 찾게 된 기분이었다.

부모님들은 모두 목말라 했고 그렇게 시작한 것이 방 3개짜리 집을 한 채 전세 내어, [작은 재활원]이라고 이름 짓고 1973년 봄에 문을 열었다. 이 집은 전 선생님과 어느 독지가가 마련해 주셨고 장애인부모회에서 운영을 맡았다. 나는 겁도 없이 그 집의 살림과 아이를 돌보는 일을 맡게 되었으며, 여러 장애를 가진 10여 명의 어린이들이 작은 재활원에 입주하여 생활하게 되었다. 아! 제발 이 죄 없는 아이들에게 빛을 주소서! 나는 오늘도 간절한 마음으로 살아간다.

저자노트(차흥봉)

1970년대는 한국 장애인복지의 암흑기!

1970년대 말까지 우리나라의 장애인복지는 거의 전무했다. 참으로 캄캄한 암흑기였다. 장애인복지 뿐만 아니라 우리나라 사회의 모든 분야가 전반적으로 어려웠던 시절이었다. 조선조 말엽에서 일본강점기를 거치며 나라 발전의 기틀을 변변하게 마련하지 못했다. 또 1945년 광복이후에도 남북이 분단된 상태에서 처절한 한국전쟁을 경험하였고, 그 이후에도 정치적 혼란기를 경험하였다. 모든 국민이 어렵고 힘든 가난 속에서 생활하였다. 이 시대 전체를 '질병과 가난의 시대'라고 해도 과언이 아닐 것이다.

나도 경상도 시골 농촌에서 참 어렵게 살았다. 먹을 양식이 없어 어머니가 우는 모습도 여러 번 보았다. 사촌동생이 결핵에 걸려 죽어가도 병원에 가질 못했다. 결핵에 걸린 동생을 집에 두면 전염이 우려되니까 산에 굴을 파서 가두어 놓고 죽는 날을 기다리게 했다. 밤이면 그 사촌동생에게 밥을 갖다 주었던 기억이 지금도 생생하다. 지금은 결핵에 걸리면 몇 알의 약만 먹어도 나을 수 있는 병인데 그 때는 그런 약도 구하기 어려웠던 시절이었다. 그것이 바로 우리 시대의 경험이다.

　어린 시절 고향마을에는 지체장애를 가진 5촌, 7촌 친척도 함께 살았다. 질병을 제대로 치료하지 못해서 장애인이 되었고 장애인으로 아무런 복지혜택도 입지 못하였다. 나라 전체가 가난하고 국민들이 빈곤과 질병 속에서 살던 시기였으므로 장애인복지에 대해 관심을 두고 무언가 할 수 있던 시절이 아니었다.

　1970년대 말 나는 보건복지부에서 장애인문제를 담당하는 공무원 생활을 시작하였다. 그 때는 장애인이라는 용어조차 없었다. 장애인복지의 주무부처인 보건복지부 문서에는 장애인이라는 용어 대신 불구폐질자, 성인불구자, 아동불구자라는 표현이 사용되었다. 장애인복지 예산도 한 푼 없었고, 보건복지부에는 장애인복지를 담당하는 과(課)단위의 조직도 없었다. 담당 계도 없이 직원 한 사람이 다른 업무와 함께 장애인업무를 겸임한 것이 1970년대 말 사정이다. 20세기 후반에도 우리 정부가 이 정도의 관심밖에 가질 수 없을 정도로 장애인복지는 암흑기였다.

　광복 후 국가에서 운영하는 장애인 시설로는 중앙각심학원이라는 정신지체아동 시설이, 민간시설에는 삼육재활원 정도가 있었다. 삼육재활원은 한국을 방문하는 외빈이 찾아가는 시설이기 때문에 정부의 지원을 받아 그나마 나은 상태를 유지했지만 나머지 시설들은 형편없이 열악한 상황이었다. 특수학교도 전국적으로 몇 개 없었고, 일제 강점기 때부터 내려오는 맹학교와 특수학교 몇 개가 있었을 정도였다.

장애인을 둘러싼 환경은 더 말할 나위도 없었다.

요즘은 편의시설이라는 말을 흔히들 하는데, 1970년대 말까지 전국적으로 장애인 편의시설이란 전혀 없었다고 해도 과언이 아니다. 일례를 들어 보면 1980년 김포공항에 국제선 제1청사가 건립되었을 때 현대식 청사 건물임에도 불구하고 장애인 화장실이 설치되어 있지 않았다. "현대적 국제공항 청사에 장애인 화장실은 하나도 없어" 당시 어느 신문에 난 타이틀이다. 국제적인 공항시설임에도 불구하고 장애인 화장실을 설치해야 한다는 것을 알지 못했던 것이다.

장애인을 위한 전화 부스, 보도 블럭도 거의 없었다. 장애인에 대한 국민들의 의식구조나 인식은 더욱 형편없었다. 장애인이라는 단어도 없이 장애인을 경멸하는 용어만이 있었고, 온갖 편견과 소외가 지속되고 있었다. 국가 자원의 부족으로 장애인복지를 할 엄두도 내지 못했고, 사회전반의 장애인에 대한 인식조차 부족하여 장애인복지가 전혀 이루어지지 않은 그런 암흑기가 1970년대 말까지 계속되었다. 이 캄캄한 밤이 지나고 어스름하게 동이 트기 시작한 것이 1980년대부터이다.

이때부터 장애인에 대한 관심과 각종 정책과 제도, 사업이 싹트기 시작하였다. 장애인복지의 여명기가 시작된 것이다. 이와 같은 변화에는 여러 계기가 있지만 그 동안 경제가 성장하고 국력이 신장되어 국민생활 수준이 높아지는 가운데 장애인복지에 대해 관심을 가질 수 있는 여력이 생기기 시작했기 때문이다. 전통적인 농촌사회가 해체되고 도시산업화사회가 되면서 사회모습도 변하고 사회문제도 많이 발생하게 되었다. 이에 따라 국가적으로 경제에만 신경을 쓸 것이 아니라 사회문제해결에도 관심을 기울여야 할 필요성이 생기게 된 것이다.

이러한 사회변화 속에서 장애인에 대한 관심도 가지게 되었다. 1976년 유엔이 선포한 세계 장애인의 해가 장애인에 대한 관심을 불러일으키는데 큰 영향을 미쳤다. 70년대 말과 80년대 초를 거치면서 특수교육진흥법과 장애인복지법 등 국가의 법과 제도가 만들어지기 시작하였고, 국가의 사업과 정책도 시작되었다. 민간단체와 민간시설, 민간재활사업도 이때 움트기 시작하여 본격적으로 발전하였고 많은 장애인단체들도 발전하게 되었다. 또한 장애인에 대한 인식도 변화하기 시작하였고 편의시설도 이때부터 만들어지기 시작하였다.

장애인에 대한 보장구를 국가가 지급하기 시작한 것이 1980년이었고, 맹인에게 흰 지팡이를, 지체장애인에게 휠체어를 지급하고, 길거리의 보도 블럭에 점자 블럭을 설치하기 시작한 것도 바로 1980년대이다. 그러나 장애인복지사업은 이러한 여명기에도 불구하고 빠른 속도로 발전하지 못하고 상당히 오랜 시간이 걸려 발전했다.

장애인복지가 본격적으로 국가적인 아젠다(agenda)를 형성하여 다루어지기 시작한 것은, 1988년 서울패럴림픽 이후 1990년대 들어서면서 부터이다. 장애인복지대책위원회가 대통령 직속으로 만들어져 장애인복지의 기본적인 방향을 검토하고 장애인복지 5개년 계획을 만든 것이 바로 1997년이다. 이렇게 보면 우리나라의 장애인복지는 20

세기 전체를 거쳐 캄캄한 밤을 지내다가 20세기 말에 겨우 여명을 맞은 것이다. 새로운 천년이 시작되는 2000년을 전후하여 장애인복지의 새벽 해가 뜨기 시작했다고 할 수 있다.

제2장

[갓밝이 빛]

1981 - 1983

제1부 제2장에 들어가며~

새벽을 미리 알린 '갓밝이 빛'들이 트다!

　제1부 어둠편 제2장의 제목을 '갓밝이 빛'으로 붙였다. 흔히 새벽 동이 틀 무렵 그러니까 보다 더 정확히는 새벽 동이 트기에 바로 앞서, 그야말로 '희미하게 밝아 오는 빛'을 여명(黎明)이라한다. 그리고 이것에 해당하는 순수한 우리 낱말이 곧 '갓밝이'다. 그렇다! 우리 장애인복지의 캄캄한 어둠을 뚫은 새벽이 바로 서울패럴림픽이었다는 것은 너무나 분명하다. 하지만 그 서울패럴림픽이라는 새벽이 열리기에 앞서, 이미 우리에게 '갓밝이'에 딱 들어맞는 여러 빛들이 트여 왔었기 때문이다.

　그런데 여기서 우리가 주목할 것은 '갓밝이 빛'이 맨 처음 밝아온 '1981'이라는 해(年)이다. 바로 이 1981년은 유엔이 정한 [세계장애인의 해][2]로서, 우리 장애인복지의 전개과정에서 획기적인 전환점이 된 기념비적인 해이다. 돌이켜보면 유엔은 1975년 제30차 총회에서 "장애인의 권리에 관한 선언"을 채택하고, 이어서 1976년 제31차 총회에서 1981년을 세계장애인의 해로 결정하였다.

그리고 주제(主題)를 "완전 참여와 평등"으로 정하여 세계 각국이 자국(自國)의 실정에 맞는, 장애인을 위한 기념사업 등 복지시책을 펴 나가도록 권고하였다. 이에 따라 우리나라는 당시 약 100만 명에 달하는 장애인을 위하여 1980년 7월에 '세계장애인의 해 기념사업추진위원회'를 구성하였다. 그리고 표방 과제를 "장애인의 재활·자립-밝아오는 복지사회"로 정하였다.

아울러 ■장애발생의 예방, ■장애인의 조기발견, ■장애인에 대한 의료재활, ■장애인의 직업개발, ■장애인의 고용촉진 등의 사업을 추진하였다. 나아가 1981년 4월 20일에 최초로 장애인의 날 행사를 개최하였고, 곧이어 두 달 후인 6월 5일자로 역사적인 심신장애자복지법을 제정하였다.

따라서 제1부 제2장의 1절부터 6절까지는 이처럼 서울패럴림픽이라는 새벽을 열기위해, 미리 밝아온 '갓밝이 빛'들을 하나씩 차례로 살피려고 한다.

제1절부터 제6절까지는 저자(차흥봉)가 보건복지부 사회과장으로 재직하며 직접 장애인복지와 관련하여 정책을 추진하거나 행사를 진

---

2) '장애자'라는 용어는 1981년 6월 5일 '심신장애자복지법'을 제정하면서 공식적으로 사용되었다. 그래서 1981년 당시에는 '세계장애자의 해'로 표기하는 등 1988년 '서울장애자올림픽대회'까지는 일제히 장애자라는 용어를 사용하였다. 그러나 그 후 1989년 12월 '심신장애자복지법'을 '장애인복지법'으로 개정하면서 현재는 '장애자'를 '장애인'으로 고쳐 사용하고 있다. 따라서 이 책에서 아주 특수한 경우를 제외하곤 모두 '장애인'으로 표기한다.-편집자.

행하면서 체득한 내용을 기록한 것들이다. 그래서 제1절은 1988년 서울패럴림픽이라는 새벽을 열기위해 캄캄한 어둠을 뚫은 희망의 갓밝이들을 두루 살펴본다.

 이어서 제2절은 1981년 유엔 세계장애인의 해(IYDP)의 기념사업들을 고찰한다. 그리고 제3절은 장애인의 날·전극장애인기능경기대회·전국장애인체육대회와 관련된 이야기들을 다룬다. 특히 제4절은 최초의 장애인복지법을 제정한 의미와 과정을 살펴본다. 또한 제5절은 장애인이라는 용어의 의미와 탄생과정을 자세하게 소개한다. 마지막으로 제6절은 우리나라 최초의 장애인복지관 개발과정에 대하여 소개한다.

-제1절-

캄캄한 어둠을 뚫은 희망의 '갓밝이'들!

국내, 경제와 복지의 균형발전 지향하다

우리나라 장애인복지는 1970년대까지 그야말로 '캄캄한 밤'중이었다. 마치 황무지와 같았다고 하는 것이 훨씬 더 정확한 표현일 것이다. 이렇듯 장애인복지가 캄캄한 어둠 속을 헤맬 때 바로 그 새벽이 오기에 앞서, 미리 다가오는 여명(黎明), 즉 갓밝이 가운데 1970년대 후반부터 국내외로부터 거의 동시에 세 가지가 다가왔다.

첫째 국내로부터 다가온 '갓밝이'는 1962년 이후 괄목하게 발전해 온 경제적인 성과였다. 지난 1960년대 이후 우리나라의 뚜렷한 경제발전은 1970년대 중반부터 경제성장과 사회복지의 균형발전을 촉진하는 계기가 되었다. 사실 돌이켜보면 우리나라는 1960년까지 1인당 국민소득은 겨우 70불 내외로서 세계에서 가장 가난한 나라의 하나였었다.

그런데 1962년부터 시작한 경제개발 5개년계획이 1970년대 중반까지 3차례에 걸쳐 성공적으로 시행되면서 1인당 국민소득 1천 불 이상의 나라를 만들었다. 이런 빼어난 경제적인 성과를 밑바탕으로 1976년 제4차 경제사회발전 5개년계획부터는 경제성장과 사회복지의 균형발전을 국가의 기본 발전전략으로 채택하였다. 바로 이 국가의 균형발전 전략은 장애인복지의 발전에도 큰 계기를 마련해주었다.

즉, 장애인복지 업무의 주무 부처인 보건복지부는 1978년부터 고도성장에 따른 과제의 하나로 사회복지정책을 강화하기로 하였다 이에 따라 1979년부터는 아동·노인·장애인 등 사회적인 취약계층을 지원하기위한 복지 입법들을 추진하게 되었다. 이렇게 해서 만들어진 것 가운데 하나가 1980년부터 추진하여 1981년 6월에 제정된 심신장애자복지법이다. 그런데 이 법제정을 계기로 우리는 장애자라는 용어를 공식적으로 널리 사용하게 되었다. 이에 대해서는 다음 제4절에서 보다 상세하게 다루려고 한다.

국외, 유엔 세계장애인의 해를 제정하다

둘째 국외에서 다가온 갓밝이는 국제연합, 즉 유엔(UN)으로부터 밝아왔다. 유엔은 1975년 12월 제30차 총회에서 "장애인의 권리에 관한 선언"을 채택하고, 이어서 1976년 12월 16일 제31차 총회에서 다가오는 1981년을 [세계장애인의 해(International Year of Disabled Persons-IYDP)]로 결정하였다. 그리고 주제를 "완전 참여와 평등"으로 정하여 세계 각국이 자국의 실정에 맞는, 장애인을 위한 기념사업 등 복지시책을 펴나가도록 적극 권고하였다.

그런데 1976년 유엔의 IYDP 결정 사실은 특이하게도 우리 국민들에겐 한참 늦게 알려지게 되었다. 왜냐하면 유엔이 결정한 IYDP를 관련 부처인 외교부가 보건복지부에 통보한 것은 3년이 경과한 1979년이었기 때문이다. 그리고 이와 관련하여 또 하나 특기할 사항이 있다. 즉, 당시 외교부의 공문을 보면 영어 Disabled Person을 불구자(不具者)로 번역하여 IYDP를 세계 '불구자'의 해로 표기하였다. 당시 정부 부처의 공식문서에도 버젓이 '불구자'라는 용어를 사용한 것이다.

그렇지만 ■보건사회부[3]-이하 '보건복지부'라 함-에서는 이를 매우 부적절한 표기라고 판단하였다. 그래서 자체적으로 불구자란 용어를 [장애자(障碍者)]로 고쳐서 표기하기로 결정하였다. 따라서 세계 '불구자'의 해라는 명칭도 자연스레 ■세계 '장애자'의 해[4]로 바꾸어서 각종 기념사업을 추진하게 되었다. 이런 까닭으로 심신장애자복지법의 제정에 앞서 미리 장애자라는 용어를 사용하게 되었다. 이에 따라 1981년 [세계장애자의 해]까지 모두 140개의 기념사업을 선정하고 3년간 사업을 추진하였다.

---

[3] 1955년 정부의 조직통폐합에 따라 보건사회부가 탄생하였다. 1994년 12월 23일 국민복지 정책기능을 강화하기 위해 '정부조직법' 개정에 따라 보건복지부로 개편하였다. 이 책에서는 통일적으로 '보건복지부'로 표기하였다.

[4] 1981년 당시 상황을 설명하기위해 부득이 '장애자'라는 용어를 사용하였다-편찬위원회

물론 그 사업 가운데는 앞서 언급한 심신장애자복지법의 제정도 포함되었다. 아무튼 이 IYDP 기념사업은 우리나라 장애인 복지의 발전에 큰 기폭제 역할을 하였다. 특히 장애인에 대한 인식을 개선하고 장애인의 인권을 보장하며 장애인들이 보다 나은 삶을 살아갈 수 있도록 돕는데 큰 계기를 마련해주었다. 그런 인식변화를 잘 나타내는 일화를 하나 들어 보겠다. 나는 우리나라에 와서 30년간 맹인복지사업을 해온 외국인 선교사 한 분과 평소 알고 지내왔다.

어느 날 그분이 일부러 장애인 등 복지관련 일을 맡아왔던 나를 찾아왔다. 그리고 IYDP를 계기로 서울에서 택시운전사가 맹인을 태워주는 것을 처음 보았다고 말했다. 그리고 이제까지 부정적인 관념으로 맹인 승차를 기피해온 택시운전사가, IYDP를 계기로 인식이 달라져 맹인을 아무 거리낌 없이 태워주는 모습을 보고 감명을 받았다는 것이다. 이처럼 1981년 세계장애인의 해는 장애인에 대한 부정적 인식의 개선뿐만 아니라, 장애인 복지시설의 확충, 장애인 편의시설의 개선 등 장애자 생활환경의 전반적인 개선에도 큰 영향을 미쳤다.

최초로 장애인 분야 국제대회 개최하다

셋째 국내외적으로 다가온 갓밝이는 최초로 장애인 분야의 국제대회를 개최한 것이다. 즉, 유엔 세계장애인의 해를 계기로 1979년 4월 22일부터 27일까지 6일간 서울 워커힐 호텔에서 제6차 범태평양 국제재활대회(Sixth Pan Pacific Conference of Rehabilitation International)가 열렸다. 'RI' 국제대회를 한국장애인재활협회가 유치한 것이다. 당시 25개국 348명의 외국인과 국내 320명의 관계자들이 참여한 대규모 국제 대회였다. 이 대회는 국가적인 차원에서 규모면에서나 내용면에서 성공적인 행사였다.

무엇보다도 우리나라가 최초로 개최한 장애인 분야의 국제대회라는데 그 의미가 매우 컸다. 우리나라에서 장애인이 이용하는 휠체어를 길거리에서는 거의 볼 수 없는 시절에, 이 대회에 참가한 수십 명이 타고 다닌 휠체어는 오히려 신기할 정도였다. 당시 이 대회에 참가한 인도 대표 한 사람이 개회식 날 저녁 환영 만찬 자리에서, 한국에도 장애인을 위한 재활(Rehabilitation)이 있느냐고 물을 정도로 우리나라 장애인 복지사업은 빈약한 시절이었다.

그리고 이 국제대회의 또 다른 역사적 의미는 RI 80년대 헌장(RI Charter for the 80's)을 제정하기 위해 준비모임을 갖게 되었다는 점이다. 이 80년대 헌장은 인류가 장애인과 비장애인을 막론하고 모든 사람의 권리를 보호하고 책임을 증대시킬 수 있는 시책에 관하여 합의한 성명이라고 할 수 있다. 이 헌장 제정위원회는 1979년 서울 대회에서 회의를 갖고, 그 후 1980년 캐나다에서 개최된 제14차 'RI' 세계대회에서 이 헌장을 발표하였다. 이 헌장은 그 후 1981년 유엔 세계 장애인의 해에 중요한 문서로 제시되었다.

−제2절−

유엔 세계장애인의 해(IYDP) 기념사업들!

장애인의 재활·자립−밝아오는 복지사회!

앞서 1절에서도 잠시 다룬 것처럼 유엔은 1976년 12월 16일 제31차 총회에서 1981년을 [세계장애인의 해(International Year of Disabled Persons-IYDP)]로 결정하였다. 유엔은 유엔 헌장에 명시된 인권과 기본적 자율 및 평화의 원칙과 인간의 존엄, 가치 및 사회적 정의에 관한 신념을 재확인하면서 세계장애인의 해를 선포하였다. 따라서 세계장애인의 해의 표방 과제로는 [완전한 참여와 평등(Full Participation and Equality)]으로 결정하고, 장애인이 신체적·정신적 사회적응을 위한 지원 등 다섯 가지 주제와 목표를 설정하였다.

그 후 유엔은 1977년 이후 1979년까지 세 차례의 총회에서 세계장애인의 해에 관한 결의를 계속하였다. 유엔 내 특별위원회를 설치하여 세계장애인의 해의 행동계획도 수립하였다. 당시 전 세계 4억 5천만 명으로 추산되는 장애인의 사회적 통합을 기하기 위하여, 모든 국가로 하여금 장애인의 사회참여와 능력개발의 촉진, 장애인에 대한 사회적 제약과 편견의 제거, 장애발생의 예방과 의료, 직업 재활사업의 실시 등 장애인복지 증진을 위한 시책을 강구하도록 권고하였다. 이와 같은 유엔의 권고에 따라 세계 각국에서는 1981년 '세계장애인의 해'를 기념하는 각종 장애인복지 사업을 추진하였다.

한국도 유엔의 권고와 세계 각국의 동향에 맞추어, 1981년 세계장애인의 해를 맞이하여 각종 기념사업을 추진하였다. 이에 따라 1980년 7월 28일 대통령령 제9982호로 [세계장애인의 해 한국사업추진위원회 규정]을 제정·공포하고, 각계 대표 45명으로 [세계장애인의 해 한국사업추진위원회]를 구성하였다. 이 위원회의 회의를 거쳐 12월 26일 [세계장애인의 해 기념사업 계획]을 확정하였다. 세계장애인의 해를 기념하는 한국의 표방과제는 [장애인의 재활·자립-밝아오는 복지사회]로 정하였다.

모두 140개의 기념사업을 추진하였다

이 기념사업 계획에 따라 1981년 1월 5일 국무총리 담화로 세계 장애인의 해를 국내에 선포하고, 정부와 지방자치단체 및 민간단체가 함께 참여하는 150건의 기념사업과 행사를 계획하였다. 그리고 1980년 12월 최초의 전국규모 장애인 실태조사로 장애인의 현황을 조사했다. 이어서 1981년 6월 5일 최초의 [심신장애자복지법]을 제정·공포하였다. 이에 앞서 같은 해 4월 20일에는 제1회 장애인의 날 기념식을 거행하였다. 이렇게 하여 1981년 세계장애인의 해에 모두 합쳐

140개의 기념사업을 추진하였다. 그 가운데 대표적인 기념사업들은 다음과 같다.

- 전국심신장애인 실태조사 (901,800명)
- 제1회 장애인의 날 행사 (4월 20일, 중앙 및 각 시도별 행사)
- 심신장애자복지법 제정 (6월 5일)
- 장애인 보장구 지급 (3,081명)
- 시각장애인 기능훈련원 건립 (서울 상일동)
- 최초의 장애인종합복지관 건립 (서울 명일동)
- 제1회 전국 장애인기능경기 대회 (6월 23일)
- 국제 장애인기능경기대회 및 스포츠대회 파견 (10월)
- '세계장애인의 해' 기념우표 발행 (4월 20일)
- 전국 장애인복지대회 (4월 20일)
- 제1회 전국장애인체육대회 (10월 2일)
- 백만인 걷기 모금운동 (5월 10일) 등

세계장애인의 해를 맞이하여 1980년 9월 9일부터 12일까지 태국 방콕에서 유엔 실무회의가 개최되었다. 유엔 아태 지역 경제사회위원회(ESCAP) 유엔 세계장애인의 해 사무국이 주최한 이 회의는, 아태 지역 내 각국의 장애인 현황, 장애인 복지시책, 세계장애인의 해 사업계획 등에 관한 정보를 교환하고 장애인 복지증진에 필요한 토의를 하는 것이 회의의 목적이었다. 15개 회원국과 유엔관련 기구대표자 등 72명이 참가하였다. 이 회의에서 한국대표(차흥봉 보건복지부 사회과장)는 첫날 다섯 번째 순서로 연설을 하였다. 이 때 한국 대표는 한국의 장애인 실태와 앞으로의 발전계획을 다음과 같이 보고하였다.

❶ 1979년 정부조사 결과 장애인 추정인구는 1,089천 명으로 전 인구의 2.9%이며, 이 중 항구적 직업종사자는 22%. 이 조사에서 61%의 장애인은 자신들의 생활수준을 하위라고 대답하였다.

❷ 장애인을 위한 국가의 법률제도는 장애인 교육에 관한 특수교육진흥법(1977년), 산재장애인을 위한 산업재해보상보험법(1963년)뿐이다.

❸ 장애인복지를 위한 일반 법제도가 없는 상태에서 보건복지부에서 실시하고 있는 복지사업으로는 빈곤가정을 위한 생활보호제도(약 1만 명의 장애인 해당), 전국 83개 장애인복지시설에서 단순 보호사업을 수행하고 있다.

❹ 김포국제공항에 장애인 편의시설을 최초로 설치한 것과 공중 전화박스에 장애인을 위한 전화기를 설치한 것에 대해 소개하였다.

―제3절―
장애인의 날·기능경기대회·전국체육대회 개최!

1. 눈물바다가 된 장애인의 날 행사

정부예산으로 공식 기념행사를 하다

유엔이 정한 세계장애인의 해인 1981년은 우리나라 장애인복지 발전의 가장 큰 계기가 되는 해였다. 보건복지부는 4월 20일을 '장애인의 날'로 지정해 제1회 기념식을 거행하였다. 저자(차흥봉)는 제1회 장애인의 날 행사를 치르게 되었다. 우리 사회과 직원 모두가 처음 해보는 행사인 관계로 어려움이 많았고 타 부처와의 마찰이나 실수도 적지 않았었다.

1980년 5·18 광주민주화운동 직후에 들어선 제5공화국 신정부는 정부기구개편을 단행하면서 각종 기념일을 축소 조정하는 방침을 세우고 있었다. 따라서 기존에 있던 기념일조차도 줄여야 할 형편에, 신설하는 장애인의 날을 법정 기념일로 해야 한다는 보건복지부의 건의는 총무처에서 받아들여지지 않았다. 그 대신 국고지원 하에 공식 기념행사만 진행하라는 방침이 정해져 보건복지부는 행사준비에 열을 올리게 됐다.

그런데 1부 기념식에는 남덕우 국무총리가, 식후 행사인 2부 기념제에는 이순자 대통령 부인이 참석하게 되어 있었다. 당시 삼엄했던 사회분위기 탓에 영부인의 참석을 위해서는 행사 참가자 전원의 신원조회가 필요했다. 제1회 장애인의 날 행사장인 세종문화회관 대강당에 모일 4천 3백여 명의 참석자 명단을 미리 확보하고, 이들의 본적·주소·범죄사항·사상 등을 파악한다는 것은 쉬운 작업이 아니었다.

제1회 장애인의 날 행사(1981.4.20)

보건복지부 사회과 직원들은 이 때문에 모두 비상근무에 들어갔고, 몇 달 만에 조사를 끝내고 결과 보고서를 작성해 보니 그것이 두꺼운 책 한 권의 분량이 되었다. 그러나 이 과정에서 막상 행사장의 조명, 전기배선 등을 책임질 세종문화회관 직원 1백여 명의 신원조회를 미처 생각하지 못하는 실수를 하였다. 당연히 행사 당일 청와대 경호원들이 '비표가 없다'는 이유로 이 사람들의 행사장 출입을 통제하는 일이 벌어졌다.

나는 기념식을 불과 몇 시간 앞두고 무대 조명이나 음향시설이 되지 않아 진땀을 뺐다. 결국 청와대 경호과장을 만나 세종문화회관 관장과 총무과장의 입회 확인 하에 이들 기술직 직원들이 출입을 하도록 타협을 보았다. 결국 이들 직원들이 각자 정 위치에 들어옴으로서 행사를 진행할 수 있었다.

이러한 우여곡절 끝에 개막된 장애인의 날 기념행사는 성공적이었다. 특히 농아인 운보(雲甫) 김기창(金基昶) 화백이 수화(手話)가 아닌 어눌한 육성으로 기념사를 발표함으로써 문을 연, 2부 기념제는 출연자와 관중들 모두의 눈시울을 뜨겁게 달궈놓았다.

감격에 겨워 선뜻 발걸음을 옮기지 못하다.

이어서 농아 학생들의 부채춤과 꼭두각시 무용, 그리고 맹인들의 합창 등이 웅장한 무대 위에서 펼쳐지는 모습은, 그동안 힘든 준비과정을 깨끗이 잊을 수 있게 했다. 숨겨야 할 아들과 딸로만 여겼던 장애인 자녀가 무대 위에서 춤을 추고 노래 부르는 모습이 대견하고 자랑스러웠는지 그날 행사에 참석한 부모들은 감격의 눈물을 감추지 않았다.

특히 농아 아동들이 음악소리 대신 북을 두들겨서 울리는 진동에 맞추어 박자를 가늠하고 부채춤을 연습했다는, 사회자의 말에 관객들은 '아! 그랬구나'라며 고개를 끄덕였다. 그리고 장애인의 행사를 처음 접하는 귀빈들 역시 연신 손수건으로 눈물을 닦아내는 모습을 볼 수 있었다. 드디어 애화학교의 여섯 살 박이 농아 이선희 양이 청능

(聽能) 훈련을 통해 트이게 된 육성으로 끝인사를 함으로써 무대의 막이 내려졌다.

그리고 보건복지부 사회과 직원 모두는 선희 양을 부둥켜안고 눈물을 흘렸다. 참석 내빈들과 행사 참가자들도 감격이 복받쳐 선뜻 발걸음을 옮기지 못하였다. 이렇듯 제1회 장애인의 날 행사는 감동의 눈물바다가 되었다. 영원히 잊지 못할 참으로 감격스러운 1981년 4월 20일 제1회 장애인의 날 기념식이었다. 그렇다! 우리나라 장애인복지의 새벽을 여는 또 하나 '갓밝이'였다.

2. 장애인기능경기와 장애인체육대회

무엇이든 처음 시작은 어려운 것이다. 장애인기능경기대회는 참가선수 모두가 장애인이어서 보건복지부의 주관으로 진행해야 하지만 경험이 없었기 때문에 비장애인 기능경기대회를 치른 노동부의 도움이 필요했다. 당시 홍성철 보건복지부장관은 저자(차흥봉)에게 중소기업진흥공단 이사로 활동 중이던 조일묵(趙一默) 씨를 연결시켜 주면서 많은 도움을 줄 것이라 했다. 장관의 말대로 담당자와 함께 그를 찾아갔고 이것이 그 후 서울패럴림픽대회조직위 사무총장을 거쳐 한국장애인재활협회장 등으로 활동한 조일묵 씨가 장애인계에 데뷔하는 대목이다.

1981년 6월 23일부터 서울 이태원에 있는 정수직업훈련원에서 4일간 열린 전국 장애인기능경기대회에서는 건축제도, 양재, 목공예 등 11개 종목에 걸쳐 장애인들이 그동안 숨어서 기량을 닦아온 실력을 유감없이 발휘했다. 물론 조일묵씨가 꼼꼼하게 챙기고 도와준 덕에 대회 자체도 별다른 차질 없이 진행될 수 있었다. 이 대회에서의 입상자들은 6개월 후에 개최된 국제장애인기능올림픽대회에도 참가해 종합 2위를 차지하는 쾌거를 보여 당시 국민들을 놀라게 했다.

제1회 전국장애인체육대회도 같은 해 10월 옛 서울고등학교 운동장에서 개최되었다. 달리기, 탁구, 축구 등의 종목에 약 1천 1백여 명의 장애인 선수가 참석한 체육대회는 단출하게 개최됐다. 장소부터가 고등학교 운동장이었으니 그 규모를 예상해 볼 수 있을 것이다. 지금은 31년의 역사를 거치면서 상당히 발전된 규모의 전국장애인체육대회가 됐지만 그 당시만 해도 운동장을 대각선으로 뛰어도 80m 단거리 밖에 할 수 없는 수준의 운동회였다. 그래도 1회 대회였던 만큼 대통령 부인인 이순자 여사가 참석해 격려했다.

이 전국장애인체육대회에서 팔과 다리가 불편한 장애인들이 안간힘을 쓰며 기량을 겨루는 모습은 지켜보는 이들로 하여금 손에 땀을 쥐게 했다. 청각장애인 단거리 달리기를 할 때 한 경기운영자는 딱총을 쏘는 것으로 신호를 알려 선수들이 아무도 달려 나가지 못하는 해프닝도 벌어졌다. 선수들이 듣지 못한다는 것을 미처 생각하지 못했던 까닭이다. 또한 청각장애인이 게임을 할 때 반칙을 하면 심판들이 나와서 소리를 지르기가 일쑤였는데 이를 선수들은 알아듣지 못해 같은 실수가 반복해서 일어나는 웃지못할 일들도 벌어졌다.

국제적인 룰을 모르고 있던 탓에 시각장애인 달리기를 할 때에도, 레인별로 빨래 줄을 설치하고 대나무 대롱을 끼어서 그것을 붙잡고 뛰어나가도록 해 관중들은 모두가 웃음을 참아가면서 이를 지켜보았다. 세부종목별 우승자의 숫자를 정확하게 예상하지 못해 금메달 개수가 모자랐던 기억도 난다. 하는 수 없이 급한 대로 동메달에 금색을 칠해 걸어줬던 기억도 있다. 그때는 모두가 아찔한 순간이었지만 지금 생각하면 웃을 수밖에 없는 시행착오의 추억들이다.

-제4절-

최초의 장애인복지법을 제정하다

우리나라 최초의 장애인복지법은 1981년 6월 5일 국회에서 제정되었다. 심신장애자복지법이란 이름으로 제정되고 6월 5일 법률 제3452호로 공포되었다. 심신장애자복지법은 1970년대 산업화의 진전으로 장애인 문제가 보다 크게 부각되기 시작한 시점에서 장애인과 국민의 한결같은 요구에 의해 만들어진 밑으로부터의 법이다. 보통 우리나라 복지관련 법률은 청와대나 국회 등에서 정치적으로 먼저 그 방침을 정한 후 정부에서 입법을 추진하는 것이 상례인데 심신장애자복지법은 순전히 보건복지부 차원에서 만들어졌다.

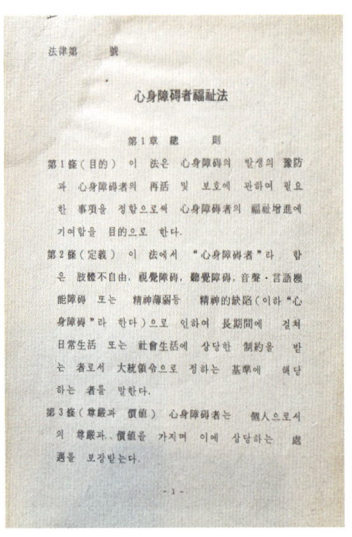

국회본회의 통과 법안(1981.6.5.)

보건복지부 사회과를 중심으로 실무자들이 초안을 만들고, 실무자들이 정부 다른 부처를 설득하여 국회까지 통과한 당시로서는 특이한 법률이다. 그 바람에 최초의 법률에서 장애인복지의 중요한 내용이 많이 삭제되었다. 장애인을 위한 복지조치의 주요내용들이 마지막 순간에 빠지게 된 것이다. 예를 들어 법률안 초기단계에 장애인의 경제적 생활을 지원하기 위한 제도로 동네 연초 소매상을 장애인이 우선적으로 운영하도록 하는 초안이 있었으나, 마지막 순간 재무부 소관 전매청의 강력한 반대로 삭제되었다.

당시 전매청이 장애인 연초 소매상을 반대한 이유는, 동네 곳곳에 있는 담배 판매점을 장애인이 운영하면 담배가 잘 팔리지 않아, 그 당시 국가재정 수입의 큰 부분을 차지하는 전매 수익금에 큰 타격을 입는다는 것이었다. 전매수익금의 중요부분을 차지하는 담배판매점에 장애인이 앉아 있으면 동네 사람들이 담배 사기를 꺼려한다는 편견이 깔려 있었다. 장애인에 대한 일반 국민의 인식이 그 만큼 뒤 떨어져 있었다는 뜻이다.

이처럼 최초의 심신장애자복지법은 당초 장애인 복지를 위해 검토했던 많은 복지조치가 마지막 법안에서 제외된 채 국회를 통과하였다. 복지 조치의 내용은 많이 삭제되었지만 우리나라 최초의 장애인복지법이 제정되었다는 것만으로도 큰 역사적 의의가 있었다. 그 후 개정된 장애인복지법은 모두 이 법률의 개정안으로 만들어졌다. 최초로 제정된 심신장애자복지법은 심신장애의 발생에 따라 장애인의 의료재활, 직업재활, 생활보호 등 복지사업을 효과적으로 추진하여,

장애인의 재활·자립을 도와주고 그 가족의 정상적인 경제 사회활동을 도와 전체적으로 사회복지를 증진하는데 그 목적이 있다.

이 법의 기본이념은 인간으로서의 존엄과 가치를 지니는 장애인의 기본적 생활을 보장하고 보호하는 것이다. 그동안 우리나라에서 편견의 대상이 되어 왔던 현실을 불식하고, 장애인의 완전한 사회참여와 평등을 구현하는 이념을 담고 있다. 최초의 심신장애자복지법은 매 5년마다 국가가 정기적으로 장애인 실태조사를 실시하도록 규정하고, 장애인의 복지시설 입소 조치, 장애인의 재활을 촉진하기 위한 재활치료조치, 보장구 개발 보급 등을 규정하고 장애인의 직업재활을 위해 적성직종을 개발 보급하도록 규정하고 있다.

이 법은 장애인의 사회생활에 필수적인 편의시설의 설치를 조장하도록 규정하고 있다. 최초로 제정된 심신장애자복지법은 장애인복지시설을 독립된 복지시설로 처음 법제화하였다. 종래의 장애인복지시설은 사회복지시설의 하나였다. 이 법률 제정으로 복지시설의 종류도 장애의 종류에 따라 구분하고, 시설의 사업내용도 장애인을 단순 수용하는 종래의 관행을 넘어 장애인의 재활사업에 중점을 두도록 법제화하였다.

이렇게 제정된 최초의 심신장애자복지법은 기본적으로 프로그램적인 성격의 법으로 출발하였다. 국가의 재정형편이나 여건에 따라 사업을 발전시켜나갈 수 있는 프로그램적인 규정이 많다는 것이 하나의 특징이다. 국가적 여건의 성숙정도에 따라 실질적인 복지조치를 발전시켜나가도록 만들어진 것이다.

◈ 장애인복지법 제정 뒷이야기

우리나라 최초의 장애인복지법이 탄생하는 과정에 대하여 보다 구체적으로 소개할 것이 있다. 저자(차흥봉)는 이 법의 초안 작성에서부터 공청회, 관계부처 협의, 그리고 최종 국회심의와 공포에 이르기까지 법제정 전 과정에 참여했다. 당시 보건복지부 사회과에서는 장애인복지법 외에 노인복지법, 사회복지사업기금법 제정도 함께 추진하였다.

장애인복지법과 노인복지법, 사회복지사업기금법 제정은 1979년부터 추진하였다. 장애인복지법의 제정을 위한 정책과 제도의 기본 방향에 대해서는, 먼저 보건복지부 내의 사회보장심의위원회에 연구를 의뢰하였고, 이를 한혜동 연구위원이 맡아서 1979년 말에 법 초안을 만들었다. 그리고 그 이듬해에는 민간단체의 연구 자료도 수집했다. 이때 특히 도움을 주었던 사람이 대구대 이태영 학장과 한국장애자재활협회의 민은식 씨였다. 민은식 씨는 지금은 고인이 되었지만 장애인복지법의 제정을 위한 자료를 열심히 찾아주었다. 국내의 자료를 연구하고 법률초안을 작성하는 것은 내가 직접 책임을 맡았다.

1980년 나는 당시 전병훈 사회국장과 함께 일본 장애인복지법과 제도를 공부하고 현장의 새로운 자료를 수집하기 위해 일본을 방문

했다. 일본에서 한 달 동안 장애인복지시설 및 기관과 노인복지시설을 견학하고 마지막으로 일본 후생성(우리나라 보건복지부)을 방문하였다. 이때 나를 따뜻이 맞이해준 사람이 후생성 재활과의 과장 보좌「곤」씨였다. 그는 사무실에서 밤 12시가 넘어가도 개의치 않고 나에게 일본의 장애인복지법과 제도의 변화과정을 상세히 설명해주었다.

그리고 필요한 자료는 복사해주면서 어떻게든 우리나라 장애인복지법 제정에 보탬이 되도록 도와주었다. 차곡차곡 복사해준 자료가 두 손으로 들고 나오기가 어려울 정도로 많았다. 새벽까지 시간 가는 줄 모르고 일본 제도에 대해 이야기를 나누던 우리는, 자리를 털고 나와 신주쿠(新宿)의 음식점에서 맥주 한 잔을 기울이며 피곤을 씻었다. 「곤」씨는 지금도 감사히 기억되는 사람이다.

1980년 8월 21일, 보건복지부에서 1차로 작성된 장애인복지법 초안을 가지고 관계 전문가들이 모인 가운데 공청회가 열렸다. 또한 그해 9월 11일엔 사회사업가 세미나 자리에서도 법 초안을 발표하고 의견을 수렴하였다. 이 공청회 자리에서 나는 대구의 어느 농아인의 누나가 대통령에게 보낸 탄원서 전문을 읽었다(제1장 제2절 참조). 장애인복지 제도의 필요성을 호소하는 그 내용이 너무나 절실해서 지금도 그 탄원서를 보낸 아주머니를 잊을 수가 없다. 공청회에서 우리가 작성한 초안은 큰 무리 없이 동의를 얻을 수 있었다.

그러나 문제는 정부 내의 관계부처 협의였다. 경제기획원, 재무부, 내무부 등 관련된 여러 부처들과 협의하는 과정에서 장애인복지법 초안은 상당부분 축소·삭제되고 말았다. 구체적인 복지 프로그램이 삭제되고 여러 강제조항이 임의조항으로 바뀌었다. 보건복지부에서 그렇게 공들여 작성한 초안이 관계부처 협의과정에서 기대이하로 축소되었지만 나는 실망하지 않았다. 아니 실망스럽더라도 일단 국회에서 통과시켜야만 한다는 마음이 앞섰다. 한 번 제정된 법을 개정하는 것은 그나마 쉬운 일이기 때문에 첫 번째 법률을 제정하는 것이 중요하다고 생각했다.

그 당시에는 장애인복지법의 기초가 없는 상황에서 장애인복지를 논하기가 매우 어려운 상황이었다. 장애인복지에 대한 주위의 이해도 부족했고, 국회심의 과정에서 그 흔한 로비를 하는 이도 아무도 없던 시절이었다. 장애계에서도 국회 로비를 하는 사람이 없었다. 그러나 어떻든 일련의 과정을 거친 장애인복지법은 국회의 심의를 거쳐 6월 5일 역사적인 빛을 보게 되었다.

국회에서 장애인복지법이 통과되던 그날 같은 시각엔 그동안 보건복지부 사회과에서 함께 추진해오던 노인복지법도 동시에 확정되어 일련번호가 나란히 매겨지는 기쁨을 맛볼 수 있었다. 이보다 앞서 함께 추진해 온 사회복지사업기금법은 1980년 12월 31일 제정되었다. 이로써 사회과 직원들은 1년에 3개의 법을 제정하는 노고를 자축하며 기뻐했던 순간을 잊을 수가 없었다.

-제5절-

장애인이라는 용어는 인권 개념이다
- 장애인 용어의 변천과정 -

　일찍이 유엔(UN)은 1976년 제31차 총회에서 1981년을 '세계장애인의 해', 영어로 [International Year of Disabled Persons-IYDP]로 의결하였다. 이러한 결정을 통보받은 우리 외교부는 1979년 이를 다시 보건복지부에 통보하면서 [세계'불구자'의 해]라고 번역해서 공문을 보냈다. 그런데 이를 받은 보건복지부는 영어 [Disabled Persons]를 불구자로 번역하는 것은 적절치 않다고 판단하였다.

　그래서 [장애자(障碍者)]로 고쳐서 [세계장애자의 해]로 지칭하면서 각종 기념사업을 준비했다. 이런 연유로 장애자라는 용어는 1979년부터 통용하게 되었다. 이후 1981년 6월 5일 [심신'장애자'복지법]을 제정하면서 장애자라는 용어는 공식적·법률적으로 두루 통용되었다. 그러다가 1989년에 [심신장애자복지법]이 [장애인복지법]으로 명칭이 바뀌면서 장애인이라는 용어가 현재 통용되고 있다.

　여기서 오늘날 장애인을 지칭하는 대상에 대한 용어의 변천을 살펴보면 1970년대까지 법적으로 정해진 것은 없었으나 장애에 대한 집단적인 호칭은 불구자(不具者)였다. 몸의 어느 부분이 온전하지 못한 사람이라는 뜻이었다. 그렇다면 1981년 심신장애자복지법을 처음 제정할 때 보건복지부에서 검토한 내용을 살펴보기로 한다.

우리나라는 1981년 심신장애자복지법을 제정하면서 장애인을 지칭할 때 쓰는 장애(障碍)라는 법적 용어를 처음 사용하였다. 장애자 또는 장애인이라는 용어는 장애를 가진 사람이란 뜻으로, 권리의 주체인 장애인의 인권을 강조하는 의미를 지니고 있다. 오랜 역사를 통하여 우리나라에서는 장애인을 지칭하는 수많은 부정적 의미의 용어를 사용하여 왔다. 인권개념이 발달하지 않은 상황에서 장애인 개개인이 가지고 있는 장애상태를 경멸하거나 경원시하는 관습이 있어 왔기 때문이다. 불구자, 병신, 절름발이, 폐질자 등이 모두 그러한 용어들이다.

1948년 대한민국 정부수립 이후에도 장애인을 지칭하는 용어는 구분 없이 사용하였다. 1950년 한국전쟁 이후 수많은 상이군경을 불구자로 부르고 정부의 통계에서도 그렇게 부르는 게 흔했다. 1975년 유엔이 장애인 권리선언을 하고 1976년 세계장애인의 해를 선포한 이후에도, 외교부는 1981년을 세계불구자의 해라고 번역하여 장애인을 불구자로 표기했다.

한때 보건복지부는 1950년대 이후 통계연보를 발행하면서 신체장해아동과 같이 장해라는 용어를 사용하였고, 1961년 장해아동 조사보고서에도 장해라는 용어를 사용하였다. 그 후 노동부에서는 1963년 산업재해보상보험법을 제정할 때에도 장해자(障害者)라는 용어를 사용하였다. 이렇게 사용된 장해(障害)는 피해와 손실을 입었다는 점을 강조하는 의미를 지니고 있다.

그런데 1950년대 이후 의학계 등 민간분야에서는 장애(障礙)라는 용어를 많이 사용하였다. 의학적 진단 결과 심신의 기능상 구체적 장애 상태, 예를 들면 "지체장애", "언어장애", "청각장애"를 표현하면서 장애의 용어를 사용하게 된 것이다. 이때 장애는 기능적 손상을 의미한다. 1980년 WHO는 국제장애분류에서 장애를 세 가지 상태, 즉 심신의 손상(impairment), 불능(disability), 사회적 불리(handicap)로 정의하였다. 심신의 손상-불능-사회적 불리로 이어진다고 보고 있는 것이다.

1981년 심신장애자복지법을 제정할 때 보건복지부에서는 장애자라는 용어에 대하여 다각도로 검토하였다. 먼저 불구자와 같은 전통적 개념은 장애인을 부정적으로 보는 것이기 때문에 버리기로 하였다. 아울러 장해자라는 용어도 손상을 입었다는 것만 강조하기 때문에 적절하지 않은 것으로 보았다. 대신에 장애자라는 용어를 쓰기로 최종적으로 결정하였다. 그간 학계에서 제시한 장애라는 용어와 UN과 WHO에서 제시한 장애의 개념을 채택한 것이다.

이때 「장애(障碍)」의 개념은 개인적 손상의 의미를 넘어 사회적 환경의 책임을 강조하고 있다. 즉, 장애인이 가지고 있는 장애상태는 그 자신의 책임이 아니라, 사회 환경이 만들어 놓은 사회적 불리(handicap) 상태로 보는 것이다. 따라서 그런 불리한 상태를 걷어낼 책임이 사회 환경에 있다고 보는 것이다. 또한 장애인의 천부적 인권을 강조하는 철학적 의미도 지니고 있다. 결국 장애자라는 용어는 인권에 기초하여, 인간다운 생활을 보장하는 국가와 사회적 책임을 강조하는 의미를 지니고 있다. 다시 말해 장애자란 장애를 지닌 사람의 인권을 가장 적절히 표현하고 있다고 보아야 할 것이다.

이처럼 장애인의 인권을 강조하는 철학은 유엔이 사용하는 장애인 개념에서도 찾아볼 수 있다. 유엔은 1976년 세계장애인의 해를 선포할 때 장애인을 'Disabled Persons'-능력상실자-으로 표현하였다가 다시 장애인의 인권개념을 강조하여 'People with Disability'-장애를 가진 사람-로 바꾸었다. 바로 사회적 환경책임으로 장애의 장벽을 갖게 되었다는 점을 강조한 것이다. 한국에서 1979년부터 사용한 장애(障碍)의 의미도 사회 환경이 만들어 놓은 장애를 강조한 것으로서 장애인의 인권을 중요시 하고 있다.

이런 의미를 담아 만들어진 장애자라는 용어는 그 후 1989년 심신장애자복지법을 장애인복지법으로 개칭하면서 장애인이라는 용어로 바뀌어졌다. 장애자(障碍者)의 '놈' 자(者)자가 '나쁜 놈' 등의 부정적인 오해를 불러 올 수도 있다는 의견도 있었다. 하지만 '자(者)'는 학자(學者), 농자(農者), 기자(記者), 성자(聖者) 등으로 널리 긍정적인 의미로 통용되고 있다. 그럼에도 불구하고 굳이 장애인으로 바꾼 것은 장애인계의 요구를 받아들인 것이다.

―제6절―
최초의 장애인복지관을 개관하다

장애인은 심신의 장애 때문에 재활을 위한 특별한 서비스를 필요로 한다. 장애인 복지를 위한 시설보호사업은 이러한 서비스 대책의 하나이다. 특히 장애인은 전문적 재활서비스를 필요로 하기 때문에 서비스를 담당하는 시설 보호의 의의가 중요하다. 우리나라에서 장애인시설보호사업은 1970년대 말까지 빈곤층의 생활보호대상자를 수용 보호하는 것이 고작이었다. 이런 역사에서 변화가 일어난 것은 1980년대 이후 지역사회중심시설의 태동이다.

서구에서는 정상화(normalization) 이념에 따라 장애인을 시설에 격리하며 보호하기 보다는, 평소에 살고 있는 지역사회에서 정상적인 생활을 하면서 필요한 서비스를 제공하는, 지역사회중심 보호시스템이 1970년대부터 발달하기 시작했다. 이러한 정상화 이념이 우리나라에도 비교적 빠르게 알려졌다. 한국전쟁 후 장애인 수용보호시설이 들어왔으나 그 수가 크게 발전하지 않은 상태에서 지역사회중심 장애인시설이 생겨나기 시작한 것이다. 장애인복지관은 그렇게 해서 태동한 지역사회중심 장애인복지시설이다.

장애인복지관은 가정에서 생활하는 장애인들을 대상으로 필요로 하는 전문적 서비스를 제공하는 전문적 시설이다. 종래 수용보호 위주의 시설사업에서 탈피하여 지역사회중심의 서비스를 제공하는 이용시설로서의 특징을 지니고 있다. 이 시설은 장애인을 위한 의료재활·교육재활·직업재활과 함께 사회적응을 위한 사회재활을 목표로 하는 전문서비스 기관이다.

저자(차흥봉)는 보건복지부 사회과장으로 장애인복지 업무를 담당하면서, 서구제국과 일본에서 이미 발달해온 지역사회 재활서비스 시설을 모델로 하여, 우리나라에서도 장애인복지관을 만들어야 한다고 생각하였다. 1979년 일본 도쿄에 있는 국립재활원, 1980년 호주 시드니에 있는 퀸 엘리자베스 재활센터에 찾아가 견학하고 선진국 지역사회재활센터의 예를 참고하였다.

최초의 복지관을 만들 때 기능과 역할에 대하여 계획한 것은 장애인 상담지도 및 평가, 전문적 재활서비스, 조사연구, 정보수집 및 보급 등 장애인의 재활과 복지에 관련된 모든 서비스를 담당하도록 하는 것이었다. 직접적 서비스 기능과 지역사회복지센터로서의 기능을 함께 고려한 것이다. 무엇보다도 전문성에 우선을 두고 전문인력을 확보하여 전문적 프로그램을 개발하는 것을 강조하였다.

이렇게 해서 장애인복지관 제1호로 만들어진 것이 서울 강동구 명일동에 세워진 서울장애인종합복지관이다. 서울장애인종합복지관은 보건복지부가 1981년 유엔 세계장애인의 해 기념사업의 하나로 계획하여 그 이듬해 50억 원의 중앙정부 예산을 확보함으로써 추진되기 시작하였다. 그 당시 단일 시설로는 가장 큰 예산을 확보한 것이다. 처음 설립하는 장애인복지관이라 서울에 건립하기로 하고 서울특별시와 협의하여 계획을 확정하였다. 서울시립양로원이 있는 강동구 명일동 부지를 활용하기로 하고 1981년 건축을 시작하였다.

당시 건축설계 분야에서 우리나라 최고 권위자인 김수근 선생에게 설계를 부탁했는데 흔쾌히 받아들여졌다. 장애인의 재활과 희망을 위하여 시설을 밝게 설계하자는 아이디어가 채택되어 이 복지관은 당시까지 우리나라 장애인 시설의 우중충한 모습을 완전히 일신하는 밝은 시설로 설계되었다. 안정감이 있는 2층 건물에 완만한 경사로를 설치하고 중앙 정원은 항시 햇빛이 비치도록 설계하였다.

이 장애인종합복지관의 운영방향에 대하여 나는 장애인을 위한 지역사회 전문적 서비스를 강조하였다. 그 결과로 이 시설은 서울특별시가 '영원한 도움의 수녀회'에 운영을 위탁하기로 하였다. 수녀회에서는 이 분야의 전문가를 채용하여 운영을 맡기기로 결정하였다. 초창기 전봉윤 기획실장과 정진모 기획부장은 이렇게 전문가 케이스로 채용되었다.

이러한 배경을 거쳐 서울장애인종합복지관은 1982년 12월 17일 드디어 개관되었다. 개관식에 참석한 많은 귀빈들과 장애분야 전문가들은 이 시설의 밝은 모습과 전문적 서비스 공간을 보고 매우 흡족한 모습이었다. 우리나라 장애인복지관은 이렇게 1982년에 시작하여 80년대 말까지 전국적으로 9개소가 만들어졌다.

저자노트(차흥봉)

장애인복지 갓밝이의 희망을 보면서~

1980년은 장애인복지의 큰 획을 긋는 해였다. 1950년 한국전쟁 당시 지어진 '성인 불구시설'이 장애인을 지원하는 유일한 곳이었을 뿐 실제 복지차원에서 접근하는 법률이나 정부의 전담부서는 전무한 실정이었다. 장애자라는 말조차 없던 그야말로 캄캄한 밤중의 시절이던 바로 그 해에, 장애인복지법 제정 움직임과 전국 장애인 실태조사 등으로 지금의 틀을 갖춰나가는 계기가 마련됐다.

1980년 한국보건개발연구원에 의뢰해 대규모로 실시한 조사에서는 장애인 인구, 장애 발생이유, 발생빈도, 생활실태 등을 파악했고, 여기서 우리나라 전체인구의 2.37%, 약 90만 2천 명이 장애인 이라는 사실을 가늠할 수 있었다. 또한 정부가 실시한 최초의 프로그램인 보장구 지급도 역시 같은 해에 이뤄졌다. 대한적십자사에 의뢰해 휠체어, 보조기, 흰 지팡이, 보청기 등을 지급한 이 사업은 생각만큼 쉽지 않았다.

누구에게 어떤 것을 어떻게 지급해야 가장 공평하고 합당할 것인가를 염두에 둬야만 했기 때문에 당시 보장구 심사위원들은 매달 한 번씩 정기적인 회의를 가졌다. 처음 해보는 이러한 사업들이 모두 보건복지부 사회과를 통해 진행됐기 때문에 그야말로 눈코 뜰 새 없이 바쁜 시간을 보냈지만, 장애인복지가 시작되고 있다는 사회적 분위기가 담당 과장인 나에게 상당한 보람을 가져다 준 것도 사실이었다.

급속한 산업화로 고도의 경제성장을 이룩하던 당시 상황에서는 국민들의 욕구도 크게 분출하기 시작했다. 따라서 사회개발 사업이나 소외계층, 특히 장애인에 대한 정부차원의 대책마련이 시급했고 그러한 대내적 분위기가 장애인복지를 획기적으로 이루어나가는 바탕이 됐다고 본다.

나는 1980년 9월 세계장애인의 해 준비를 위해 방콕에서 열린 UN ESCAP 회의에 한국대표로 참석했다. 각 나라 대표들이 자국의 장애인복지 현황과 준비하고 있는 기념사업에 대해 발표하는 자리에서 나는 적지 않은 비애감을 느꼈다. 일본을 비롯한 많은 나라들의 발전된 복지제도를 접하면서 '우리나라는 정말 소개할 것이 없구나' 라는 생각이 들었기 때문이다.

그러나 나는 실망하지 않고 귀국해서 '세계장애인의 해 한국 사업 추진위원회' 일에 매달렸다. 정부 관련부처와 민간단체 할 것 없이 가리지 않고 장애인 분야의 대표자를 이 위원회의 위원으로 참여시켰다. 이 위원회는 1981년 세계장애인의 해가 끝날 때까지 모든 기념사업을 계획하고 추진하는 주관기관이 되었으며 나는 이 위원회의 간사로 일하였다. 그리고 1981년 본격적인 세계장애인의 해가 밝아오면서 각 언론매체들도 이를 크게 보도하는 데에 주저하지 않았다.

경향신문 1월 16일자에서는 '복지의 해 무엇을 어떻게 해줘야 하나'라는 테마로 한 개 지면을 특집 면으로 할애했다. 이 지면에서 민은식 당시 삼육아동재활원 부원장은 전문가 의견란에 '완전한 참여와 평등을 위해 차별과 편견을 털고 따뜻하게 맞아주어야 한다. 지역별 복지공장을 설치하는 것도 방편이 된다'는 등의 글을 기고하기도 했다. 나는 이 해에 실시된 기념사업 하나하나에 심혈을 기울였다. 이런 사업들을 통해 장애인에 대한 시민인식이 조금씩 변화된다는 사실에 보람을 느꼈기 때문이다.

제2부 | 새벽편

'부풀은 꿈' 안고
'샘솟는 힘' 쏟다

휘영청 밝은 달 우뚝 솟은 산! 깊은 골짜기 물소리 우렁차네!

최일권 작

제1장

[부풀은 꿈]

1984.6. – 1988.10.

최일권 작

제2부 제1장에 들어가며~

서울패럴림픽 준비하며 '부풀은 꿈'을 꾸었다

　제2부 새벽편 제1장의 제목을 '부풀은 꿈'이라고 붙였다. 그 까닭은 1988년 서울패럴림픽을 성공적으로 개최함으로써, 한국 장애인복지가 어둠을 뚫고 새벽을 활짝 열 수 있다는 부푼 꿈을 간직하고 열심히 달려온 시기였기 때문이다. 우리가 1984년 1월에 서울패럴림픽을 유치한 것은 정말 기적이었다고 생각된다. 당시의 객관적인 국내 여건은 대회 유치가 거의 불가능한 상황에 처해 있었다. 특히 서울패럴림픽 유치에 대해 서울올림픽조직위(SLOOC)의 우려가 컸었다.

　하지만 그런 염려는 쓸데없는 걱정이었다. 지극한 사랑의 마음으로 서울패럴림픽조직위원회(SPOC)를 적극 지원하여 서울패럴림픽을 성공하도록 만든 일등 공신은, 바로 SLOOC의 제3대 박세직(朴世直) 위원장이었다. 아무튼 제20대 김정례 보건복지부 장관의 강렬한 의지로 서울패럴림픽은 유치되었고, 이에 따라 1984년 6월 4일 SPOC은 출범하였다. 그리고 구성원들은 장애인복지를 개선한다는 '부풀은 꿈'을 품고 1988년 서울패럴림픽의 준비에 혼신의 힘을 기울였다.

그런데 SPOC이 추진하는 업무 하나 하나는 단순히 스포츠대회를 준비하는 과정이 아니었다. 바로 장애인에 대한 인식개선의 과정이었으며 그야말로 닥치는 일들은 전인미답(前人未踏), 그러니까 "이제까지 아무도 발을 들여놓거나 도달한 사람이 없는" 그런 생소(生疎)한 사안들이었다. 여기에 설상가상(雪上加霜)격으로 서울올림픽에 가려 재원조달을 위한 수익사업도 제대로 펼 수가 없었다.

그렇지만 SPOC 구성원들은 할 수 있다는 '부풀은 꿈'을 결코 잃지 않았다. 따라서 장애인을 에워싼 캄캄한 어둠을 뚫고 밝은 새벽을 열기위한 악전고투(惡戰苦鬪)의 연속, 다시 말해 서울패럴림픽을 위한 수많은 도전과 끈질긴 극복에 따른 환희의 이야기들이 제2부 새벽편 제1장의 제1절~제9절에서 자세하게 다루어진다.

제1절부터 제5절까지는 저자(안이문)가 보건복지부에서 장애인 업무를 담당한 후 한국장애인재활협회 기획부장을 거쳐, SPOC 출범 때부터 기획과장으로 일하며 직접 체득한 각가지 SPOC 관련 상황들을 기술하고 있다. 그래서 제1절은 서울패럴림픽 유치과정과 조직위원회의 설립을 살핀다. 그리고 제2절은 SPOC이 정식으로 업무를 시작한 내용이다.

제3절은 서울패럴림픽 유치 확정에 따른 개최국 가조인에 관한 내용이며, 제4절은 서울패럴림픽 준비업무를 시작한 내용이다. 그리고 제5절은 대회기본계획 수립을 위해 분야별로 목표를 설정한 내용이다.

이어서 제6절은 저자(박삼옥)가 SPOC 홍보과장으로 일하며, 서울 패럴림픽의 세 가지 상징물을 개발한 과정과 의미를 소개한다. 그리고 제7절은 SPOC이 장애인전국체육대회를 주관한 내용을 다루고, 제8절은 SLOOC과 SPOC간에 서울패럴림픽추진합동협의회를 발족시키고, SLOOC 박세직 위원장이 SPOC 업무를 적극적으로 지원한 내용을 소개한다. 마지막으로 제9절은 저자(박삼옥)가 SPOC 사업부장으로서 갖가지 수익사업을 펼친 내용을 기술한다.

―제1절―
서울패럴림픽조직위원회 정식 출범하다

서울패럴림픽 유치와 대회조직위원회 설립

국제올림픽위원회(IOC)는 1981년 9월 서독 바덴바덴 총회에서, 1988년 제24회 하계올림픽을 우리나라 서울에서 개최하기로 확정하였다. 이에 따라 1982년 7월경 전상(戰傷) 척수장애인들의 경기를 주관하는 국제스토크맨드빌경기연맹(ISMGF)이, 한국의 국가보훈처에 제8회 패럴림픽의 서울개최 여부에 대해 서면질의를 하였다. 그런데 국가보훈처는 개최가 불가하다는 견해를 밝혔다. 그렇다면 왜 'ISMGF'는 장애인 관련 업무를 총괄하는 보건복지부가 아닌 국가보훈처에 유치 의사를 물었을까.

ISMGF는 전상(戰傷) 척수장애인들의 경기를 주관하는 단체로서 1982년 3월 세계장애인스포츠기구국제조정위원회(ICC)가 출현하기 이전까지는 가장 역사와 전통이 깊은 국제장애인스포츠 기구였기 때문이었다. 그러나 새로 출범한 장애인 스포츠 통합기구인 ICC가 정식으로

1983년 2월 보건복지부(장관 김정례)에 서울패럴림픽 개최여부를 질의함에 따라, 낙후된 장애인복지 문제를 단번에 개선하기위해서는 서울패럴림픽을 개최해야 한다는 판단에 따라 준비절차에 들어갔다.

그렇지만 정작 서울패럴림픽 유치를 둘러싼 당시 국내 상황은 녹록지 않았다. 한마디로 제반 여건은 전혀 그렇지 못했다. 무엇보다도 국내외에서 제기되는 이런 저런 사유들로 성공적인 개최 여부가 불투명한 상황 속에서, '88서울올림픽을 준비하고 있던 서울올림픽조직위원회(SLOOC. Seoul Olymic Organizing Committee)가 심각한 우려를 표하고 있었다. 그 까닭은 세계 장애인들이 선수로 참가하는 패럴림픽이 유치되어, 서울올림픽과 동시에 준비하는 과정에서 서울올림픽의 이미지가 훼손 될지도 모른다는 걱정 때문이었다.

장애인스포츠는 애당초 경기대회로서의 기량을 겨루거나 관람을 위해서 시작된 것은 아니었다. 그 보다는 신체적 기능 회복과 사회적 재활이라는 측면이 강조된 대회였다. 따라서 당사자들 외의 많은 사람들이 보고 즐기는 동질성은 부족한 측면이 있었다. 그런데 우리나라처럼 장애인에 대한 이해를 비롯해서 모든 주변의 물리적 생활환경이 제대로 갖춰지지도 못한 상태에서 패럴림픽을 치른다면 설사 서울올림픽을 성공적으로 잘 치렀다고 하더라도, 패럴림픽을 잘 못 치르게 된다면 그것은 안 한 것보다 더 못하다는 것이 중론이었다.

그래서 서울패럴림픽 유치 찬반에 대한 국무회의 논의에서도 외교부 장관(이범석)을 제외하고는 모두가 반대했다고 한다. 이렇듯 SLOOC

을 비롯해서 우리 국민들도 장애인에 대한 인식수준이 터무니없이 낮았던 탓에 일반적인 여론의 흐름도 서울패럴림픽의 유치 움직임에 대해 탐탁찮게 여기는 분위기가 뚜렷이 감지되고 있었다. 또한 여기에 더하여 대회를 치를 재원규모와 확보 방안도 상당히 불투명한 상태였다.

이런 미묘한 상황에서 보건복지부 김정례 장관은 장애인정책을 담당하는 사회국(국장 박일상)의 건의를 받아들여, 1983년 5월 서울패럴림픽추진반(반장 송재성 재활과장)[5]을 설치하고 치밀하게 준비업무를 진행하였다. 그렇지만 첫 번째 관문인 서울패럴림픽 유치의향서에 대한 대통령의 재가(裁可)를 얻는 것이 무엇보다 중요한 과제였다. 그래서 유치추진반에서는 대통령 재가를 얻기 위한 주도면밀한 계획을 세웠다. 매년 연말 보건복지부가 주관하는 연례행사로서 대통령이 결핵환자를 위해 크리스마스 씰을 사주는 전달식이 예정되어 있었다.

따라서 이 기회를 적극 활용하기로 내부 방침을 정하였다. 마침내 1983년 12월 말경 이 행사장에서 김 장관이 전두환 대통령께 독대를 신청하였다. 그리고 미리 준비해간 서울패럴림픽 유치의향서를 설명하고 곧바로 대통령의 재가를 받았다. 이어서 마감당일인 1984년 1월 20일 대통령의 공식적인 재가를 받아, 오스트리아의 인스브루크에서 개최 중인 ICC 총회에 전언 통신문을 보내 가까스로 유치에 성공하였다. 그 당시 호주도 대륙이주 200주년을 기념하기 위해 유치전에 노력했다고 한다.

---

[5] 1983월 5월 발족한 '서울패럴림픽추진반'은 반장 송재성 재활과장과 이영찬, 김명현, 정형선 사무관으로 구성되었다.

유치계획서의 총 소요 예산은 약 82억여 원으로 산출되었는데. 이전 대회 개최국의 전체 규모 등을 평균으로 잡아 세워졌었다. 이 당시만 해도 패럴림픽에 대해서는 국내외적으로 그렇게 큰 관심을 받지 못했던 때였기 때문에 어떤 면에서는 무모한 도전이라고 해도 과언이 아닐 정도였다. 그러나 비록 타 부처의 도움이 없더라도 보건복지부 단독으로 해 내겠다는 강한 의지와 장애인에 대한 인식의 획기적인 대전환을 통해, 복지환경을 대폭 강화하겠다는 김정례 보건복지부장관의 강렬한 의지가 결정적인 역할을 하였다.

그러나 이번에는 패럴림픽을 유치한 것에 대해 나름대로 환영할 것으로 기대했던 장애인단체들이 정작 개최를 반대하였고 그 분위기도 확산되는 추세였다. 장애인단체의 반대의견은 국내의 장애인복지는 기초적인 수준이고 장애인에 대한 인식과 물리적인 환경은 후진상태에 머물러 있을 뿐이다. 이런 상태에서 대회를 개최하면 자칫 우리의 치부만 드러낸 채 실패한 대회로 평가되면, 비록 서울올림픽을 성공시킨다고 해도 찬물을 끼얹는 결과가 될 뿐이라는 것이었다.

또한 이러한 문제들을 해소하기에는 준비기간 4년은 너무 짧다는 것도 난제였었다. 아울러 경기를 치르기 위한 시설이나 용기구, 장애유형별 의무분류체계도 새롭게 도입해야 한다는 점도 큰 부담이었다. 앞서 국무회의의 반대 논리는 서울올림픽대회를 성공적으로 치르는 데 총력을 기울여도 부족한 판에 서울패럴림픽까지 치러야 한다는 것은 큰 위험부담이 될 것이라는 의견이었다.

그러나 당사자인 장애인 또는 관련 단체의 반대 논리는, 국내의 장애인들은 당장 바깥에 마음대로 다닐 수 없을 정도로 편견과 차별이 만연되어 있는 판에, 단지 겉치레만 번듯한 행사를 위해 막대한 돈을 쏟아 붓는 것은 큰 문제라고 지적하며 반대한 것이었다. 이미 서울패럴림픽의 유치가 확정되었음에도 불구하고 이렇게 국내 의견들은 분분하였다.

그런 상황에서 보건복지부는 1984년 6월 4일 서울패럴림픽대회조직위원회(SPOC. Seoul Paralympic Organizing Committee)를 설립하였다. 그리고 초대 위원장에 이진우(李珍雨) 국회 사무총장을 선임함으로써 공식 출범하게 되었다. 이어서 산적한 준비업무를 차질 없이 총괄할 사무총장의 선임과 사무실 마련에 착수하였다.

사무실 마련하고 현판식을 거행하다

보건복지부는 1984년 6월 4일 출범한 SPOC의 사무총장을 임명하기 위해 두 사람을 물망에 올려놓고 적임자를 선정하기 위한 절차에 들어갔다. 바로 조일묵 중소기업진흥공단 기술이사와 민은식 삼육재활원 부원장이 대상이었다. 조일묵 이사는 국제기능경기대회를 세계 최강으로 끌어올린 경력과 유엔이 제정한 1981년 세계장애인의 해 기념사업의 일환으로 제1회 전국장애인기능경기대회의 기술위원장을 맡아 20개 직종의 대회를 성공적으로 마치고, 연례적으로 개최할 수 있게 했던 경험이 높게 평가되어 최종 선임 되었다.

민은식 부원장도 장애인에 대한 깊은 애정을 가지고 있고 외국어에 능통하며, 인적 조력을 지원 받을 수 있는 장점에도 불구하고, 삼육재활원의 부원장직을 중단할 수 없는 사유가 감안되어 제외되었다. 사무총장이 임명된 가운데 조직위의 사무실을 어디로 정할 것인지 여러 곳을 돌아 본 가운데 첫 출발지로서의 상징성도 있다고 판단하여 여의도에 소재한 중앙보훈회관(광복회관)에 사무실을 마련했다.

직원은 한국장애인재활협회에서 추진하는 장애인취업알선사업의 구직대상자 중 인터뷰를 통하여 두 명을 우선 배치하여 사무실 집기와 비품목록을 작성하도록 업무를 배정했다. 그리고 1984년 8월 24일 오후에 재단법인 SPOC의 현판식이 진의종 국무총리를 비롯하여 김정례 보건복지부 장관, 권이혁 문교부 장관, 이영호 체육부 장관, 염보현 서울시장 등이 참석한 가운데 서울 영등포구 여의도동 중앙보훈회관에서 거행되었다.

서울패럴림픽조직위(SPOC) 현판식(1984.8.24.)

뉴욕패럴림픽 선수단 및 조사단 파견하다

그런데 현판식에 앞서 SPOC은 제7회 뉴욕패럴림픽 일정에 맞추어 출전 선수단과 서울패럴림픽의 조사단을 구성하였다. 그리고

1984년 6월 14일부터 7월 1일까지 18일간의 일정으로 장도에 오르게 되었다. 일반 선수로서는 올림픽무대에 처녀출전인 것이다. 선수단은 25명(선수 14명, 임원 9명, 보도 2명)이었고, 조사단은 보건복지부와 SPOC 및 한국장애인재활협회 관계자 6명, 그리고 서울시 편의시설 조사팀을 포함해서 모두 35명으로 구성되었다.

이보다 앞서 선수들은 6개 종목(육상·탁구·역도·양궁·사격·수영)에 걸쳐 기량을 높이기 위한 합숙강화훈련을 정립회관에서 약 40일간 진행했다. 장애유형은 뇌병변장애인과 시각장애인 그리고 절단 및 기타장애인이 대상이었다. 대한상이군경회 선수들이 주류를 이룬 척수장애인은 경기대회 자체가 영국으로 반납됨에 따라, 같은 해 7월 20일부터 8월 3일까지 16일간 선수와 임원 24명이 영국 에일즈버리 스토크맨드빌 스포츠센터로 향했다. 이 대회의 참가종목은 탁구와 양궁이었다.

앞서도 살펴본 바와 같이 서울패럴림픽은 1988년 하계올림픽의 서울개최 확정에 즈음하여, 오로지 장애인복지를 일거에 향상시키겠다는 의욕만으로 유치신청을 하였고 이를 관철시켰다. 하지만 장애인에 대한 인식을 비롯하여 장애인스포츠에 대한 경험과 선수 및 경기시설 등 어느 하나도 제대로 갖추지 못한 채 유치하였지만, 서울패럴림픽의 성공적인 개최를 향한 SPOC의 대장정은, 바로 서울패럴림픽대회 가조인과 제7회 뉴욕패럴림픽대회의 참가와 조사로부터 시작되었다.

–제2절–

서울패럴림픽 개최국 가조인 협약하다

1982년 국제척수장애인경기연맹(ISMGF)으로부터 대회개최를 요청하는 서한이 국가보훈처에 접수 된 이래, 1984년 1월 20일 보건복지부가 유치계획을 수립하여 최종 대통령의 결재를 득하기까지 여러 차례 우여곡절이 있었다. 그러나 마침내 오스트리아 인스부르크에서 개최 중인 ICC 총회의 마지막 날 전언통신문을 보내 유치에 성공하는 결과를 가져왔다. 그 뒤 보건복지부는 제7회 뉴욕대회에 선수단과 함께 조사단을 파견하여 대회 전 분야에 대해 준비과정을 조사하고, 각국의 대표단을 초청하여 리셉션도 가졌다. 마침내 1984년 6월 19일 ICC 카메룬 위원장과 이진우 SPOC 위원장이 서울패럴림픽 개최국 가조인 협약에 서명하였다.

차기 개최국 대한민국에 대한 가조인 장면(1984.6.19.)

보건복지부 이헌기 차관 '88대회 초청연설

신사 숙녀 여러분! 우선 우리는 88년 대회를 위해 최선을 다할 것을 약속드리는 바입니다. 레이건 대통령께서도 말씀하신 바와 같이 패럴림픽대회를 개최한다는 것은 커다란 영광이라 생각합니다. 주지하시는 바와 같이 한국은 미국과 달리 비교적 작은 국가이며 아직 발전도상에 있습니다. 이러한 나라에서 장애인올림픽대회를 개최한다는 것은 힘든 일이 아닐 수 없습니다. 그러나 이 대회는 장애인에게 인간적인 제약을 극복할 수 있는 도전의 기회를 제공할 것입니다. 같은 해에 일반 하계올림픽과 장애인올림픽을 개최한다는 것은 커다란 어려움을 동반하겠지만 우리는 최선을 다해 나갈 것입니다. 여러분의 많은 협력을 기대하는 바입니다. 1988년 서울에서 만납시다. 감사합니다.

1984. 6. 19
대한민국 보건복지부차관 **이 헌 기**

'88서울패럴림픽대회 개최 수락연설

카메룬 ICC 위원장님! 그리고 신사 숙녀여러분! 본인은 '88서울패럴림픽대회를 한국에서 개최하게 된 것을 무한한 영광으로 생각하는 바입니다. 본인은 한국정부와 국민을 대표하여 이 역사적인 대회가 성공적이며 결실 있는 대회가 되도록 최선을 다 할 것을 약속드리는 바입니다. 우리는 차기 대회에 성별·인종·피부·역사적·문화적 차이나 정치적 입장을 초월하여 많은 국가와 국민들이 참가하기를 진심으로 희망하는 바입니다. 한 가지 말씀드리고 싶은 것은 한국 국민의 친절함은 전 세계에 널리 알려져 있습니다. 여러분도 부디 한국에 꼭 오셔서 우리 국민의 친절을 경험하시기 바랍니다. 만약 한국방문 기회를 놓치신다면 여러분은 일생을 두고 후회하리라 확신합니다. 감사합니다.

1984. 6. 19
서울패럴림픽대회 조직위원회위원장 **이 진 우**

뉴욕패럴림픽 폐회식에서 '88대회 초청 연설
-1988년 서울에서 만납시다-

신사 숙녀 여러분! 차기 대회를 한국에서 개최하게 되었음을 발표하게 된 것을 무한한 영광으로 생각 하는 바입니다. 한국정부와 국민은 이 역사적인 대회가 단순한 기록을 위한 스포츠경기가 아니라 신체적·정신적 장애를 극복하기 위한 강한 의지를 보여주는 대회가 되도록 전력을 다할 것입니다. 본인은 모든 국가와 국민들이 어떠한 차별에도 구애됨이 없이 한국으로 초청하며, 꼭 한국을 찾아 줄 것을 바라는 바입니다. 여러분들이 한국에 오시면 한국의 모든 면을 보시고 만족하리라 믿습니다. 감사합니다. 서울에서 만납시다.

1984. 6. 29
서울패럴림픽대회 조직위원회위원장 **이 진 우**

―제3절―

대회 기본계획 수립을 위한 제반 목표
- 이념·목표·개요·조직·일정 -

1. 대회이념 및 목표

- **대회이념** : 도전과 극복, 평화와 우정, 참여와 평등.
- **기본방침** : 우정 어린 대회, 검소한 대회, 특성 있는 대회.
- **개최효과** : 선진복지국가 건설, 장애인 재활의욕 고취, 장애인스포츠 활성화

2. 대회개요

- **대회기간** : '88. 10. 15 ~ 10. 24(10일간 / ICC 규정에 의거)
- **대회장소** : 서울 및 경기도
- **경기종목** : 16개 종목(세부종목 732개)
  육상, 양궁, 농구, 사이클, 펜싱, 유도, 역도, 사격, 축구, 수영, 탁구, 배구, 보치아, 론볼링, 골볼, 당구
- **참 가 국** : 65개국(아시아 18개국, 유럽 26개국, 미주 12개

국, 오세아니아 2개국, 아프리카 7개국) ※ 최종 ENTRY 접수결과 61개국이 참가
- **참가인원** : 5,800여 명(선수단 4,365명 목표/국제기구 임원 100명/경기기술임원 685명/보도진 650명)
- **주요행사** : 개·폐회식/성화채화 및 봉송/문화예술행사/국제회의 등

3. 대회 운영조직

- 서울패럴림픽대회조직위원회(SPOC)
  - 1984. 6. 4. 설립인가(민법 제32조에 의한 재단법인)
  - 대회준비 및 운영, 대표선수 육성 등
  - 1실 3본부 11부 29과
  - 사무처 인력 : 직원 192명(자체 96명, 파견 96명 / 단기사병 50명 별도)

- 현장전개 조직운영 : 경기 및 행사장소별 운영본부 구성
  - 대회종합본부, 7개 경기본부, 11개 행사본부

4. 대회 주요일정

- 준비업무 추진일정
  - '87. 7. 종합사업계획서 확정
  - '87. 8. 대회운영 수준 결정

- '87. 9. 상황실 설치 및 기획단 발족
- '87. 9. 표준운영계획서 작성

○ 세부운영계획 추진
- '87. 12. 유관기관 협조요청
- '87. 12. 장소별 자원관리계획 수립
- '88. 02. 장소별 세부운영계획 수립

○ 대회운영준비
- '88. 7. 대회운영체제 전환
- '88. 7. 선수촌 완공
- '88. 5~7. 운영요원 직무교육
- '88. 7. 참가신청서 최종접수 마감
- '88. 6. 종합예행연습

○ 사후처리
- '88. 10. 현장 사후처리
- '88. 11. 결과보고서 작성

―제4절―
서울패럴림픽 세 가지 상징물 개발하다

나(저자 박삼옥)는 1984년 6월 4일 서울패럴림픽조직위원회-이하 SPOC-가 발족되고 석 달 정도 지난 9월에 홍보과장으로 일하게 되었다. 그리고 시급히 추진해야 할 일이 서울패럴림픽의 상징물인 휘장(徽章.Emblem)과 마스코트(Mascot)와 공식대회가(公式大會歌)를 개발하는 것이었다. 그런데 '공식대회가'는 시간적인 여유가 있었지만, '휘장'과 '마스코트'는 하루 빨리 개발해야 했다. 왜냐하면 각종 언론 매체 및 포스터와 책자 등 간행물을 통해 서울패럴림픽을 널리 알리기 위해서는 휘장과 마스코트가 필수적이었기 때문이었다. 그래서 휘장과 마스코트의 공모계획을 한국신문협회와 방송협회의 후원으로, 1984년 10월 15일 각 신문과 방송을 통해 다음과 같이 공고하였다.

> "첫째 대회 휘장(Emblem)은 인도주의 정신과 장애인들의 재활 의지를 표현하고, 제8회 서울패럴림픽을 상징하는 독창적인 내용과 형태로 하되, 특정 종교나 이념 등의 표현은 피해야 한다. 둘째 대회 마스코트(Mascot)는 우리나라 국민과 친근하고 행운을 의미하면서, 세계 모든 장애인들에게도 친숙감을 주는 대상물로 한다. 그리고 접수는 1984년 11월 1일부터 11월 30일까지로 한다"

그 결과 전국에서 휘장은 18점이 접수되었고, 마스코트는 1,017명이 대상물을 제안하였다.

1. 서울패럴림픽 휘장-W형태 5태극 문양!

1985년 4월 12일 심사위원회(위원장 : 曺泳哲 경기개방대 시각디자인과 교수)를 개최하였다. 그 결과 휘장은 공모에 응한 18점 가운데, 5가지 색깔(빨강·파랑·노랑·녹색·검정)의 태극문양(太極紋樣)을 W자(字) 형태로 배열한, '아랑디자인룸'에 근무하는 성낙훈(成洛勳)씨의 작품을 당선작으로 결정하였다. 그리고 당선작으로 결정한 휘장의 해설문은 내가 먼저 초안을 만들었다. 그리고 이를 바탕으로 여러 의견을 참작하여 다음과 같이 마무리하였다.

▶ 서울패럴림픽 휘장(徽章 : Emblem) 설명

다섯 5가지 색깔(빨강·파랑·노랑·녹색·검정)의 태극(太極) 무늬는, 우리 민족고유의 문양(紋樣)으로서 한국적인 이미지를 나타내고 있다. 그런데 다섯 개의 '태극무늬'를 W(World)자 형태로 배열한 것은 세계 5대주를 의미하며, 나아가 스포츠를 통한 세계 모든 장애인의 화합과 단결을 의미한다. 그리고 다섯 개의 태극무늬를 수평으로 배열한 것은 평등과 인도주의를 표현한 것이며, 아울러 전체 형태가 물결치는 모양으로 그려진 것은 약동하는 장애인의 극복의지를 강하게 나타낸다.

서울패럴림픽 휘장! 'IPC' 공식기(公式旗)가 되다!

　이렇듯 다섯 가지 색깔의 태극문양을 W자 형태로 배열한 휘장(엠블럼)을 넣어 제작한 서울패럴림픽 대회기는 개회식에서 세계장애인스포츠기구국제조정위원회(ICC)에 정식으로 기증되었다. 그리고 ICC를 후속한 국제패럴림픽위원회(IPC)의 공식기(公式旗)로 채택되어, 1992년 스페인 바르셀로나 패럴림픽에서는 원형 그대로 사용하였다. 그러나 그 이후 패럴림픽에서는 서울패럴림픽의 이미지에서 탈피하고자 약간의 변형을 가하여 사용하였다.

　즉, 1994년에는 종전의 태극무늬 5개 가운데 2개를 제외하고 3개-위 1개(녹색), 아래 2개(적색·청색)-로 새로운 기(旗)를 제작하였다. 그리하여 1996년 미국 애틀랜타, 2000년 호주 시드니, 2004년 그리스 아테네 패럴림픽까지 사용하였다. 이어서 2008년 중국 베이징 패럴림픽은 종전 3태극기의 무늬와 색깔 녹색·적색·청색을 그대로 이어서, 초승달 무늬 3개로 만든 기(旗)-아지토스(Agitos)-를 사용하고 있다. 결국 서울패럴림픽의 휘장이 현재 사용하는 IPC기(旗)의 연원이 되었다.

패럴림픽대회 엠블럼 변천 과정

2. 서울패럴림픽 마스코트-"곰두리!"

　한편 마스코트의 대상물은 1,017명이 참여하여 총 36종을 제안하였는데, 진돗개가 가장 많았고 그 다음이 곰이었다. 그런데 개보다는 곰이 더 다양하고 아름답게 형상화할 수 있다는 점, 그리고 단군신화에 호랑이와 곰이 등장-웅녀설화(熊女說話)-하는데, 서울올림픽의 마스코트가 호랑이를 형상화한 '호돌이'이므로, 패럴림픽의 마스코트를 곰으로 정하면 서로 대비되는 장점도 있다는 것 등을 참작하였다. 그런데 형상화할 때는 설악산 등에 서식하는 토종 반달곰을 그리기로 방침을 정하였다. 그리고 조영철 심사위원장이 추천한 이윤수(李允洙) 경기공업개방대학(현 서울과기대) 시각디자인학과 교수에게 지명 의뢰하기로 하였다.

　그리고 곰 한 마리를 형상화한 1차 초안을 받아서 검토한 결과 패럴림픽의 취지와는 딱히 부합되지 않았다. 그래서 장애인과 비장애인이 서로 돕는다는 의미에서, 곰 두 마리가 이인삼각(二人三脚) 형태로 함께 뛰는 모습으로 형상화해 줄 것을 다시 요청하였다. 그런 연후에도 곰 두 마리가 앞만 보며 뛰는 모습이 너무 심각한 표정이었다. 따라서 좀 더 밝고 친근한 모습으로 바꾸었고, 곰 가슴의 반달을 더 선명하게 나타내는 등 몇 차례의 수정을 거쳐 마스코트 형상을 최종 완성하였다.

　다음은 마스코트의 명칭을 무엇으로 하느냐가 과제로 떠올랐다. 그래서 조직위 직원들의 의견을 구한 결과 곰 두 마리가 뛰어간다는 의미에서 곰둘이(곰두리)와, 또 곰 두 마리가 나란히 뛴다는 뜻에서 곰나란히(곰나라니)로 압축되었다. 그런데 네 글자보다는 세 글자가 부르기에 훨씬 편하다는 점에서 일단 곰둘이(곰두리)를 선택하였다. 그리고 명칭을 곰둘이로 할 것인지 아니면 곰두리로 할 것인지에 대해서는 한동안 논란이 있었다. 그래서 한글 전문가로부터 자문을 받아서 최종 명칭은 '곰두리'로 확정하고 영문표기는 'GOMDOORI'로 결정하였다. 마스코트의 해설문도 내가 초안을 만들고 여러 의견과 자료를 참고하여 다음과 같이 매듭지었다.

▶ 서울패럴림픽 마스코트(Mascot) 설명

곰 두 리
GOMDOORI

곰은 미련하다는 일반의 인식과는 달리, 실제로는 영특한 지혜와 불굴의 용맹을 함께 갖춘 동물로서, 단군신화 이래 우리 겨레와 가장 친근한 동물이다. 아기 반달곰 두 마리가 이인삼각(二人三脚)으로 함께 뛰는 모습은, 장애인과 비장애인이 서로 힘을 합쳐 활기차게 살아가는 모습을 상징한다. 이에 극복의 의미를 담아 '88서울패럴림픽대회의 마스코트로 함께 뛰는 두 마리의 한국산 반달곰으로 선정하고, 명칭은 '곰두리(GOMDOORI)'라고 부르기로 결정하였다.

'곰두리'는 장애인스포츠의 상징물이 되었다

이렇게 확정된 대회 휘장과 마스코트는 대회홍보·포스터 등 각종 인쇄물·배지(badge) 등 기념물 제작과 수익사업 등에 활용되어 서울패럴림픽을 성공적으로 치르는데 크게 기여하였다. 이런 과정을 거쳐 탄생한 서울패럴림픽대회의 마스코트인 '곰두리'는 지금은 우리나라 장애인스포츠의 보편적인 상징물이 되어 여러 용도로 사용되고 있다.

3. 공식대회가-"서울패럴림픽대회의 노래!"
〈미당(未堂) 서정주(徐廷柱)의 장애인 헌시(獻詩)〉

이어서 공식 대회가(大會歌) 즉 '서울패럴림픽대회의 노래'를 만드는 일에 착수하였다. 어떤 노래를 만드는데 있어 가장 중요한 것은 노랫말, 즉 작사를 누구에게 의뢰 할 것인가를 결정하는 것이다. 그래서 이 문제를 고심하고 있을 때 당시 조직위의 조일묵 사무총장이, "종이 울리네 꽃이 피네 새들의 노래 웃는 그 얼굴"로 시작하는 가수 패티 김이 불러 히트한 '서울의 찬가'를 작사·작곡한 길옥윤(吉屋潤. 본명 崔致楨) 선생을 추천하였다.

작곡가 길옥윤 선생이 대회가를 자천하다

이유인즉 며칠 전에 우연히 길옥윤 선생을 만났더니 '88서울패럴림픽에 대한 관심이 크고, '공식대회가'를 자신이 꼭 만들고 싶다고 말하더라는 것이다. 그러니 홍보과장이 한번 만나보라고 했다. 그래서 1985년 7~8월경의 어느 날 강남 파레스 호텔 커피숍에서 길옥윤 선생을 만났다. 그랬더니 대뜸 가방에서 악보를 꺼내 보이며, 자기가 이미 '서울패럴림픽 대회가'를 작사·작곡해왔다고 했다. 그리고 나에게 건네주면서 꼭 채택되게 해달라고 신신 당부하였다.

그래서 그 자리에서 가사의 내용을 쭉 살펴보니 자기 나름대로 서울패럴림픽의 의미를 담아 쓴 것으로, 곡은 어떤지 악보만으로는 알 수 없었지만 가사내용은 많이 수정해야 할 것 같았다. 그래서 다음날 이 내용을 조직위 간부회의에서 보고하고 논의를 해보았다. 그 결과 길옥윤 선생님의 뜻은 참 훌륭하지만 우선은 보류하고, 패럴림픽을 더 잘 알리기 위해서는 우리에게 널리 알려진, 저명한 원로 문인에게 의뢰하는 것이 좋겠다는 것으로 결론 내었다.

미당 서정주(徐廷柱) 시인이 노랫말을 짓다

뒤이어 논의 과정에서 우리 문학의 대 원로인 미당(未堂) 서정주(徐廷柱) 시인께 노랫말을 의뢰하면 좋겠다는 의견이 나왔다. 그래서 회의를 주재한 사무총장도 이에 동의하여 일단 그렇게 추진해보기로 방침을 정하였다. 그래서 회의를 마치고 나와서 미당 선생께 전화를 해서 '88서울패럴림픽의 개요와 공식 대회가의 제작 취지를 간략하게 설명했다. 그랬더니 의외로 관심을 나타내면서 내일 조직위 사무실로 들르겠다고 말하였다. 그리고 다음날 '미당' 선생이 밤색 중절모를 쓰고 밝은 모습으로 조직위 사무실로 나왔다.

　나는 미당의 시와 수필 등 작품은 몇 편 읽었으나 직접 만난 것은 처음이었다. 그래서 정중하게 인사부터 했다. 그리고 세계장애인스포츠 역사와 현황, 서울패럴림픽의 개최 목적과 기대 효과, 그리고 우리나라 장애인의 복지현황 등을 상세하게 설명하고 관련된 여러 가지 자료도 보여주었다. 오랫동안 진지하게 설명을 경청하고 자료들을 살펴본 미당 선생은, 대회가의 제작 취지를 잘 이해하게 되었다고 하면서 일단 노랫말을 써가며 궁금한 점은 연락하겠다면서 귀가하였다.

　　　우리의 의지는 하늘의 의지!
　　　　우리의 희망은 끝이 없도다!

　그 후 대략 열흘 쯤 지나고서 노랫말의 초안을 만들어서 조직위 사무실로 가지고 왔다. 그래서 찬찬히 읽어 보고나서 매우 조심스럽게 한두 개 낱말에 대해 제 소견을 말하였다. 그랬더니 그 자리에서 바로 내 의견대로 수정해 주었다. 이후 이 내용을 위에 보고한 결과 원안대로 곧바로 시행하라고 하였다. 그래서 미당 선생에게 확정되었다고 말씀했더니 매우 기뻐하였다. 모두 1, 2절로 된 '서울패럴림픽의 노래'의 노랫말은 이렇게 완성되었다. 바로 미당 서정주 시인이 우리나라 장애인에게 바치는 헌시(獻詩)였다.

작곡가 김동진(金東振) 선생이 곡을 만들다

이 겨레와 인류를 사랑하는 마음은
우리들이 한결 더 깊고 간절합니다
불편한 몸 극복해 일어서는 우리가
선진하는 역사의 횃불이 되오리다
우리의 의지는 하늘의 의지
우리의 희망은 끝이 없나니
우리의 의지는 하늘의 의지
우리의 희망은 끝이 없도다."(제1절)

패럴림픽 우리가 견뎌 이김으로써
이 나라 숨은 저력 드러내서 보이고
모든 일과 평화도 우리들이 앞장서
온 세계에 자랑이 크게 되게 합시다
우리의 의지는 하늘의 의지
우리의 희망은 끝이 없나니
우리의 의지는 하늘의 의지
우리의 희망은 끝이 없도다."(제2절)

서울패럴림픽의 노래 악보

그런데 이제는 '누구에게 작곡을 의뢰해야할 것인가'라는 또 다른 문제로 고민하게 되었다. 그래서 먼저 미당 선생께 전화로 이 문제를 의논했다. 그랬더니 대뜸 말씀하기를 요즈음 작곡가 김동진 선생을 자주 만나는데, 자기가 한번 작곡을 부탁해 보겠다고 하였다. 그리고 며칠 후 김동진 선생이 작곡 해주시기로 승낙하였다는 반가운 연락을 해왔다. 그리고 한 달쯤 지나서 미당 선생이 김동진 선생이 작곡한 곡을 녹음해서 가지고 왔다.

그래서 재생하여 들어보니 김동진 선생이 직접 피아노를 치면서, 자기 육성(肉聲)으로 노래 부르면서 녹음한 것이었다. 너무 감사하여 미당 선생께 몇 번이고 감사 인사를 했다. 그리고 막상 작곡해준 김동진 선생은 직접 만나지는 못하였기 때문에 대신 감사드려달라고 이야기하였다. 이렇게 완성된 서울패럴림픽의 노래는 곧바로 남녀 혼성 대합창단이 오케스트라의 반주로 부르게 하여 녹음해 두었다. 이렇듯 서울패럴림픽의 노래는 한마디로 미당 선생과 김동진 선생의 헌신적인 협조로 만들어졌다.

소외된 장애인 위해 무료로 봉사하였다

그런데 여기서 특기할 것이 있다. 두 분은 소외된 장애인들을 위하는 일이라면서 일체의 사례비를 받지 않고 "서울패럴림픽의 노래" 작사와 작곡을 해주었다는 점이다. 이 글을 쓰면서도 당시의 감사했던 그 마음이 되살아나서 가슴이 먹먹해진다. 우리 100만 장애인에 대해 큰 사랑을 베풀어주시고 저 세상으로 가신 두 분께 지금도 감사하고 감격했던 그 마음을 잊지 않고 살고 있다. 1988년 서울패럴림픽이 끝나고 한참 뒤인 2000년에 서정주 선생이, 그리고 2009년에 김동진 선생이 작고하였다.

그래도 생전에 두 분은 서울패럴림픽대회의 개회식을 보고 떠나가셔서 참 다행으로 생각한다. 우리 문학과 음악의 거장인 두 분을 포함하여 수많은 사람들의 뜻과 정성을 모아 치른 서울패럴림픽이 결정적인 기폭제가 되어 우리의 장애인에 대한 인식과 복지수준이 엄청나게 개선되었다. 하늘나라에 계시는 두 분이 오늘날 우리나라 장애인들이 당당하게 살아가고 있음을 보고는 무척 기뻐하리라 믿는다.

―제5절―

전국장애인체전은 '88대회 성공의 열쇠였다
- 서울패럴림픽 리허설, 전국장애인체전 -

세계장애인의 해 기념사업으로 첫 시행

제1회 전국장애인체육대회―이하 '전국장애인체전'―는 1981년 유엔이 정한 '세계장애인의 해(IYDP)' 기념사업으로 선정되어 처음 시행되었다, 이후 서울패럴림픽이 열린 1988년과 코로나19로 인해 2020년 두 해를 거르고 매년 개최되어 2021년까지 총 41회에 걸쳐 치러졌다. 그런데 1981년 이전에는 정립회관이 주최하는 전국지체부자유청소년체육대회, 대한민국상이군경체육대회, 전국정신지체인축구대회 등 각 장애별로 몇몇 대회가 있었다. 하지만 모든 장애유형의 선수들이 참여하는 종합체육행사는 전국장애인체전이 최초였다.

모름지기 전국장애인체전은 스포츠 활동을 통한 장애인 선수들의 경기력 향상과 신인 우수선수 발굴 및 사회적응 능력을 배양하고, 아울러 전국순회 개최를 통한 장애인과 비장애인이 함께하는 사회분위기를 조성하고 장애인에 대한 국민의 이해 증진을 목표로 한다. 그런데 제1회 대회는 한국장애인재활협회-이하 '장애인재활협회'-가 개최하였고, 2회부터 4회까지는 장애인재활협회와 문화방송(MBC)이 공동으로 주최하였다. 그러다가 1984년 발족한 서울패럴림픽조직위원회-이하 SPOC-가 서울패럴림픽 준비의 일환으로 1985년 5회 대회부터 1987년 제7회 대회까지를 맡아서 주관하였다.

전국장애인체전 몇 가지 문제가 대두하다

이렇듯 전국장애인체전은 장애인재활협회가 주관하여 1회부터 4회까지 개최하였는데 장소 확보, 개최 시기의 문제, 경기 규정 및 의무 분류, 그리고 예산 등의 문제가 지적된 가운데 개선이 필요하였다. 장애인 행사라는 이유로 장소 확보에 어려움이 많았고, 또한 소요 예산도 자체예산에 의존해야 하는 실정으로 기업체 협찬확보가 여의치 않을 때면 행사준비에 어려움이 더욱 가중되었다. 기본적으로는 장애인에 대한 인식결여와 차별적 관행 때문에 여러 가지 심각한 문제점들이 대두되었다.

첫째는 개최 시기의 문제이다. 즉, 10월 중순은 장애인들에게는 추위를 느낄 만큼 기온이 불규칙하였다. 따라서 근육이 경직되어 사고로 이어질 가능성이 많았다. 그렇다고 해서 5월이나 9월은 다른 행사에 밀려 장소를 임대할 수가 없었다. 둘째는 경기장 대부분이 장애인 편의시설이 갖춰지지 않아서 이용에 불편이 따를 뿐만 아니라 안전사고가 우려되었다. 그래서 마땅한 경기장을 확보하지 못해 여의도 체육공원 등을 전전하였다. 셋째는 장애유형별 의무분류가 정확하지 않아서 경기대진에 이의 제기가 끊이지 않았다. 넷째 빈약한 예산으로 대회를 치르다보니 언제나 사고예방에 무방비 상태가 되었고 필요한 인력의 확보에도 애로가 많았다.

SPOC, 제5회부터 장애인체전 주관하다

이런 상황에서 SPOC이 전국장애인체전을 주관하여 1988년 서울패럴림픽의 리허설을 겸하면서 그동안 나타난 문제점들을 개선한다면 더할 나위 없을 것으로 판단되었다. 그래서 보건복지부 박일상 국장과 SPOC 조일묵 사무총장, 그리고 장애인재활협회 민은식 사무국장이 협의한 결과, 1985년 제5회 전국장애인체전부터는 'SPOC'이 주관하여 진행하기로 결정하였다. 그러나 첫째 문제로 지적 된 개최시기 문제는 이미 시기가 지났으므로 예정대로 10월로 준비를 할 수 밖에 없었다.

그 대신 경기장은 30,000여 석의 관중석이 갖춰진 성남공설운동장으로 정하여 대회 준비를 시작했다. 또한 경기장의 각종 편의시설, 즉 경사로, 장애인 화장실, 버스 승하차대 등은 간이시설

제5회 전국장애인체육대회

을 설치하여 불편을 해소하는데 역점을 두었다. 그리고 선수단 숙소는 성남시에서 가까운 서울 가락동에 위치한 민정당 정치연수원을 사용하였다. 아울러 각 분야별로 자원봉사원들을 모집하여 배치하고, 관람객들에 대한 친절한 서비스가 이루어 질 수 있도록 매뉴얼에 의한 교육도 진행하였다.

장애인체전 이념-다함께·굳세게·끝까지!

그런데 SPOC이 제5회 대회를 맡아서 치르면서 특기할 것이 있다. 전국장애인체전에서 최초로 [다함께·굳세게·끝까지]를 대회 이념 및 표어로 개발하였다는 것이다. 먼저 첫째 "다함께"란 장애인은 장애유형을 넘어 모든 장애인과 함께, 그리고 장애인과 비장애인 모두 함께 아우른다는 것을 뜻한다. 다음으로 둘째 "굳세게"란 장애인들이 체육활동 뿐만 아니라 삶에 있어서도 굳은 의지가 필요하다는 것을 뜻한다. 끝으로 "끝까지'란 장애인들이 어떤 목표를 정하면 중도에 쉽게 포기하지 않고 끈질기에 나아가야 한다는 것을 뜻하고 있다.

나(저자 안이문)는 SPOC에 오기 전 장애인재활협회에 재직하며 전국장애인체전을 치러본 경험을 바탕으로, 제5회 전국장애인체전의 집행 계획을 수립하고 각 부서별로 업무분장을 한 뒤 현장교육을 통하여 임무를 수행할 수 있도록 했다. 1988년 서울패럴림픽 개최에 앞서 SPOC의 구성원들은 1985년 5회부터 1987년 제7회 전국장애인체전을 주관하면서 각자의 직능과 역할을 익혔다. 그런데 SPOC이 3회에 걸쳐 전국장애인체전을 주관하도록 결정한 것이 얼마나 선경지명이 있었는지는 1년 후 서울패럴림픽을 치르면서 비로소 깨닫게 되었다. 이렇듯 전국장애인체전은 서울패럴림픽 성공을 위한 열쇠, 다시 말해 리허설(Rehearsal)이 되었다. 서울패럴림픽이 끝난 후 전국장애인체전은 1989년 8회 대회부터는 (재)한국장애인복지체육회가, 그리고 2006년 제25회 대회부터는 대한장애인체육회 주최로 현재까지 이어져 오고 있다.

장애인체전에서 배우고 익힌 귀중한 경험들!

발로 뛰어 체험한 계획이 필요하다

1985년 제5회 전국장애인체전 개회식이 있기 전날 경기장 본부석 근처에 경호 CP가 차려지고, 저녁 내내 마이크 테스트와 맨홀마다 뚜껑을 열어보고 확인 후 '점검완료필' 스티커를 붙이면서, 만약에 일어날지도 모를 안전사고에 만전을 기하고 있었다. 그때 마이크 확성기를 타고 내 이름을 부르는 사람이 있었다. 지금 곧 경호 CP로 와 달라는 소리였다. 가서 보면 담당자가 내용을 잘 모르고 내게 떠넘기는 일이 태반이었다. 자신에게 맡겨진 일은 책임지고 역할을 수행해야 하는데 아직까지 한 번도 경험해보지 못해 모른다고 답변하니 결국 나를 찾게 되는 것이 행사조직의 한계였다.

행사준비 스태프들은 필요하면 이처럼 불려가서 설명하기에 바쁘다. 그렇게 새벽까지 준비가 완료되니 잠시 잠잠한 시간을 틈타 우리도 창고 같은 바닥에 박스를 깔고 신문지를 모아서 이불대신 몸에 덮고 눈을 붙여 본다. 몸도 지치고 날씨도 추우니 잠이 올 리가 없었다. 그렇게 두 세 시간을 뒤척이다 날이 밝아 왔다. 자리를 털고 일어나서 세수도 하지 못한 채 경기장을 둘러본다. 어떤 사업이나 행사라도 처음 시작할 때는 시행착오가 있게 마련이다. 처음부터 완벽하게 해낸다는 것은 어려울 뿐만 아니라, 그만큼 현장에서의 경험이 중요하다는 것이다. 그럼에도 준비단계에서 예측 시스템을 충분히 가동시키면서, 발로 뛰어 체험하며 수립하는 계획이라면 그만큼의 실수는 줄일 수는 있다.

의료분류의 부정확 및 메달 부족 사태

가장 큰 혼란을 겪었던 것은 ICC 매뉴얼 북의 의무분류 기준이다. 본문 번역도 직역으로 엉성하게 되었을 뿐 만 아니라, 이에 대한 자세한 교육도 없이 지정된 병원에서 받은 의무 분류 결과가, 현장에서 경기 할 상대선수와의 등급이 판이하게 달라서 수많은 이의 제기가 이어졌다. 사정이 이렇다 보니 원만한 경기진행이 어려웠고, 현장에서 의무분류를 다시 받아야 하는 사태가 빈번하였다. 또한 종목별 세부 경기종목이 잘못 계산되어 제작된 메달이 많이 부족하거나 남는 경우도 종종 발생했다. 경기가 끝나고 메달을 걸어주려는데 메달이 없다는 것이다.

그래서 하는 수 없이 시상식을 다음 날로 미루고 남는 메달을 활용하는 방법을 찾았다. 당시에는 메달을 하룻밤사이에 제작할 수는 없어서 생각해 낸 것이 금메달의 경우 페인트 상점에서 금분을 사다가 숙소에서 동메달에 금분을 칠해 금메달로 둔갑을 시키는 것이다. 그런데 문제는 칠이 쉽게 마르지 않아서 선풍기를 틀어 놓고 바람으로 말려 보는 것이다. 다음날 시상식에서 메달을 수여했는데 채 마르지 않은 칠이 옷에 묻어나는 촌극이 벌어진다. 결국 메달을 별도로 제작해서 주소지로 보내주기로 하고 마무리를 한다.

선수장비 보완과 안전사고 대비 필요

시각장애인 100m달리기 종목이 있다. 지금 같으면 가이드 런너가 손목에 줄을 묶어 옆에서 같이 뛰어 주지만, 그 당시는 나이론으로 된 줄을 사다가 양쪽을 허리높이로 고정시켜 100m레인을 만들고, 양쪽이 터진 대나무를 줄에 끼워 시각장애인 선수가 대나무 바톤을 쥐고 달리게 했다. 그런데 줄이 느슨하면 줄에 바톤(대나무)이 걸려서 제대로 달려 나갈 수가 없고, 반면에 팽팽하게 하면 한쪽 팔을 거의 움직이지 못하여 좋은 기록을 낼 수가 없었다.

2016년 리우패럴림픽에서 시각장애인인 미국의 데이비드 브라운 선수는 100m를 10.92로 세계 신기록을 수립했는데, 이는 가이드런너와의 호흡을 맞춰 연습했기 때문에 좋은 결과를 가져 왔다고 한다. 행사장을 비롯하여 경기장, 화장실 등 선수들이 이용하는 시설에는 안전사고에 각별히 신경을 써야 함에도 예산과 인력부족 등으로 반영하지 못하는 경우가 있다. 이는 곧 사고로 이어질 수밖에 없다. 사고가 발생되고서야 대책을 세우는 것은 이미 늦은 것이다.

장애인체전에서 발생한 사건·사고의 교훈들!

부녀 자원봉사자를 추위에 떨게하다

자원봉사단 업무를 맡은 직원은 개회식 전날 자원봉사원의 위치와 임무 부여를 위해 실제 행사당일처럼 한복을 입고 집합하도록 했다. 주로 초청인사와 관람객 안내를 맡을 부녀 봉사원들은 한복을 입은 채 소집 장소와 시간에 맞춰서 담당자를 기다린다. 10분이 지나고 20분이 지나도 담당자가 나타나지 않으니 한복을 입고 무려 30여 분을 영문도 모른 채 기다리며 추위에 떨어야 했다.

그 담당 직원을 여기저기 찾아 헤맨 끝에 겨우 찾아서 이유를 들어보니 대답이 너무 간단했다. 몰랐다는 것이었다. 자신이 자원봉사원을 현장 배치하고 역할을 교육하기 위해 소집했다는 사실조차 까마득히 잊고, 사진촬영 하느라 정신이 팔려서 생긴 일을 '몰랐다'는 말 한마디로 넘길 일은 아니었다. 한 사람의 잘못으로 인해 30명 이상이 긴 시간동안 추위에 고생을 시킨 결과는 책임을 물어야 했다.

성화입장이 늦어진 기막힌 사연 전말

개회식 전날 강화도 마니산 참성단에서 하늘에 제례를 지내고 강화여종고 학생들로 구성된 7선녀에 의해 성화가 채화되어 주자와 차량에 의해 성남시청 광장까지 봉송되었다. 성화는 광장에 마련된 성화로에 안치되어 하루 밤을 보낸 뒤 개회식 당일 주자들에 의해 개회식장인 성남공설운동장까지 운반되어 최종주자에 의해 점화 하도록 되어 있었다. 그런데 개회식이 진행되고 사회자가 성화입장을 알렸으나 성화주자가 들어오질 않는다.

   2~3분의 시간이 지나고 관중들은 일제히 성화가 입장할 외곽문을 향해서 시선을 고정시킨 채로 기다리고 있었으나 여전히 나타나지 않고 시간만 흐르는 것이다. 방송사의 아나운서와 함께 개회식 실황을 해설하고 있던 나는 직감으로 잘못된 것을 알고 그라운드 트랙으로 뛰어 내려가 외곽문을 향해 달렸다. 그때 경호원이 들고 있던 긴 가방(나무박스)으로 나의 허벅지를 툭 치며 제지한다. 그 가방이 열리면서 눈에 보이는 것은 권총이었다. 순간 경호원을 쳐다보며 되레 뭐냐고 항의하며 외곽문으로 나가려는데 이게 웬일인가.

   외곽문의 셔터가 굳게 닫혀 있는 것이다. 당황스런 나머지 조금 전 그 경호원을 불러 성화가 입장해야 할 출입문을 누가 마음대로 셔터를 내려 놓은 것이냐고 따져 묻고 무전기를 통해 빨리 열 것을 독촉했다. 그러자 그 경호원도 문제의 심각성을 알았는지 워키토키로 연락을 취해서 셔터 문을 열었고, 나는 문이 열리자마자 밖으로 뛰어 나가 보니 주자와 함께 호위 차량이 봉송 주자의 속도에 맞추어 천천히 경기장을 향해 오는 것이 보였다. 나는 역시 그 경호원을 통해 주자를 차에 태워 빨리 들어오라고 부탁을 하고 중계석으로 돌아 올 수 있었다.

   아마도 그 기다리는 5분여 이상의 시간은 숨이 막힐 정도로 정말 너무도 길게 느껴지는 시간이었음을 경험 했다. 당시 문제의 발단은 복합적이었다. 우선 명예대회장이 도착 후 응접실에서 내빈과 잠시 환담을 나눈 뒤 정해진 시간에 맞추어 '로얄박스'석으로 이동하도록 되어 있었다. 그러나 바로 입장하는 바람에 개회식 시간이 3분여 빨리 시작되고 말았다. 성화를 담당한 직원은 만일의 사태에 대비하여 예비주자와 성화봉을 미리 외곽 출입문에 배치했어야 한다는 것을 사고가 있고난 뒤 알게 되었다.

손바닥 화상 입고 도시락 늦어진 사연

개회식장의 자원봉사원이 손바닥에 화상을 입는 사고가 발생했다. 개회식장의 '로얄박스'석에 앉은 명예대회장이 손이 시렸는지 손등을 비비는 모습을 본 경호원이 탕비실로 뛰어 들어가, 커피 접대를 위해 물을 끓이고 있던 자원봉사원에게 마른수건에 뜨거운 물을 부어 짜달라고 재촉했다. 자원봉사원은 너무 급히 재촉을 하니까 마른 수건에 끓는 물을 부어 그것을 맨손으로 짜다가 손바닥이 심하게 화상을 입은 것이다. 뜨거운 물에 적당히 찬물을 섞어 짜주었더라면 좋았을 터인데, 경호원의 시퍼런 기세에 눌려 그만 2도 화상을 입고 나중에는 수포까지 생기는 어처구니없는 사고가 발생한 것이다.

개회식이 끝나고 선수들은 점심식사를 위해 시·도별로 모여서 도시락을 기다리고 있었다. 그러나 도시락이 도착해야 할 시간이 지났는데도 도착하지 않고 시간만 흘러갔다. 선수들은 아침부터 개회식 준비를 위해 아침식사도 먹는 둥 마는 둥 허기진 배를 물로 달래야 했다. 약속시간보다 30여 분 이상 늦어진 사유는 교통통제 때문에 꼼짝

없이 갇혀 있었기 때문이었다.

경험이 머릿속 지식보다 훨씬 중요하다

폐회식이 끝나고 저녁식사를 겸한 선수단 송별파티가 열렸다. 그동안은 이런 행사를 가져 본 경험이 없었는데, 사무총장이 음식도 푸짐하게 준비하고, 선수들이 즐거운 시간을 보낼 수 있는 프로그램을 구성하라고 지시했다. 일본의 후야제(後夜祭) 행사와 비슷한 내용이다. 숙소가 당시 민정당 정치연수원이었기 때문에 자연스레 연수원의 광장에서 진행되었다. 음식은 고루고루 충분히 마련되었고, 당시 뽀빠이 이상용의 진행으로 매일 밤 문화행사가 진행되었지만, 폐회식 송별파티는 그야말로 선수들만의 시간으로 노래자랑도 하고 신나는 디스코 음악에 맞춰 몸을 흔들면서 열광의 밤을 보냈다.

송별파티는 저녁 10시를 넘겨 끝났지만, 일부는 숙소로 들어가지 않고 삼삼오오 모여 이야기꽃에 빠져 시간가는 줄도 모르고 밤을 보내는 선수들도 있었다. 다음날 아침에 보니 어제 밤 파티장의 모습은 그야말로 난장판이었다. 직원들은 모두 동원되어 비닐봉지와 집게를 준비해서 청소를 시작했다. 문제는 짓이겨진 떡과 음식물들이 아스팔트 바닥에 달라붙어 있으니 떼어내기가 힘들었다. 집게로 긁어도 보고 장갑을 낀 손으로 주어 담기도 하지만 단시간에 끝내기는 어려웠다. 결국 물 호수까지 꺼내어 물청소를 하면서 어느 정도 정리가 되어가고 있었다. 이런 모습을 본 선수들이 하나 둘 합세해서 도와주는데 고맙기까지 했다.

1984년 6월 SPOC이 출범한 이후 처음 체험해본 제5회 전국장애인체전에 대한 평가회를 개최하였다. 이 평가회에서 역할을 맡은 자신의 잘못으로 일어난 사고임에도 불구하고 철저하게 시종일관 모르쇠로 일관하는 경우도 있었다. 하지만 모든 SPOC의 구성원들은 자신들에게 주어진 역할들이 행사의 성패를 가르는 중요한 요인이라는 것을 확실하게 깨닫게 되었다. 1988서울패럴림픽의 성공을 위해서는 머릿속에 있는 지식보다는 실제적인 한 번의 경험이 더욱 중요하다는 것을 비로소 알게 되었다.

―제6절―

SLOOC 박세직 위원장의 지극한 장애인 사랑
- 서울패럴림픽추진합동협의회 발족 -

　서울올림픽대회조직위원회(SLOOC)의 제2대 노태우 위원장에 이어 1986년 5월 7일 제3대 박세직(朴世直) 위원장이 취임하였다. 이를 계기로 SLOOC과 서울패럴림픽조직위원회(SPOC) 간에 비로소 긴밀한 협조가 이루어 졌다. 사실 그 이전에 SLOOC과 SPOC 간에는 이런 저런 까닭으로 원활한 소통과 협조가 이루어지지 못했다. 무엇보다 그 근원에는 SLOOC이 장애인을 바라보는 곱지 않은, 다시 말해 장애인을 함께 살아갈 대상으로 보지 않는 인식에 기인하였다.

SLOOC 박세직 위원장

　그러나 새로 취임한 박세직 위원장은 평소에 기독교 장로로서 장애인에 대해 지극한 사랑을 가지고 있었다. 그래서 장애인을 더불어 함께 할 긍정적인 대상으로 확실하게 여기는 삶을 살아오고 있었다. 따라서 당연히 장애인들의 세계적 스포츠 행사인 서울패럴림픽도 서울올림픽과 함께 성공적으로 개최되어야 한다는 확실한 소신을 지니고 있었다. 하지만 막상 SLOOC 위원장으로 취임해보니 SLOOC 내부에서도 SPOC의 지원에 대해서 사무총장을 비롯한 간부들의 반발이 심각하였다.

그래서 박 위원장은 SLOOC이 SPOC을 지원하는데 가장 큰 걸림돌이 되고 있는 서울패럴림픽의 개최일자를 변경하기로 했다. 1987년 2월 27일 청와대에서 열린 "패럴림픽 준비 상황 및 지원계획 보고회"에서 당초 5월에 개최키로 된 서울패럴림픽을 서울올림픽이 끝나고 10월 15일부터 24일까지 개최하는 것으로 확정하였다. 이에 따라 SLOOC과 SPOC 간에 실무 협의를 거쳐 1987년 4월 17일자로, SLOOC 박세직 위원장과 SPOC 고귀남 위원장을 공동위원장으로 하는 [서울패럴림픽추진합동협의회]를 정식으로 발족시켰다.

왼쪽부터 SPOC 고귀남, IOC 사마란치, SLOOC 박세직 위원장

이렇게 SLOOC과 SPOC 간에 '합동협의회'가 발족됨에 따라 시설·인력·물자 면에서 원활한 협력체제가 구축되었다. 특히 SLOOC 직원 25명이 SPOC에 파견되어 준비 작업을 했다. 당시의 파견 인원 가운데는 현재 더불어민주당의 5선 국회의원인 변재일 서기관이

SPOC의 국제협력 업무를 담당하여 숱한 난제들을 잘 해결하였다.

다음은 박세직 SLOOC 3대 위원장이 1990년 9월에 펴낸 《하늘과 땅 동서가 하나로-서울올림픽, 우리들의 이야기. 고려원》의 [8.패럴림픽 동반 개최 전통 세워 (p319~p323)] 편을 그대로 인용한다. 다만 회고록 가운데 '장애자'를 '장애인'으로, '장애자올림픽'은 '패럴림픽'으로 고쳐서 전편을 여기에 옮긴다.

하늘과 땅, 동서가 하나로
(박세직 지음)

하계올림픽과 패럴림픽 동반 개최 확립

◆ 건강한 사람들의 배려

어느 나라의 장애인 관련 예산은 경제력보다는 그 사회의 민주화 정도에 비례한다는 외국 논문을 읽은 적이 있다. 민주화의 핵심은 인간 존중의 정신이기 때문에 민주사회에서는 장애인에 대한 건강한 사람들의 배려가 깊을 수밖에 없을 것이다. 서울올림픽과 동반 개최된 패럴림픽이 사상 최대 규모로 치러진 것은 한국 사회가 민주화의 길을 착실하게 선택한 시점과도 일치하여 매우 뜻 깊은 일이었다.

패럴림픽은 하계올림픽이 열리는 나라에서 치러지도록 그 원칙이

정해져 있었다. 그러나 모스크바올림픽 때는 소련이 이를 거부하여 유산되었다. '84 LA올림픽대회 때는 패럴림픽이 뉴욕주의 롱 아일랜드에서 개최되었다. 그것도 척수장애인경기는 대회 개최 두 달여를 앞두고 영국으로 반납된 채 반쪽대회(시각장애, 뇌병변장애, 절단 및 기타 장애)로 치러지게 되었다.

우리나라에서도 보건복지부와 패럴림픽 조직위는 서울올림픽의 화려한 준비 과정과는 대조적으로 여러 가지 어려움을 겪었다. 1985년 3월부터 보건복지부와 패럴림픽 조직위에서는 소요 재원의 확보를 위해 '올림픽지원법'에 준하는 〈서울패럴림픽대회 조직위원회 지원법〉의 제정도 추진하였다. 이 작업은 정부와 일반 국민들의 이해 부족과 소극적 자세에 부딪쳐 성사되지 못했다. 그때 정부는 '86아시안게임과 '88서울올림픽이란 양대 행사를 앞두고 있는 상황에서 패럴림픽을 도와 줄 정신적 여유가 없었다.

'86아시안게임을 성공적으로 끝낸 다음 나는 패럴림픽을 우리 조직위가 도와 줄 수 있는 방법을 생각하기 시작했다. 그런 생각을 조직위 간부들에게 밝혔더니 반발이 심했다. 그럴 수밖에 없는 것이 현재의 업무만 갖고도 초읽기 하듯 몰리는 기분인데, 패럴림픽이란 짐을 더 진다는 것은 무리라고 생각했던 것이다. 1986년 초 조직위는 패럴림픽이 하계올림픽에 앞서 5월에 개최되기 때문에 패럴림픽을 위한 서울올림픽 선수촌 아파트 및 경기장 사용은 곤란하고 올림픽용 인력, 물자의 사용은 물론, 재정 지원도 사실상 불가능하다는 방침을 이미 정해 통보했었다.

이러한 상황을 면밀히 분석한 결과 나는 패럴림픽이 5월에 개최될 경우 올림픽조직위원회의 도움을 도저히 받을 수 없을 뿐만 아니라 패럴림픽 준비에 큰 차질을 빚을 것으로 판단하고 패럴림픽을 올림픽이 끝나는 10월 2일 이후에 개최할 것과 보다 강력한 정부의 지원이 필요하다는 내용을 관계 부처에 건의하는 한편, 이 문제에 관해 유관기관과 협의하였다.

　1987년 2월 27일 청와대에서 열린 [패럴림픽 준비 상황 및 지원계획 보고회]에서 전두환 대통령은 '여기 있는 여러분들도 자동차 사고를 당하면 장애인이 되는 것 아닌가. 남의 일이라 생각 말고 관련 부서가 적극 돕도록 하라'고 강력하게 지시하였다. 이 자리에서 패럴림픽을 서울올림픽에 잇달아 10월 15일~24일에 개최하여 서울올림픽 조직위가 적극 지원한다는 방침이 확정되었다. 그해 4월 17일에 제1차 관계기관 합동회의가 열렸다. 여기서 조직위는 1백 44억 원의 대회 예산 중 67억 원을 지원하기로 하였다. 실제로는 대회 예산이 2백 31억 원으로 늘어 조직위는 1백억 5천만 원을 지원하였다.

◆ **인간 사랑의 전시장**

　나는 또 조직위 직원 중에서 25명을 분야별로 뽑아 패럴림픽 조직위에 파견 근무하도록 하여 준비 작업을 돕도록 하였다. 시설·인력·물자 면에서도 패럴림픽을 하계올림픽 수준으로 운영하도록 한 것이다. 서울올림픽의 5대 주제 중 하나를 '사랑의 올림픽'으로 정했는데, 장애인과 성한 사람이 함께 살아가야할 현대 사회에서 그 동반자적 관계를 동등한 수준의 올림픽 동반 개최로 상징하고 싶었다. 그 때까지 푸대접받던 패럴림픽을 격상시켜 하계올림픽과 패럴림픽이 서울에서 처음으로 동반 개최됨으로써 바르셀로나 올림픽 때부터 그런 방향이 정착되었다.

지역 순회 올림픽 준비상황 보고회 때는 물론 종교계 강연 때도 나는 빼놓지 않고 패럴림픽대회의 의의와 중요성 그리고 범국민의 동참 하에 성공적으로 치러지지 않으면 안 될 까닭을 역설했다. 천만 다행이랄까. 초기의 냉담에서 벗어나 대회가 다가오자 각계의 관심이 고조되기 시작했다. 패럴림픽에 대한 종교계 특히 기독교계의 성원은 상당한 것이었다. 그 대표적인 예로 서울패럴림픽 기독교 후원회의 결성과 그 활동상을 꼽을 수 있을 것이다.

서울패럴림픽 기독교 후원회는 1987년 12월 11일 오후 서울광림교회에서 창립 예배를 갖고 출범했다. 고귀남 패럴림픽조직위 위원장, 강원룡 목사, 김한규 홀트아동복지회장, 패럴림픽 한국선수단 3백 명 등 3천 5백 여 각계 인사들이 대거 참석한 가운데 정진경 목사 사회로 진행된 이날 창립예배에서 나는 '양대 올림픽과 신앙인'이란 강연을 했다. 이 기독교 후원회는 대회가 끝날 때까지 여러 각도에서 소기의 몫을 해 왔다고 생각한다.

한편 여의도 순복음교회(당회장 조용기 목사)의 경우 대회 6개월 전 장애인 연합선교회를 창립, 패럴림픽대회를 성원하고 나서 교계의 주목을 끌었다. 나는 1988년 4월 1일 밤 여의도 순복음교회의 장애인연합선교회 창립예배에 초청을 받아 이런 요지의 축사를 했다.

하나님께서는 서울패럴림픽대회를 통해 우리 1천만 크리스찬들의 사랑의 깊이와 무게를 가늠해 보고 싶어 하실 것입니다. 물이 높은 데서 낮은 곳으로 흐르듯, 하나님의 은총도 낮은 데로 향하고 계심이 분명합니다. 차제에 우리 건강한 신도들을 위시한 국민 모두가 지체 부자유한 이웃들을 진정으로 사랑하기는커녕 오히려 냉대하거나 모른 체해 오지는 않았는지 다 같이 자성해 보아야 될 시점이라고 여겨집니다.

패럴림픽 조직위는 당초 개·폐회식을 동대문구장에서 열기로 하였었다. 그 관중을 메우는 데는 인원을 동원해야 할 것이라고 걱정하였다. 동반 개최로 확정이 되자 나는 서울올림픽의 개회식 행사를 패럴림픽 개회식에서도 똑같이 해주고 잠실 주경기장에서 치르도록 제의하였으며, 인원 동원이 아니라 입장권을 팔도록 하였다. 실제로 입장권 수입이 18억 원이나 되었다.

그때 서울올림픽 조직위의 어떤 개·폐회식 전문위원은 "하계올림픽 개회식 프로그램을 패럴림픽대회에서 자랑하는 것은 그들을 괄시하는 것이다"면서 새로운 프로그램을 개발하라고 하였다. 패럴림픽 조직위에서는 "지금 상태에서도 우리 장애인들은 대만족이다"라고 그 전문위원을 설득하기도 하였다. 나는 하계올림픽 개폐회식 연습 때는 꼭 패럴림픽 조직위의 사무총장과 사무국장을 참석시켜 호흡을 같이 하도록 하였다. 한 가지 걱정은 서울올림픽 개회식으로 인해 탈진 상태인 출연자들이 패럴림픽 개회식에서 과연 제대로 공연할 것인가 하는 문제였다.

실제로 해 보니 '하계올림픽 때 보다 더 잘했다'는 칭찬까지 들었다. 한국 사람들은 일단 마이크를 잡거나 무대에 오르면 사람이 달라진 듯 열창하고 열연하는 무대 기질이 쎈 데다가 장애인을 위한 일이라는 사명감이 그들의 지친 몸에 신바람을 불어 넣었던 것 같다. 아웅산 사건으로 타계한 고 이범석(李範錫) 외무부 장관 부인 이정숙씨는 패럴림픽 자원봉사단장으로서 장애인 선수들의 대모(代母)가 된 듯 헌신적으로 그들을 보살펴 주기도 했다.

좀처럼 칭찬을 하지 않는 중국선수단도 패럴림픽의 감동적인 진행을 극찬하였다. 등소평의 아들도 장애인이라고 한다. 서울올림픽이 크고 밝은 면에서만 대성공을 거둔 것이 아니라, 소외되고 어두운 부분에 대해서도 배려하여 강대국도 해내지 못한 인간 드라마를 연출할 수 있었다는 것은, 우리 민족성의 바탕에 흐르고 있는 인간애의 깊이를 새삼 실감하게 하였다.

−제7절−

갖가지 형태의 수익사업을 전개하다
- 극심한 편견과 엄청난 시련을 극복하고 -

장애인 편견으로 지원법 좌절을 겪다

1984년 6월 설립된 서울패럴림픽조직위-이하 'SPOC'-는 1985년 3월 1일 사업부를 신설하고 동일자로 나(저자 박삼옥)는 사업부장에 임명되었다. 그리하여 대회 재원조성과 함께 홍보에 도움이 되는 각종 수익사업을 개발하고 시행하였다. 그래서 1988년 10월까지 ・휘장사업 ・특별경마수익 ・백만인걷기 ・음악회개최 ・도화전시회 ・광고사업 ・곰두리배지달기 등 갖가지 수익사업을 전개하였다. 그렇지만 그런 사업들을 전개하기까지의 과정은 어렵고 힘든 우여곡절을 겪어야했다.

솔직히 SPOC의 사업부는 기획부나 총무부, 또는 홍보부나 경기부에 비해 스트레스를 많이 받았다. 왜냐하면 다른 부서는 비교적 고정적인 업무를 진행하지만 사업부는 새로 무언가 수익적인 사업을 개발하고 가시적인 성과를 내어야 하기 때문이었다. 그래서 오전 간부회의 때마다 참으로 곤혹스러웠다. 사실 SPOC의 사업부가 신설되고 나서 가장 먼저 벤치마킹한 것은, 서울올림픽조직위-이하'SLOOC'-는 어떻게 수익사업을 전개하고 있는지 그 현황을 학습하는 것이었다.

그런데 막상 SLOOC의 사업본부 사업국에 접근하는 것 자체가 결코 쉽지가 않았다. 당시는 장애인에 대한 인식이 너무나 부정적이어서 초창기 SLOOC은 서울패럴림픽의 개최 자체를 달가워하지 않았다. 그런 까닭에 SLOOC 직원들은 SPOC 관계자를 만나는 것 자체를 꺼려하였다. 그런 가운데 SLOOC의 사업국 관계자들은 기획재정부, 행정안전부, 산업통상부 등에서 파견 나온 공무원들이었다. 그래서 여러 경로를 통해 담당자들을 접촉하였지만 대외비(對外秘)라고 하면서 자세히 설명해주지 않았다.

어떻든 SLOOC이 전개하고 있는 모든 수익사업은, 1981년 12월 31일 제정된 "서울올림픽대회조직위지원법(법률:제3535호)"-이하 'SLOOC지원법'-에 근거하고 있었다. 즉, SLOOC은 이 법을 근거로 세금 등 혜택을 주면서 업종별로 공식후원자나 기념품사업자를 선정하여 수익사업을 진행하고 있었다. 따라서 SPOC이 독자적으로 휘장사업을 전개하기위해서는 SLOOC지원법처럼 SPOC지원법이 필수적임을 알게 되었다. 그래서 수익사업의 추진을 위해 보건복지부와 SPOC은 1985년 3월부터 서울패럴림픽조직위지원법(SPOC지원법)의 제정을 추진하였다. 그러나 관계부처의 서울패럴림픽에 대한 이해 부족과 이에 따른 이견으로 끝내 좌절되었다.

애시 당초 장애인에 대한 인식이 부정적이었고, SLOOC처럼 수익사업을 위한 법적인 뒷받침도 전혀 안된 상황에서, SPOC이 활발하게 수익사업을 개발하고 추진한다는 것은 사실상 불가능하였다. 그렇지만 일단은 SLOOC 휘장업체의 대표들을 만나 협의해보았다. 그러나 설사 참여한다고 해도 세금 등 혜택도 없을뿐더러 장애인들이 참여하는 서울패럴림픽 휘장이나 마스코트에 대해서는 전혀 관심을 갖지 않았다. 그래서 어렵게 한 개 업체를 설득하여 휘장과 곰두리 마스코트를 활용해 배지나 기념품 등을 제작해서 캠페인에 나서 보았지만 신통치 않았다.

가곡의 밤 등 각종 공연행사 개최하다

이에 따라 SPOC 사업부가 독자적으로 펼칠 수 있는 행사를 모색하였다. 그런 맥락에서 수익보다는 홍보를 위해 전개한 사업이 바로 '가곡의 밤' 등 음악회와 '디너 쇼' 등의 공연행사들이었다. 먼저 당시에 꽤 인기가 있었던 '가곡의 밤' 행사를 처음 제안한 사람은 곰두리 마스코트 개발 때 도움을 받았던 서울대 음대 성악과 이인영 교수였다. 따라서 테너 박인수 교수와 엄정행 교수, 소프라노 송광선 교수와 메조소프라노 백남옥 교수 등 출연자

서울패럴림픽 유치기념 대음악회(세종문화회관)

들의 섭외는 전적으로 이 교수가 주선하였다. 그런데 국내에서 활동하는 정상급 성악가들이 서울패럴림픽을 위해 거의 출연료를 받지 않고 참여한다는 것은 참으로 어려운 일이었다.

그럼에도 불구하고 이 교수는 그런 힘든 역할을 장애인을 위해 마다하지 않았다. 그런 갸륵한 정성들을 바탕으로 1985년 4월 20일 장애인의 날을 맞아, 세종문화회관에서 ['88서울장애자올림픽유치기념 대음악회]를 개최하였다. 이어서 1986년에는 [장애자를 위한 사랑의 대음악회]를 한 차례 더 개최하였다. 그리고 1986년과 1987년 세모를 맞아 롯데호텔에서 가수 김연자 등이 참여하는 [서울패럴림픽 자선 디너쇼]를 개최하기도 했다. 특히 뽀빠이 이상용 선생이 서울패럴림픽 공연행사에 여러모로 역할을 했다. 모두 너 댓 차례 공연행사로 얻은 수익금은 약 9천만 원이었다.

도화(陶畵)를 제작하여 전시·판매하다

그런 가운데 전혀 생각하지 못했던 새로운 수익사업을 전개하기도 했다. 어느 날 두 사람이 SPOC의 사무실로 나를 찾아왔다. 그리고 자기들은 도자기 판매사업을 하고 있다고 했다. 그러면서 백자나 청자 또는 청화백자 도자기에 저명인사나 서예가의 글씨 또는 저명화가의 그림을 넣어 판매하면 SPOC에 도움이 될 것이라고 했다. 그리고 자기들이 도자기는 구울 터이니 널리 알려졌거나 존경받을 만한 분들의 글씨나 그림을 확보해 달라는 것이었다. 이른바 도화(陶畵) 전시판매 사업이었다. 그래서 며칠간 검토하고 사업 추진계획을 만들어 내부 결재를 받아 확정했다.

그리고 공문을 만들어 섭외에 나섰다. 그 결과 제4대 윤보선(尹潽善) 대통령, 서예가 원곡(原谷) 김기승(金基昇) 선생, 구상(具常) 시인, 운보(雲甫) 김기창(金基昶) 화백 등 50여 명이 협조해 주었다. 그리하여 KBS 후원으로 서울과 부산에서 저명인사가 재능 기부한 이 도자기를 전시하여 판매하기도 했다. 오로지 장애인과 서울패럴림픽을 위해 기꺼이 서화(書畵)를 재능 기부한 분들의 숭고한 뜻이 담긴 사업이었다. 구상 시인이 글씨를 써서 갖고 와서 잘 쓰지 못해서 미안하다며 겸손해 하던 모습이 지금도 눈에 선하다.

도화 전시회

한국마사회 특별경마 수익금 기부 받다

또 하나 특이한 것은 공기업 또는 공공기관의 '장애인 돕기'에 관한 모범적인 사례이다. 어느 날 누가 경마(競馬)를 주관하는 한국마사회에 가서 장애인들을 위해 도와달라고 의논해보라는 의견을 주었다. 그래서 당시 뚝섬 경마장에 있는 한국마사회의 기획실장(김덕락)

을 찾아갔다. 그리고 소외된 장애인에 대한 이야기부터 왜 우리나라가 서울패럴림픽을 개최해야 하는지를 열심히 설명하고 도움을 요청하였다. 처음에는 왜 그런 국책사업은 정부에서 알아서 지원해야지 한국마사회에 와서 설명하는지 의아해 했다.

한참동안 묵묵히 취지를 듣고 나서 김 실장은 장애인을 위해 참 뜻깊은 일을 한다고 하면서 한 가지 아이디어를 제시하였다. 즉, 한국마사회에서 정규로 편성된 경마 경주가 아니라 광복절 등 공휴일에 따로 시행하는 특별경마가 있는데, 바로 그 특별경마의 매출액에서 세금 등을 공제한 수익금은 불우 이웃돕기 등에 기부한다고 했다. 그래서 김 실장에게 서울패럴림픽을 위해 그런 기회를 만들어 줄 것을 간곡하게 부탁했다.

그 후 구체적인 실무협의를 거쳐 SPOC 주관부처인 보건복지부와 한국마사회의 주관부처인 농림수산부 간에 공식적인 협의를 통해 특별경마를 진행하였다. 그리하여 1987년 7월 17일, 1988년 2월 2일과 9월 20일 세 차례에 걸쳐 뚝섬경마장에서 각각 10회씩 특별경마를 시행하였다. 그 결과 한국마사회로부터 3억 3천여만 원의 수익금을 서울패럴림픽 기금으로 기부 받았다. 마치 가뭄에 단비 같이 특별경마 수익금은 SPOC의 열악한 재정에 큰 도움이 되었다

서울패럴림픽 백만인걷기대회 개최하다

그런 가운데 서울패럴림픽의 개최 의미를 적극 홍보하는 대규모

행사를 개최하였다. 즉, 1987년 3월경에 조일묵 사무총장이 사업부가 1973년부터 자선모금행사를 펼쳐온 백만인걷기운동본부와 서울패럴림픽 홍보와 기금마련을 겸한 '걷기행사'를 협의해보라고 하였다. 그래서 백만인걷기운동본부와 협의를 시작하였다. 그렇게 몇 차례의 협의 과정을 거쳐 1987년 5월 3일 오전 9시 서울 강남구 서초동 꽃마을부터 과천서울대공원까지 8㎞ 구간에서 서울패럴림픽과 불우청소년을 돕기 위한 백만인걷기대회를 전개하였다.

서울패럴림픽 백만인걷기대회

그런데 이 행사에는 염보현(廉普鉉) 서울시장과 홀트아동복지회와 한국걸스카우트연맹을 비롯하여 장애인단체, 사회복지단체, 종교단체, 봉사단체, 기업체 등과 많은 시민들이 참여하여 성공적으로 진행되었다. 특히 휠체어를 탄 장애인을 비롯해서 많은 장애인들이 가족과 더불어 참가하였다. 그리고 부모와 함께 참가한 어린이들에겐 오색 풍선을 하나씩 나누어 주어 걷는 분위기를 한껏 북돋우기도 했다.

한편 참가자들은 ['88서울장애자올림픽대회]와 [장애자올림픽도 우리 시민 힘으로]라는 플래카드를 앞세우고, [서울장애자올림픽대회]라는 글씨가 새겨진 어깨띠를 일일이 두르고 걷기행사를 펼쳤다. 이날 행사의 참가자들은 현장에서 성금 함에 직접 성금을 넣거나, 또는 출발 전에 후원자와 약속한 대로 자신이 걸은 거리만큼의 성금을 받아 온라인 송금을 통해 서울패럴림픽의 기금조성에 도움을 주었다.

SLOOC과 함께 휘장사업을 전개하다

당초 SPOC의 휘장(徽章)사업은 서울패럴림픽 개최에 필요한 기금을 후원하는 업체들에게, 서울패럴림픽 고유의 5태극 휘장과 곰두리 마스코트를 독점적으로 사용하게 하여 기금을 조성하고, 아울러 서울패럴림픽의 홍보와 참여기업의 발전을 도모하는 것을 목표로 했다. 이를 위해 휘장 및 마스코트는 1차로 1985년 6월 21일 26종 322개 품목을, 그리고 2차로 1986년 7월 31일 24종 179개 품목을 상표로 등록하였다. 따라서 SPOC은 기본계획수립 시 가장 확실한 재원 확보 방안으로 휘장사업계획을 수립하였다.

그러나 앞서도 살펴본바와 같이 SPOC이 휘장사업을 추진하기 위해서는, SLOOC지원법처럼 SPOC지원법이 반드시 필요하여 SPOC지원법의 제정을 추진하였으나 관계부처 간의 이견으로 좌절되었다. 그래서 부득이 지원법 없이 자체적으로 추진이 가능한, 그러니까 앞서 살펴본 ·음악회 ·도화전시회 ·백만인걷기 ·특별경마 같은 여러 사업들을 시행하였다. 그런 가운데 1986년 5월 박세직(朴世直) 체육부장관이 SLOOC의 3대 위원장으로 취임하고, 서울패럴림픽을 적극적으로 지원하기로 방침을 정하였다. 그리고 1986년 아시안게임을 성공적으로 치르고 난 다음 1987년 4월 17일, "서울패럴림픽추진합동협의회"가 구성된 후 SPOC도 뒤늦게나마 휘장사업을 전개하게 되었다.

즉, SPOC은 품목별로 대회의 준비와 개최에 필요한 상당액의 금전·물자·용역을 후원하는 업체에게 기금후원업체(공식후원자)라는 명칭과 자사의 상품 및 광고에 서울패럴림픽 5태극 휘장과 곰두리 마스코트를 사용할 수 있는 권리를 부여하기로 했다. 또한 기금후원업체 즉 공식후원자는 아니지만 상당액의 금전·물자·용역을 후원하는 업체에게 기념품업체(공식기념품사업자)라는 명칭과 독점상품 및 기념품에 5태극 휘장 및 곰두리 마스코트를 사용하여 생산·판매할 수 있는 권리를 부여하기로 했다.

따라서 SLOOC과 SPOC 간에 체결한 협약에 의거하여, 서울올림픽 휘장사업에 참여한 업체만을 대상으로 휘장사업을 추진하도록 허용하였다. 다만 기금후원업체(공식후원자) 중 보건복지부 산하 식품(음료 제외)·제약·의료기기 업체는 SPOC이 추진하고, 그 외의 업체와 기념품업체(공식기념품사업자)는 SLOOC이 별도로 추진하여 SPOC을 지원하도록 방침을 정하였다.

이에 따라 SPOC의 사업부는 보건복지부 서울패럴림픽 기획단(단장 이기하)의 지원을 받아 가며, 제약(30)·식품(14)·화장품(7)·의료기기(14) 업체를 대상으로 휘장사업을 추진하였다. 또 한편 SLOOC은 공식후원업체(공식후원자)사업은 5개 품목(백화점·신발·우유·시계·은행)를 대상으로, 기념품업체(공식기념품사업자)사업은 5개의 품목을 대상으로 구분하여 추진하였다.

그런데 1차로 사업을 추진한 결과 기념품업체사업은 목표를 달성하였으나 공식후원업체사업은 목표에 미달되었다. 따라서 SPOC은 2차로 제약(68)·식품(16)·화장품(8)·의약품 및 위생용품(5) 업체로 범위를 확대하여 추진하였다. 그 결과 SPOC 추진 휘장사업으로 25억 원, SLOOC 대행추진 휘장사업으로 27억 원, 합계 52억 원의 기금을 마련하였다.

TV방영·입장권·광고·곰두리배지달기 진행

세계패럴림픽 사상 최초로 서울패럴림픽에서 시행된 TV방영권 사업은 서울올림픽대회 TV방영권 계약 시 일부 TV보도 매체들에게 특별히 권유하여 순수한 인도주의 정신에 의거 서울패럴림픽 TV방영권을 구매하도록 계약하였다. 다만 TV방영권 사업은 ICC와 SPOC 간에 체결된 계약서 제7항, 즉 "TV방영권 및 기타 보도매체 사용권과 대회 잉여수익금에 관해서는 ICC헌장에 의거하여 규정되어야 한다"는 조항과 ICC 헌장 제10장 '보도매체에 관한 규정'에 따라 추진하였다.

SPOC은 입장권을 개회식 입장권·폐회식 입장권·경기장 입장권의 3종류로 발행하였다. 다만 개회식 입장권만 유료판매하고 폐회식과 각 경기장은 무료로 입장토록 하였다. 개회식의 좌석 등급은 서울 올림픽 개회식의 좌석 등급과 거의 동일하게 결정하였다. 그리고 개회식 입장권은 6만8,826매, 폐회식 입장권은 6만8,826매, 경기장 입장권은 7개 종목 25만 매를 발행하였다. 개회식 입장권 판매액은 12억 7천만이었다.

광고사업은 SLOOC과 SPOC간에 체결한 협약에 의거하여, SLOOC의 명의로 추진하여 수익금의 60%를 SPOC에 지원하였다. 그런데 광고물은 옥외광고와 경기장광고로 구분하여 SLOOC의 광고물 설치절차를 준용하여 1987년 6월부터 1988년 12월까지 설치하였다. 설치장소는 유관기관과 합동으로 현지 조사 후에 결정하였다.

"곰두리배지달기"는 서울패럴림픽 마스코트로서 반달곰 두 마리가 합심해서 뛰는 모습의 '곰두리' 배지(badge)를 제작·판매함으로써 대회기금을 조성하고, 아울러 국민적인 관심을 높이기 위하여 전개하였다. 당초 SPOC은 1986년에 곰두리배지달기 캠페인을 처음 시도하였으나 여의치 않았다. 그러나 서울패럴림픽 개최가 임박하면서 분위기가 고조되어 홍보차원에서 다시 전개하게 되었다.

곰두리 배지 판매기간은 1988년 2월부터 10월 24일까지였고 단가는 1,000원이었다. 그리고 판매는 공식 후원은행인 서울신탁은행 전국 지점을 통하여 일반판매를 하였고, 행정기관과 정부투자기관 등은 보건복지부의 지원을 받아 SPOC의 사업지원처가 직접 판매하였다. 특히 1988년 4월 20일 장애인의 날을 맞이하여 10시부터 19시까지 서울시내 70곳에 자원봉사자 700명(1개조 10명씩)과 연예인들의 협조를 얻어 '곰두리배지달기' 거리 캠페인을 대대적으로 전개하였다.

갸륵한 뭇 정성들은 엄청난 격려가 되었다

이렇듯 SPOC의 수익사업들은 장애인에 대한 편견과 이에 따른 이해부족, SPOC지원법의 제정 무산 등으로 초창기엔 엄청난 시련을 겪었다. 그러나 성악가와 연예인과 문학인을 비롯한 사회인사들, 그리고 한국마사회와 백만인걷기운동본부 등의 협조로 불씨는 결코 꺼지지 않고 살려왔었다. 그러다가 SLOOC 박세직 위원장의 적극적인 지원에 힘입어 유종의 미를 거두게 되었다. 그처럼 갸륵한 뭇 정성들은 세계장애인들의 스포츠제전인 '88서울패럴림픽을 준비하는데 엄청난 격려가 되었다.

저자노트(박삼옥)

소외된 장애인 위해 힘껏 일해서 보람찼다

내 삶에 어둠이 걷히고 새벽이 밝았다

이 책은 우리나라 장애인복지의 어둠을 뚫고 새벽을 연 내용을 담고 있다. 나 역시 지금껏 살아오며 어둠이 걷히고 새벽이 오는 여러 현상들을 많이 보고 겪었다. 그 가운데 참으로 긴 어둠을 견뎌내고 마침내 새벽을 맞이하여, 내가 이 책의 공동저자로 참여하게 된 전말(顚末)을 여기 '저자노트'에 써서 남겨야할 것 같다.

나는 1960년 2월 28일, 대구 경북고 1학년 때 자유당 일당 장기 독재의 '어둠'에 맞서, 4·19민주혁명의 '새벽'을 연 역사적인 대구2·28학생의거에 참여하였다. 그래서 경북도청 앞에서 2·28결의문을 잠시 보관하기도 했고, 대구시청 앞에서는 경찰로부터 권총으로 가슴에 격발 위협을 받기도 했다. 그리고 1964년 3월 서울대 정치학과 3학년 때는 한일굴욕회담 반대 시위를 주도하고, 이로부터 촉발된 6·3민주화운동으로 학교에서 제적을 당하고 투옥되는 등 온갖 고통을 겪었다.

그래서 4학년 재학 중이던 1965년 6월 학업을 중단하고 공군사병으로 자원입대하였다. 그리고 군 복무 중에는 대학재학 시의 시위와 관련하여 다시 투옥되어 군법회의에서 재판을 받기도 했다. 그리고 우여곡절을 거쳐 제대하고 복학하여 뒤늦게 졸업한 후, 대한교과서주식회사와 롯데산업주식회사에서 10여 년간 재직하였다. 이어서 1981년 3월 25일 시행된 제11대 국회의원 총선거에서 대구 남·수성구에 무소속으로 입후보하였으나 패배하여 내 삶에서 참 힘든 '어둠'의 시기를 맞았다.

따라서 어둠을 뚫고 재기하기 위해 대구에 머물며 동분서주하는 상황에서 1981년 9월 서울올림픽의 개최가 확정되었다. 그로부터 2년 정도가 경과한 1984년 1월 서울패럴림픽의 개최도 확정되고 동년 6월 서울패럴림픽조직위원회(SPOC)가 설립되었다. 이에 따라 보건복지부의 지인(知人)이 갓 출범한 SPOC에 나를 추천하여 1984년 8월부터 홍보과장으로 일하게 되었다. 서울패럴림릭은 우리 장애인들에게 '새벽'이 되었을 뿐만 아니라 내 삶에도 어둠이 걷히고 '새벽'이 밝아 오게 하였다.

그렇게 해서 앞서 제2부 제1장 제5절에서 설명한 것처럼 서울패럴림픽을 국내외적으로 활발하게 홍보한 세 가지 상징물들인, 다섯 색깔의 태극 휘장(Emblem)과 곰두리 마스코트(Mascot)와 서울패럴림픽 공식 대회가를 만들었다. 이어서 사업부장으로 승진하여 앞서 제7절에서 기술한 것처럼 장애인에 대한 인식이 결여되고 대회 지원법도 없는 열악한 상태에서 대회 재원마련을 위해 각종 수익사업을 개발하여 시행하였다. 그리고 서울패럴림픽 기간 중에는 사업지원처장으로서 편익시설과 기념품 매점 관리 등 맡은 업무를 열심히 수행하였다.

서울패럴림픽 30주년 기념행사 개최되다

2018년 2월 개최된 평창패럴림픽의 감동이 채 가시지 않은 동년 11월 23일, 대한장애인체육회(회장 이명호)가 주관하는 서울패럴림픽 개최 30주년 기념행사가 경기도 이천 장애인종합훈련원에서 거행되었다. 그런데 동 기념행사에는 SPOC의 고귀남 위원장을 비롯한 관계자들과 당시의 이해곤 탁구, 정금종 역도 금메달리스트 등 참가 선수들, 그리고 이정숙 자원봉사 단장과 자원봉사자들과 문화체육관광부 노태강 제2차관 등 300여 명이 참석하였다.

특히 여성으로 소아마비 장애를 극복하고 의사가 되어 정립회관 관장을 역임하였고, 서울패럴림픽 당시 국내 언론으로부터 받은 '오늘의 여성상' 상금을 IPC에 전액 기부하여 제정된, 패럴림픽 '황연대성취상'의 당사자로서 평창패럴림픽에서 직접 수상자를 격려했던, 황연대(黃年代) 박사가 참여하여 더욱 뜻 깊은 행사가 되었다.

소장품 기증 및 대회준비 과정 설명하다

나는 기념식에 앞서 서울패럴림픽 공식보고서 등 책자와 각종 배지 등 기념품, 단복(團服) 및 각종 임명장 등, 그동안 내가 정성껏 소장(所藏)하고 있던 대회 당시의 물품들을, '이천장애인체육훈련원'에 마련될 '88서울패럴림픽기념관'에 전시토록 기증하였다. 그리고 나는 그 기념식에서 대한장애인체육회의 요청으로 서울패럴림픽 개폐회식을 총괄했고 이 책의 공동저자인 안이문 한국장애인문예총 사무총장과 함께 단상에 올라가 당시의 대회 준비상황을 회상하며 설명하였다.

나는 앞서 제4절에서 밝힌 것처럼 서울패럴림픽의 상징물인 휘장, 마스코트, 대회가의 제작과 관련한 일화를 소개하였다. 아울러 제7절에서 밝힌 그 당시 장애인에 대한 부정적인 인식 속에서 대회지원 특별법도 없는 열악한 상황에서, 이를 극복하며 열심히 노력하여 대회를 성공적으로 개최하였음도 설명하였다. 그런데 한 가지 특기할 것이 있다. 바로 그 뜻 깊은 기념식에서 모든 참가자들은 SPOC의 맥을 이은 '대한장애인체육회'로부터 각자의 이름이 새겨진 이런 내용의 기념패를 하나씩 받았다.

서울패럴림픽, 한국장애인체육으로 꽃피다!

"박삼옥님! 88서울패럴림픽의 감동이 오늘의 장애인체육으로 꽃피었습니다. 30년 전 당신의 열정과 헌신을 잊지 않겠습니다."

2018.11.23. 대한장애인체육회장 **이 명 호**

서울패럴림픽30주년 감사패

그런데 나를 엄청 감동케 한 것은 바로 이 기념패는 내가 주관해서 만들었던 서울패럴림픽의 5태극 휘장과 곰두리 마스코트를 곁들여서 멋지게 제작한 것이었기 때문이었다. 그렇다! 나는 1988년 서울패럴림픽 당시 100만 장애인의 용기를 북돋았던, 그 대회를 위해 열정을 불태우며 열심히 힘껏 일했다는 것이 너무나 보람찼다.

그래서 나는 서울패럼림픽 30주년을 맞아, 그 정신을 이어가는 대한장애인체육회로부터 받은 감사패를 서재에 소중하게 잘 보관하고 있다. 내 아들과 손자가 내 뜻을 잘 이어가리라 믿는다. 아울러 이 책을 쓰면서 함께 서울패럴림픽을 위해 동고동락했지만, 먼저 유명을 달리한 분들의 명복을 두 손 모아 간절히 빌었다.

제2장

[샘솟는 힘]

1988.10.15 – 10.24

손영락 작

제2부 제2장에 들어가며~

서울패럴림픽 선수들, '샘솟는 힘'을 내었다!

　제2부 새벽편 제2장의 제목을 '샘솟는 힘'으로 붙였다. 그 까닭은 1988년 10월 15일부터 24일까지 10일간 개최된 '88서울패럴림픽은, 장애를 극복한 세계 각국의 선수들이 마치 "샘물이 솟구치는 것 같은 의지의 힘"으로 굳세게 경기를 펼쳤기 때문이다. 힘은 오로지 온전한 신체에서만 나오는 것이 아니라 흔들리지 않는 굳센 의지에서도 나오는 것이다. 그렇게 장애를 뛰어넘은 선수들은 샘솟는 의지의 힘을 내어 경기를 펼쳤다.

　제2부 새벽편 제2장은 서울패럴림픽의 이모저모를 되돌아본다. 제1절부터 제6절까지는 저자(안이문)가 개폐회식 총괄부장으로 직접 체험한 내용들이다. 그래서 제1절은 서울패럴림픽 성화의 채화와 봉송에 얽힌 이야기를 다룬다. 그리고 제2절은 역사적인 서울패럴림픽 개회식에 관한 내용을 살펴본다. 또 3절은 개회식 공연 프로그램을 감동적으로 연출하기까지의 난관을 극복한 이야기이다. 제4절은 참가국·경기종목·경기장·의무·시상·결과이다. 제5절은 서울패럴림픽

대회 경기의 종목별 특성과 모습과 이모저모들 소개한다. 그리고 제6절은 서울패럴림픽 폐회식에 관한 내용이다.

제7절은 저자(차흥봉)가 선수촌 본부장으로 자원봉사하며 체험한 여러 내용을 소개한다. 제8절은 한국 장애인복지의 선구자로서 서울패럴림픽에서 황연대극복상을 제정하게 한 황연대 박사에 관한 이야기이다. 제9절은 자원봉사단이 각 분야에서 헌신적인 역할을 해낸 스토리이다.

먼저 각 절을 살펴보기에 앞서 세계장애인 스포츠 기구와 패럴림픽의 의미와 국제패럴림픽위원회의 탄생과정을 짚어본다.

세계패럴림픽의 역사는 이러하다!

국제스토크맨드빌경기연맹(ISMGF) 출범하다

세계 최초로 장애인스포츠대회를 창안한 사람은 영국 에일즈버리(Aylesbury)에 위치한 스토크맨드빌(Stoke Mandeville) 병원의 외과의사인 루드비히 구트만(Ludwig Guttman) 박사이다. 그는 1899년 독일에서 유태인으로 태어난 신경외과 의사였다. 그러나 1939년 영국으로 망명하여 옥스퍼드대학에서 학업을 이어갔다. 그리하여 1943년 스토크맨드빌 병원의 척추마비 치료의사로 초청된다.

그런데 그는 전상(戰傷)장애인 특히 척수장애인의 치료와 재활에 운동요법을 도입한 결과 탁월한 효과가 있음을 알게 되었다. 이에 따라 1948년 제1회 '영국 척수장애 상이용사 체육대회'를 개최하였다. 이후 1952년 네덜란드의 척수장애인 양궁 팀이 참가함에 따라 국제대회로 발전하게 된다. 그로부터 ISMGF 즉, 국제스토크맨드빌경기연맹(International Stoke Mandeville Games Federation)이라는 국제장애인스포츠기구가 최초로 출범하게 되었다.

국제장애인스포츠기구조정위원회(ICC) 설립되다

이를 기점으로 ❶절단자 및 기타 장애인 국제경기연맹(ISOD) ❷뇌성마비인경기연맹(CP-ISRA) ❸국제시각장애인연맹(IBSA) 등 장애 유형별로 국제기구가 연달아 설립되게 된다. 이에 따라 1982년 3월 이들 국제 장애인스포츠기구들을 통합 관리하는 ICC 즉, 세계장애인스포츠기구국제조정위원회(International Coordinating Committee of World Sports Organizations for the Disabled)가 세계최초로 설립하게 되었다.

이후부터 매년 7월에 영국 런던에서 국제장애인스포츠대회를 개최하여 왔다. 그런데 IOC(International Olympic Committee) 즉, 국제올림픽위원회와의 꾸준한 협의를 통해서, 1960년 이탈리아 로마에서 개최된 제17회 하계올림픽부터 제1회 패럴림픽이 최초로 동반 개최하게 되었다. 이를 계기로 하계올림픽과 함께 패럴림픽도 동반 개최하는 국제관례가 일단은 이루어진다. 하지만 명실상부한 동반개최가 확립되기까지는 다소간의 우여곡절을 겪게 된다.

국제패럴림픽위원회(IPC) 창설로 IOC와 협약체결

　1960년부터 1984년까지 7회에 걸쳐 패럴림픽이 개최되었다. 하지만 1968년 멕시코올림픽과 1980년 모스크바올림픽 때는 패럴림픽이 이스라엘 텔아비브와 네덜란드 안헴에서 따로 개최되었다. 이런 가운데 1988년 서울패럴림픽은 ICC가 결성된 후 첫 통합대회가 되었다. 이를 계기로 서울패럴림픽이 끝난 후 ICC는 발전적 해체를 하고, 1989년 IPC(International Paralympic Committee) 즉, 국제패럴림픽위원회가 정식으로 창설되었다.

　이때부터 IPC가 패럴림픽을 주관하는 정식 기구로서 1992년 스페인 바르셀로나대회, 1996년 미국 애틀랜타대회를 치른다. 그리고 2000년 호주 시드니대회 기간에 IOC와 IPC 간에 [올림픽 대회를 유치한 국가는 반드시 '패럴림픽'을 개최 한다]는 협약을 체결하였다. 이에 따라 하계패럴림픽은 2008년부터, 동계패럴림픽은 2010년부터 시행함으로써 '패럴림픽'의 발전에 획기적인 전기(轉機)가 마련되어 현재에 이르고 있다.

'패럴림픽'의 뜻은 어떻게 변하였을까

패럴림픽(Paralympic) = [Para + Olympic]이다!

　패럴림픽(Paralympic)은 Para와 Olympic의 어미 lympic을 합한 합

성어이다. 그런데 접두어인 [para]의 의미가 바뀌어온 과정을 살펴보면 그 발전과정을 이해할 수 있다. 역사상 최초로 패럴림픽(Paralympic)이라는 명칭을 사용한 것은 1964년 일본 '도쿄패럴림픽'부터이다. 그때의 [para]는 하반신 마비를 뜻하는 [paraplegia]로서, 바로 Paralympic은 '척수(脊髓)장애인'의 올림픽이라는 의미로 사용하였다. 실제로 1972년까지의 패럴림픽은 하반신이 마비된 척수장애인들만 참여할 수 있었다.

지금은 올림픽과 동반 개최되는 올림픽이다

그러나 패럴림픽은 시각장애인·절단 및 기타 장애인·뇌성마비 등으로 참가 범위가 점차 확대되며 종합대회의 성격을 갖게 되었다. 이런 가운데 1988년 서울패럴림픽부터 하계올림픽과 패럴림픽의 동반 개최가 확고하게 되었다. 따라서 ICC가 서울패럴림픽의 준비 기간 중에 'Paralympic'의 의미에 대해 다음과 같이 새롭게 규정하였다.

즉, 접두어 [para]는 라틴어의 옆 또는 병렬(並列)의 뜻으로서, 패럴림픽(Paralympic)이란 올림픽(Olympic)에 동반하여 개최되는 장애인 올림픽이라고 정의하였다.[6] 한편으로 청각장애인의 데플림픽(Deaflympic)과 발달장애인의 스페셜올림픽(Special Olympic)은 패럴림픽과는 별도로 개최되고 있다.

---

[6] 'para'를 영어 'parallel'의 'para'로 해석하여 "장애유형에 상관없이 동등한 위치에서 경쟁하는 올림픽"이라고 덧붙이기도 한다.

-제1절-

성화! 강화 마니산 참성단에서 채화하다

성화! 하계올림픽과 동반개최 참 뜻을 품다

모름지기 4년마다 개최하는 올림픽에서 성화(聖火)가 갖는 뜻은 참으로 거룩하다. 잘 아다시피 그리스 올림피아에서 채화하고 대회기간 동안 계속 타오르게 한다. 이렇듯 올림픽 성화는 말 그대로 성스러운 불을 뜻하며 성화의 채화와 봉송 그리고 점화 등의 과정은 대단히 중요한 의식의 하나로 자리 잡고 있다. 이런 뜻을 받들어 서울올림픽과 동반 개최된 서울패럴림픽의 성화는 우리 상고시대에 단군(檀君)이 쌓았다고 전하는, 강화도 마니산(摩尼山) 참성단(塹星壇 : 사적 제136호)에

서울패럴림픽 성화 고천제

서울패럴림픽 성화 선녀 채화식

서 개막 하루 전인 1988년 10월 14일 오전 11시에 채화하였다.

그 성스런 채화식에는 ICC 부위원장과 SPOC 사무총장, 강화군수를 비롯한 강화군 관계자들이 참여하였다. 그리고 성화채화에 앞서 하늘에 제례(祭禮)를 올린 후, 강화여자종합고의 칠선녀(七仙女)에 의해 태양열로 채화하였다. 이어서 곧바로 성화 봉송이 시작되어 오후 2시 30분에 서울시청 앞 광장에서 서울시장 등이 참석한 가운데 안치식을 가졌다. 이렇게 하룻밤을 서울시청에 안치한 후 개막 당일인 10월 15일 오후 12시 50분부터 3시 43분까지, 서울시청~잠실 주경기장 (20.4㎞)구간에서 진행된 성화 봉송행사에는, 학생·장애인부모·종교인·외국인·체육인·연예인들이 주자 또는 호위주자로 참여하였다.

모든 장애유형 선수와 비장애인이 함께하다

성화주자는 공모를 통해 선발하였으며, 장애인과 비장애인으로 구성 선발했다. 최종 주자는 다시 봉송주자와 보조주자로 나누어 역할을 부여 했으며, 선발된 주자에 대해서는 서울패럴림픽대회의 개념과 성화 봉송의 의의를 교육하고, 봉송코스별로 현장답사를 통하여 예행연습도 실시했다. 이들 봉송 주자 가운데는 각 분야별로 유명인들도 참여함으로써 패럴림픽대회의 의미를 한층 더하였다. 봉송구간에 따라서는 관람객들도 자발적으로 참여하여 응원하는 모습도 볼 수 있어 홍보효과를 톡톡히 발휘했다는 평가였다.

스케이트보드 위의 천사 미국의 케니 이스터데이(당시 14세)는 허리

아래의 하체가 모두 없는 우리가 흔히 볼 수 없는 중증장애를 가졌음에도 항상 미소를 잃지 않는 모습에 많은 박수를 받았으며, 우리나라 최고의 영화배우 안성기, 신일용 씨도 봉송주자로 함께 참여했다. 그런가 하면 체육계에서는 LA올림픽 양궁 금메달리스트 서향순, 수영 조오련 선수도 참여함으로써 패럴림픽대회의 첫 성화 봉송의 의미를 크게 높일 수 있었다.

성화봉송하는 배우 안성기 씨

한편 봉송로(奉送路)에는 각 구간별로 대회이념을 붙였다. 즉, 마니산에서 강화군 경계까지는 '도전과 극복의 길'로, 이어서 강화군 경계에서 서울시청 광장까지는 '평화와 우정의 길'로, 그리고 서울시청 광장에서 잠실 주경기장까지는 '참여와 평등의 길'로 각각 이름을 붙여서 각 경계구간에서 성화를 인수인계하는 행사에서 대회 이념에 부합되는 길거리 기념행사를 추진하고 성화를 넘겨받았다. 이렇게 강화도에서 잠실 주경기장까지 총 104㎞를 장애인 111명, 비장애인 171명이 함께 주자로 참여하여 더불어 살아가는 화합의 모습을 나타냈다.

그리고 개회식이 열리는 잠실 주경기장 400m트랙에서는, 지체·청각·시각 등 각 장애유형별로 고루 주자가 참여할 수 있도록 100m 구간씩 릴레이 봉송을 하도록 배치하였다. 특히, W/C슬라롬 국가대표인 조현희 선수와 딸 윤보람(당시 6세) 모녀가 올림픽주경기장 릴레이 봉

서울패럴림픽 성화봉송(서울시청-잠실올림픽주경기장)

송을 시작하자 8만 관중과 TV를 시청한 국민들은 감동의 뜨거운 눈물을 흘리면서 개회식의 절정을 이뤘으며, 대한민국의 위상을 세계만방에 과시한 쾌거의 한 장면으로 길이 남게 되었다.

또한 성화대의 마지막 점화는 시각장애인 남자 선수와 비장애인 하계올림픽 메달리스트인 여자 선수가 함께 하도록 하였다. 이는 서울패럴림픽이 전 장애유형의 선수가 참여하는 통합대회로서 하계올림픽과 동반 개최되며, 나아가 장애인 선수와 비장애인 선수가 함께함으로써 차별 없이 동등하게 살아가는 통합적 사회 분위기를 만들어 간다는 의미를 담았다.

저자노트(안이문)

'88서울패럴림픽의 개회식을 맞이하며~

복지부와 장애인재활협회 거쳐 조직위에 오다!

나는 1978년부터 1982년까지 5년여 동안 보건복지부 사회과에 근무하며 내 삶에서 결정적인 전환점을 맞이하게 되었다. 왜냐하면 사회국장(이두호)과 사회과장(차흥봉)의 지도를 받아가며 당시엔 엄청 생소한 분야인 장애인 관련 업무를 담당하였기 때문이다. 그리고 때마침 유엔이 정한 '세계장애인의 해' 기념사업의 실무를 통해 장애인복지에 관해 다양한 경험을 하게 되었다. 따라서 장애인문제에 대한 심각성을 깨닫고 뜻한 바가 있어 한국장애인재활협회 기획부장으로 자리를 옮겼다.

그리고 1981년부터 재활협회가 주관해 온 전국장애인체육대회·전국장애인기능경기대회·장애인의 날 행사·장애인취업알선 사업 등을 추진하였다. 그런 가운데 1984년 1월 서울패럴림픽의 유치가 확정되었고, 6월에 개최되는 제7회 뉴욕패럴림픽대회에 파견할 대표선수를 선발하고 합숙 훈련을 진행했다. 아울러 서울패럴림픽조직위(SPOC) 발족과 사무실 임차 등의 추진업무도 병행하였다. 그런 연유로 1984년 6월 14일 선수단을 총괄하여 뉴욕패럴림픽에 참가하고, SPOC의 조사단과 함께 선수촌·경기장·식당·행사장 및 진행내용 등에 대한 조사업무를 진행하였다.

그렇게 뉴욕대회가 막바지에 이를 무렵 임명장을 받자마자 조사단을 이끈 SPOC의 조일묵 사무총장이, 나에게 그간 익힌 장애인 분야의 전문성을 살려 SPOC로 와서 함께 일하자고 간청하였다. 그리고 귀국 후 곧바로 사람을 보내 함께 일할 것을 거듭 설득했다. 그런데도 내가 쉽게 결심하지 못했던 것은 장애인복지에 몸 바쳐 일해 보겠다고 재활협회로 옮긴 지 얼마 되지 않았을 뿐만 아니라, 누구도 해보지 않았던 어렵고 힘든 패럴림픽 준비 업무를 과연 잘 할 수 있을지 뚜렷한 확신이 서지 않았기 때문이었고, 솔직히 한편으론 한시 조직이라는 우려도 있었다.

그러나 한국 장애인복지를 획기적으로 개선코자 개최하는 서울패럴림픽에 참여한다는 긍지와 성공적인 대회개최를 위해 작은 힘이라도 보태기로 결심하였다. 나는 SPOC로 자리를 옮기고는 처음엔 기획과장으로 일하였다. 초창기 SPOC의 구성원들은 대부분이 장애인 분야와는 무관한 경력을 가졌던 까닭에, 내가 전적으로 기본계획을 수정하는 등 노심초사하며 고군분투하였다. 그렇게 4년 동안의 힘든 과정을 거쳐 드디어 대회가 임박함에 따라 가장 중요한 서울패럴림픽 개폐회식의 프로그램을 기획하고 총괄적인 진행을 맡아서 불철주야

로 준비에 매달렸다

오늘 하루, 온 세상이 축복받는 날이 되게 하소서!

　1988년 10월 15일 4년여의 시간을 마음 졸이며 준비해 온 서울패럴림픽대회의 개회식이 마침내 오늘로 다가왔다. 앞으로 몇 시간 후면 이곳 잠실벌은 인파로 넘쳐날 것이고 세계의 이목이 집중될 것이다. 어제 밤도 자는 둥 마는 둥 아마도 두세 시간정도 눈을 부쳤을까, 새벽 4시쯤이면 아직 캄캄한 밤중인데 더 이상 잠자는 것을 포기할 수밖에 없었다. 시간은 계속 흐르면서 어느덧 날이 밝아 온다. 침대에서 일어나 앉아 기도하였다.

　오늘 하루 / 온 세상이 축복받는 날이 되게 하소서 / 세계 61개국에서 참가한 선수·임원 모두가 / 오늘을 시작으로 끝나는 날까지 / 아무런 사고 없이 / 도전하고 일어서서 / 평화롭게 우정을 나누고 / 아무런 불상사 없이 / 순조롭게 흐르는 세계인의 축제가 되도록 / 굽어 살피소서 / 대한민국이 오늘을 계기로 / 세계 속에 우뚝 서는 / 멋진 날이 되게 해 주소서 / 대한민국 국민들이 주인 되어 함께하는 / 복된 날이 영원하게 하시고 / 우리 모두 하나 되어 / 앞으로 무궁한 번영을 누리게 하소서.

-제2절-

드디어 잠실벌에 팡파르가 울려 퍼지다

서울패럴림픽 개회식의 공식행사는 ICC 헌장의 의전 절차를 준수하여, 귀빈입장·선수단입장·대회사 및 환영사에 이어 명예대회장의 개회선언·ICC기 게양·성화점화·패럴림픽선서·선수단 퇴장 순으로 장엄하게 거행되었다. 바로 다음과 같이 펼쳐졌다.

서울패럴림픽 공식개회행사

1988년 10월 15일 오후 3시 정각! 육군 군악대 소속 88명의 나팔수가 팡파르를 힘차게 연주하자 역사적인 제8회 서울패럴림픽대회의 서막이 울렸다. 이와 동시에 옌스 브로만 옌센(Jens Bromann Jensen) ICC 위원장과 고귀남(高貴男) SPOC 위원장의 영접을 받으며 노태우(盧泰愚) 대통령 내외분이 입장하였다. 바로 그 때 운동장에 있던 1,100명의 무용수들이 '어서오세요' 라는 글자 도형으로 영접인사를 하고, 대회 5태극 엠블럼 모형을 순식간에 만들어 냄으로써 8만 관중은 환호의 물결로 경기장은 단숨에 뜨거워졌다.

곧이어 진행된 선수단입장은 한글 가나다 순에 따라 과테말라를 선두로 차례로 입장하고, 개최국 한국선수단(단장 박일상)은 관중들의 뜨거운 환영을 받으며 맨

입장하는 대한민국 선수단 (단장 박일상)

마지막 61번째로 입장하였다. 뒤이어 고귀남 위원장이 브로만 옌센 ICC 위원장에게 패럴림픽기를 증정하는 뜻 깊은 순서가 진행되었다. 이 패럴림픽기는 SPOC에서 공모로 제정된 대회기가 'ICC기(旗)'로 공식 채택되는 영광을 안았다. 대회기 증정에 이어 고귀남 위원장의 대회사와 브로만 옌센 ICC위원장의 환영사가 있었고, 노태우 대통령이 세계장애인에게 보내는 메시지와 함께 개회선언을 하면서 뇌명탄이 터지고, 패럴림픽의 개최연도를 상징하는 1988개의 오색풍선이 하늘로 날아오르며 축제분위기가 돋우어졌다.

서울패럴림픽 개회식(대회 엠블럼 표출)

대회사하는 고귀남 위원장

제2장 [샘솟는 힘] **217**

이어서 장내 아나운서가 다음 순서인 'ICC기'의 입장을 안내하면서, 징·제금·장고·용고·소라·나팔과 태평소로 편성된 취타대를 따라 패럴림픽기가 입장하여 6명의 기(旗) 게양수(揭揚手)에게 인계되었다. 곧이어 'ICC기'는 서정주 시인이 작사하고 김동진 선생이 작곡한 공식 대회가인 '서울패럴림픽의 노래'가 울려 퍼지면서 게양대에 게양되는 순간 관중들은 일제히 기립하여 경의를 표하면서 경청하였다. 그 순간 평화를 상징하는 1,988 마리의 비둘기가 하늘로 날아오를 때 개회식의 하이라이트인 성화가 입장하였다.

잠실 주경기장에는 '프로메테우스 오다'라는 제목의 성화 음악이 흐르는 가운데, 남쪽 문을 통해 절단장애인 배구의 강덕찬 선수가 한 발로 목발을 짚은 채 성화봉을 높이 들고 뛰어 들어왔다. 이어서 뇌병변 장애인 육상의 손 훈 선수가 성화를 넘겨받았다. 손 훈 선수는 불안한 몸을 넘어지지 않으려고 안간힘을 다해 앞으로 달려 나갔다. 그리고 척수장애인으로 휠체어활강 종목에 출전하는 조현희 선수에게 성화봉이 넘겨졌다. 조현희 선수의 뒤에는 여섯 살 된 딸 윤보람이 하얀 머리띠를 질끈 동여매고 엄마의 휠체어를 힘차게 밀며 달려 나갔다.

감동을 준 서울패럴림픽 개회식 모녀 성화봉송

100여 m를 밀고 나가는 동안 각국의 선수들은 두 모녀의 아름다운 장면을 카메라에 담느라 정신이 없었다. 성화봉을 높이 든 조현희 선수의 모녀 봉송은 최종주자가 있는 성화대까지 극적으로 다가갔다.

이때 방송 카메라는 조현희 선수가 뒤에서 휠체어를 밀고 당당하게 뛰고 있는 '보람이'를 향해 무언가 대화를 하는 모습을 크로즈업으로 잡아 전광판에 투영하였다. 이 순간 8만 관중이 운집해 있는 관중석을 스케치하여 역시 전광판에 중계하는데 너무도 감동스러운 장면에 눈물을 훔치는 모습이 중계되고 있었다. 이 모습은 정말 가슴 뭉클한 아름다운 장면으로 모든 사람들의 뇌리에 각인되었다.

그리고 마지막 점화주자인 시각장애인 육상의 이재운 선수와 하계올림픽 핸드볼 금메달 수상자인 김현미 선수에게 성화봉이 넘겨져서 성화로에 점화함으로써 역사적인 제8회 서울패럴림픽대회의 불을 밝혔다. 이 장면은 하계올림픽과 패럴림픽의 동반 개최를 상징적으로 보여준 장면이었다. 이어서 각국 선수단 기수들이 중앙무대를 중심으로 반원형으로 둘러선 가운데 대한민국의 선수단을 대표하여 탁구의 김소부 선수와 심판 대표인 육상의 정봉수 심판이 각각 패럴림픽 선서를 하였다. 이어서 애국가를 합창하고 서울패럴림픽 공식 개회식은 끝났다. 그리고 선수단 퇴장에 이어 식후 행사가 펼쳐졌다.

노태우 대통령, 개회선언을 하다

친애하는 지구촌의 장애인가족여러분, 국민여러분, 그리고 모든 나라 국민여러분! 신체와 정신-주어진 모든 장애를 인간의 숭고한 힘으로 극복한 선수들이, 세계 곳곳으로부터 지금 이곳 서울올림픽주경기장에 모였습니다. 이제 우리는 온 인류에게 진정한 인간의 의지와 용기가 무엇이며, 인간의 평등과 박애가 무엇인지를 전 세계인의 가슴에 심어주기 위한 '사랑과 인간애의 축제'를 시작하려 하고 있습니다.

지금부터 열흘 동안 열리는 제8회 서울패럴림픽대회는 모든 좌절을 용기로, 모든 실망을 희망으로, 모든 편견을 이해로 바꾸어 세계의 모든 사람에게 참된 승리를 안겨주는 축복의 현장이 될 것입니다. 2주일 전까지 바로 이곳에는 서울올림픽의 성화가 16일 동안 불타고 있었습니다. 우리는 서울올림픽을 사상 최대의, 그리고 사상 가장 훌륭한 '인류화합과 평화의 축제'가 되게 했습니다.

노태우 대통령 개회선언

우리 대한민국 국민은 이에 이어 이 세계에 장애인의 복지를 구현하며 온누리에 인간의 평등을 전파하는 이 '대제전'을 열게 된 것을 영광으로 생각하며, 국민을 대표하여 여러분을 따뜻한 마음으로 환영합니다. 한국의 맑고 푸른 가을 하늘아래서 여러분 모두 다함께 어우러져 마음껏 뛰고 달리며 이해와 정을 나누는 한 마당이 되어 세계의 모든 장애인에겐 용기와 희망을, 온 인류에겐 사랑과 이해를 심어주는 뜻깊은 대회가 될 것이라고 확신하면서, 서울패럴림픽대회의 개회를 선언합니다.

식전 공연행사

이에 앞서 오후 2시 40분 주 경기장 상공으로 패럴림픽 5태극 엠블럼의 상징 색깔로 화려하게 장식된 낙하산을 타고, 고공 낙하요원 27명이 '하늘의 축복'을 안고 운동장으로 사뿐히 내리면서 축제는 시작되었다. 이어서 리틀엔젤스 무용단 103명이 대고와 삼고, 용고를 두드리며 개막을 축하하는 '북의 제전'이 펼쳐졌다. 전통적으로 우리 민족의 축제에 빠져서는 안 되는 땅의 신에게 이른 바 오늘의 축제를 잘 진행되게 해달라는 서막이다.

그리고 휠체어 무용수 88명과 서울시립무용단이 합동으로 '도전과 극복'을 펼쳐 보인다. 강인한 체력을 바탕으로 휠체어 경기를 무용으로 승화시킨, 밝고 힘찬 역동성을 보임으로써 장애인들이 어려운 현실을 도전하고 극복해 나간다는 의미를 부여하고 있다. 따라서 모든 사람들에게 희망이라는 메시지를 전달하는 한편, 장애인에 대한 인식을 새롭게 하는 내용으로 구성 되었다.

이 행사에는 삼육재활학교와 명혜학교의 휠체어를 사용하는 학생들이 참여했다. 뒤이어 신성한 태초의 빛 한줄기가 잠실 주경기장에 내리자 이 자리에 1,550명의 남녀 학생들이 손님맞이를 한다. '88, 'WELCOME' '어서오세요'를 글자 도형으로 만들어 내면서 관중을 비롯한 대회의 모든 참가자들을 정성으로 맞이하는 환영행사가 펼쳐졌다.

식후 공연행사

개회식 공식행사가 끝난 후 인간이 가장 행복하게 살았던 태평성대의 춤 '좋은 날'이 먼저 공연되었다. 관복과 활옷차림의 경희대생과 염광여상 등 1,450명의 무용수들은 화관무를 보여 주었다. 화관무는 강하고 규율이 내재된 궁중무용으로 조선왕조의 장식적 전통성과 절제된 동양의 정서를 표현한 것이다.

태평성대가 지나고 갈등과 대립으로 인간이 인간을 서로 미워하는 혼돈의 시대가 온다. 60개국의 전통가면 160종류를 사용한 700여 명이 출연하여 선과 악, 사랑과 미움, 창조와 파괴, 모든 인간의 가치와 성격이 조화를 이루지 못하고, 대립과 분열로 흩어져 난무하고, 이념과 인종과 성별에 갈려 불협화음을 만들어 내는 혼돈의 세계를 그린 내용이다.

이렇게 가면의 춤이 난장에 이를 무렵 흰 도복을 입은 1,008명의 태권도단이 등장하여 혼돈의 세계를 정리한다. '벽을 넘어서'는 인종의 벽, 이념의 벽, 빈부의 벽, 분단의 벽, 사람과 사람을 가로막는 무수한 경계의 벽을 넘어 화합의 자리인 제8회 서울패럴림픽대회에 참가한 온 인류의 의지와 힘을 표현한 내용이다.

벽을 넘고 나면 '정적'의 세계가 온다. 벽이 무너진 빈자리의 정적, 모든 움직임이 정지된 공백의 그라운드, 새로운 탄생을 기다리는 순간, 그 정적의 문이 열리며 서울패럴림픽대회의 마스코트인 아기 반달곰 두 마리(곰두리)가 2인 3각의 발을 맞춰 힘차게 뛰어 나온다. 곰두리는 모든 사람이 서로 협동한다는 대회 이미지를 강조한 것이다. 이 정적의 자리에 인류의 희망과 밝은 미래를 알리는 새싹이 돋는다.

재잘거리는 전자음향에 따라 삼전초등학교생 1,200여 명이 출연하여 동요를 부르며 한국의 전통놀이인 굴렁쇠 굴리기, 바람개비 놀이, 제기 차기, 줄 넘기, 고무줄 놀이 등을 펼쳐 보여 영원한 '새싹'들의 생명을 나타내고 밝은 미래를 부각시켰다. 온 누리를 덮는 새싹의 물결, 그 새싹이 자라 인류는 다시 화합한다.

남·북문에서 농악대를 선두로 고놀이팀이 등장, 곳날과 곳날이 부딪히고 서로 밀고 당기면서 '화합'을 연출한다. 치열한 접전 속에서 사랑과 화합과 우정이 싹트고, 마침내 한 덩어리가 되어 화합된 분위기 속에서 '평화와 우정'이 공연된다. 신체적·정신적 장애로 인하여 비장애인과 다른 장애인이라는 차별을 받고, 사회 속에서 소외되어 온 환경을 '하면 된다'는 신념과 '나도 할 수 있다'는 자신감을 가지고 외롭게 도전하고 극복하여 드디어 진정한 평화와 우정의 장을 마련한 것이다.

　패럴림픽 사상 처음으로 전 유형별 장애(지체·시각·청각/언어·지적장애)가 함께 출연하여 평화의 북소리에 맞춰 사물놀이와 브라스밴드 연주를 펼치는 가운데 태권무와 강강수월래 대형, 곰두리 모형과 대회 휘장을 펼쳐 보인다. 여기에 전 출연자가 가세하여 한마당을 이룸으로써 서로 미워하지 말며, 서로 다투지 말며, 오직 사랑으로 더욱 하나가 되는 감동의 장을 만들면서 피날레를 장식한다.

-제3절-
서울패럴림픽 개회식의 보람, 오래도록 새기리라!
-서울시립무용단 문일지 단장의 열정-

애시 당초 서울패럴림픽 개회식은 우여곡절을 거쳐 제24회 서울올림픽의 개회식 프로그램의 일부 작품을 연계하여 활용하도록 협의되어 있었다. 그런데 SPOC에서 직접 제작할 작품의 안무와 연습을 어떻게 할 것인지가 막막하였다. 그래서 안무를 총괄할 서울시립무용단의 문일지 단장을 만나 의논해 보기로 했다. 이에 따라 전화를 걸어 면담요청을 하였다. 당시는 서울올림픽 개회식 전이어서 문 단장은 그 안무 준비에 눈코 뜰 새 없이 바쁠 때였다. 그럼에도 흔쾌히 날짜를 정해 주면서 새벽 4시에 세종문화회관 시립무용단실로 오라고 했다.

왜 하필이면 꼭두새벽인 4시에 오라고 하는지 참으로 궁금하였다. 하지만 일단 약속 시간에 맞춰가서 무용단 연습실 문을 두드렸다. 그랬더니 아직 어둠이 채 걷히지도 않은 시간인데도 음악에 맞춰 무용 연습이 한창이었다. 밖으로 나온 문 단장은 놀랍게도 얼굴에 땀방울이 구슬처럼 잔뜩 맺혀 있지 않은가. 그제 서야 새벽 4시에 방문해 달라는 이유를 깨달을 수가 있었다. 바로 문 단장은 자신이 맡은 작품의 완성도를 위해 자신도 직접 연습을 거듭하는 철저한 안무가였다. 나는 문 단장께 협조 요청할 내용을 설명했다. 물론 미리 협의한 내용이라서 큰 이견 없이 협의를 마쳤다.

마침내 서울올림픽이 끝나고 본격적으로 서울패럴림픽 개회식의 프로그램별 작품 연습에 돌입했다. 그런데 첫 날부터 여기저기서 문제가 속출했다. 먼저 '88년을 상징하는 88대의 휠체어를 탄 지체장애 학생 88명과 시립무용단원 44명이 참여하는 "도전과 극복"이라는 작품에서 나왔다. 즉, 트랙과 잔디 구장을 구획하는 알루미늄 경계선을 넘나들기가 어려웠고, 여기에 잔디 위에서의 휠체어 움직임이 원활치 못했다. 따라서 안무를 전적으로 변경해야 하는 급박한 상황이었다. 또한 88대의 휠체어는 개인 소유여서 연습을 하다 보니 펑크가 나거나 파손에 따라 보수할 예산도 전혀 없는 실정이었다.

또 "평화와 우정"이라는 프로그램은 시각·청각·언어·지적장애 학생들이 뒤섞여 동시에 참여하는 작품이었다. 안무지도자들이 크게 소리를 지르면서 동작을 알려줘도 거기에 맞춰 따라 주지 않았다. 이에 따라 안무지도자들이 이대로는 도저히 진행할 수가 없다면서 일제히 그만 두겠다고 했다. 그래서 문 단장이 부랴부랴 그들을 직접 달래면서 상황 파악에 나섰다. 그 결과 참여 학생들은 보지 못하고 듣지 못하며 잘 이해하지 못하는 장애인들이었다는 것을 미처 깨닫지 못하고 일방적으로 진행하였기 때문이었다. 문 단장은 눈물을 글썽이며 장애 학생들의 고통을 비로소 알게 되었다면서 내게 몇 가지를 속히 개선해달라고 요청하였다.

그러면서 문 단장이 내게 던진 한마디는 만약 이 행사를 그르치면, 자신과 안 선생(저자 안이문)은 함께 한강에 투신해야 한다고 말했다. 얼핏 들으면 매우 살벌한 말이었지만 그만큼 꼭 해결해 달라는 절실한 심경을 전달 한 것이었다. 그 내용은 첫째 트랙을 빙 둘러서 설치한 알루미늄으로 된 경계선을 철판으로 덮어 휠체어가 쉽게 드나들 수 있게 할 것, 둘째 잔디 위에는 얇은 나무 덮개를 덮어 휠체어 무용을 할 수 있도록 할 것, 셋째 출연자들에게는 휠체어 1대씩을 별도로 지급할 것, 넷째 시각장애인을 위한 도움 인력과 청각장애인을 위한 수어통역을 충분하게 배치하여 줄 것 등이었다.

그렇지만 정작 문제는 예산확보였다. 황급히 국내에서 유일하게 휠체어를 제작하는 대구의 대성산업에 가서 구매비용을 산정하고, 덮개 설치와 수어 및 보조인력 확보 등 문제해결을 위한 전체 예산의 결재 안을 만들었다. 하지만 SPOC의 고귀남 위원장은 언론사 기자와 국회의원을 역임하신 분으로서, 예산을 절약코자 사안별로 꼼꼼히 챙겼기 때문에 결재를 받기가 결코 쉬운 일이 아니었다. 아무튼 엄청 꾸중을 듣게 될 것은 불문가지였다. 그럼에도 원활한 공연을 생각하면 어떻게든 위원장의 결재를 받아야 했다. 따라서 전후 사정을 간곡하게 말하였더니 몇 가지 확인을 하고 결재를 해 주었다.

이렇게 해서 문 단장의 요구사항은 대부분 갖추어졌다. 아울러 휠체어 등 보장구 수리소까지 설치하여 운영함으로써 공연 연습은 순조롭게 이뤄질 수가 있었다. 한편 "참여와 평등" 프로그램은 수화(수어)통역을 배치하고, 안무를 일부 수정하여 출연진들이 모두 탑승할 수 있는 무개차를 만들어 트랙을 돌면서 공연을 하게 했다. 마지막으로 "평화와 우정-정적"은 대회 마스코트인 곰두리를 인형극회에 제작 의뢰해서 곰 두 마리가 '2인 삼각'으로 천천히 뛰거나 어깨동무하면서 손을 흔들기도 하는 등, 여러 가지 상황들을 연출하도록 안무를 수정해서 연습을 진행했다.

그렇지만 연습기간도 짧고 예산 지원도 열악하였을 뿐만 아니라, 안무가나 공연 참여자들이 손과 손가락에 피멍이 들게까지 하면서 연습을 진행한다는 것이 너무나 안타까웠다. 그럼에도 불구하고 시립무용단의 문 단장과 안무지도자들은 지친 것도 전혀 내색하지 않고, 장애를 가진 출연진들과 때로는 얼싸안고 울거나 때로는 어렵게 소통하면서, 완성도가 높은 공연을 준비하기 위해 이리 뛰고 저리 뛰는 모습에서, 내 자신도 감격해가면서 더욱 더 지원을 잘 해야겠다는 마음을 다졌다.

이렇듯 서울패럴림픽의 개회식은 문일지 단장을 비롯해서 서울시립무용단의 안무가들과 단원들처럼, 장애인들을 위해 열정을 다해 힘써 준 덕택에 성공할 수 있었다. 문일지 단장은 대회가 끝난 직 후 언론사 인터뷰에서 다음과 같이 말하였다. "자신의 무용 인생에서 '88 서울패럴림픽의 개회식에서 느꼈던 보람과 감동은 오래도록 새겨 기억에 남으리라 믿는다. 왜냐하면 공연을 마치고 출연 장애인들과 수석 안무가들이 서로 부둥켜안고 눈물을 흘렸던, 그렇게 가슴 뭉클하고 찡했던 모습은 쉽게 사라질 것 같지 않기 때문이다." 새삼 문 단장의 장애인 사랑이 느껴졌다.

―제4절―
역사상 최대 규모의 서울패럴림픽대회였다

◉ 각국 선수단 참가 현황

　패럴림픽대회 사상 최대 규모로 치러진 서울패럴림픽은, 참가국도 61개국 4,301명의 선수단이 참가하여 가장 많은 국가와 선수단이 참가했다. 그중 미국이 486명, 우리나라가 366명이 참가하였으며, 반면 과테말라와 튀니지는 각각 3명과 1명의 선수가 참여하여 가장 소규모로 참가했다.

　경기종목은 16개 종목에 732개의 세부 종목이었으며, 시범종목으로는 휠체어 테니스가 치러졌다. 경기장 시설도 올림픽 주경기장을 비롯해서 하계올림픽 경기장을 사용하였으며, 장애인특수 종목의 경기장은 장애인 이용시설 또는 별도로 신설해서 사용하였다.(각국별 참가인원 및 메달획득 현황 부록 참조)

◉ 경기 종목별 경기장

경기장 시설은 서울올림픽대회의 시설을 최대한 활용하였으며(4개 구역), 연습장 10개소, 펜싱과 론볼링장은 신설하였고 장애인 편의시설을 마련하였다.

・올림픽주경기장(육상/트랙·필드) ・잠실실내수영장(수영) ・잠실학생체육관(농구) ・상무경기장(양궁·펜싱·유도·론볼링·사격·축구·배구) ・정립회관체육관(보치아·당구) ・올림픽공원 역도경기장(역도) ・체조경기장(탁구) ・테니스(W/C 테니스), 그리고 도로경기(마라톤·사이클)를 진행하였다.

◉ 경기 종목

총17개 종목 ・양궁 ・육상 ・농구 ・보치아 ・사이클 ・펜싱 ・골볼 ・유도 ・론볼링 ・역도 ・사격 ・당구 ・축구 ・수영 ・탁구 ・배구 / 1개 시범종목-휠체어테니스 포함.

▶ 경기 종목 중 보치아는 뇌병변장애인 그리고 골볼은 시각장애인만이 참가하는 경기 종목으로 별도 개발된 것이며, 농구·당구·펜싱 종목은 척수장애인(W/C)만이 참여할 수 있다. 또한 배구는 좌식배구로 절단 및 기타장애인 그리고 축구는 뇌병변장애인이 참가하는 종목으로 제한되어 있다.

◉ 의무분류

패럴림픽은 일반올림픽과 달리 장애유형 및 장애정도에 따라 경기 종목별 참가가 결정된다. 의무분류는 경기에 참가하는 경기자가 같은 유형의 장애에 있어서도 그 장애정도가 현저한 차이가 있을때 각 선수들의 기능에 따른 의무분류 등급을 부여, 동일 등급 내에서 유사한 정도의 장애를 지닌 선수와 경쟁하게 한다.

1) 운영개요

조직위 의무위원회는 ICC의무위원회와 협의된 일정 및 규정에 따라 각 연맹별 의무위원회의 책임 하에 의무분류를 시행하고, 의무항의에 대비하여 ICC와 협의하여 항의위원회를 구성 운영하였다. 리비아 선수 2명을 제외한 60개국 3,045명의 선수 전원을 대상으로 10월 11일부터 14일까지 대회전에 의무분류를 종결하였으며, 의무항의 심사는 대회기간인 10월 15일부터 25일까지 계속 운영하였다. 의무분류에 참여한 의사는 20명, 물리치료사 15명, 통역요원 16명, 행정요원 6명 등 모두 57명이 참여 했으며, 각 경기단체 ICC 위원 4명도 함께 참여하여 운영되었다.

2) 의무분류 및 항의심사

의무분류는 각 연맹별 의무분류의 기준에 따라 절단자는 9개 등급, 기타 장애인은 7개등급(종목에 따라 차이가 있음), 척수장애인 8개 등급, 뇌성마비인 8개등급, 시각장애인 3개 등급으로 구분된다. 의무분류는 10월 11일 부터 입촌 순서에 따라 실시하였으며, 영구등급보유자와 농구선수는 정밀검사를 면제했다.

3) 대회 참가자에 대한 의료 서비스 제공.
 • 전염병 및 식중독 방지를 위해 예방 활동을 시행하였으며, 시범

적인 약물검사 시행으로 대회 참가자나 관중에 대한 적절한 위생적 환경제공과 최상의 건강 유지, 환자 발생 시 후송병원 2개소 지정했다.
- 구급차 배치 : 경기장 및 행사장 13대, 선수촌병원 4대, 이동의료반 4대 배치 운영했다.
- 약물 검사반 3개소를 설치 운영하고, 시범적인 시행으로 대회의 모든 참가자, 관중에 대한 적절한 위생적 환경제공과 최상의 건강을 유지하도록 했다,
- 환자 발생 시의 대처라는 목표로 의무본부를 설치하고, 모든 계획과 실행을 주관하였다.
- 진료 환자는 모두 4,393명(88년 10월 8일 ~ 10월 27일)이었다.

◈ 의무위원회 운영

- 조직위원회는 88년 10월 대회 의무 운영에 필수적인 의무위원회를 구성하였다. 분야별 전문 의료인으로 내국인 7명, ICC 의무위원 4명 등 11명으로 구성하고, ISMGF, ISOD, CP-ISRA, IBSA 행정과(의무항의), 국제협력과를 편성하였다. ICC 의무위원은 국제경기연맹별로 1명씩 배치하였고, 위원장은 서광윤(전 인제대 명예교수) 교수를 선출했다.

- 의무위원회는 전 선수에 대한 의무분류를 진행했으며, 영구 분류 선수는 본인 여부를 확인했으며, 의무분류 도중의 항의는 즉시 심사처리 하여 시합 전 분류 완료에 차질이 없도록 하였다.

⊙ 보건 · 안전

◈ 지정병원

1) 선수촌 병원

　선수촌 병원은 후송병원 등 의무지원체제에 속한 다른 기관과 긴밀한 관계를 유지하도록 했으며, 대회에 참가한 모든 선수와 임원, 운영요원에게 양질의 의료서비스를 제공하도록 했다. 또한 각국 선수단에 대한 진료지원과 필요 시 후송병원으로의 환자 수송 등의 기능을 맡도록 했다. 경기장, 선수촌 등에서 발생할 수 있는 의료 사고에 즉각적으로 대비함은 물론, 수준 높은 치료를 통하여 대회 운영에 지장이 없게 하도록 장소별로 병원을 지정하여 운영하였다.

　병원시설은 선수촌내에 105평 규모의 단층건물을 마련하고, 국립의료원, 우신향병원, 국립보건원, 한신메디칼, 동아X선기계, 두산산업 등으로부터 의료진과 장비를 지원받았다. 조직은 병원장 아래 진료부, 진료지원부, 사무부로 구성하고, 진료부에는 내과, 일반외과, 정형외과, 치과, 응급실을 두었다. 진료지원부는 재활의학, 물리치료실, 간호과, 방사선과, 임상병리과, 약제과를 두고 사무부는 원무과, 관리과로 구성 되었다.

　운영인력은 의사 21명, 간호사 26명, 약사4명, 의료기사 22명, 기타 47명으로 총 120명이 투입되었다. 의사와 간호사는 지정병원과 국방부에서 지원하였고, 통역, 물리치료사는 자원봉사자로 충원하고,

추가 행정인력은 보건복지부 및 산하 기관의 지원으로 확보하였다.

2) 경기장 및 행사장 진료실

경기장, 행사장의 의무지원은 모든 의료서비스에 대한 요구상황에 신속, 정확히 대처하여 경기진행을 원활히 하도록 지원하고, 경기 관람을 지속할 수 있도록 하였다. 필요시 후송병원으로 후송하여 전문 치료를 받게 하였다. 의무본부는 방침을 세우고 실제 운영에 필요한 사항은 각 경기장의 의무담당관 책임 하에 진행했다. 주요 업무는 경기장에서의 1차진료 및 응급치료, 후송조치, 테이핑 및 마사지, 열치료용 얼음공급, 선수단 의사에 대한 의료지원 및 시설이용의 편의 제공 등이었다.

3) 인력 · 시설

보건·안전 인력은 총 191명을 확보 배치하였으며, 직능별로는 의사 14명, 간호사 14명, 응급처치 50명, 물리치료 17명, 위생 30명 방역 12명, 약물채취 6명, 기타 48명이었다. 장소별로는 올림픽주경기장 36명, 잠실실내체육관 12명, 올림픽 수영경기장 13명, 잠실실내경기장 25명, 올림픽역도경기장 13명, 상무체육관 34명, 정립회관 14명, 본부호텔 17명을 배치하여 운영했다.

4) 식품 위생 및 방역

참가선수단과 운영요원에게 제공되는 식음료의 안전공급을 위해서 식음료 공급업체 및 관련시설에 대한 위생관리를 철저히 함으로써 이로 인한 위해를 방지하는데 최선을 다하도록 했다.

⦿ 시상운영

- 시상메달 : 총 2,868개(금메달 958, 은메달 955, 동메달 955)
- 기념메달 : 총 19,734개(국내용 15,154개, 국외용 4,580개)
- 상장 : 2,660매,
- 참가증서 : 4,309매, 감사증서 : 635매
- 국기 : 125매(ICC기)
- 시상요원 : 191명(서울올림픽 조직위원회로부터 연계확보)

⦿ 메달 도안 및 제작

시상메달은 ICC의 공인을 받아 조폐공사에서 제작하였으며, ICC위원과 국제장애인 스포츠기구 임원 및 감독관들에게는 ICC헌장 규정에 의거 참가 기념메달을 수여했다. 조직위는 입상메달이

서울패럴림픽대회 수상메달

선수 개인은 물론 수상국으로서도 길이 기념될 만한 것이기에 도안과 제작에 심혈을 기울여 제작했다. 메달 제작은 87년 9월 한국조폐공사에 디자인을 의뢰하여 11월 확정했다.

대회 참가자와 행사출연요원에게 수여된 기념메달은 외형이 8각

형으로서 전면에는 서울패럴림픽대회 공식휘장을 상단에 넣고, 하단에는 구름을 끼고 솟아있는 한국의 전형적인 산을 배경으로 숭례문을 도안했으며 그 사이에 국내용의 경우는 국문이 새겨져 있고, 국외용은 국문대신 영문으로 "THE 8TH SEOUL PARALYMPICS"라는 영문을 새겨 놓았다.

후면에는 2인 3각의 경기를 펼치는 곰두리 문양과 함께 세계장애인스포츠기구조정위원장과 제8회 서울패럴림픽대회조직위원장의 서명이 새겨져 있으며 하단에 올림픽주경기장 전경과 대회기간을 의미하는 1988년 10월 15일~10월 24일자가 명시됐다.

⊙ 경기결과

미국이 금메달 92개, 은메달 91개, 동메달 85개로 종합1위를 차지했고, 한국은 금메달 40개, 은메달 34개, 동메달 21개로 종합 7위를 차지하였다. 우리나라는 당초 목표를 10위로 잡았으나 참가 선수들이 갈고 닦은 기량을 유감없이 발휘하여 7위를 달성함으로써 세계장애인스포츠 강국으로 올라섰다.

▶ 우리나라 종목별 메달획득 현황

구분	총계	육상	양궁	보치아	사이클	펜싱	유도	론볼링	역도	사격	수영	탁구
계	95	36	6	4	4	5	2	4	7	12	4	12
금	40	16	4	1	1	3	1	-	2	7	1	4
은	34	11	1	3	2	1	1	4	4	4	-	3
동	21	9	1	-	1	-	-	-	1	1	3	5

- 육상에서는 남자 10,000m 황현식 선수, 남자 100m 김병우, 유희상, 이봉호 선수가 금메달을, 여자 100m와 200m에서 백민애 선수가 2관왕으로 금메달을 목에 걸었다. 또한 손훈, 강성구 선수도 200m와 400m에서 각각 1위를 하였고, 곤봉던지기에서 박세호 선수, 멀리던지기에서 구근호 선수가 금메달을 획득했다. 400m계주에서는 한국팀이 당당히 1위를 차지했다. 그리고, 남자 창던지기에서 권태준, 정확히던지기 구근호, 박세호, 멀리뛰기 손훈 선수가 금메달을 차지함으로써 육상종목에서 구근호 선수와 함께 각각 2개의 메달을 목에 걸었다.
- 양궁 단체전에서 한국의 김성희, 이학영, 안태성, 조현관 선수가, 그리고 남자더블 단체전에서도 김희수, 김호성, 장기기, 윤춘흥 선수가 1위를 차지하고, 남자개인 안태성, 여자 더블 개인전 이경희 선수가 금메달을 각각 차지했다.
- 보치아 종목에서는 개인혼성 윤강노 선수가 금메달을 획득하고,
- 사이클은 남자 1,500m에 출전한 김종길 선수가 금메달
- 펜싱에선 남자 플러레 개인전 최일주 선수가, 남자 사브르 개인전 노경수 선수가 2관왕을 했다.
- 유도 남자 71kg 개인전 안유성 선수가 금메달을 차지했다.
- 역도에서는 제7회 뉴욕대회에서 유일한 동메달로 차기 개최국의 체면을 세운 작은 거인 정금종(51kg급)선수가 190kg,을 들어 올려 비공인 세계 신기록을 세우고 금메달을 획득했다. 또 윤상철 선수도 56kg급에서 금메달을 차지했다
- 사격에서는 공기소총 서서쏴 자세 개인전에서 정진동, 앉아쏴 자세 개인전 배규현, 백재환 선수, 서서쏴 강용수 선수, 무릎쏴

자세 단체전 유병준, 송중훈, 차광운 선수가 금메달을 차지하고, 개인전, 송중훈 선수가 단체전과 개인전에서 각각 금메달 2개로 2관왕이 되었다.
- 수영 남자 100m 배영 김종우 선수가 금메달을 차지했다.
- 탁구 개인전에서는 김광진 선수가, 단체전에서는 한국이 1위를 차지했다. 단식 김기훈 선수, 그리고 남자 단체전에서 한국이 1위를 차지함으로써 우리나라는 모두 11개 종목에서 금메달 40개를 획득했다.

▶ 종목별 경기결과가 발표되면 시상일정에 따라 팡파르, 시상 안내, 선수 입장, 시상자 소개, 메달 수여, ICC가 연주 및 국기게양, 퇴장 순으로 진행되었다. 우리나라는 경기결과에서도 사상 첫 7위라는 결과를 달성했다. 당초목표 10위를 뛰어넘어 장애인 스포츠 강국으로 이름을 올리게 되었다.

대회 마지막 날(폐회식 전) 치러진 휠체어 마라톤(42.195km)은 절단 및 기타장애에서 프랑스의 Badid, Mustapha 선수가 1시간 40분 14초 기록으로 1위를 차지하여 언론의 뉴스메이커가 되기도 했다.

▶ 시상요원은 서울올림픽대회조직위원회로부터 191명이 연계 지원하여 운영되었다.

—제5절—
서울패럴림픽 경기는 이렇게 펼쳐졌다

장애인 스포츠도 관심을 갖게하였다

경기는 개회식 다음 날인 10월 16일부터 23일까지 대부분 진행되었다. 육상의 휠체어 슬라롬과 마라톤(42.195km)은 24일 완료되어 폐회식 전에 올림픽 주경기장에서 시상식이 진행되었다. 각 나라가 장애인스포츠의 경기력 향상에 중점을 두어 연구하고 실제로 대회 때마다 기록갱신이 이루어지고 있다는 것은 주목할 일이다. 이와 함께 관람객들이 손에 땀을 쥐게 하는 박진감 넘치는 종목들이 늘어나고 있다는 것도 장애인경기가 그만큼 발전되어 있고 일반 사회의 관심을 갖게 하는데 성공하였다는 점을 보여주고 있다.

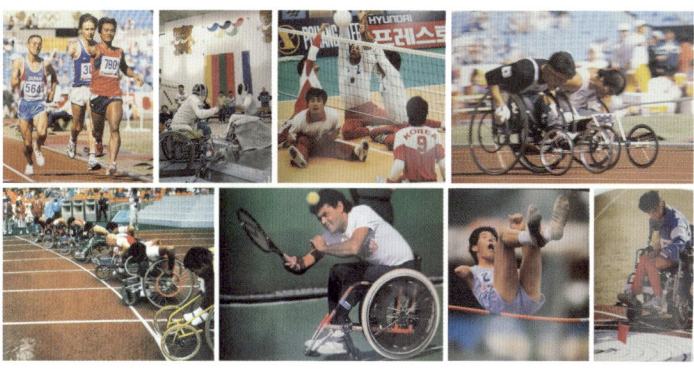

서울패럴림픽대회 각종 경기 모습들

1. 장애인스포츠 인기종목은 이러하다

◆ 휠체어 농구

패럴림픽 경기종목에서 가장 박진감 넘치는 경기이다. 휠체어를 사용하는 척수장애인 선수에게 적합하도록 관련 규정 몇 가지를 개정한 것을 제외하고 국제농구경기연맹(FIBA)의 규정과 같다.

1) 휠체어에 대한 규정 → 휠체어는 신체의 일부분이므로 선수에게 적합한 것을 사용한다. 의자 면과 같은 크기로 10㎝ 두께의 방석 하나를 사용할 수 있고, 그 양쪽 끝이 대각선으로 접혀지는 신축성 있는 것이어야 하며, 판자나 딱딱한 물건 등을 방석에 덧붙여 서는 안 된다. 발판은 고정되어 있어야 하며, 지면에서의 높이는 11㎝이다. 좌석의 최대 높이는 바닥에서 53㎝이고 큰 바퀴의 최대 지름은 70㎝이며, 검정 고무타이어를 사용할 수 없다. 휠체어의 뒷면이나 유니폼의 뒤에 눈에 띌 수 있도록 5를 제외한 3에서 15까지의 번호를 쓴 번호판을 붙인다.

휠체어 농구

2) 경기시간 : 전후반 20분씩이며 10분의 휴식시간이 있다.

3) 제한구역내의 5초 룰 : 공격 시 상대편의 제한구역 내에 5초 이상 머무르면 위반이다.

4) 프리 드로우 : 프리 드로우를 할 때 휠체어의 앞바퀴를 프리 드로우 라인 앞쪽에 둘 수 있다.

5) 신체의 유리한 조건에 의한 반칙 : 발을 사용할 수 있는 선수가 발을 이용하여 멈추거나 방향전환을 했을 때와, 상대방의 슛이나 패스를 막거나 막으려고 또는 리바운드를 잡기 위하여 휠체어에서 일어섰을 때는, 반칙과 같이 취급하며 이 위반이 심하거나 반복될 때에 그 선수는 실격되어 퇴장된다.

6) 선수가 공을 가진 채 휠체어에서 떨어진 경우에는 타임아웃이 선언되어 떨어진 지점 연장선상의 옆 중에서 상대편 선수의 드로우 인에 의해 경기가 계속된다. 넘어진 선수는 도움이 필요한 경우가 아니면 스스로 일어나야 한다.

7) 점수체계 : 척수장애인경기연맹의 의료분과위원회에 의하여 결정된 선수분류에 따른 체급점수 계산은 다음과 같다.
・1등급(1A, 1B, 1C) → 1점, ・2등급 → 2점, ・3등급 → 3점, ・4등급(하지점수 1-20점까지의 외상과 하지점수 1-15점까지의 소아마비 포함) → 4점. 어떠한 경기에서도 한 팀의 체급점수가 13½점을 초

과한 채로 경기를 할 수 없다. 만약 경기 중 어느 시점에 한 팀의 체급점수가 13½점을 초과한 것이 발견되면 테크니컬 파울이 선언되며 동시에 기존 구성원을 교체하여야 한다. 이외에 경기장, 골대 등의 시설 및 규칙은 일반 농구경기와 같다.

◈ 마라톤(휠체어 및 시각장애인 마라톤)

대회 마지막 날 10월 24일 마라톤이 진행되었다. 경기는 절단 및 기타장애, 척수장애, 시각장애선수들이 주경기장을 출발하여 반환점을 돌아오는 도로경기이다. 시각장애인의 경우는 옆에서 가이드 런너가 손목에 줄을 묶어 같이 뛰어 완주를 한다. 이 때 선수와 가이드 런너는 호흡을 잘 맞춰야 함으로 함께 훈련량이 많을수록 좋은 결과를 얻을 수 있다. 기록은 다음과 같다.

- 절단 및 기타장애 휠체어 마라톤에서 프랑스의 Badid, Mustapha 선수가 1:40:14로 1위를 했고 우리나라의 조항덕 선수가 2:07:52의 기록으로 6위를 차지했다.

- 시각장애 남자 마라톤의 경우 B1등급에서 노르웨이 Gasemyr, Jorund 선수가 2:45:48

가이드 런너와 함께 뛰는 시각장애인 마라톤

로 1위, B2 등급에서는 독일연방공화국 Brunt, Stephen 선수가 2:35:43로 1위로 골인하였으며, B3 등급에서는 미국의 Talbott, Carlos 선수가 2:22:55로 1위, 우리나라 박종진 선수가 2:54:27로 6위를 차지했다.

- 척수장애 마라톤 1A에서 독일연방공화국의 Koberle, Heinrich 선수가 2:50:39로 1위, 1B급 캐나다, 1C급 미국, 2급 캐나다, 3급 캐나다, 4급 프랑스 Poiteoin, Andre 선수가 1위로, 대한민국의 유희상, 류민호 선수가 각각 1:59:44, 2:02:25로 8위와 9위로 골인했다. 5~6급에서는 미국선수가 1:53:39로 1위로, 우리나라의 이봉호 선수가 2:11:47로 9위에 올랐다.

- 척수장애 여자 마라톤에서는 2급에 미국 Oothou, Tami 선수가 2:15:04로 1위를 했으며, 3급과 4급에 미국과 덴마크선수가 각각 1위를 차지했다. 도로경기 외의 다른 육상 세부종목도 다양하게 진행되었다. 절단 및 기타장애인의 경우 한쪽 팔, 또는 다리가 없어도 "더 높게" "더 빠르게" "더 멀리" 향하여 뛰고, 달리고, 솟구쳐 오르는 것을 보면 인간의 한계가 어디까지 일까를 생각하게 한다.

2. 장애인스포츠 특수종목은 이러하다

대부분의 종목은 전 유형의 장애인이 참가할 수 있지만 몇몇 종목은 해당 장애유형만을 위해 특별히 개발된 종목으로 다른 분야의 장애인은 참가할 수가 없다. 예를 들면 시각장애인의 골볼 경기, 뇌병변 장애인의 보치아 경기 등이 여기에 해당한다. 그리고 일반경기종목이라 할지라도 장애의 특성에 따라 경기방법이 다른 종목이 있는데, 여기에 대해서도 함께 알아보고자 한다.

◈ 골볼(Goalball)

이 경기는 시각장애인만이 참가하는 종목이다. 한 팀에 3명의 경기자로 구성된 두 팀이 중앙선에 의해 분리된 실내체육관에서 한다. 경기내용은 공속에 방울이 들어가 있는 2,000g의 메디신볼을 공격 팀이 상대팀의 골을 향해 힘껏 굴리면 방어 팀은 공의 소리를 듣고 방향을 잡아서 그 공을 막아야 한다. 이때 골인이 되면 공격 팀은 1점을 얻는다.

골볼

공을 던지는 횟수는 한 선수가 연속 3회까지 던질 수 있으며 4회 던질 경우 반칙이다. 경기가 진행되는 동안 선수가 공 소리(방울소리)를 듣는데 지장이 없도록 경기장은 조용한 곳이라야 한다. 경기시간은 전·후반 각 5분씩 10분이며, 동점일 경우에는 전·후반 각 3분씩의 연장전을 한다. 작전 시간은 30초이며, 회수는 2회이다. 골라인은 9m이고, 골대의 높이는 1.30m이며, 원기둥으로 되어야 한다. 그 둘레에 보호하는 보호막을 입혀서 선수의 부상을 방지한다.

◆ 론볼링(Lawn Bowling)

기본적인 규칙은 국제볼링위원회(IBB)의 규정이 적용되고 여기에 장애인만의 별도 규정이 부가된다. 참가선수는 척수장애인과 절단장애인이다. 잔디경기장 또는 실내체육관에서 나무로 만들어진 둥근 표적 공을 일정한 위치에 놓고, 선수는 주어진 공을 표적 공에 가까이 접근 되도록 굴리는 경기로 복식경기와 개인경기로 구분된다. 선수는 4개의 공을 사용하여 교대로 21회 또는 2시간 동안 경기를 실시하며, 채점은 표적 공에 가까이 접근된 공의 갯수에 따라 결정된다.

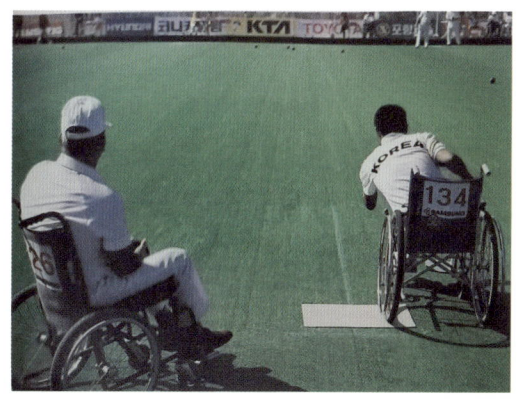
론볼링

◆ 보치아(Boccia)

이 종목은 뇌병변장애인만이 참가하는 종목으로 그다지 널리 알려지지 않은 종목이다. 실내경기로 치러지며 경기는 론볼링과 비슷하다. 참가자격은 뇌성마비 1·2등급에 해당하는 남·여이며, 경기는 우선 팀경기와 개인경기로 구분된다. 남녀 혼성팀도 구성한다. 한 팀은 3명의 선수로 구성하며 팀 경기는 모두 6라운드로 진행된다. 6라운드가 모두 끝난 상태에서 점수를 합산하여 점수가 많은 팀이 승리한다. 개인전은 4라운드로 이루어진다.

보치아

경기방법은 선수는 휠체어를 타고 경기하며 코트는 12.5m×6m이다. 드로우잉 구역은 코트의 폭을 6등분하여 동일구역으로 구분한다. 홈팀(적색 공 사용)은 1, 3, 5번 구역 상대팀은 2, 4, 6번 구역에 위치한다. 경기에 사용되는 공은 무게가 275g, 직경이 26.5cm이며, 표적공의 무게는 275g이나 직경은 26.5cm 보다 조금 작다. 정해진 위치에 표적 공을 두고 각 선수들은 자신의 위치에서 표적 공을 향해 공을 던지거나 굴려서 경기한다. 채점은 상대방의 공보다 표적 공에 가까이 접근 된 공을 한 개 당 1점으로 계산하고, 두 팀의 공이 모두 정확하게 표적 공에서 같은 거리에 있다면 두 팀 모두 1점씩 얻는다.

◆ 정확히 던지기(Precision Throw)

뇌병변장애인 1급 선수가 참가하는 이 경기는 중심으로부터 1.8m

의 반지름 내에 8개의 동심원으로 되어 있는 표적지를 바닥에 펼쳐놓고 150g의 콩 주머니를 6회씩 던져 합산한 점수가 가장 높은(정중앙을 16점으로 바깥 방향으로 2점씩 낮아짐) 선수가 이기는 경기다. 6회 던져서 나온 점수의 합산이 동점일 경우에는 중심(16점)의 적중수로 승자를 결정한다. 표적지 밖에서 던져야 하며, 콩 주머니가 최종적으로 놓여 진 곳을 기록점수로 한다.

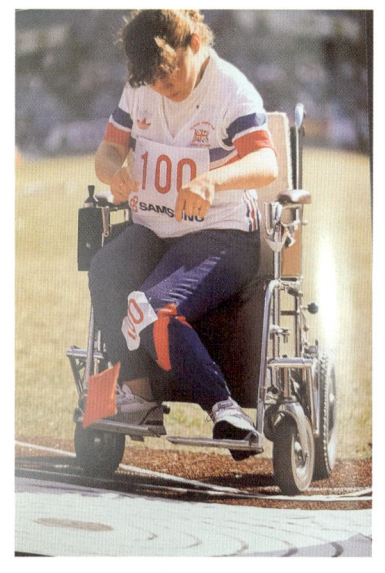
정확히 던지기

◈ 휠체어 회전 활강(W/C Slalom)

척수장애인이 참가하는 경기 종목이다. 전후진 출입구와 세 개의 장애물로 구성된 경기코스를 통과한 시간과 실책에 대한 시간 벌점으로 계산하여 승부를 짓는다. 각 코스의 흰색 기둥은 전진 출입구로 휠체어를 앞으로 작동시켜 기둥을 통과하고, 붉은색 기둥은 후진 출입구로 휠체어를

휠체어 회전 활강 경기

뒤로 작동시켜서 기둥을 통과한다.

사지마비인은 경사로와 널 판지를 우회하며 마지막 장애물의 막대를 제거하고 경기를 한다. 코스의 최종 장애물에 이르기 전에 틀린 지점에서 규정에 맞게 실시하는 경우는 전체 시간에 10초가 더해지며, 틀린 코스를 수정하여 실시하지 못한 경우는 실격된다. 출입구를 쓰러뜨리면 5초, 건드리면 3초가 가산된다.

―제6절―

폐회식! 이제는 모두 헤어져야 할 시간!
- 활활 타오른 성화는 사위어 가고 -

    열흘간의 경기가 끝나고 이제 헤어져야 하는 마지막 순서 폐회식! 도전해서 극복하고 서로 만나서 평화와 우정을 쌓고, 이제는 누구나 다함께 참여로서 평등을 확인했던 지구촌 장애인들의 축제가 서서히 저물어 간다. 대회기간동안 서로 경쟁상대였던 선수들은 이제 부둥켜 안고 아쉬움을 나눈다.

    폐회식은 1988년 10월 24일 오후 5시 20분부터 올림픽 주경기장에서 시작되었다. 폐회식전 행사로 고 안익태 선생의 한국환상곡 이미지를 매스게임화한 '코리아환타지'가 시작되었다. 장내 아나운서의 안내방송에 따라 150명의 대회기 기수단을 선두로 각국의 선수단과 국기가 구별없이 자유롭게 입장했다.

    이제는 국가나 인종·선수나 스태프 남여 구별 없이 모두가 하나 된 그런 정겨운 모습들이다. 먼저 주최국을 대표해서 이현재 국무총리가 환송사를 하였다. 애국가와 함께 태극기가 게양된 후 차기 개최국인 스페인 국기가 게양되면서 '오작교'와 '떠나는 배' 공연행사가 이어졌다. 경기장의 모든 조명이 꺼지고 '오작교-다리놓기'가 시작되는 순간 잠실벌 하늘에 불꽃이 터져 오르자 관중들은 일제히 환호했다.

오작교 다리위에서 부채춤과 바라춤이 펼쳐질 때, 경기장 위로 떠오르는 은빛 둥근 달을 띄워 올려 때마침 구름사이로 내민 보름달과 함께 두개의 달이 환상적인 조화를 이루는 모습에 모두 자신도 모르게 탄성이 터져 나왔다. 만남과 이별의 아쉬움을 빛과 소리로서 형상화 시켰다. 이어서 한국의 명창들이 부르는 뱃노래의 구슬픈 가락에 맞춰 600여 명의 무용수들이 바다물결을 연상케 하는 푸른 천을 펄럭이며 '떠나는 배'를 시작하자 장내는 석별의 진한 아쉬움에 젖어 적막이 흐르는 듯했다.

공연이 끝나고 ICC 위원장의 폐회사와 고귀남 SPOC 위원장의 폐회선언이 있었다. 이어서 고귀남 위원장이 차기 개최지인 스페인 바르셀로나의 마뉴엘 도세카 대표에게 패럴림픽기를 인도 하였다. 팡파르가 울리고 대회가에 맞추어 내려진 패럴림픽기는 8인의 기수에 의해 RB석을 통과하여 경기장 북문으로 나가자 성화찬가에 맞추어 열흘간 타오

서울패럴림픽 폐회식(ICC기 하강식)

르던 성화는 전 관중과 선수, 자원봉사자 등 참여자들의 환호와 박수 속에 서서히 불꽃을 감추었다.

그 순간 올림픽 주경기장의 모든 불빛이 꺼지면서 어둠속에서 중앙 원형무대에 한국의 장애인 가수 조덕배 씨가 리프트를 타고 내려와 "슬픈 노래는 부르지 않을 거야"를 열창함으로써 이번 대회에 참가한 선수들의 숭고한 정신을 격려하고 위로하였다. 마지막 '안녕'에서는 우리의 민요인 아리랑이 연주되는 가운데 청사초롱의 쌍등을 든 출연자 800여 명이 경기장으로 입장하였다.

그리고 8만여 관중과 함께 경기장 안은 온통 붉고 푸른 불빛으로 가득한 환상적인 분위기를 만들어 냈다. 이와 함께 경기장 상공에 휘황찬란한 폭죽이 터지면서 각국의 선수와 임원과 출연진들이 하나가 되어 강강수월래 대형을 만들어 춤을 추었다. 이윽고 전광판에 "1992년, 바르셀로나에서 만납시다"라는 자막이 새겨지고, '곰두리'가 경기장 상공으로 오르면서 10일간 뜨겁게 달아 오른 올림픽 주경기장에 정적이 내렸다.

―제7절―

가락동 선수촌, 평화와 우정의 한마당이었다!

가장 힘든 작업, 침대와 매트리스 들여놓기!

　서울패럴림픽은 1988년 10월 15일 개막하여 10월 24일 폐막되었다. 그런데 나(저자 차흥봉)는 한림대학교 사회복지학과 교수로 재직하며 서울패럴림픽 선수촌 본부장으로 자원봉사를 했다. 그래서 약 두 달간 선수촌에서 살았다. 61개국 4,301명의 세계 각국 장애인 선수들과 함께한 선수촌 생활은 여러 가지로 의미가 컸다. 서울 송파구 가락동의 패럴림픽 선수촌은 장애인용 편의시설을 갖춘 1,316세대의 고층 아파트 10개동으로 구성되어 있었고, 휠체어 2대가 원활하게 타고 오르내릴 수 있는 엘리베이터도 설치되어 있었다.

　그런데 패럴림픽 선수촌 아파트는 서울올림픽 선수촌의 시설과 설비를 공용으로 사용하도록 되어 있었다. 따라서 1988년 10월 2일 서울올림픽이 끝난 후에 비로소 패럴림픽 선수촌을 준비하게 되었다. 따라서 대회 개막 10일 전까지는 선수촌 숙소를 완비해야 하기 때문에,

10월 6일부터 11일까지 6일간 입촌 준비에 박차를 가하였다. 선수촌 운영에 참가한 인력은 조직위원회 13명, 파견 나온 공무원과 군인 511명, 자원봉사원 560명 등 모두 2천여 명이었다. 그런데 숙소를 준비하는 과정에서 가장 힘든 작업은 10개 동 1,316 세대에 4,301명의 선수들이 사용할 침대와 매트리스를 들여놓는 일이었다.

왜냐하면 서울 송파구 둔촌동에 있는 올림픽 선수촌으로부터 침대와 매트리스를 반출하여 패럴림픽 선수촌으로 옮겨야 했기 때문이었다. 수천 개의 침대와 매트리스를 올림픽 선수촌 아파트의 엘리베이터로 내리고 다시 패럴림픽 선수촌 엘리베이터로 올리는 일이 보통 힘든 일이 아니었다. 이 작업은 자원봉사자만으로는 도저히 불가능하였다. 그래서 긴급히 국방부에 인력 지원을 요청하여 군 인력을 동원했다. 그리고 이동하는 차량은 대한통운으로부터 큰 짐차를 지원 받았다. 덕분에 3일 만에 침대와 매트리스를 모두 제자리에 갖다 놓을 수 있었다.

대회개막 4일 전 드디어 숙소가 완비되었다.

그런데 숙소에는 준비해야 할 물자는 침대와 매트리스 뿐 만이 아니었다. 캐비닛·냉장고·세탁기·옷장·건조대·각종 소모품 등 생활에 필요한 물자가 너무나 많았다. 그렇지만 이런 물자들도 3일 만에 모두 제자리에 갖다 놓았다. 이러한 숙소의 각종 물자와 물품은 군 통신요원의 지원을 받아 해결하였다. 이런 어려운 과정을 거쳐 대회개막 4일 전 드디어 숙소가 완비되었다.

그래서 미리 도착한 외국 선수단은 먼저 입주하기도 하였다. 그런데 입소하는 외국 선수단의 요구사항도 한두 가지가 아니었다. 예를 들면 양하지(兩下肢)가 절단된 영국 선수는 방 배치를 바꾸어 달라고 해서 따로 배려하였다. 또 아열대 지방에서 온 선수들을 위해서는 난방과 온수 공급을 따로 하도록 준비하였다. 그리고 중국 선수들을 위해서는 번번이 차(茶) 서비스를 따로 하도록 배려하였다.

노태우 대통령, 선수촌 개촌식에 참석하다

이런 갖가지 준비를 끝내자마자 곧바로 입촌식이 시작되었다. 10월 6일부터 대회 개막일인 15일까지 선수들이 도착하는 대로 나라별로 입촌식을 가졌다. 선수촌아파트 안의 광장에 해당 국가의 선수들이 입장한 가운데, 국기를 게양하고 국가를 연주하면서 경례하는 방식으로 진행되었다. 입촌식은 고귀남 조직위원장이 주관하였고 박세직 SLOOC 위원장과 사마란치 IOC 위원장이 함께 참석하기도 했다. 이런 가운데 패럴림픽 개막식 전·후로 국내외 귀빈들이 속속 선수촌을 방문하였다.

사마란치 IOC 위원장 선수촌 방문

즉, 대회 개막 3일 전엔 권이혁 보건복지부 장관이 준비상황 점검

김수환 추기경 선수촌 방문

겸 방문하여 기자 간담회까지 했다. 그리고 대회 하루 전 날엔 이현재 국무총리가 방문하여 선수촌 관계자들을 격려해주었고 경제기획원 장관과 체육부 장관도 같은 날 따로 방문하여 지원을 약속하였다. 또 10월 18일엔 김수환 추기경이 방문하여 격려해주었고, 그 다음 날에는 감사원장이 방문하였다. 10월 20일엔 필리핀의 라오스 국방장관이 선수촌을 방문하여 자국 선수단을 격려하고 돌아갔다.

드디어 선수촌 개촌식이 대회 개막 9일 전인 10월 6일에 열렸다. 이 자리엔 노태우 대통령과 옌스 브로만 옌센 ICC위원장, 고귀남 서울패럴림픽 조직위원장, 그리고 김영삼·김대중·김종필 등 야당 대표와 권이혁 보건복지부 장관 등

서울패럴림픽 선수촌 개촌식(1988.10.06.)

제2장 [샘솟는 힘]　255

각계 인사 270명이 참석하였다. 서울패럴림픽 선수촌의 개촌식은 개촌 선언에 이어 참가국의 국기를 차례로 게양하였다. 10월 15일 대회 개막일 전에 4천 3백여 명의 각국 선수들과 지원요원, 그리고 행정요원을 포함하여 모두 약 6천여 명이 선수촌에 입소하였다. 그야말로 가락동 일대는 하나의 국제도시가 새로 만들어진 것 같은 분위기였다.

배식라인 증설로 전기 과부하 발생하다

선수촌에서 숙소 다음으로 가장 큰 과제는 급식지원이었다. 선수촌아파트 앞 도로에는 마침 철도 선로용 빈 땅이 남아있었다. 이곳에 임시로 철판 파이프 구조물로 선수촌 식당을 마련하였다. 이 식당은 동시에 1천여 명을 수용할 수 있는 규모 860여 평의 거대한 식당으로서 취사용 주방·배식대·식탁 테이블 등이 갖추어져 있었다. 그리고 식사 서비스는 주식은 뷔페식 스탠딩 서비스였고 부식은 셀프 서비스이었다. 그런데 대회 개막 4일 전 선수들이 웬만큼 입촌한 상태에서 식당에서 문제가 발생하였다.

당초 장애인 선수들을 배려하여 배식대 라인을 2개 설치했는데 그것으로 모자란다는 것을 곧 알게 되었다. 선수촌엔 휠체어를 탄 장애인 선수가 700명 정도 입소했는데 이들이 한꺼번에 식당에 몰려들 때 배식라인이 휠체어를 탄 선수들을 감당하지 못하게 된 것이다. 그리고 또 시각장애인들을 도와주는 배식 보조요원도 당초엔 미처 생각하지 못했던 인원이었다. 이런 이유로 2개의 배식라인으로는 감당이 안 된다는 것을 발견하고 부랴부랴 배식 라인 1개를 한밤중에 추가로 설치하였다.

그런데 또 하나 문제가 새로 발생하였다. 배식라인의 증설로 그 이튿날 식당 전기에 과부하가 걸린 것이다. 식당 전원이 꺼지는 사태가 발생하였다. 부랴부랴 한국 전력의 협조를 얻어 배전선을 보강하였다. 이렇게 하여 식당 수용문제를 해결하여 개막식 당일에는 모든 선수들이 순조롭게 식당을 이용할 수 있게 되었다. 10월 15일 대회 개막 당일 아침 선수촌 식당은 희망과 기대와 설레임이 가득한 분위기였다.

선수들의 식사가 거의 끝날 무렵 선수촌 요원도 모두 잠실주경기장으로 가서 개회식에 참석하였다. 나는 8만 관중이 참석한 잠실주경기장에서 개회식 광경을 보면서 선수촌 입촌 각국 선수들의 선전을 빌었다. 그리고 조현희 선수가 딸 윤보람이가 밀어주는 휠체어를 타고 올림픽 성화를 들고 주경기장에 입장할 때 8만 관중과 함께 감동의 눈물을 흘리기도 했다.

선수촌에 통신장애와 화재가 발생하다

개회식 이후 대회기간 중에도 선수촌 식당은 매우 중요했다. 경기에 임하는 선수들의 영양을 보급하는 책임을 수행하기 때문이었다. 휠체어 이용 지체장애 선수·시각장애 선수·뇌성마비 선수 등 배식을 도와주어야 하는 선수들을 일일이 배려해야 했다. 심지어 스프를 떠먹여주어야 하는 선수도 참으로 많았다. 여기에 종교와 문화가 다른 여러 나라 선수들을 위한 메뉴도 배려해야 했다. 예컨대 이란 선수들에게는 하랄미트를 준비했다. 또 경기도중 이용하는 도시락을 미리 준비하여 나누어주고 배달해 주는 것도 큰 일 중의 하나였다.

아울러 대회기간 중 선수촌에서 보급 관리에 신경 쓸 일도 많았다. 보급된 세탁기 65대 중 11대가 작동 되지 않아 바꾸어야 했고, 옷장 2,550개 중 266개의 열쇠가 고장이 나서 고쳐야 했다. 방마다 놓여있는 구내전화의 통신장애 문제도 해결해야 했다. 숙소 앞에 이동 화장실을 설치하는 것도 사후에 했고 각국 선수단이 요구하는 셔틀버스도 선수촌에서는 늘 신경써야 했다. 모든 경기장에서 일하는 자원봉사자를 위한 도시락과 현장 국물지원도 신경을 써야했다.

이런 과정에서 10월 17일 저녁 무렵 선수촌 숙소에서 연기가 난다는 보고가 들어왔다. 곧바로 확인해보니 7동 309호실이었다. 긴급히 소방서에 연락하고 경계 소방관이 신속히 경보 벨을 울리고 긴급하게 출동한 소방관들이 화재를 진압하였다. 다행히 경기가 끝나고 선수들이 선수촌에 돌아오기 직전인 오후 5시 경이었다. 만약 이 화재가 선수들이 잠든 한 밤중에 일어났으면 어떻게 되었을까라고 생각하니 참으로 아찔한 느낌이 들었다. 그래서 우리 선수촌 관계자들은 놀란 가슴을 쓸어내렸다. 아무튼 화재가 난 3층 7세대는 관리 세대로 이동 조치하여 이 사태를 잘 마무리 하였다.

대형 소셜텐트(Social Tent)를 설치하다

한편 선수촌에는 평화와 우정이라는 대회이념을 실천하기 위하여 선수촌에 각국 선수들이 서로 교류하는 '소셜텐트(Social Tent)'를 설치하였다. 선수촌 식당 옆 빈 땅을 이용하여 대형 텐트 모양의 시설을 준비한 것이다. 이 '소셜텐트'는 인기가 있어서 대회 개막일부터 마지막 날까지 많은 선수들이 이곳을 찾아들었다. 이곳 소셜텐트에서는 매일 밤 공연과 사교댄스 파티가 이어졌다. 아울러 300평 규모의 소셜텐트에서는 다채로운 문화행사도 개최되었다. 선수촌 공연행사에는 도합 9백여 명이 출연하였으며, 매일 밤 6백 명에 이르는 관람객이 참여하여 성황을 이루었다.

그런데 이 평화와 우정의 광장에서 본 하나의 아쉬운 광경이 있었다. 바로 막상 대회 개최국인 한국 선수들의 참여가 기대만큼 활발하지 못했다는 점이다. 서구 선진국에서 온 선수들은 노래하고 춤추고 사교하며 참으로 적극적인 것에 비하여 우리나라 선수들은 그렇지 못하였다. 한국의 장애인복지가 선진국만큼 발전하지 못하여 우리나라 장애인 선수들이 가슴을 펴고 대들고 놀고 하지 못하는 게 아닌가 하고 반성을 해보았다. 아무튼 패럴림픽이 우리나라 장애인복지의 발전에 큰 계기가 되기를 비는 마음이었다.

송별연에서 황연대 극복상을 시상하다

대회 폐막일인 10월 24일 밤 선수촌에서는 참가 선수들을 위한 송별연(Farewell Party)이 개최되었다. 그날 저녁 선수촌아파트 광장에는 경기를 끝낸 장애인 선수들과 경기 지원요원 등 수천 명이 모여들어 광장이 비좁을 지경이었다. 옌스 브로만 옌센 IPC 위원장과 고귀남

SPOC 위원장의 인사로 행사가 시작되고 그 자리에서 '황연대 극복상'의 시상식도 시행되었다. 송별연은 화려한 공연과 음악과 무용 프로그램으로 진행되었고, 참가한 각국 선수들은 그간의 우정을 나누고 이제 다시 헤어짐을 아쉬워하며 행사를 마무리하였다. 송별연이 끝난 한밤중의 선수촌은 다시 조용한 분위가가 되었다.

이렇듯 대회 전 준비 한 달과 대회기간 20일을 합쳐 약 두 달 간의 선수촌 생활은 고된 일의 연속이었지만 참으로 보람이 있었다. 장애인 선수들의 선수촌 생활을 돕기 위하여 준비하고 지원하는 일은 어려웠지만 자원봉사자들의 헌신적 노력으로 임무를 무사히 마칠 수 있었다. 나도 자원봉사를 하며 큰 보람을 느꼈다. 그리고 정부 각 부처의 전폭적 지원이 문제를 해결하는 데 큰 도움이 되었다.

"그동안 참 헛살았네요! 크게 반성 했습니다"

그런데 대회기간 내내 선수촌에서 각국 장애인 선수들과 함께 자고, 함께 밥 먹는 생활을 하는 중 주말에 빨래를 하기 위해 집으로 가면서 택시를 탔다. 그런데 택시기사가 대회 유니폼을 입고 있는 나를 보고 말을 먼저 걸어왔다. "그동안 우리는 참 헛살았네요. 팔도 없고, 다리도 없는 장애인 선수들이 탁구도 하고 수영을 하는 모습을 보면서 크게 반성을 했습니다. 팔다리를 다가지고 있는 나는 무엇을 했나 라고 생각하니 참 부끄러웠습니다."

장애를 딛고 일어선 세계 각국 선수들의 뛰는 모습을 보면서 자격

지심이 들어서 하는 말이었다. 이렇게 10일 간 계속된 서울패럴림픽을 통하여 우리나라 국민들이 장애인을 다시 보고, 장애인의 능력을 인정하는 큰 계기가 되었다는 것을 이 택시기사의 말을 통하여 더욱 더 실감하게 되었다.

―제8절―
선수촌 송별연에서 '황연대극복상'을 수여하다

한국 장애인복지의 선구자, 황연대 박사!

서울패럴림픽 선수촌의 송별연에서 남녀 선수 두 명에게 수여한 '황연대극복상'이 제정된 배경과 의미를 새겨본다. 서울패럴림픽 폐회식에서 수여된 황연대 극복상을 만든 지체장애 여의사인 황연대 박사는 1938년 서울에서 태어났다. 한국 장애인복지사에서 황 박사의 성명 뒤에 붙는 수식어는 셀 수 없을 만큼 많다. 황 박사는 여성 지체장애인으로서 이화여자대학교 의과대학을 졸업하고 1965년 세브란스병원 소아재활원 의사로 근무하였다.

황연대 박사

그 당시의 사회적 여건에서 소아마비의 장애를 딛고 더구나 여성으로서 의과대학을 졸업하고 의사 가운을 입을 수 있었던 것은, 기자로 활동한 아버지의 앞서가는 자녀 양육이 있었기 때문이었다. 다른 집에서는 장애자녀를 두면 숨기고 바깥출입도 못하게 하는데 반해서 그녀의 아버지는 집에 손님이 찾아오면 과일을 깎아 내오게 하고, 손님들에게 나의 딸 '연대'라고 소개를 하며 적극적으로 인사를 드리게 했다고 한다.

황 박사가 의사로 일한 우리나라 최초의 재활병원인 소아재활원의 원생은 30명 정도로서 모두 내 노라 하는 부유층과 고위층의 자제들이었다. 그럼에도 원생들은 명절이 되어도 집에 가는 것을 꺼려했다. 왜냐하면 집에 있으면 뒷방으로 갇히는 신세가 되기 때문이다. 이와 관련된 유명한 일화가 있다. 즉, 소아재활원의 소아마비 여의사가 학생들을 데리고 산책하는 모습을 우연히 보게 된 방송국 간부가, 그 모습을 보고 감동하여 카메라 기자를 보내서 취재하도록 한 것이다.

그 기자는 황 박사의 다리만 찍자 이를 눈치 챈 원생이 황 박사에게 귀띔해 주었다. 그 기자는 젊은 소아마비 여의사가 얼굴을 공개하지 않을 것이라 여기고 나름대로 배려한다는 것이 착각이었던 것이다. 황 박사는 괜찮으니 마음대로 찍으라면서 촬영에 적극 협조 했다. 또 1965년 어린이날 청와대 녹지원에서 대통령 영부인 육영수 여사가 아이들과 노는 모습을 TV에서 본 원생들이, "선생님, 우리도 청와대 가고 싶어요"라고 말한 것이 계기가 되어 육 여사에게 장문의 편지를 썼다.

물론 이 편지를 받아 본 육 여사가 답장을 보내와 청와대 초청을 약속하고, 그 뒤 원생들을 청와대로 초대해 줌으로써 소원이 이루어 진 것이다. 그 인연으로 박정희 대통령은 1975년 10월 소아마비 아동들을 위해 '정립회관(正立會館)'을 개관할 수 있도록 특별지원금과 현판 글씨를 보냈다. 개관식에는 뜻밖에 타계한 육 여사 대신 큰 딸(박근혜)이 참석했다. 정립회관 개관과 함께 황 박사는 정립회관 관장으로 부임하여 장애인이 부당한 대우를 받을 때마다 그들을 대변하는 장애인의 어머니 역할을 하였다.

황 박사는 한국전쟁 후 소아마비 장애인의 수가 많아지자, 1966년 소아마비아동특수보육협회-현 한국소아마비협회-를 만들어 소아마비 장애인의 권익옹호를 위해 정립회관을 개관하였다. 황 박사의 나이가 37세 때였다. 정립회관은 전국장애인체전 경기장으로도 활용되었고, 국제대회에 참가하는 선수들의 훈련장으로도 활용되었다. 서울패럴림픽이 유치되고 처음으로 참가하는 뉴욕패럴림픽의 훈련장과 숙소로도 사용되었다.

황연대 극복상은 성취상으로 이어지다

이러한 역할들을 담당하면서 서울패럴림픽조직위원회(SPOC) 위원을 역임하였다. 황 박사는 1988년 월간 '주부생활'과 '일요신문'이 공동 주관한 '오늘의 여성상'을 수여 받고 상금 전액을 서울패럴림픽대회 기간 중에 ICC 즉, 세계장애인스포츠기구국제조정위원회에 기부하였다. 이를 받은 ICC는 '황연대 극복상'을 제정하고 서울패럴림픽 선수촌의 송별연에서 남·여선수를 한명씩을 선발하여 순금메달을 수여했다. 그리고 서울패럴림픽 이후 ICC를 승계하여 설립된 IPC

즉, 국제패럴림픽위원회는 명칭을 '황연대 성취상'으로 바꾸어서 동·하계 패럴림픽의 폐회식에서 공식행사로 이 상을 수여해 왔다.

서울패럴림픽 이후 황 박사는 1991년부터 노동부 산하 한국장애인고용촉진공단 이사장, 1998년부터 한국장애인복지체육회 상근부회장, 2009년 대한장애인체육회 고문, 2018년 평창동계올림픽 유치위원회 집행위원, 2013년 인천 장애인아시안게임조직위원회 고문 등을 역임하였다. 황 박사는 그동안의 공로로 1981년 국민훈장 동백장, 2005년 대한민국 국회대상 공로상 등을 수상하였다.

아쉽게도 도쿄패럴림픽부터 폐지되었다

한편 1988년부터 매 4년마다 IPC의 동·하계패럴림픽의 폐회식 공식행사로 진행해 온 황연대 성취상은, 2018 평창동계패럴림픽까지 지속되었으나 2020년 도쿄패럴림픽부터는 폐지되어 수여되지 않고 있다. 참으로 아쉬운 결정이었다. 그러나 한국장애인복지의 선구자인 황연대 박사의 장애인에 대한 사랑은, 나라와 시대를 뛰어넘어 세계장애인들의 가슴에 영원히 살아 있으리라 믿는다.

–제9절–
자원봉사단의 헌신적 활동이 대회를 빛내다!

1985년 6월 자원봉사단 발족하다

자원봉사단은 서울패럴림픽대회의 성패를 가름할 중요한 조직이며, 따라서 인적구성도 그만큼 쉬운 일이 아니었다. 우선 자원봉사단을 헌신적으로 이끌어갈 단장 적임자를 누구로 할지 고민하던 차에 보건복지부에서 고 이범석 외무부 장관의 부인인 이정숙 여사를 추천했다. 그런 추천이 이루어진 배경에는 조일묵 사무총장과 이범석 장관과의 오랜 인연이 있었다. 즉, 일찍이 이 장관이 대한적십자사의 청년봉사회 회장일 때 조 총장이 봉사단원으로 참여하였기 때문이다.

이정숙 자원봉사단장

이범석 외무부 장관은 1983년 10월 9일 전두환 대통령의 동남아와

대양주 6개국 순방국 중 첫 방문지인 미얀마에서 아웅산 장군 묘소 참배를 위해 대통령을 기다리던 중 폭발사건으로 희생되었다. 이 당시 서석준 부총리, 김동휘 상공부장관, 서상철 동자부장관, 함병춘 대통령 비서실장 등 17명의 고귀한 생명을 앗아간 순직 당시 함께 희생되었다. 그 사건 이후 이정숙 여사는 너무나 큰 충격을 받아 두문불출 상태에서 집에서만 칩거하고 있었다.

그런 정신적 어려움을 털어내고 자원봉사단 단장직을 수락한 이정숙 여사는 단원들을 새로이 모집하는 것보다는 기존의 봉사활동 조직을 활용하기로 했다. 따라서 서울패럴림픽에 봉사활동이 가능한 사람들과 각국 대사 등 외교관 부인들이 참여하도록 하였다. 이렇게 해서 1차 구성된 자원봉사단은 1985년 6월 제5회 전국장애인체전에서부터 각각의 역할을 부여받아 리허설을 겸한 활동을 시작했다.

활동분야는 경기보조·안내·급식보조·숙소관리·안전·행정보조, 그리고 외국 선수단에 대한 통역 등의 임무를 수행하고, 필요시 기본 소양 교육·직무교육·어학교육 및 현장실습을 통하여 적재적소에 배치하여 능동적으로 활동했다. 특히 대한적십자사·YWCA·여성개발원 등 사회단체와 여의도 순복음교회, 소망교회 등 종교계에서도 단체로 참여하여 모두 28개 단체가 활동했다.

자원봉사요원은 SPOC 자체에서 3,946명, SLOOC 연계 2,485명 등 모두 6,431명이 확보되었다. 이들 자원봉사요원에 대하여는 봉사정신 및 직무수행 능력에 대해 보수 교육을 실시하였으며, 장애 유형별로 장애인을 대하는 올바른 방법과 이해에 대하여 중점적으로 실습하기도 했다.

SLOOC에서 서울올림픽 자원봉사 활동을 통해 경험을 쌓은 2,485명의 자원봉사자는 경기 695명, 행사 1,530명, 지원 260명 등으로 나누어 배치하여 운영하였다. SPOC 3,946명의 자원봉사자는 각 경기본부와 시범경기 운영단에 3,228명, 선수촌 본부, 개·폐회식본부, 등록운영단 등 행사장, 기능부서인 종합상황실·지원처·기술처·경기 안내센터 등에 718명을 배치하여 운영되었다.

전국체전을 통한 직무배치와 현장 체험

자원봉사단은 대회 운영요원으로서의 자긍심과 소양 교육을 통해 범 국민적인 참여분위기를 조성하는데 앞장선다는 각오로 교육에 참여하고, 대회 운영의 전반적인 소양 교육을 기본으로 현장 적응훈련과 예행연습(전국장애인체육대회 등)도 적극 참여하여 친절·봉사·예의 등 책임의식과 정신자세를 익혔다.

서울패럴림픽에 대한 전반적인 교육, 준비사항과 책임의식 등 정신자세, 그리고 대회운영요원이 공통으로 알아야 하는 내용을 중심으로 책자와 슬라이드를 사용하여 교육을 실시했다. 이 교육에 참여한 인원은 1985년에 1,196명, 1986년에 2,163명, 1987년에 1,427명, 1988년에 4,101명으로 총 8,887명이 참석 하였다.

1986년 2월부터 88년 8월까지 상·하반기로 나뉘어 각각 2회씩 루터교회와 조직위 봉사단 등에서 영어, 일어, 불어를 중심으로 어학교육을 실시한 바 참석인원이 762명으로 94.4%의 참석율을 보였다. 이 밖에 현장실습, 직무교육, 출입안내 등의 활동에 대한 교육이 있었다.

제6회와 제7회 전국장애인체육대회에 참가하여 경기보조 및 봉사활동을 통해 패럴림픽대회에 대한 적응능력을 길렀다. 그리고 서울시민 걷기대회에서는 안내 및 행사보조에 대한 능력을 키웠으며, 홀트아동복지회에 가서 장애인의 애로점을 파악하는 등 실제적인 현장 활동을 통해 현장 적응능력을 배가 시켰다. 참석인원은 총 8,937명이 참가하였다.

안내센터는 서울패럴림픽 기간 중 각 경기장을 찾는 내·외국선수, 임원 및 관중의 문의사항을 비롯해 경기·교통·숙박 등 각종 안내요령을 실습하였다. 또한 미아신고접수 및 보호와 분실물 신고접수 및 관리 등에 대해서도 숙달시켰다. 직무배치는 1988년 8월 111명이 조직위원회 대회의실에서 배치를 받고, 10월에 109명이 참석하여 같은 장소에서 현장적응 훈련도 받았다.

개·폐회식 및 경기장에 입장하는 관중에 대한 출입계도, 입장권의 확인 등 질서유지와 좌석, 편의 시설, 경기프로그램에 관한 안내 등 각종 서비스방법을 주 내용으로 운영실습을 하였다. 총 264명의 자원봉사요원이 1988년 8, 9월에 잠실주경기장, 잠실수영장, 상무체육관, 정립회관 등에서도 현장실습을 했다.

대회기간 동안의 자원봉사단 활동

각종 안내센터 운영

안내센터는 주경기장 7개소, 올림픽공원 6개소, 상무체육관 1개소, 정립회관 1개소 등 총 15개소를 설치 운영하였으며, 운영요원은 1개소에 10명씩, 그리고 가능한 한 언어권별로 5명씩을 1개조로 하여 총 15명씩을 구성하여 1일 2교대로 운영하였다. 올림픽 주경기장내에는 1~7호 안내센터를 배치하고, 올림픽공원지역에는 8~13호 안내센터를, 그리고 상무체육관에 14호 안내센터, 정립회관에 15호 안내센터를 각각 설치 운영하였다. 각 안내센터에는 경기일정, 경기장 위치, 각종 행사, 교통, 관광 등 모든 분야에 관한 편의를 제공하고, 미아 발생시 보호자를 찾아 안전하게 인계하였다. 실제 대회기간에 97명의 미아를 보호자에게 인계했다.

안내센터 운영

◈ 개·폐회식 출입안내

경기장 관중 출입안내원 403명, 안내센터요원 150명, 성덕여상 700명 등 총 1,253명을 배치하여 출입안내를 담당케 했다. 안내내용은 출입문 안내, 검수표, 좌석안내 및 공식행사 후 선수단 좌석안내 등이었다. 단체별 참가현황은 홀트아동복지회 98명, 대한적십자사 83명, 무궁화전자 71명, 순복음교회 47명, 장애인복지회 27명, 여성개발원 26명, 소망교회 27명, 구세군 29명, YWCA 4명, 총 9개단체 403명이 참여 하였다. 폐회식 후에는 주경기장 퇴장문 입구에서 자원봉사자 전원이 도열하여 석별의 노래와 박수로 선수단을 환송하여, 자원봉사단원의 따뜻한 마음을 심었다.

◆ 경기 시상요원 확보 운영

서울패럴림픽의 시상요원은 전원 서울올림픽대회에서 활용한 인원을 연계하여 운영하는 것으로 계획하였다. 그래서 올림픽 종료 후 약 200명을 대상으로 패럴림픽에 참가하도록 하여 대회직전에 191명을 확보했다. 이동 시상팀은 9개조를 운영했으며 1개 팀은 팀장과 메달운반요원 3명, 팡파레 요원 6명 등 21~23명으로 운영했다. 시상요원에 대한 교육은 대회 4개월 전에 운영요원을 대상으로 소양교육과 분야별 직무교육을 실시했다. 그리고 장소별 직무교육과 현장적응훈련을 시행하여 시상식 운영에 만전을 기하였다.

서울패럴림픽 시상식 요원

◈ 선수단 오락실 운영

자원봉사단 자문위원(10명)이 봉사조를 편성하여 1988년 10월 15일부터 10월 24일까지 선수촌내에서 자원봉사활동을 전개하였다. 오락실은 장기, 바둑, 체스 등 오락 기구를 비치하였고 잡지와 홍보용 인쇄물을 비치, 배부 하였다.

◈ 곰두리 합창단 운영

원로 성악가 김자경 여사의 지휘로 70명의 곰두리자원봉사합창단이 구성되어 대회 기간 중 선수촌 소셜텐트에서 매일 저녁 참가국 국가 및 민요를 공연하여 선수단을 위로하고 격려했다. 한편 LA교포를 중심으로 서울올림픽 참여자 50명과 추가 희망자 72명의 해외교포가 선수촌 및 각 경기장에서 통역요원으로 활동하기도 했다. 외국인 자원봉사원들은 1일 10~20여 명이 참가하여 등록본부, 선수촌본부에서 통역안내를 맡아 주었으며, 쇼핑을 원하는 선수단에 대해서는 쇼핑안내도 도왔다.

자원봉사단 합창단

서울패럴림픽 자원봉사단의 성과와 평가

　서울패럴림픽대회의 성공은 모든 분야에서 말없이 헌신적으로 봉사활동한 6,000여 명의 자원봉사자들의 사랑과 노력의 결정체였다. 1985년 6월 자원봉사단이 조직된 이후 4년 가까이 시간과 노력을 아끼지 않았다.

　1988년 10월 대회가 다가오자 자원봉사자들은 그들의 가정과 일터나 학교에서 각각 일손과 학업을 뒤로하고, 공항으로 선수촌으로 경기장으로 그리고 시상식을 비롯한 모든 행사장으로 달려가, 이른 새벽부터 늦은 밤까지 피로를 잊어가며 봉사활동에 참여함으로써 대회를 성공적으로 이끌 수 있었다. 그리고 "대회는 우리 손으로"라는 목표를 세우고, 선수단의 뒷바라지를 헌신적으로 했다. 무더운 한 여름 대표선수단의 숙소와 경기장에서 선수들을 정성껏 뒷바라지했다.

　언제나 웃음을 잃지 않고 선수단에게 헌신적으로 봉사하여 세계 각국 참가 선수단으로부터 엄지척을 받으면서 고맙다는 인사를 들었다. '88서울패럴림픽대회는 바로 이정숙 자원봉사단장을 비롯한 외교관 부인회, 해외교포의 자원봉사원, 그리고 각 단체의 자원봉사원의 친절하고 성실한 역할 수행이 있었기에 차질 없이 진행할 수 있었고 성공의 큰 비중을 차지했다고 평가된다. 누가 뭐래도 자원봉사단의 헌신적인 활동이 서울패럴림픽을 빛나게 했다.

제3부 | 아침편

'새로운 날' 맞아
'밝은 햇살' 받다

파란 하늘 흰 구름 새 두 마리! 산모퉁이 숲속 초가집 두 채!

최일권 작

제1장

[새로운 날]

손영락 작

제3부 제1장에 들어가며~

한국 장애인복지는 나날이 '새로운 날'이었다!

제3부 아침편 제1장의 제목을 '새로운 날'로 붙였다. 그 까닭은 1988년 10월에 서울패럴림픽을 치르고 난 후의 한국 장애인복지는 그야말로 나날이 '새로운 날'이었기 때문이다. 따라서 제1장 '새로운 날'은 1988년 서울패럴림픽이 끝난 이듬해인 1989년부터 해를 거듭하며 여러 분야에서 긍정적으로 전개되어 나아가는 한국 장애인복지의 다양한 내용과 모습들을 제1절부터 제7절까지에 담았다.

먼저 제1절은 저자(안이문)가 서울패럴림픽 조직위원회(SPOC)의 후속 기구로 한국장애인복지체육회가 설립된 과정과 내용을 객관적인 자료를 갖고 다룬다. 그리고 제2절은 저자(안이문)가 서울패럴림픽의 후속 기구로 발족한 한국장애인복지체육회가 장애인의 "복지와 체육과 문화·예술"로 3원화하는 분화·발전과정을 살핀다.

또 제3절은 저자(박삼옥)가 SPOC 홍보과장과 사업부장으로 일하면서, 그리고 (사)한국자전거문화포럼 회장 때 겪은 네 가지 일화를 통해, 비장애인들은 장애인에 대한 편견을 접고, 장애인들은 스스로 주체적인 용기를 갖게 되는 등 장애인 인식개선에 관한 내용을 쓰고 있다.

그리고 제4절은 저자(박삼옥)가 6~70년대 유엔의 장애인 관련 선언들과 '세계장애인의 해'와 더불어 서울패럴림픽 이후 우리 장애인의 권리가 어떻게 확보되고 확대되는지 그 과정을 다룬다. 이어서 제5절은 저자(안이문)가 차별 없는 문화예술정책이야 말로 선진복지의 완성이라는 관점에서 장애인의 문화예술 분야가 갖는 의미를 다룬다.

그리고 제6절은 저자(차흥봉)가 장애인복지 단체의 생성과 발전을 살핀다. 제7절은 저자(차흥봉)가 서울패럴림픽 선수촌 본부장 자원봉사를 끝내고 춘천 한림대학교로 복귀하여 개관한 "강원도장애인종합복지관"에 관한 내용이다. 바로 서울패럴림픽 유치 후 대회 준비기간에 추진하여 서울패럴림픽 직후에 그 감동을 오롯이 새기며 심혈을 기우려 준비한 이야기이다.

-제1절-
서울패럴림픽조직위 후속기구 설립하다

서울패럴림픽 후속 기구가 설립되었다

　1988년 서울패럴림픽은 성공적으로 끝났다. 그리고 국내의 신문과 방송들은 일제히 "장애인들에게 희망과 용기를 심어주었고, 비장애인들에게는 장애를 극복하는 인간능력의 위대한 감동을 보여 주었다"고 평가하며, "이를 계기로 장애인에 대한 이해와 관심을 넓혀 장애인복지를 획기적으로 증진시켜 나가야 한다"고 보도하였다. 이와 함께 외국의 보도진과 국제장애인스포츠기구와 각국의 선수단도 "패럴림픽에 대한 성공적 모델을 만들어 대회의 위상을 크게 높여 주었다"는 찬사를 아낌없이 쏟아냈다.

　그렇게 대회를 준비부터 마무리까지 잘 치를 수 있었던 것은 서울패럴림픽조직위원회-이하 SPOC-가 있었기에 가능하였다. 그렇다면 SPOC라는 한시 조직은 향후 어떻게 처리해야 할 것인가. 이에 대해서는 대회가 종료되기 전에도 깊은 논의가 있었다. 왜냐하면 국내외적으로 점증하는 장애인스포츠 수요에 적극적으로 대비하기위해서는 SPOC가 쌓은 인적 자원과 풍부한 경험이 절대적으로 필요하였기 때문이었다. 이에 따라 1988년 4월부터 SPOC 위원장(고귀남)과 사무총장(조일묵)은 서울패럴림픽이 끝나면 후속기구의 설립이 반드시 필요하다는 것에 뜻을 모았다.

대회가 끝난 후 SPOC은 서울패럴림픽 기획단(단장 박봉상)에게 패럴림픽 메달리스트의 관리, 새로운 선수육성과 전국장애인체전 개최 및 각종 국제대회 선수파견 등을 위하여 장애인체육을 총괄할 후속기구의 설립 필요성에 대해 설명하였다. 이에 따라 기획단은 이를 긍정적으로 검토한 후 보건복지부를 비롯한 관련부처의 공감대를 이끌어내게 되었다. 그래서 SPOC은 1989년 2월 22일 장애인복지 관련 인사 17명으로 법인설립 발기위원회(위원장 김정례)를 구성하였다. 그리고 3월 10일자로 법인설립준비단을 편성·운영하여 1차로 3월 15일, 2차로 3월 30일 두 차례 발기위원 총회를 개최하였다.

이어서 4월 8일에는 SPOC 해산을 위한 청산인 회의가 개최되어 잔여자산 및 잔여물자의 처분을 의결하였다. 아울러 잔여물자 일부와 대회 잉여금(약 50억 원)을 후속기구로 설립될, 가칭 재단법인 한국장애인체육회로 기부한다는 내용이 포함된 안건을 처리하였다. 이로써 후속 기구의 인력·물자·재원확보가 구체화됨에 따라, 법인설립에 박차를 가하여 4월 11일에 법인설립허가를 신청하였다. 이어서 4월 28일 보건복지부로부터 법인설립허가를 받았다. 그리고 5월 1일 시무식에 이어 15일에 현판식을 가졌다.

신설 체육회 정관에 문화예술사업 반영

그런데 서울패럴림픽 후속기구를 설립하는 과정에서 참으로 중요한 결정이 있었다. 즉, 1989년 3월 15일 개최된 제1차 발기위원 총회에서 후속 기구의 성격에 대한 논의가 있었다. 이날 정관(안)을 심의하는 과정에서 발기위원으로 참여한 저자(차흥봉)가 체육회의 향후 역할에 대하여 설명하면서 목적사업에 체육사업만 열거하면 다른 사업은 수행할 수 없으므로 관련 조항을 조금 더 융통성 있게 규정하는 조항을 두자는 의견을 개진하였다.

이에 대해 김기창 위원이 차흥봉 위원의 의견에 찬성하면서, 장애인에게 문화예술 활동은 정서 생활을 함양하고 자신감을 심어 주는 중요한 역할을 할 수 있음에도, 이를 전담하는 기구가 없으니 신설되는 체육회에서 이를 담당해야 한다고 주장했다. 또한 김정례 위원장도 법인의 명칭에서 처음부터 체육회라고 한정하여 정하는 것이 탐탁하지 않다고 말하고, 예산 사정 등을 고려하여 점진적으로 종합복지센터로서의 역할을 담당해 나가야 할 것이라고 이야기하였다. 그리고 김 위원장은 체육회가 복지문화사업을 하는 인상을 줄 수 있도록 정관상에 삽입하였으면 좋겠다고 밝혔다.

명칭을 '한국장애인복지체육회'로 확정

이 날 정리 된 4가지 내용은 명칭은 "한국장애인복지체육회"로 하고, 목적사업에 문예진흥사업을 포함시키도록 하며, 이사의 정수는

10에서 15명으로 늘리되 분과위원장을 당연직 이사로 하고, 고문·자문위원·후원회를 둘 수 있도록 한다는 것이었다. 또한 정관상의 여러 조항에 감독관청의 승인을 받도록 되어 있는 부분을 부칙에 한데 묶어서 규정한다는데 의견일치를 보고 정관(안)을 통과시켰다.

이어서 1989년 3월 30일 제2차 발기위원총회를 개최하고 1차 회의에서 이사 정수 15명을 각계각층에서 고루 참여시켜야 한다는 의견이 있어 20명으로 늘려서 정관 수정안을 통과시켰다. 이어서 임원 선출을 위해 위원장을 포함해서 5명의 전형위원(김정례 위원장·김기창·엄요섭·김학묵·김상현 위원)을 선정하였다. 그런데 위원장은 고문과 자문위원은 새로 구성될 이사회에서 선출해 회장이 위촉하기로 되어 있지만, 추대되어야 한다는 의미에서 6명(고귀남·김한규·엄요섭·문병기·김학묵·김기창)을 먼저 발표하였다.

이어서 발표된 임원진은 회장에 김석원 쌍용그룹회장, 상근부회장에 조일묵 사무총장을 선임하였다. 그리고 이사 16명(당연직7, 선임9)과 감사 2명을 선임하였다. 초대 김석원 회장은 보이스카웃 총재로서 장애인을 위한 아구노리를 매년 주관하며 장애인에 대한 깊은 이해심을 가지고 있고, 아울러 새로 설립되는 후속기구의 재정적 안정을 위해 적임자로 추천되어 선임하게 되었다. 김 회장은 재임 중인 1995년 1월 장학기금으로 10억 원을 출연하여 생활이 어려운 장애학생들을 선정하여 쌍용 곰두리 장학금을 지급해 왔다.

기본재산 및 기금조성 경위는 이러하다

재단법인 설립요건에 필요한 기본재산은 SPOC청산인 회의결과에 따라 1989년 4월 8일 자로 출연되었다. 대표청산인 고귀남 명의로 신한은행 잠실지점에 일백만 원이 입금된 증서와 함께 발기위원회 위원장에게 기부 신청서가 제출됨으로써 기본재산을 확보하였다. 기금조성은 SPOC 잉여금 50억 원과 SLOOC 지원금 50억 원으로 조성되었다. 그런데 기금조성 경위는 다음과 같다.

먼저 후속기구 설립에 대한 필요성이 대두되고 이에 대한 논의가 본격화 되면서 고귀남 위원장을 중심으로 대회예산을 절약하는 노력이 이어졌고 그 결과 58억 원의 잉여금이 발생하였다. 1989년 4월 8일 청산인 회의 결과에 따라 청산에 필요한 8억 원을 제외한 50억 원과 SLOOC 지원금 50억 원을 더해서 모두 100억 원의 기금을 확보하기로 하였다. 그리고 1989년 4월 28일 보건복지부는 민법 32조에 의거 법인설립을 허가(제53호)하였고 임원도 원안대로 승인하였다.

이에 따라 (재)한국장애인복지체육회는 1989년 5월 1일 SPOC 승계인력 24명으로 사무처 시무식을 거행하였다. 이어서 5월 15일에는 교통회관에서 김정례 발기위원장을 비롯한 발기위원들과 문태준 보건복지부장관·김집 체육부장관·신상우 국회 보사위원장·김우석 국회의원·고귀남 위원장·김종렬·서광윤 부위원장 등 관련 인사와 본회 이사·유관기관장·선수 대표 등 80여 명이 참석한 가운데 현판식을 가졌다.

한국장애인복지체육회 설립취지서

장애인올림픽 사상 가장 훌륭하게 치러진 제8회 서울패럴림픽대회는 장애인에 대한 국민의 인식을 새롭게 전환시켰으며, 100만 장애인들에게 희망과 용기를 북돋우어 새로운 가능성에 도전할 수 있는 분위기를 조성함으로써, 장애인 스포츠 및 장애인복지에 대한 장애인들의 욕구가 분출되고 있습니다. 그러나 우리의 장애인 스포츠 및 복지실태는 아직 초보단계에 있어 정부와 국민의 계속적인 노력이 집중되어야 할 것입니다. 이러한 때에 패럴림픽에 쏟았던 국민의 정성과 사랑을 한데 모아 스포츠를 통한 장애인의 신체적 재활과 사회적응능력을 향상시키고, 나아가 장애인복지 증진에 기여하고자 (가칭)한국장애인복지체육회를 설립하기에 이른 것입니다.

―제2절―
장애인 복지·체육·문화예술로 3원화되다

'한국장애인복지진흥회'로 명칭 변경

제1절에서 살펴본바와 같이 서울패럴림픽이 성공적으로 끝나고, 1989년 4월 28일 서울패럴림픽조직위원회(SPOC)의 후속 기구로 한국장애인복지체육회가 설립되었다. 당초 한국장애인복지체육회는 서울패럴림픽 이후 장애인의 복지와 체육과 문화예술진흥 등 세 가지 목적사업을 추진하는 것으로 설립되었다. 그런데 설립 이후 한국장애인복지체육회는 복지, 체육, 문화예술 등 세 가지 목적사업을 각각 분리하여 운영하는 3개 단체로 분화·발전하는 역사를 겪게 된다.

먼저 한국장애인복지체육회는 2000년 3월에 한국장애인복지진흥회로 명칭을 변경하였다. 그리고 2004년부터 새로운 변화를 맞았는데 바로 장애인복지와 장애인체육을 분리하려는 움직임이 그 계기가 되었다. 그동안 서울패럴림픽 이후 입상선수들에게 지급되고 있던 연금제도 운용과 국내·외 장애인 체육운영을 전문체육 분야의 단체에서 맡아야 한다는 움직임이 거세게 일었다.

결국 장애체육인들은 2005년 7월 보건복지부에서 관장하는 장애인체육업무를 문화체육관광부로 이관해야 한다면서 당시 송파구 교통회관에 소재한 한국장애인복지진흥회를 점거하여 농성하기에 이르렀다. 그 이유는 장애인체육이 그동안 재활체육 내지는 복지적 측면에서 다뤄져 왔으나, 이제는 세계적 흐름에 따라 복지 분야와 다른 전문 체육으로 그 정책이 변화되어야 한다는 논리였다.

장애인 체육·문화예술업무, 문광부로 이관

이에 따라 보건복지부와 문화체육관광부 장관은 이 문제를 협의하기에 이르렀으며, 그 결과 장애인체육 업무는 문화체육관광부로 이관한다는 방침을 확정하였다. 그리하여 2005년 10월 마침내 장애인체육업무는 문광부로 이관하게 되었다. 이 과정에서 장애인문화예술업무와 장애인복지진흥기금 일부(약 75억 원)와 이천훈련원 건립 부지도 함께 이관되었다. 이렇게 문화체육관광부로 이관된 장애인체육업무를 수행하기 위하여 국민체육진흥법 제34조에 대한장애인체육회의 설립 근거[7]를 만들었다.

---

7) **국민체육진흥법 제34조(대한장애인체육회)** ①장애인 체육 진흥에 관한 다음 각 호의 사업과 활동을 하게 하기 위하여 문화체육관광부장관의 인가를 받아 대한장애인체육회(이하 "장애인체육회"라 한다)를 설립한다. 1. 장애인 경기단체의 사업과 활동에 대한 지도와 지원 2. 장애인 체육경기대회 개최와 국제 교류 3. 장애인 선수 양성과 경기력 향상 등 장애인 전문체육 진흥을 위한 사업 4. 장애인 생활체육의 육성과 보급 5. 장애인 선수, 장애인 체육지도자와 장애인 체육계 유공자의 복지 향상 6. 그 밖에 장애인 체육 진흥을 위하여 필요한 사업

이를 근거로 대한장애인체육회를 설립하고 초대 회장에 장향숙 전 국회의원이 취임하였다. 그리고 문화체육관광부 내의 조직개편을 통해 체육국 안에 장애인체육과를 두고 새롭게 출발하게 되었다. 그리고 대한장애인체육회는 그 정관 규정에서 장애인의 건강증진과 건전한 여가생활 진작을 위하여 생활체육을 활성화하고, 가맹 경기단체, 장애유형별 체육단체 및 시·도 체육단체를 지원·육성하고 우수한 선수와 지도자를 양성하여 국위선양을 도모하며, 국제 스포츠 교류 및 활동을 통한 국제 친선에 기여함을 목적으로 하고 있다.

장애인 문화예술, 법적근거 마련

한편 장애인 체육업무와 함께 이관된 장애인 문화예술사업은 이관 초기에는 체육사업에 밀려 소외된 채 어려움이 많았다. 그러나 장애인 문화예술단체가 제도적 장치를 만드는 것부터 추진하자는데 힘을 모아, 문화예술진흥법을 개정하여 마침내 2008년 1월 17일 손봉숙 의원의 발의로 같은 법 제15조 2항(장애인 문화예술 활동의 지원)[8]을 신설하였다. 그리고 2009년 문체부 직제 개정을 통하여 기존 장애인체육과를 '장애인문화체육과'로 확대 개편하였다.

그러나 문화와 체육의 정책적 한계로 인해 결국 2013년도에 문화예술업무를 문화예술정책실의 예술정책과로 옮겨서 현재에 이르고 있다. 이에 따라 2015년 3월 (재)한국장애인문화예술원을 설립하고, 이와 함께 대학로에 있는 구 예총회관을 개축하여 장애인문화예술센터 '이음'을 개관(2015. 11)하고, 베데스다 현악 4중주단의 일원인 비올

라리스트 신종호 초대 이사장이 취임했다. 이어서 2대 안중원 이사장(한국장애인문화예술단체총연합회 상임대표), 3대 김형희 이사장(서양화가, 한국장애인표현예술연대 대표)으로 이어지며, 공모사업·조사연구사업·장애인문화예술콘텐츠 구축 등의 사업을 추진하고 있다. 그리고 2020년 6월 9일 제정된 "장애 예술인 문화예술 활동 지원에 관한 법률"이 동년 12월 10일 시행됨으로써 비로소 장애 예술인에 대한 제도적 지원 근거가 마련되었다. 2021년 현재 문화체육관광부의 허가를 받아 활동하는 사단법인은 "한국장애인문화예술단체총연합회"를 비롯해서 20여 개에 이른다.

한국장애인개발원 출범하다

한국장애인복지진흥회(회장 차흥봉)는 2005년 장애인 체육업무와 문화예술업무를 문화체육관광부로 이관한 뒤 장애인복지진흥업무만 수행하도록 결정되었다. 사정이 이렇다 보니 장애인복지진흥의 고유 업무가 무엇인가라는 정체성을 찾기 위한 노력이 이어졌다. 그래서 직원들의 워크숍을 비롯한 보건복지부 관련 부서와의 토론회 등을 통해, 장애인복지의 전달체계에서 중심역할을 모색하는 방향의 대안을 만들어서 이를 정부에 제시했다. 그 결과로 만들어진 것이 한

---

8) **문화예술진흥법 제15조의2(장애인 문화예술 활동의 지원)** ①국가 및 지방자치단체는 장애인의 문화예술 교육의 기회를 확대하고 장애인의 문화예술 활동을 장려·지원하기 위하여 관련 시설을 설치하는 등 필요한 시책을 강구하여야 한다. ②국가 및 지방자치단체는 장애인의 문화적 권리를 증진하기 위하여 장애인의 문화예술 사업과 장애인 문화예술단체에 대하여 경비를 보조하는 등 필요한 지원을 할 수 있다

국장애인개발원이다.

  한국장애인개발원은 당초 장애의 평가 및 판정, 장애인등록업무를 담당하고, 장애인복지 전달체계에서 장애인복지시설 및 관련기관의 가교역할을 담당하는 기관으로 발전하는 것을 그 목표로 삼았다. 이러한 과정을 거쳐 한국장애인복지진흥회는 2008년 4월 장애인복지법 개정에 따라 한국장애인개발원으로 명칭을 바꾸어 새로이 출범하게 되었다. 한국장애인개발원은 2008년 4월 개정된 장애인복지법 제29조의 2항에 설립근거를 두고 장애인복지의 종합적이고 체계적인 조사연구·평가 및 정책개발·복지진흥 등을 수행함으로써 장애인복지 발전에 기여함을 목적으로 하고 있다. 이에 따라 ①포용복지 연구 및 지원확산, ②체감할 수 있는 권리보장 강화, ③양질의 일자리 창출기반 강화, ④사회적 가치창출 지원체계 고도화에 전략목표 및 과제를 잡고, 상생, 혁신, 신뢰, 소통을 핵심가치로 추진한다. 한국장애인개발원의 조직은 원장직속으로 소통홍보팀과 법무감사팀이 있으며, 경영본부, 정책연구본부, 사업본부, 그리고 중앙장애아동 발달장애인지원센터가 각 지자체마다 설립되어 운영되고 있다. 또한 1981년에 처음 시작된 '장애인의 날'이 1991년 장애인복지법에 의거 마침내 법정 기념일로 지정되어 매년 4월 20일 이 행사를 주관하고 있다.

  한국장애인개발원은 현재 장애인복지 관련 평가와 인증사업, 장애인복지 진흥과 국제협력사업, 국가와 지방자치단체에서 위탁하는 장애인복지 관련 사업 등을 수행하면서 이룸센터의 관리운영도 맡고 있다. 한국장애인개발원의 4대 전략 목표는 ①장애인 복지정책 개발

능력 강화, ②효율적 장애인복지 전달체계 구축, ③차별 없는 사회를 위한 환경 개선, ④미래지향적 조직 경영 등이다.

한국장애인개발원의 조직은 원장 아래 경영본부·사업본부·정책연구실을 두고 있다. 경영본부에는 미래전략부, 경영지원부, 대외협력부, 이룸센터 관리부가 있다. 사업본부에는 직업재활부, 우선구매지원부, 유니버설디자인환경부, 중앙장애아동발달장애인지원센터 등으로 구성되었다. 1981년에 처음 시작되어 1991년 장애인복지법에 의거 법정기념일이 된 매년 4월 20일 '장애인의 날' 행사를 한국장애인개발원이 주관하고 있다.

장애인복지 교류장소–이룸센터!

이러한 일련의 변화과정에서 '이룸센터'도 만들어졌다. 이룸센터는 원래 한국장애인복지진흥회가 장애인복지 전달체계의 중심역할을 하면서 서울에 장애인복지 프로젝트의 시범사업을 추진하는 시설로 구상한 것이다. 그래서 정부의 주선으로 로또복권 수입예산 500억 원의 건설비도 확보하고 서울 서초동에 건립 부지까지 물색하였다. 그런데 이 과정에서 또 논란이 일어났다. 즉, 장애인단체들의 요구가 거세진 것이다. 서울패럴림픽 이후 장애인에 대한 국민적 관심이 높아지면서 장애인단체의 요구도 하루가 다르게 커지기 시작했다. 이러한 배경에는 장애인이 직접 복지시설을 주관해야 한다는 장애인 당사자주의도 한몫을 했다. 장애인시설이나 단체는 모두 장애 당사자가 직접 운영해야 한다는 주장이 거세게 퍼져나간 것이다.

이러한 와중에 한국장애인복지진흥회가 복지 전달체계의 중심기관으로 복지센터를 만들겠다고 하니까 거센 저항에 부딪쳤다. 결국 여러 과정을 겪으며 새로운 복지센터의 건립을 포기하고 기존의 건물을 사들여 장애인 단체들이 함께 입주하는 시설을 만들기로 방침을 정하였다. 그 결과 서울 여의도에 매물로 나온 건물을 구매하여 이룸센터를 만들었다. 2007년 7월 장애인단체의 대표들로 "이룸센터 운영위원회"를 구성하고, 그 위원회의 심의를 거쳐 장애인단체들이 이 센터에 입소할 수 있도록 했다.

이룸센터는 여의도 국회의사당 앞에 위치하고 있으며 지하철 9호선 국회의사당역 바로 앞에 위치하고 있어서 장애인의 접근과 이용이 편리한 10층 건물이다. 그런데 이 센터의 명칭을 "이룸"이라고 정한 것은 장애인들의 희망과 성취를 지향해서 "이루다"라는 의미를 살리기 위해 그런 이름을 붙이게 되었다. 이러한 과정을 거쳐 이룸센터는 2007년 12월 10일 개관하였으며, 현재 이룸센터는 각급 장애인단체들이 입주하여 이용함으로써, 장애인복지종합센터와 같은 기능을 수행하는, 말하자면 장애인복지에 관한 정보교류의 장소로서 충분한 역할을 하고 있다.

―제3절―

장애인 인식 깨고 굳센 용기 주었다
- 장애인 인식개선 체험이야기 -

서울올림픽보다 더 뜻 깊은 일을 하다

　일찍이 1984년 1월 대회의 유치가 확정되었고, 그로부터 4년 후인 1988년 10월에 개최된 서울패럴림픽은, 우리 국민들 그러니까 좀 더 구체적으로는 비장애인들과 장애인들에게 각각 어떤 영향을 미쳤을까. 사실상 그것을 정확하게 가늠한다는 것은 쉽지 않을뿐더러 거의 불가능하다고 여겨진다. 다만 내(저자 박삼옥)가 겪은 몇 가지 일화(逸話)를 통해 국민들에게 영향을 미친 큰 흐름은 짚어 볼 수 있을 것으로 생각한다. 그런 맥락에서 지금껏 홀로 간직하고 있던 4가지 일화를 소개하려고 한다.

　그런데 각각 네 사람과 연결된 일화임에도 불구하고 자신의 생각만을 일방적으로 소개한다는 부담감과 네 가지 일화들이 결코 보편적인 경우는 아니라는 점 때문에 소개여부를 놓고 한동안 망설였다. 그렇지만 4가지 일화들은 '88서울패럴림픽이 비장애인들에겐 장애인들에 대한 그릇된 인식과 얼토당토않은 편견을 깨트리게 하고, 아울러 장애인들에겐 온갖 어려움을 헤쳐 갈 굳센 용기를 갖게 하였다는 것을 공감케 하는 적절한 본보기들이라고 여겨 소개하기로 마음먹었다.

그럼 먼저 첫 번째 일화이다. 즉, 내가 서울패럴림픽 조직위원회-이하 'SPOC'-에서 홍보과장으로 일한지 두 달 쯤 지난 1984년 10월 어느 날로 짐작된다. 퇴근길에 고향 10년 선배인 장현태 변호사의 광화문 네거리 인근 사무실에 들렀다. 장 변호사는 정규 학교를 거의 거치지 않고 사법시험을 10번 만에 합격한 입지전적인 인물이다. 그래서인지 성미가 꽤나 괴팍한 편이었다. 그런데 누군가로부터 내 근황을 들었던지 대뜸 나를 보더니 큰 목소리로, "야! 니 요새 '찐빠리' 올림픽에서 일한다 카던데 거 뭐 하로 갔노. 빨리 때리 치아라"고 내뱉었다.

그런데 '찐빠리'란 '절름발이'의 경상도 사투리로서 5~60년대에 동네나 길거리에서 소아마비 등 지체장애인들을 놀리거나 업신여길 때 곧잘 썼던 말이다. 나로서는 적어도 20년 이상 쓰지도 듣지도 않았던 희한한 낱말이 그날 그 자리에서 불쑥 튀어나왔다. 아무튼 이를 풀이하면 [내가 '병신올림픽'에서 일한다는데 당장 그만두라]는 뜻이다. 다시 말해서 어디 취직할 데가 그렇게도 없어서 그런 '병신올림픽'을 준비하는 조직에서 일하느냐는 비아냥댐이며 빈정거림이었다. 평소에도 말을 거침없이 거칠게 하는 습성이 있었지만 그래도 명색이 변호사인데 어떻게 저렇게 지껄일까라는 생각마저 들었다.

더군다나 당시 내가 대구에서 11대 국회의원 선거에 나섰다가 실패하고 뚜렷한 직업도 없이 지내고 있다는 것을 그 누구보다도 잘 아는 선배가 그렇게 말하는지라 참으로 서운하기도 했고 또 그냥 어안이 벙벙할 따름이었다. 하지만 그 자리에서 내 나름으로 서울패럴림픽의 개최 의미를 열심히 설명하였지만 막무가내로 도무지 듣지를 않았다. 한마디로 이처럼 서울패럴림픽 이전의 우리나라에서 장애인에 대한 인식은 참으로 한심하고 터무니가 없었다. 특히 장애인들을 소중한 인격체로 배려하는 그런 호칭마저도 없었다.

따라서 장 선배가 굳이 그렇게 표현한 것은 장애인들을 폄하하려는 의도 보다는 그런 환경에서 살아온 무의식의 발로였다고 보아야 한다. 아무튼 그날 이후에도 워낙 가까운 사이라 간간이 변호사 사무실엔 들리곤 하였다. 그렇게 세월이 흘러 날과 달이 가고 해를 거듭할수록 장 선배의 마음이 차츰 변해갔다. 말하자면 쭉 나를 통해 서울패럴림픽의 준비과정을 지켜보면서 장애인에 대한 인식이 확 달라진 것이다. 그래서 변호사 사무실에 들를 때 마다 더 이상 장애인을 폄하하는 말은 결코 하지 않았다. 오히려 간간이 장애인들을 위해 참 좋은 일을 한다고 했다.

이윽고 1988년 10월에 서울올림픽에 이어 서울패럴림픽이 국민들의 뜨거운 성원 속에 끝난 후에는, "참말로 서울올림픽보다 훨씬 더 뜻 깊은 일을 했다"라고 극찬을 아끼지 않았다. 지금 장 선배는 은퇴하여 귀가 잘 들리지 않는 청각장애로 고생하고 있다. 이는 누구도 장애인 문제에 있어 자유롭지 않다는 것을 시사(示唆)하고 있다. 1981년

'심신장애자복지법' 제정을 계기로 '장애자'라는 명칭이 생겼다. 그 이전에는 병신·불구자·봉사·벙어리·귀머거리·절름발이·앉은뱅이 등 장애인을 비하하는 뜻이 담긴 그런 명칭만이 난무했을 뿐이었다.

그런 가운데 1981년 6월 심신장애자복지법을 제정하며 처음 '장애자'라고 호칭하였다. 그래서 서울패럴림픽도 당시에는 서울'장애자'올림픽이라 칭하였다. 이후 1989년 12월 '심신장애자복지법'을 '장애인복지법'으로 개정하면서 현재는 '장애인'으로 통칭하고 유형을 붙여 구분한다. 그렇다! 지금부터 37년 전 내가 겪은 첫 번째 일화는 장애인의 명칭변화에 따라 자연스레 인식변화도 이루어진 본보기라고 할 수 있다.

"장애인 위해 거룩한 사업을 하십니다"

다음은 두 번째 일화이다. 유엔은 1981년을 '세계장애인의 해'로 정하였다. 그래서 우리나라에서도 기념사업의 하나로 그 해부터 한국장애인재활협회가 주관하여 전국장애인체육대회를 시행하여 왔다. 그런 가운데 1984년 서울패럴림픽이 유치됨에 따라 1985년 제5회 대회부터는 SPOC이 서울패럴림픽의 리허설 차원에서 주관하여 개최하고 있었다. 그런데 제7회 대회(1987.9.19.~9.22)는 1년 앞으로 다가온 서울패럴림픽의 현장감을 익히는 차원에서 잠실 주경기장 주위에서 개최되었다.

이에 따라 대회 첫날인 1987년 9월 19일 나를 비롯한 우리 사업부

직원들은 서울패럴림픽 휘장과 곰두리 마스코트를 활용한 기념품 전시관을 관리하고 있었다. 그런 가운데 오전 11시경에 느닷없이 어떤 남자 한 분이 헐레벌떡 뛰어들어 왔다. 그리고 당시 여당인 민주정의당의 제13대 대통령선거 후보인 노태우 총재가, 국제올림픽위원회(IOC) 사마란치 위원장과 함께 곧 방문한다고 황급하게 알렸다. 그리고 5분도 채 안되어 두 사람이 우리 전시관에 들어섰다.

참으로 급작스레 두 사람의 VIP를 맞이하면서 나는 "서울패럴림픽 조직위 사업부장입니다"라고 인사부터 드렸다. 그랬더니 노태우 총재가 대뜸 "장애인 위해 거룩한 사업을 하십니다"라고 말하면서 내 손을 잡아 주었다. 이어서 나는 잠시 서울패럴림픽의 5태극 휘장과 곰두리 마스코트의 의미에 대해 설명 했다. 그리고 곧바로 다른 장소로 이동했다. 나는 그 당시는 물론 그 이후에도 노태우 총재와 사마란치 위원장이 어떻게 우리 기념품 매장을 방문하게 되었는지 그 경위를 정확하게 알고 있지는 않다.

다만 사마란치 IOC 위원장이 1년 후인 1988년에 개최될 서울올림픽 준비상황을 점검코자 잠실 주경기장을 방문하는 기회에, 서울올림픽조직위-이하 'SLOOC'-의 제2대 위원장을 역임한 노태우 총재가 동행하였고, 마침 전국장애인체육대회가 열리고 있어 들렸던 것으로 알고 있다. 아무튼 나는 노태우 총재가 서울패럴림픽을 "거룩한 사업"이라고 말해서 큰 감명을 받았다. 물론 정확하게 서울패럴림픽이라고 직접 표현을 하지는 않았지만 내가 "서울패럴림픽조직위 사업부장"이라고 인사한 직후에 한 말이어서 나는 분명히 그런 의미로 받아들였다.

그런데 설령 서울패럴림픽이라는 의미가 아니었다고 하더라도 사회적 약자인 장애인을 위해 일하는 것을 거룩하다고 말한 것은 명백하였다. 그렇지만 또 다른 한편으론 조금은 의아하다는 생각도 들었다. 왜냐하면 1984년 말 경 노태우 총재가 SLOOC 위원장으로 재직할 때, 서울패럴림픽의 협력 방안에 대해 SLOOC과 SPOC 간에 공식적으로는 최초로 협의한 적이 있었다. 나는 그 회의에 참석치는 않았지만 회의에 참석한 사람들의 공통된 전언에 의하면, 노태우 위원장이 세계 장애인들의 스포츠 제전인 서울패럴림픽을 탐탁지 않게 여기고 있었다는 얘기를 들었기 때문이었다.

그렇다면 1986년 SLOOC 위원장을 떠난 후 어떤 까닭으로 노태우 총재의 장애인에 대한 인식이 확연히 바뀌게 되었을까. 물론 이제는 SLOOC 위원장이 아닌 집권 민주정의당의 총재와 대통령 후보라는 입장이므로, 모든 사안에 대한 전반적인 인식이 바뀔 수 있을 것이다. 하지만 장애인에 대한 인식변화엔 특별이 그럴만한 까닭이 따로 있었을 것으로 내 스스로는 짐작하였다. 그것은 바로 장애인들은 결코 내버려야할 뺄셈의 대상이 아니라, 반드시 함께 더불어 살아가야 할 덧셈의 대상이라는 것을, 자신이 한 때 직접 준비한 바 있는 서울올림픽과 동반 개최되는 서울패럴림픽을 통해 절실하게 깨닫게 되었을 것으로 여겨졌다.

이렇듯 노태우 총재의 장애인에 대한 인식변화에는 홀트아동복지회 회장으로, SPOC 실무부위원장에 취임하여 서울패럴림픽을 성공적으로 치르는데 많은 역할을 한 김한규 전 총무처 장관이 여러모로 역할을 하였다고 훗날 들었다. 어떻든 노태우 총재는 SPOC 사업부의 홍보관을 방문한 날로부터 석 달 후인 1987년 12월 16일 대한민국 제13대 대통령으로 당선되었다. 그리고 1988년 10월 2일과 15일 각각 서울올림픽과 서울패럴림픽에서 개회선언을 하는 영광스런 대통령이 되었다. 그렇다! 내가 겪은 두 번째 일화는 장애인을 소중한 동반자로 보느냐 아니냐의 여부로 살펴본 인식변화의 본보기라고 할 수 있다.

마침내 두려움 떨치고 밖으로 나섰다

이어서 세 번째 일화이다. 2019년 10월 16일 오전 11시 나는 대한장애인체육회가 KEB하나은행과 함께 마련한, 제39회 전국장애인체육대회와 서울패럴림픽 31주년 기념행사가 열리는 서울 을지로 입구 행사장으로 갔다. 그곳에서 대한장애인체육회 이명호 회장과 차흥봉 전 보건복지부 장관과 장향숙(張香淑) 전 국회의원을 비롯한 SPOC 관계자와 당시 선수 및 그 외 여러 사람들을 만나게 되었다. 기념식 행사가 끝나고 점심식사를 하면서 장 전의원에게 서울패럴림픽 당시에 본인이 느꼈던 감회를 물어 보았다. 그런데 그의 소회는 의외로 간단하고 명료했다.

자신은 서울패럴림픽이 개최되기 전에는 그냥 세상이 두려워서 집에만 있어야 되는 줄 알았고 외출한다는 것은 상상도 못했다. 그런데 서울패럴림픽을 통해 세계장애인 선수들이 장애에 아랑곳하지 않고 거침없이 뛰고 달리고 던지고 받는 모습을 보면서, 마침내 자신도 장애인으로서 활발하고 적극적으로 살아가는 용기를 얻게 되었다고 했다. 얼핏 들으면 매우 평범한 얘기로 들을 수도 있다. 하지만 나는 장애를 가진 당사자로부터 직접 서울패럴림픽이 큰 용기를 주었다고 말하는 것을 듣고, 37년 전 'SPOC'에서 서울패럴림픽을 위해 일했던 것에 큰 보람을 느꼈다.

그래서 집에 돌아오자마자 인터넷 검색을 통해 그의 도전과 극복의 삶을 살펴보았다. 즉, 장 전의원은 1961년 경북 영주의 산골에서 태어나 두 돌이 채 안 돼 소아마비로 하반신과 오른쪽 상반신 손상을 입었다. 그리고 5살 무렵 부모가 짚어주는 성경책을 따라서 보다가 홀로 글자를 깨쳤다. 그리고 바깥나들이를 전혀 해 본적 없이 집에서 줄창 책을 읽고 문지방을 베고 누워 하늘만 쳐다보며 살았다, 그럴 즈음 1988 서울패럴림픽을 보면서 용기를 내어 스무 살이 넘어 비로소 바깥나들이를 하게 되었다.

그리고 청소년 선교모임 '영라이프'로 사회활동을 시작하여 장애인 재정지원을 위한 '황금고리운동'을 거쳐 부산여성장애인연대 회장을 지내는 등 장애인 운동가로 활동했다. 그리고 2004년엔 열린우리당 비례대표로 제17대 국회의원이 되었고, 2005년 대한장애인체육회 초대 회장, 2009년 국제패럴림픽위원회 집행위원, 2010년 국가인권위원회 상임위원 등을 역임하였다.

저서로는 "깊은 긍정(지식의 숲)"이 있다. 첫 장애인 여성 국회의원 장향숙은 외친다. 즉, "사람의 힘과 능력, 인생을 만드는 것은 외부에서 주어지는 것이 아니다. 중요한 것은 정체성을 확립하고 자신의 길을 선택하는 것이다. 변화의 폭은 자신에게 달렸다". 그렇다! 내가 겪은 세 번째 일화는 장애인 스스로가 자기 자신을 주체(主體)로 보느냐 아니냐의 여부로 살펴본 본보기라고 할 수 있다.

장애인 자전거체험 교육 시행하다

마지막으로 네 번째 일화를 소개하기 위해서는 약간의 설명이 필요하다. 나는 서울패럴림픽이 성공적으로 마무리 되고나서 SLOOC의 후속기관으로 1989년 4월 국민체육진흥공단이 발족할 때 창립멤버로 참여하였다. 그리고 10여 년 동안 재직하며 그때부터는 비장애인 스포츠를 위해 일하였다. 그 가운데 우리나라에서는 최초로 서울 올림픽 유휴 경기장인 올림픽벨로드롬과 미사리 조정경기장을 각각 활용하여 경륜(競輪)과 경정(競艇) 사업을 추진할 때 사업 추진단장을 맡았었다.

그 후 창원경륜공단 이사장으로 10년간 자전거관련 사업을 하며 축적한 경험을 바탕으로, 2011년 사단법인 한국자전거문화포럼을 설립하고 2020년까지 회장으로 일했다. 그리고 올바른 자전거문화를 정착시키고자 20개 지방자치단체와 '자전거실림길운동'을 전개하였다. 그런 가운데 2013년부터 2015년까지 자전거를 활용하는 장애인의 여가활동과 생활체육을 적극 조성하는 차원에서, "장애인과 자전거의 아름다운 동행"이라는 주제로 "장애인자전거체험교육 및 자전거길 탐방" 행사를 6차례에 걸쳐 펼쳤다.

모두 국민체육진흥기금 사업으로 전개한 이 사업은 첫해인 2013년은 서울과 대구에서 2차례 진행하였다. 즉, 1차는 5월 6일부터 8일까지 미사리 조정경기장에서 한국재활재단과 한국경륜선수회의 협조로 진행하였다. 그 행사엔 서대문장애인종합복지관 소속 장애인 25명(청각5·시각2·지체7·지적 11)이 참여한 가운데 "장애인자전거체험교육 및 한강 자전거길 탐방"을 모토로, 그리고 2차는 5월 20일부터 22일까지 대구 만촌벨로드롬에서 "장애인자전거체험교육 및 낙동강 자전거길 탐방"이라는 캐치프레이즈로 진행하였다.

휠체어 타는 장애인 인권운동가!

　　당시 1, 2차 행사는 대한민국 장애인문화예술축제 조직위원회 안이문 위원장이 자문위원으로 참여하여 많은 도움을 주었다. 대구 장애인자전거체험 행사는 대구대학교 직업재활학과 이달엽 교수의 주선으로 장애인 25명이 참여하였다. 이때 나는 안 위원장의 소개로 이 교수와 동행한 지체장애 1급으로 휠체어를 탄 정중규 대구대학교 한국재활정보연구소 부소장을 만났다. 첫 인상은 당당한 체격에 자신감 넘치는 기상이었다. 내가 겪은 네 번째 일화는 바로 휠체어 타는 장애인 인권운동가인 정중규 박사에 관한 이야기이다.

　　그러니까 장애인자전거체험 행사 당시 안이문 위원장과 정중규 부소장과 나는 대구 만촌벨로드롬 외곽 공터에서 장애인들이 밝은 표정으로 자전거타기를 익히고 타는 모습을 보면서 이런저런 대화를 나누었다. 자연스레 우리들은 안 위원장과 내가 함께 일했던 SPOC

과 서울패럴림픽에 관한 이야기로부터 시작하여, 장애인의 이동권에 관한 현황과 문제점에 이르기까지 다양한 의견을 나누었다. 그런 가운데 정 박사가 "만약에 우리나라가 1988년 서울패럴림픽을 유치하지 않았다면 지금쯤 나를 비롯해서 우리 장애인들이 어떻게 되었을까라고 생각하니 정신이 아찔해 집니다"라고 토로했다.

그리고 극심한 장애로 제때 배우지 못한 자신이 뒤늦게나마 배움의 길에 나서, 박사 학위까지 취득한 것은 오로지 서울패럴림픽 덕택이라고 피력했다. 그 말을 듣는 순간 마음에 큰 울림이 있었다. 서울패럴림픽이 또 하나의 기적을 이루었기 때문이었다. 그렇다면 서울패럴림픽 때 갓 서른 살 장애인 청년 정중규는 어떤 삶을 살았을까. 참으로 궁금하였다. 그래서 행사를 마치고 서울로 돌아오자마자 서울패럴림픽 이후 그때(1989~2013)까지 그의 삶에 대해서 살펴보았다. 그리고 그가 오늘날까지 살아온 삶의 궤적은 이러하다.

정중규 위원장은 1958년 대구에서 태어났다. 하지만 중증의 소아마비로 정규 교육을 받지 못하다가 만학으로 한국방송통신대를 졸업하고 나사렛대학교에서 석사를, 그리고 대구대학교 대학원 직업재활학과에서 박사학위를 받았다. 부산 가톨릭지체장애인복지회 창립, 가톨릭 뉴스 〈지금 여기〉 창간, 정책네트워크내일 장애인행복포럼 대표, 지방분권운동대구경북본부 공동 대표 등을 역임했고 국민의당 전국장애인위원회 위원장을 맡기도 했다. 그리고 제20대 대통령선거 때는 윤석열 대통령후보 선대본부에서 장애인복지특별위원장을 수행하였다.

특히 장애인 직업과 재활에 관해 박사 학위를 받은 전문성을 바탕으로 탈시설운동·저술활동·SNS기고·정당활동 등을 통해 장애인복지와 인권 향상에 기여하고 있다. 저술로는 시집 〈뼈의 아픔 돌의 울림〉, 사회비평집 〈빈들에서 부르는 새 천년의 노래〉가 있다, 부산 신지식인상 문화부문상(2000), 구상솟대문학상 대상(2001)을 수상했다. 그렇다! 내가 겪은 네 번째의 일화는 장애인 자신이 삶의 궤적을 적극적으로 확장해 나간 본보기라고 할 수 있다.

장애인, 소중한 인격체이며 적극적인 주체!

흔히 인식(認識)이란 사물을 분명히 알고 그 의의(意義)를 바르게 이해하고 판별하는 일을 일컫는다. 따라서 '장애인 인식'이란 장애인의 의미를 바르고 옳게 이해하고 판단하여 구별함을 의미한다. 그런데 '장애인 인식'은 비장애인의 장애인 인식과 장애인 자신의 인식으로 구별된다. 또한 장애인 인식은 장애인 호칭으로 살펴본 인식변화와 제도적으로 체감한 인식변화로 구별할 수도 있다. 그러나 '장애인 인식'의 본질은 비장애인들이 장애인을 인격체로 보느냐의 여부와 장애인 스스로 자신을 주체로 보느냐의 여부이다.

참고로 장애인 자신의 인식에 관한 사례를 인용한다. 소아마비 지체장애인인 송영욱 변호사는 자신이 경험한 장애인 인식을 다음과 같이 기술하고 있다.「소아마비로 몸을 제대로 움직이지 못하면서 제일 먼저 좌절감을 느낀다. 이 좌절감이 욕구불만으로 발전하고 이 욕구불만이 피해의식으로 발전한다. 이 피해의식으로 분노감이 생기고 나아가 공격의식으로 발전한다. 그렇게 살아가면서 장애상태를 수용하고 사회와 타협하기도 한다.」

그렇다면 앞서 소개한 네 가지 일화에서 우리가 공통적으로 확인한 것은 무엇인가. 우리에게 한편으론 비장애인들이 장애인들을 소중한 인격체로서 함께 더불어 살아가야할 대상으로 여기고, 또 한편으론 장애인 스스로는 자신을 삶의 적극적인 주체로 여기게 만든 뚜렷한 계기가 있었다. 바로 그것은 모름지기 1988년 10월 서울올림픽과 동반 개최된 서울패럴림픽이었다. 그렇다! 서울패럴림픽은 비장애인들에겐 장애인대한 편견을 접고, 장애인들에겐 주체적인 용기를 갖게 한 '장애인 인식'의 분수령이었다.

—제4절—
장애인 권리는 어떻게 확대되었을까

장애인의 권리는 바로 인권적 차원이다

1988년 서울패럴림픽 이후 우리나라 장애인의 권리는 어떻게 신장되었을까. 서울패럴림픽이 비장애인들의 장애인에 대한 긍정적인 인식변화와, 장애인 스스로 주체적 의식을 갖는데 결정적인 역할을 하였다. 그렇다면 우리나라 장애인들의 권리가 실효적으로 어떻게 확보되어 실행되고 확대되었을까.

그래서 장애인의 권리가 어떻게 법적이나 제도적으로 실행되고 확대되었는지를 살펴보려고 한다. 일반적으로 권리(權利)라는 낱말의 첫 번째 사전적인 의미는 권세(權勢)와 이익(利益)을 뜻한다. 그렇지만 법률적으로는 특정한 이익을 주장하고 또 누릴 수 있는 능력을 의미하고 있다. 그런데 모든 인간이 누려야할 권리와 관련하여 가장 선행하는 명제는 인권(人權)이라는 개념이다.

즉, 인권이란 '사람이 태어나면서부터 당연히 갖는 자유와 평등 따위에 관한 기본적인 권리'이다. 그럼에도 불구하고 장애인의 권리에 관해 따로 강조해야 하는 것은 인권의 보편적인 개념 속에서 그동안 장애인들이 철저하게 소외(疏外)되어 왔다는 점이다. 따라서 장애인의 권리문제는 단순히 어느 한 국가를 뛰어넘어 인권적 차원에서 범국가적으로 다루게 되었다. 그래서 유엔은 1948년 세계인권선언 이후 1960년대가 끝날 무렵부터 장애인의 인권 문제에 본격적으로 관심을 두기 시작하였다.

1975년, 유엔 장애인권리선언을 하다

일찍이 1969년 12월 11일 유엔총회에서는 사회진보와 발전에 관한 선언(The Declaration on Social Progress and Development)을 채택하였다. 그런데 그 선언 제19조는 정신지체 또는 지체장애인의 재활을 위한 제도화와 교육 및 직업훈련 등을 함에 있어 장애를 이유로 차별받지 않는 사회 환경을 조성해야 한다는 내용을 담고 있다. 이런 정신에 따라 1971년 12월 20일 유엔총회에서는 지적장애인권리선언(Declaration on the Rights of Mentally Retarded Persons)을 채택하였다.

이 선언은 지적장애인이 실현 가능한 정도까지 적절한 의료 및 교육과 경제적 안정을 확보하고, 착취로부터의 보호와 법적 절차에 접근할 권리가 있음을 서술하고 있다. 또한 지적장애인이 시설에 수용되기보다는 가족과 함께 살고 지역사회에 참여해야 한다고 강조하였다. 유엔에 의한 1969년과 1971년 두 차례 선언은, 1975년 12월 9일 장애인권리선언(Declaration on the Rights of Disabled Persons)으로 이어진다. 이 선언은 1945년과 1948년에 각각 채택된 유엔헌장과 세계인권선언이 어김없이 장애인에게도 명확하게 적용된다는 내용을 담은 것이다.

그런데 장애인 권리선언의 제1조는 "장애인이란 선천적으로나 후천적으로나 신체적 능력이나 정신적 능력에 결함이 발생함으로써 자신 스스로 개인생활이나 사회생활을 정상적으로 영위할 수 있는 필요조건을 전혀 갖출 수 없거나, 부분적으로 갖출 수밖에 없는 모든 사람을 의미한다"라고 장애인의 개념을 정의하고 있다. 그리고 제2조부터 제12조까지는 장애인이 누려야할 여러 권리들을 두루 열거하고 마지막 제13조에서는, "모든 장애인과 그 가족과 사회는 모든 적절한 방법을 통해 이 선언에 포함된 권리에 대해 충분히 파악하고 있어야 한다"고 규정하고 있다.

70년대까지 장애인의 권리는 한심하였다

이렇듯 유엔이 주도하는 장애인의 권리에 관한 조치가 잇따라 이루어지는 가운데 우리나라는 장애인의 권리에 관해 과연 어떤 상응한 조치를 취하였을까. 하지만 불행하게도 국제사회의 이런 움직임에도 불구하고 우리는 미처 종합적인 대책을 마련하지 못하고 있었다. 사실 1948년 8월 대한민국 정부가 수립된 이후부터 1950년대까지 우리나라의 장애인 권리 및 복지와 관련한 입법은 어디까지나 원호(援護) 차원에서 '군사원호법' 제정을 시초로 시작되었을 뿐이었다.

1970년대까지 우리의 장애인 관련 법령은 어디까지나 군경(軍警) 상이자(傷痍者)가 중심이 되는 보잘 것 없는 한심한 수준에 그치고 있었다. 이윽고 1977년 '특수교육진흥법'이 제정되면서 장애인에 대한 교육정책이 진행되었지만, 그것도 장애인 교육에 관한 내용뿐이었다. 장애인의 일반적 권리에 관한 법적 장치는 없었다.

  이러한 상황에서 유엔이 앞서 언급한 1975년 12월 제30차 총회에서 장애인권리선언을 채택하고 이어서 1976년 12월 제31차 총회에서 다가오는 1981년을 세계장애자의 해(IYDP: International Year of Disabled Persons)로 결정하였다. 그리고 세계 각국이 자국(自國)의 실정에 맞는, 장애자를 위한 기념사업 등 복지시책을 펴나가도록 적극 권고하였다.

  그러나 우리나라의 경우에 외교부가 보건복지부에 통보한 것은 3년이 경과한 1979년이었다. 이처럼 뒤늦게 통보받은 보건복지부는 서둘러 3년간 140여 개의 기념사업을 전개하였다. 바로 이 'IYDP' 기념사업이 우리나라 장애인 권리의 확대와 발전에 큰 기폭제 역할을 하였다. 특히 장애인에 대한 인식을 개선하고 장애인의 권리를 보장하며, 장애인들이 보다 나은 삶을 살아갈 수 있도록 돕는데 큰 계기를 마련해주었다.

최초로 '장애인의 권리' 근거법 제정하다

  그 가운데 가장 중요한 것은 1981년 6월 5일에 우리나라 최초로 장애인복지와 관련하여 심신장애자복지법을 제정한 것이다. 심신장애자복지법은 우리나라 장애인의 인간다운 삶과 권리의 보장을 위해 제정되었다.

따라서 우리나라 장애인들의 권리를 처음 실효적으로 추진하게 된 근거는, 바로 1981년 6월 5일에 제정된 심신장애자복지법이다. 최초로 제정된 심신장애자복지법 제3조는 장애인의 권리에 대하여 이렇게 규정하였다. "제3조(존엄과 가치) 심신장애자는 개인으로서의 존엄과 가치를 가지며 이에 상응하는 처우를 보장 받는다."

그런데 동 법을 토대로 1987년 개정된 헌법 제34조 제5항에 "신체장애자 및 질병·노령 기타의 사유로 생활능력이 없는 국민은 법률이 정하는 바에 의하여 국가의 보호를 받는다."라는 내용이 반영됨으로써 헌법적인 근거도 함께 갖추었다. 참고로 심신장애자복지법이 1989년 12월 장애인복지법이라는 명칭으로 개정되었기 때문에, 헌법 34조 5항 가운데 신체장애자라는 용어는 다음 개헌이 될 때는 장애인으로 바로 잡아야할 것이다. 그렇다면 이제부터는 1981년 제정된 이후 현재까지 수차례 개정을 거듭한 장애인복지법에 의거하여 우리나라 장애인의 권리 확보와 실행에 관련된 내용을 간추려 살펴보려고 한다.

우리가 장애인의 권리에 관해 기술하려면 먼저 장애인이란 어떤 사람들을 지칭하는지를 알아야 하고, 그 다음으로는 그런 장애인들이 누릴 권리의 범주가 어디까지인지를 가늠해야한다. 그런데 장애인복지법은 장애인에 관해서는 제2조(장애인의 정의 등)[9]와 동법 시행령 제2조(장애의 종류 및 기준) 및 동법 시행규칙 제2조(장애인의 장애 정도 등)[10]에, 그리고 장애인의 권리에 관해서는 동법 제4조(장애인의 권리)에 규정하고 있다.

따라서 이 조항들의 내용을 종합하면 장애인이란 [지체·뇌병변·시각·청각·언어·안면·신장·심장·호흡기·간·장류/요류·뇌전증·지적·자폐성·정신장애]라는 15개 유형의 사람들을 일컫는다. 그리고 그 장애인들이 누릴 권리는 ❶인간으로서 존엄과 가치를 존중받으며 그에 걸맞은 대우를 받는다. ❷국가·사회의 구성원으로서 정치·경제·사회·문화, 그 밖의 모든 분야의 활동에 참여할 권리를 가진다. ❸장애인 관련 정책결정 과정에 우선적으로 참여할 권리를 갖는다. 이렇듯 장애인들이 누릴 구체적인 권리의 종류와 실행에 관해서는 장애인복지법에서 자세하게 규정하고 있다.

이것이 장애인들이 누릴 권리들이다

그렇지만 우리는 장애인들이 마땅히 누려야할 권리의 근간(根幹)이 어떤 것들인지 보다 더 확실하게 짚어 볼 필요가 있다. 그래서 우

---

9) 장애인복지법 제2조(장애인의 정의 등)에 의하면 ①"장애인"이란 신체적·정신적 장애로 오랫동안 일상생활이나 사회생활에서 상당한 제약을 받는 자를 말한다. ②이 법을 적용받는 장애인은 제1항에 따른 장애인 중 다음 각 호의 어느 하나에 해당하는 장애가 있는 자로서 대통령령으로 정하는 장애의 종류 및 기준에 해당하는 자를 말한다. 1. "신체적 장애"란 주요 외부 신체 기능의 장애, 내부기관의 장애 등을 말한다. 2. "정신적 장애"란 발달장애 또는 정신 질환으로 발생하는 장애를 말한다.
10) 장애인복지법에 의한 장애유형은 장애인복지법 시행규칙 제2조에서 15개로 규정하고 있으며 장애 정도에 따라 장애의 정도가 심한 장애(중증)와 심하지 아니한 장애(경증)로 나뉜다.

리는 1998년 12월 9일 국회에 의하여 채택된 장애인인권헌장을 면밀하게 살펴보아야한다. 왜냐하면 바로 그 장애인인권헌장의 제1항부터 제13항까지에는 우리 장애인들이 이미 누리고 있거나 또는 가까운 미래에 꼭 누려야할 권리들이 포괄적으로 모두 포함되어있기 때문이다. 그런 맥락에서 이제부터는 장애인인권헌장의 전문(前文)과 1~13항의 내용을 찬찬히 새겨 보기로 한다.

즉, "장애인은 인간의 존엄과 가치를 가지며 행복을 추구할 권리를 가진다. 장애인은 건전한 사회구성원으로 책임 있는 삶을 살아가며 자신의 능력을 개발하여야 한다. 국가와 사회는 헌법과 국제연합의 장애인 권리 선언의 정신에 따라 장애인의 인권을 보호하고 완전한 사회참여와 평등을 이루어 살아가는 사회를 만들기 위한 여건과 환경을 조성하여야 한다."

그리고 장애인들이 마땅히 누려야할 권리는 다음과 같다. ①장애인은 장애를 이유로 정치·경제·사회·교육 및 문화생활의 영역에서 차별을 받지 아니한다. ②장애인은 인간다운 삶을 영위할 수 있도록 소득·주거·의료 및 사회복지 서비스 등을 보장받을 권리를 가진다. ③장애인은 다른 모든 사람과 동등한 시민권과 정치적 권리를 가진다. ④장애인은 자유로운 이동과 시설이용에 필요한 편의를 제공받아야 하며, 의사표현과 정보이용에 필요한 통신·수화통역·자막·점자 및 음성도서 등 모든 서비스를 제공받을 권리를 가진다. ⑤장애인은 자신의 능력을 계발하기 위하여 장애유형과 정도에 따라 필요한 교육을 받을 권리를 가진다.

⑥장애인은 능력에 따라 직업을 선택하고 그에 따른 정당한 보수를 받을 권리를 가지며, 직업을 가지기 어려운 장애인은 국가의 특별한 지원을 받아 일하고 인간다운 생활을 보장받을 권리를 가진다. ⑦장애인은 문화·예술·체육 및 여가활동에 참여할 권리를 가진다. ⑧장애인은 가족과 함께 생활할 권리를 가진다. 장애인이 전문시설에서 생활하는 것이 필요한 경우에도, 환경이나 생활조건은 같은 나이 사람의 생활과 가능한 한 같아야 한다. ⑨장애인은 사회로부터 분리 학대 및 멸시받지 않을 권리를 가지며, 누구든지 장애인을 이용하여 부당한 이익을 취하여서는 안 된다.

⑩장애인은 자신의 인격과 재산의 보호를 위하여 필요한 법률상의 도움을 받을 권리를 가진다. ⑪여성 장애인은 임신·출산·육아 및 가사 등에 있어서 생활에 필요한 보호와 지원을 받을 권리를 가진다. ⑫혼자 힘으로 의사결정을 하기 힘든 장애인과 그 가족은, 인간다운 삶을 영위하기 위하여 필요한 지원을 받을 권리를 가진다. ⑬장애인의 특수한 욕구는 국가정책의 계획단계에서부터 우선 고려되어야 하며 장애인과 가족은 복지증진을 위한 정책결정에 민주적 절차에 따라 참여할 권리를 가진다.

이어서 장애인의 권리확산이 잇따르다

지금껏 쭉 살펴본바와 같이 우리나라 장애인의 구체적인 권리 확보와 실행은 1981년 심신장애자복지법을 제정함에 따라 비로소 제대로 추진하게 되었다. 이어서 해를 거듭하며 의미 있는 조치들이 후속

해서 전개되었다. 즉, 1984년에는 장애인 편의시설을 의무화하도록 건축법시행령을 개정하였고, 1987년부터는 장애인 등록사업을 실시하였다. 또한 1988년에는 대통령 직속 장애인복지대책위원회를 설치하여 장애인복지정책의 체계화를 시도하였다.

그리고 1989년에는 심신장애자복지법을 장애인복지법으로 개정하면서, 장애자란 명칭을 인격적인 의미가 가미된 장애인으로 바꾸고, 아울러 생계보조수당 지급과 의료비 지원 등을 규정하는 등 대폭 손질하였다. 계속해서 1990년에는 장애인고용촉진 등에 관한 법률을 제정하여 장애인 의무고용제를 도입하였다. 또한 1994년에는 특수교육진흥법을 전면 개정하여 장애인에게 통합교육 등 특수교육의 기회를 확대하였다.

이어서 1996년에는 국무총리를 위원장으로 하는 장애인복지대책위원회를 설치하여, '장애인복지발전5개년계획'을 제시함으로써 장기적인 장애인복지 발전 계획을 수립하기도 했다. 그리고 1998년에는 앞서 살핀바와 같이 국회차원에서 장애인인권헌장을 채택하였다. 또 2000년부터는 장애의 범주에 주요 외부 신체기능의 장애, 내부기관의 장애와 정신지체 또는 정신적 질환으로 발생하는 정신적 장애를 포함시켰다. 이후 2010년 5월 27일 일부 개정이 되기까지 몇 차례에 걸쳐 부분 개정이 더 이루어졌다.

유엔 장애인권리협약 체결되다

 이렇듯 국내에서 장애인들의 권리 증진과 확대가 진행되는 가운데, 나라 밖 그러니까 유엔에서는 장애인의 권리 증진을 위한 또 하나 뜻 깊은 조치가 이루어 졌다. 즉, 2006년 12월 13일 제61차 유엔총회는 신체장애·정신장애·지적장애를 포함한 모든 장애인들의 존엄성과 권리를 보장하기 위해서, 장애인권리협약(Convention on the Rights of Persons with Disabilities:CRPD)을 채택하였다. 처음 멕시코에 의해 제안된 이 협약은 21세기 최초의 국제인권법에 따른 조약이다.

 실제로 장애인들이 처한 갖가지 경제·사회·문화적 상황에서, 부당한 차별을 당하거나 권리를 침해 받는 등 인간 존엄성을 인정받지 못하는 것은, 인간으로서 마땅히 누려야 할 권리를 침해당하기 때문이다. 따라서 장애인들이 인간적인 권리를 누릴 수 있기 위해서는, 유엔 '장애인권리협약'이 명시하는 사회생활에 전반적으로 참여할 수 있는 실질적인 기회가 보장되어야 한다. 여기서 보장이란 권리의 실현을 위한 자유권과 사회권 차원에서의 구체적인 지원방법의 확보를 의미한다.

 2006년 유엔 장애인권리협약(CRPD) 채택 이후 우리나라에서는 어떠한 후속 조치가 이루어 졌을까. 정부에서는 유엔 장애인권리협약을 긍정적으로 받아들이기로 결정했다. 이에 따라 2007년 3월 30일 유엔의 서명식에는 보건복지부 장관이 참여하여 서명하였다. 그리고 2008년 12월 국회 비준을 거쳐 2009년부터 국내법과 동일한 효력을 갖도록 했다. 하지만 권리와 존엄성을 침해 받은 개인과 단체가 권리구제를 요청하는 개인진정제도와, 협약위반에 대한 조사를 진행토록 하는 직권조사제도가 규정된 선택의정서 비준은 계속 미뤄지고 있다[11]. 계류된 CRPD 선택의정서는 하루 빨리 비준되어야한다.

끝으로 장애인들은 국민으로서의 의무를 다하면서 권리를 누리는가라는 반론이 제기될 수도 있다. 이는 얼핏 얼토당토 아닌 것처럼 느껴지지만 언젠가 진지하게 다루어야할 것으로 여겨진다. 왜냐하면 장애인이라고 하더라도 국민으로서 의무를 다하지 않는 권리는 지속될 수 없으며, 아울러 권리 없는 의무 또한 무의미할 것이기 때문이다. 그렇다! 장애인이 자신에게 걸 맞는 권리와 의무를 다하는 것은 비장애인과 더불어 살아가는 현명한 방법이라고 믿어진다.

---

[11] 정부는 CRPD 선택의정서 가입 동의안을 국회에 제출하였으나 외교통일위에 상정되지 못한 채 미뤄지고 있다. 2021년 3월 31일 김예지 의원 등이 발의한 CRPD 선택의정서 비준 촉구안은 6월 29일 본회의에서 의결된바 있다. 2022년 2월 22일 김예지 의원과 UN CRPD NGO가 선택의정서 비준 촉구 공동 기자회견을 열었다. 그러던 것이 2022년 12월 8일 장애계의 염원이었던 '유엔 장애인권리협약(UN CRPD) 선택의정서'가 국회 본회의를 통과했다.

―제5절―
장애인 문화예술정책은 선진복지의 완성이다

선진국, 장애인 문화예술이 발전한 나라

유엔무역개발회의(UNCTAD)는 2021년 7월 우리나라를 개도국에서 선진국으로 분류했다. 그렇다면 우리나라도 이제 자존감을 느끼고 진정한 선진국다운 모습으로 변화되어야 할 것이다. 그런데 우리 사회는 아직도 극심한 양극화의 상태에 놓여 있는 안타까운 현실이 분명히 존재하고 있다. 장애인에 대한 이해 부족과 차별에서 오는 심각한 문제도 그중의 하나이다.

우리나라가 진정한 선진국이 되기 위해서는 장애인이 행복한 사회가 되어야 한다. 장애인이 행복하게 살아가기 위해서는 장애인 문화예술 분야가 발전해야 한다. 장애인복지 분야에서 가장 낙후되어 있는 장애인 문화예술을 진흥하는 것이 진정한 선진 복지국가로 가는 시대적 과제이다.

2005년 7월 장애인체육인들이 중심이 된 가운데 소관 부처를 기존의 보건복지부에서 문화체육관광부로 이관하는 과정에서, 장애인 문화예술 분야도 함께 이관된 것은 앞에서 이미 짚었다. 따라서 여기서는 장애인 문화예술 분야에 관한 법률적인 근거를 먼저 살펴보기로 한다.

장애인문화예술 관련 법률적 근거는 이러하다

우선 장애인복지 분야는 장애인복지법에 설립근거를 둔 한국장애인개발원이 법정단체로 운영되고 있다. 잘 아는 바와 같이 장애인개발원의 전신은 서울패럴림픽 종료 후 설립된 한국장애인복지체육회와 이어서 설립된 한국장애인복지진흥회이다. 그리고 대한장애인체육회 역시 한국장애인복지체육회에서 분리되어 문화체육관광부로 이관될 당시 국민체육진흥법에 대한장애인체육회 설립근거를 새로 만들어 설립된 단체이다. 그러나 체육과 함께 이관되어 문화체육관광부의 관리·감독을 받고 있는 장애인문화예술단체의 경우는, 아직 독립된 법률에 의한 법정단체가 없다는 것이 현실이다.

그런 가운데 2008년 1월 문화예술진흥법을 개정하여 국가 및 지방자치단체는 장애인의 문화예술 교육의 기회를 확대하였다. 아울러 장애인의 문화예술 활동을 지원하기 위한 관련 시설을 설치하는 등 필요한 시책을 강구하도록 했다. 그리고 2항에서는 국가 및 지방자치단체는 장애인의 문화적 권리를 증진하기 위하여, 장애인문화예술 사업과 장애인문화예술 단체에 대한 경비를 보조할 수 있다는 규정을 신설했다. 아울러 2012년 2월에는 문화이용권의 지급 및 관리에 관한 규정을 제5항까지 신설하고, 문화예술진흥기금을 장애인 등 소외계층의 문화예술 창작과 보급을 위해 활용할 수 있도록 했다.

또한 장애인복지법에서는 2017년 9월 문화생활, 체육활동 및 관광활동에 대한 장애인의 접근을 보장하기 위하여 관련 시설이나 설비, 그 밖의 환경을 정비하고, 문화생활, 체육활동 및 관광활동 등을 지원하도록 노력하여야 한다는 것을 신설했다. 이 밖에도 장애인차별금지법에서도 국가와 지방자치단체 및 문화·예술사업자는 장애인이 문화·예술 활동에 참여하면서 장애인의 의사에 반하여 특정한 행동을 강요하여서는 아니 되며, 국가와 지방자치단체 및 문화·예술사업자는 장애인이 문화·예술 활동에 참여할 수 있도록 정당한 편의를 제공하여야 한다고 규정하고 있다.

이러한 법률적 근거 조항에도 불구하고 장애인문화예술 분야의 발전 속도는 소걸음보다 더욱 느린 답답한 현실을 뛰어넘지 못하고 있다. 그 원인은 정작 필요한 조항은 임의규정으로 되어 있어 장애 예술인을 비롯해 장애인문화예술사업을 추진하고 있는 단체들은 열악한 여건에서 그야말로 악전고투의 시간을 보내고 있다고 할 수 있다. 그런 가운데 2020년 6월 장애예술인문화예술 활동 지원에 관한 법률이 제정된 것은 그나마 위안으로 삼아야 할까. 그렇지만 이 법도 시행 1년을 넘겼지만 장애예술인들에게 무엇이 달라졌는지 피부로 느끼기 힘든 상태이다. 따라서 관련법에서의 법정단체 설립근거는 예산확보를 비롯한 정책사업운영에 그만큼 중요한 의미를 가지고 있다.

운보 김기창 화백, 장애인 문화예술 강조하다

　장애인문화예술 분야는 그동안 타 영역에 비해 크게 낙후된 것이 엄연한 현실이다. 그것은 여러 가지 이유가 있겠지만, 장애인이 무슨 문화이고 예술이냐는 잘못된 편견과 이해부족에 기인한 것이다. 그러나 이제 우리나라가 선진국의 대열에 들어선 가운데 장애인의 문화예술 분야에 대한 관심과 참여가 늘어나고 있는 것은 자연스러운 현상으로 보아야 할 것이다. 2021년 현재 문화체육관광부의 허가를 받아 활동하는 장애인문화예술단체는 20여 개에 달하고 있으며, 법인 허가를 받지 못하고 활동하는 자조 단체도 계속 증가하는 추세이다.

　우리나라가 공식적으로 장애인문화예술사업을 추진한 지 어느덧 30여 년의 시간이 지났다. 선진국에 비하면 이제 걸음마를 시작한 단계이지만 그렇다고 결코 짧은 기간은 아니다. 좀 더 정확히 표현하면 서울패럴림픽을 성공적으로 마치고, 서울패럴림픽대회조직위원회-이하 'SPOC'-의 해산과 함께 그 후속 기구로 설립된 '한국장애인복지체육회'의 목적사업으로, 장애인문화예술사업을 추진하도록 정한 것이 첫 출발인 셈이다.

　1989년 한국장애인체육회 설립을 위한 발기인총회에서 발기인으로 참여한 운보 김기창 화백이 "장애인들에게 체육활동 못지않게 문화예술사업이 중요"하기 때문에 신설되는 기구에서 반드시 목적사업으로 정할 것을 주장하였으며, 발기위원 전원이 만장일치로 찬성함으로써 조직의 명칭도 복지를 포함시켜 '한국장애인복지체육회'로 설립되었다. 그 이전에는 일부 민간단체나 복지관, 또는 특정시설에서 문화프로그램의 일환으로 추진한 정도였다.

1991년 장애인 문학상 및 미술대전 공모사업이 진행되면서 마침내 첫 문화예술사업이 추진되었다. 당시에는 서울패럴림픽의 마스코트 이름을 접목시켜 제1회 곰두리 문학상 및 미술대전 공모사업(현재는 대한민국 장애인 문학상 및 미술대전으로 변경)을 개최하고, 매 1년마다 지속적으로 추진하게 됨으로써 문학과 미술 부문에서 재능있는 작가들이 발굴되고, 등단 작가들이 중심이 되어 장애인문인협회와 미술협회를 설립했다. 이와 함께 다른 장르의 예술 부문에서도 단체를 결성하여 사업을 추진하기에 이르렀다.

(재)한국장애인문화예술원 개원하다

2013년 국정과제로 확정된 '장애인문화예술센터' 건립계획에 따라 대학로에 위치한 (구)예총회관을 개축하여 2015년 11월 한국장애인문화예술원-이음센터를 개관하여 운영하고 있다. 현재 (재)한국장애인문화예술원은 연구사업, 기금지원사업, 대관사업(전시·공연·행사) 등을 시행하고 있으며, 기획사업으로 정보시스템 구축과 해외 교류 사업, 장애인예술극장 건립 등을 추진하고 있다. 그런데 2020년 이후 최근 2년간은 코로나19로 인하여 장애인문화예술계가 공연 및 전시 사업을 원활하게 시행하지 못하여 더욱 위축된 상황에 처해 있다. 비대면 전시, 공연행사의 영상 제작이나 유튜브 방송을 통하여 충족시켜보려 하지만 아직은 제한적이다.

장애인문화예술진흥법 제정이 필요하다

장애예술인과 장애인문화예술단체의 활동은 우리 사회의 편견과 이해 부족으로 그동안 소외계층, 또는 사각지대에 머물러 있었으며, 정부의 지원도 빈약한 가운데 코로나19까지 덮쳐 어려운 상황은 삼중고를 겪고 있다. 연간 사업비가 배정되는 3월까지, 즉 1월부터 2월 사이가 한국전쟁 이후 1950년대의 보릿고개처럼 직원 급여도 지급하지 못하거나 단체장이 사비로 마련해서 지급하는 사태도 빈번하다. 서울패럴림픽 이후 장애인복지 분야나 체육 분야에 비하면 장애인문화예술 분야가 왜 발전되지 못하고 낙후된 상태인지는 미루어 짐작할 수 있을 것이다.

그런데도 장애인문화예술의 발전을 위해 여러 자구책을 강구 하면서 장애인의 삶의 질 향상에 앞장서 온 단체들의 활동은 지속되고 있으며, 그런 노력의 결과인지 최근 문화예술 분야에 대한 관심과 욕구가 늘어나고 있음은 다행한 일이라 아니할 수 없다. 장애인 문화예술 분야에 관한 정부나 지자체가 더 적극적인 정책을 시행함으로써, 장애 예술인의 삶이 이제는 우리가 모두 함께 누리는 행복한 사회를 만드는 초석이 되기를 간절히 소망한다. 따라서 다음과 같은 과제들이 하루빨리 실현되어야 한다.

- 제도 개선-기본법으로 '장애인문화예술진흥법' 제정,
- 문화체육관광부 내에 장애인문화예술을 전담하는 부서 설치 및 인력 충원,

- 장애인문화예술 분야의 정부 지원예산 대폭 증액,
- 장애인 문화예술사업의 지역 간 불균형 해소를 위한 정책 시행,
- 장애인 문화예술 분야의 다양한 콘텐츠 개발 및 시행,
- 장애인 문화예술 향유 및 창작활동을 위한 공간 및 기회 제공,
- 장애인 문화예술사업(공연·전시·포럼 등) 국제교류 활성화,
- 장애인 문화예술 분야의 교육 기회 부여,
- 코로나19로 큰 어려움을 겪고 있는 장애 예술인에 대한 지원책 및 장애인 예술작품의 발표 기회 우선 제공 등이다.

장애예술인 작품들(예시)

─ 제6절 ─
장애인복지 단체가 발전하고 다양화되다

한국 장애인 단체의 생성과정은 이러하다

사회단체란 두 사람 이상이 모여 사회적 조직을 만들 때 생긴다. 우리나라에서 장애인 단체가 만들어진 것은 오랜 역사적 기원을 가지고 있다. 맹인들이 모인 반도맹인회는 1927년에 만들어 졌고, 농아인협회도 일본강점기에 만들어진 적이 있다. 그러나 1948년 대한민국 정부가 수립될 때 우리나라 장애인 단체는 손가락으로 꼽을 정도였다.

한국에서 장애인 단체가 태동하기 시작한 것은 1950년 한국전쟁 이후이다. 전쟁기간 수많은 전상자가 발생하면서 이들 전상 장애인을 위한 단체가 먼저 생겨나기 시작하였다. 1952년 설립된 신체장애자재활협회가 대표적이다. 이들 단체는 전쟁 이후 전상장애인의 치료와 재활을 담당해온 정형외과 의사들이 주도적으로 만들었다. 문병기 박사, 주정빈 박사, 신정순 박사가 주로 그 역할을 담당하였다.

전후 한국불구자복지협회로 출발한 전상장애인복지단체는 1957년 협회를 창립하고, 1958년 보건복지부로부터 사단법인 허가를 받아 정식 단체가 되었다. 이 단체는 1961년 5·16후 사회단체 통합방침에 따라 한국사회복지사업연합회로 흡수 통합되었다가 1964년 한국지체장애자복지협회로 부활되었다. 그 후 1968년에 한국신체장애자재활협회로 거듭 태어나 1970년 보건복지부의 단체인가를 다시 받았다. 이 단체가 1981년 한국장애자재활협회로 명칭을 바꾸어 그 당시 장애인단체의 중심역할을 하게 되었다.

1981년 세계장애인의 해로 정부가 기념사업을 할 때 보건복지부로부터 법인허가를 받은 장애인단체는, 한국장애자재활협회(지체장애인)·한국맹인복지협회(시각장애인)·한국농아복지회(청각·언어장애인)·한국뇌성마비복지회(뇌병변장애인)·대한정신박약인애호협회(지적장애인) 등 4개 영역 5개 단체 뿐이었다. 이 때 보건복지부는 한국장애인재활협회가 중심이 되어 장애인단체가 통합되고 세계장애인의 해 기념사업도 통합적으로 추진하도록 계획하였다. 그래서 보건복지부는 1982년 4월 제2회 장애인의 날 기념식(법정기념일로 제정되기 전까지 '장애인재활대회'라 함), 6월 제2회 전국장애인기능경기대회, 10월 전국장애인체육대회 등의 준비와 진행을 한국장애인재활협회에 위탁하여 추진하게 했다.

1981년~1988년-장애인단체의 발전!

한국 장애인단체의 발전과 관련하여 1981년과 1988년은 엄청난 의미를 갖는다. 즉, 1981년 세계장애인의 해와 1988년 서울패럴림픽은 장애인단체 발전의 기폭제 역할을 하였다. 1981년 한국최초의 장애인복지법이 제정되고 정부에서 세계장애인의해 각종기념사업을 전개하면서, 장애인복지의 갓밝이가 비춰지기 시작하자 우리나라에서 장애인관련 단체가 우후죽순처럼 생겨나기 시작하였다. 기존에 있었던 단체도 이름을 바꾸어 새로이 법인허가를 받기도 하고, 혹은 어떤 단체는 새로이 법인허가를 받는 경우도 생겨났다. 장애인단체의 본격적인 발아기가 시작된 것이다.

이 일련의 과정에서 1983년 한국뇌성마비복지회가 생겨나고, 1985년 한국장애인부모회가 창설되었다. 이어서 1986년 한국지체장애인연합회가, 1987년 한국정신박약자애호협회가 이름을 바꾸어 탄생하였다. 이처럼 한국장애인단체의 갓밝이가 시작될 무렵인 1984년 1월 패럴림픽의 1988년 서울개최가 확정되었다. 이렇게 개최된 서울패럴림픽은 장애인단체의 발전에 큰 역할을 하였고, 이후 2022년 현재까지 수많은 장애인단체가 생성하고 발전하였다.

장애인 법인의 종류와 현황은 이러하다

법인의 종류는 민법에 의해 설립되는 비영리법인인 사단법인과 재단법인이 있으며, 그 밖에 개별법에 근거하여 설립되는 학교법인·의료법인·사회복지법인·또는 특수법인 등 이 있다. 법인은 사업목적에 따라 인·허가를 받아야 할 주무관청이 달라진다. 장애인 관련 법인은 장애인복지의 총괄부처인 보건복지부에 대부분이 소속되어 있

지만, 업무의 성격에 따라 주무관청에 설립 신청을 하게 된다.(지방자치단체 포함)

1981년 6월 심신장애자복지법이 제정·공포되고 정부의 장애인복지사업이 시작되면서 장애인 관련 법인들도 하나 둘 생겨나기 시작하였다. 1988년 서울패럴림픽이 끝나고 1989년 12월 심신장애자복지법이 장애인복지법으로 전문 개정된 이후 장애인 관련 법인단체가 생성되었다.

2022년 1월 현재 보건복지부 소속 재단법인은 한국장애인개발원을 비롯해서 4개의 단체가 있다. 사단법인은 한국지체장애인협회를 비롯하여 33개의 장애유형별 단체들이 설립되어 활동하고 있다. 이 중에서 일부 단체를 제외하고 대부분은 서울패럴림픽대회 이후 설립되었다.

문화체육관광부 소관 법인은 국민체육진흥법 제34조에 근거하여 설립된 대한장애인체육회가 있다. 이 법인은 서울패럴림픽 종료 후 후속 기구로 설립된 한국장애인복지체육회에서 분리하여 2005년 설립된 것이다. 또한 재단법인으로는 한국장애인문화예술원이 2015년 설립되었으며, 국제장애인문화교류협회 등 20개의 사단법인이 활동하고 있다. 이 사단법인 중에는 문화체육관광부의 허가를 받은 11개의 사단법인이 연합하여 만들어진 "한국장애인문화예술단체총연합회"가 포함되어 있다.

고용노동부 소관법인으로는 장애인고용촉진 및 직업재활법 제43조에 의거 설립된 한국장애인고용공단이 있고, 사단법인으로는 한국장애인고용안정협회 등 5개의 단체가 있다. 교육부 소관법인으로는 1962년 한국특수교육연구협회로 창립되어 현재 한국특수교육총연합회로 명칭이 변경되어 활동하고 있는 단체가 있다. 중소벤처기업부 소관 법인으로는 장애인기업활동촉진법에 의거 설립된 한국장애경제인협회와 사단법인 한국장애인기업협회가 있다.

해양수산부 소관으로는 한국선원장애인복지협회가 2009년 설립되었으며, 과학기술정보통신부 소관 법인으로는 사단법인 한국장애인정보화협회가 있다. 그리고 여성가족부 소관 법인은 사단법인으로 내일을 여는 멋진 여성과 한국시각장애인여성연합회가 활동하고 있다.

―제7절―
서울패럴림픽 뜻 담아 장애인복지관 열다

지방에서는 선구적으로 개관한 시설이다

장애인복지관은 장애인의 정상화 이념을 구현하는 지역사회중심 시설로서 장애인의 재활 및 자립과 사회통합을 촉진하는 것이 그 목적이다. 그런데 강원도장애인종합복지관은 1989년 2월 개관하였다. 나(저자 차흥봉)는 1988년 10월 서울패럴림픽이 끝난 후 강원도 춘천에서 강원도장애인종합복지관의 개관과 운영에 매달렸다.

당초 이 복지관은 1987년 사업계획을 확정하고 1988년 10월 개관을 목표로 일을 추진하였다. 그런데 내가 서울패럴림픽 대회 기간에 선수촌에서 본부장으로 자원봉사를 함에 따라 부득이 대회 이후로 그 준비가 늦어지게 된 것이다. 이렇게 개관한 강원도장애인종합복지관은 세 가지 측면에서 뚜렷한 의미를 지니고 있다.

첫째는 내가 장애인복지와 관련된 공직을 수행하면서 체득한 소중한 경험을 고스란히 반영한 선구적인 복지관이라는 점이다. 나는 1981년 우리나라 최초의 장애인복지법을 제정하고, 당시 유엔이 정한 세계장애인의 해(IYDP) 기념사업을 추진하면서, 지역사회 중심의 장애인복지시설로 장애인복지관을 만들기로 정책방향을 정하였다. 그리하여 1982년 서울 강동구 명일동에 우리나라 최초의 장애인복지관인 서울장애인종합복지관을 먼저 개관하였다.

그 다음 해인 1983년 나는 보건복지부 공무원을 그만두고 한림대학교 교수로 자리를 옮겼다. 이 무렵 나는 지방에도 장애인복지관을 설립해야한다고 생각하고 한림대학교가 소재한 강원도 춘천에 장애인복지시설의 모델을 만들기로 결심했다. 이렇듯 강원도 춘천에 처음으로 장애인종합복지관을 세우게 된 것은, 서울이 아닌 지방에도 복합적인 기능을 갖춘 장애인복지시설이 필요하다는 점도 생각했지만 개인적인 인생 곡절이 반영된 결과이기도 하다.

나는 1982년부터 장애인업무 부서인 보건복지부 사회과장을 그만두고 보험제도과장으로 일하게 되었다. 당시 보험제도과가 당면한 가장 큰 이슈는 건강보험 통합문제였다. 그동안 만들어진 직장의료보험조합과 지역의료보험조합을 하나로 통합하여 국민건강보험공단을 만드는 과제였다. 전체 국민의 의료보장관리운영체제의 문제였기 때문에 정부내외에서 큰 논쟁이 벌어졌다. 결국 강원도 춘천으로 밀려나는 상황에서 심정적으로 뭔가 의미 있는 일을 찾았는데 이 과정에서 장애인복지관 건립을 추진하게 되었다.

비록 공직은 떠났지만 밖에서 서울패럴림픽의 유치 운동에 참여했던 나는, 1984년 1월 서울패럴림픽 개최가 결정된 직후 춘천 장애인복지관 사업에 열을 올렸다. 앞서 1982년에 서울장애인종합복지관 사업을 성공적으로 추진한 경험이 있었기 때문에 일을 하는 데는 자신이 있었다. 마침 보건복지부 동료 공무원들이 적극적으로 지원하여 1988년도 정부예산으로 장애인복지관 건립예산을 확보해주었다.

관립 민영운영에 모범적인 사례를 만들다

둘째는 장애인복지관의 관립 민영운영에 모범적인 사례를 만들었다는 점이다. 정부예산으로 장애인복지관을 설립하기 위해서는 해당 지방자치단체가 건축 부지를 마련해야 하는데 당시 강원도나 춘천시에서는 난색을 표시하였다. 춘천종합운동장 주변 부지를 활용하는 방안이 제안되었지만 담당공무원들은 공원에 장애인 시설을 짓는 것을 반대하였다. 그 당시 서울특별시의 경우 시장의 결단으로 보라매공원에 장애인복지관 건립을 허가하였는데도 지방의 여건은 아직 거기에 미치지 못하였다.

그런 가운데 하나의 해결책이 있었다. 마침 당시에 장애인복지관 사업은 관립 민영형태로도 추진되기 시작하였기 때문이다. 즉, 정부가 건축예산을

강원도지사에게 부지대금 전달하는 저자(차흥봉, 오른쪽)

마련하고 부지는 시설을 운영하고자하는 민간이 마련하는 방식이다. 이러한 상황에서 나는 봉직하고 있던 한림대학교 윤덕선(尹德善) 이사장에게 부지 회사(喜捨)를 건의하였고 윤 이사장은 흔쾌히 수락해주었다. 그래서 1987년 5월 7일 강원도지사 실에서 김영진 지사에게 장애인복지관 건립부지 매입비 2천 5백만 원을 전달하게 되었다.

강원도장애인종합복지관은 이렇게 건립예산이 확보되고, 부지 매입비까지 준비되어 춘천시 사농동 1천 평 부지에 6백 평 규모의 시설을 짓게 되었다. 도합 5억여 원의 예산이 소요되었는데 국비가 70%, 도비가 30% 투여되었다. 1987년 9월에 착공하여 1988년 8월에 완공하기로 계획하였다. 이 시설은 강원도가 설립하고 한림대학교가 위탁 운영하는 것으로 결정되었고 1989년 2월에 나는 초대 관장으로 임명되었다.

한림대학교 강원도장애인종합복지관 준비 팀은 1987년 시설의 설계부터 완공 후 복지관의 운영에 이르기까지, 선진국의 모범사례를 참고하고 국내 선진 장애인복지관의 예를 참고하여 사업을 추진하였다. 시설 공간 설계도 지역사회 중심 장애인재활시설의 기능에 맞게 2층 램프시설과 각종 편의시설들을 갖추었다. 시설 프로그램도 장애인을 위한 의료재활·교육재활·사회재활 등 전문적 재활사업을 추진하면서 장애인의 일자리를 돕는 직업훈련시설과 보호 작업장까지 운영하기로 하였다.

서울패럴림픽의 뜻을 직접 담아 개관하다

 셋째는 무엇보다도 강원도종합복지관은 서울패럴림픽 기간 중에 선수촌 본부장으로 자원봉사를 하며 직접 체험한 바로 서울패럴림픽의 깊은 뜻을 담아 개관했다는 점이다. 이러한 과정을 거쳐 서울패럴림픽 직후인 1989년 2월 개관한 강원도장애인종합복지관은 그 후 우리나라 장애인복지관의 모델로 착실히 발전하였다. 2019년 4월 18일 강원도장애인종합복지개관 30주년 기념행사에서 나는 다음과 같은 축하인사를 했다.

"강원도장애인종합복지관은 1988년 10월 서울패럴림픽 직후에 문을 열었습니다. 1982년 서울장애인종합복지관에 이어 지방에서는 선구적으로 만들어진 시설입니다. 이렇게 만들어진 강원도장애인종합복지관은 지난 30년간 수많은 강원도 장애인들이 자신의 잠재적 능력을 살려 정상적인 사회생활을 할 수 있도록 길을 열어주었습니다.

강원도장애인종합복지관은 이제 30년의 역사를 딛고 앞으로 100년의 역사를 내다보며 보다 더 큰 발걸음을 내디뎌야 합니다. 우리나라 장애인복지는 아직도 갈 길이 많이 남아있습니다. 강원도장애인종합복지관은 이와 같은 시점에서 강원도 장애인들이 지역사회에 보다 적극적으로 참여하고 평등하게 살아갈 수 있도록 각종 프로그램을 더 발전시켜나가야 합니다. 장애인과 비장애인이 아무 스스럼없이 섞여 살아가는 통합적 사회를 만드는데 앞장 서야 합니다.

봄이 되면 산과 들에는 나무도 푸르러지고 꽃도 핍니다. 키가 큰 나무도 있고 키가 작은 나무도 있습니다. 빨간 꽃도 피고 노란 꽃도 피며 하얀 꽃도 핍니다. 이렇게 조화를 이룬 자연은 그래서 아름답습니다. 우리사회도 이런 자연의 아름다운 조화처럼 장애인과 비장애인이 어우러져 스스럼없이 사는 아름다운 사회를 만들어야 합니다. 강원도장애인종합복지관이 장애인 재활·자립의 요람으로 그 선도적 역할을 다 해주기를 충심으로 바라마지않습니다."

제2장

[밝은 햇살]

탁용준 작

제3부 제2장에 들어가며~

장애인문화는 '밝은 햇살'처럼 따뜻하리라!

제3부 아침편 제2장의 제목을 '밝은 햇살'이라고 붙였다. 그 까닭은 우리가 줄기차게 지향하는 장애인복지는 '밝은 햇살'처럼 밝고 따뜻한 모습이기 때문이다. 그렇다! 우리 장애인들은 의료적 혜택과 안정된 생활과 편안한 환경들이 두루 잘 어우러져 행복한 삶을 누려야 한다. 다시 말해 우리 장애인들이 누리는 삶의 질은 마치 따스한 봄날의 '밝은 햇살'처럼 포근하고 아늑한 상태가 되어야한다.

지금껏 제1부 어둠편의 1, 2장과 제2부 새벽편의 1, 2장을 통해 캄캄했던 장애인복지는, 마침내 새벽을 거쳐 제3부 아침편 제1장의 '새로운 날'을 맞아 많은 성과가 이루어졌음을 확인하였다. 하지만 아직도 우리 장애인복지는 갈 길이 참으로 멀다. 그렇다면 결국 우리 장애인들이 편안하게 안겨야할 '밝은 햇살'은 구체적으로 어떤 모습이어야 할까. 바로 제3부 제2장에서는 그 부분들에 대해서 방향을 제시한다.

일반적으로 복지란 국민의 생활안정 및 교육·직업·문화·의료 등을 보장하기위해 추구하는 사회적인 노력을 총칭한다. 따라서 장애인복지의 발전도 ·장애인 관련법과 제도개선, ·장애유형과 범주 확대, ·장애인의 이동과 접근성 강화, ·장애발생 예방과 의료재활 증진, ·장애인의 직업재활과 고용확대, ·장애인의 소득보장과 생활수준 향상 등을 목표로 노력해 가야한다.

그런 맥락에서 제1절은 한국 장애인복지의 지나온 길과 나아갈 길 등 전반적인 역사를 개괄한다. 그리고 제2절은 장애유형 및 범주의 확대와 이에 따른 장애인구의 증가에 대해 다룬다. 또 제3절은 장애인복지법제도와 정책의 발달과정을 다룬다. 제4절은 장애인의 이동과 접근성의 개선 과정과 향후 강화방향을 살피고, 장애를 극복하며 의정활동을 펼치는 두 국회의원의 사례를 소개한다. 또 제5절은 장애발생예방과 의료재활에 관한 사항을 다룬다.

이어서 제6절은 장애인의 직업재활과 고용확대에 관한 내용을 살핀다. 그리고 제7절은 장애인의 소득보장을 위해서는 어떤 제도적인 장치가 마련되어 있으며, 이에 따른 장애인의 경제생활과의 상관관계를 고찰한다. 또한 제8절은 장애인복지시설의 발달과 변화 과정을 고찰하고, 제9절에서는 서울패럴림픽 이후 한국 장애인복지를 평가한다. 마지막으로 제10절은 장애인복지가 장애인문화로 꽃피는 선진국을 향하여 힘차게 매진해야한다고 강조한다.

덧붙여 장애인복지의 이론, 정책, 실천경험을 두루 거친 저자(차흥봉)가 제37대 보건복지부장관으로 재직할 때, 때마침 새천년을 맞이하면서 장애인복지의 희망을 인터뷰한 내용을 소개한다. 새천년이 막 시작되는 2000년 1월 3일 KBS 라디오 '내일은 푸른 하늘' 특집 프로그램에서 인터뷰한 내용과, 20세기를 마지막 보내는 1999년 7월 장애인계 잡지 '함께 걸음(1999. 9월호)'과 새천년을 맞이하며 인터뷰한 내용을 여기에 실었다.

우리는 제3부 아침편 제2장의 '밝은 햇살' 편을 통해서 1988년 서울패럴림픽이 한국 장애인복지에 얼마나 발전적인 영향을 미쳤으며, 아울러 '밝은 햇살' 같은 따뜻한 목표를 향해 어떻게 계속 나아가야 하는지를 고찰한다. 그래서 왜 장애인복지가 장애인문화가 되어 선진국의 꽃이라고 하는지를 확인하게 될 것이다. 모름지기 '장애인문화'는 우리나라가 선진국으로 가는 필수 영역이다.

장애인복지 발전과정 1

—제1절—
한국 장애인복지의 발자취는 이러하다

한국 장애인복지 발전의 세 가지 상징 모습

참으로 잔혹한 일본의 강점에서 벗어나 1948년 대한민국의 정부가 수립되고 나서, 그야말로 캄캄한 어둠속을 헤매던 우리의 장애인복지는, 다행히도 희망의 새벽을 연 1988년 서울패럴림픽을 계기로 괄목할 만큼 발전하였다. 한마디로 그 동안 장애인복지의 발전 모습은 세 가지 상징적 모습에서 찾아볼 수 있다.

첫 번째는 1988년 서울패럴림픽의 개회식에서 지체장애인 조현희 선수가 휠체어를 탄 채 성화를 들고 입장하는 장면이다. 이 장면은 많은 국민들에게 큰 감명을 안겨주었다. 겨우 여섯 살인 딸 윤보람이가 어머니의 휠체어를 뒤에서 밀어주며 들어오는 모습을 보고, 잠실운동장의 8만 관중은 말할 것도 없고 TV를 시청하는 많은 국민들이 감동의 눈물을 흘렸다. 이는 장애인이 어려움을 극복하고 재활을 통하여 성공에 이르는 모습을 상징적으로 보여주었기 때문이다. 이 상징적 장면은 그 이후 한국 장애인복지 발전의 이정표가 되었다.

두 번째는 한국이 제1회 루스벨트 상을 수상한 것이다. 서울패럴림픽이 끝난 후 8년이 지난 1996년 장애인인 미국 루스벨트 대통령을 기념하는 루스벨트재단에서 한국이 비교적 짧은 기간에 장애인복지 부문에서 크게 발전한 것을 인정하고 이 상을 수여한 것이다. 당시 김영삼 대통령이 미국을 방문하여 직접 이 상을 수상하였다. 서울패럴림픽 이후 한국의 장애인복지 발전에 대하여 국제적으로 그 만큼 인정받는다는 것은 국가적으로 큰 영광이었다.

세 번째는 2006년 유엔 장애인권리협약이 체결되어 장애인 인권사상이 전 세계적으로 확산되는 상황에서, 우리나라도 2007년 초 유엔장애인권리협약을 조인한 일이다. 서울패럴림픽 이후 한국이 장애인 인권의 국제적인 규범을 지키는 세계 수준의 나라로 등장하게 된 것을 상징적으로 보여준 것이다.

장애인복지, 어떻게 발전시켜 나가야 하는가

서울패럴림픽 이후 우리나라 장애인복지는 크게 두 단계로 나누어 발전하는 모습을 보여주고 있다. 그 1단계는 1980년대 이후 시작된 장애인복지가 20세기말까지 기본 토대를 형성하는 기간이고, 그 다음 2단계는 2000년 이후 21세기 장애인복지가 본격적으로 발전하여 국제적 수준에 까지 이르는 단계이다. 1988년 서울패럴림픽 이후 이처럼 우리나라 장애인복지가 발전해오고 있는 반면 아직까지 우리 주변에는 그늘진 부분도 많이 남아있다. 장애인복지가 발달해 온 역사가 짧기 때문에 그 내용이 아직까지는 미흡하다. 국가와 사회의 많은 노력에도 불구하고 장애인의 욕구 충족도는 아직 낮은 편이다.

그런가 하면 한편에서는 장애인복지의 환경이 크게 변화하고 있다. 우리나라의 경제는 성장하여 이제 세계 선진국으로 분류되었다(2021년 유엔무역개발회의). 사회구조는 산업정보화사회로 바뀌고 있다. 국민의 생활수준도 향상되어 삶의 질에 대한 욕구도 크게 증대하고 있다. 당연히 장애인들의 삶의 질에 대한 욕구도 함께 증대하고 있다. 이처럼 급격히 변화하는 시대상황에서 우리는 21세기 새로운 50년을 내다보면서 장애인복지를 어떻게 발전시켜 나가야 하는가, 앞으로의 도전에 적극 대응해야한다.

장애인복지, 가장 중요한 개념은 재활 서비스

이른바 장애인복지란 장애인이 지니고 있는 욕구와 문제를 적극적으로 해결하여 적정한 수준의 만족할 만한 생활을 영위할 수 있도록 필요한 제반 서비스를 제공하는 국가 사회적인 노력을 일컫는다. 그런데 장애인이 가지고 있는 욕구나 문제를 해결하고 적정한 수준의 생활을 영위하도록 하는 것은 궁극적으로 인간으로서의 행복한 삶을 보장하는 것이다. 이것이 장애인복지의 목적적 가치이다.

이러한 목적적 가치를 달성하기 위하여 필요한 것이 장애인의 욕구나 문제를 해결하도록 도와주는 제반 서비스이다. 이것이 곧 목적

달성을 위한 수단적 개념이다. 요약하면 장애인복지란 장애인의 욕구와 문제를 해결하여 인간다운 생활을 영위할 수 있도록 제공되는 제반 제도·급여·프로그램의 총칭이라고 말할 수 있다. 장애인복지의 수단 중에서 가장 중요한 개념은 재활 서비스이다.

재활(再活)이란 장애 때문에 생기는 제반 문제를 극복하고 장애인이 가지고 있는 능력을 살려 신체적·정신적·사회적·직업적 유용성을 최대한 회복하며, 나아가 사회생활의 적응성을 확보하는 것을 의미한다. 영어에서 재활을 뜻하는 리헤빌리테이션(Rehabilitation)이라는 말은 그 어원이 억울하게 빼앗겼던 작위를 도로 회복한다는 의미를 지니고 있다. 그러니까 재활이란 장애인이 스스로의 책임이 아닌 다른 이유로 장애를 입고 있는 상태에서 원래의 능력을 회복한다는 뜻이다.

이러한 의미의 재활서비스는 장애 자체의 극복, 장애의 치료, 신체적·정신적 기능의 회복, 심리적·사회적 적응, 직업적 능력의 회복과 경제적 능력의 회복 등 장애인이 가지고 있는 욕구와 문제의 해결을 위한 모든 부문과 관련된다. 장애인에 대한 이러한 재활서비스는 일반적으로 의료재활·직업재활·사회재활 등의 영역으로 구분되고 있다. 재활의 궁극적 목적이 사회적 적응을 통한 정상적 생활에 있기 때문에, 장애인의 사회통합도 재활의 중요한 영역으로 간주된다.

복지국가의 목표, 국민의 인간다운 생활을 보장

현대 복지국가의 목표는 모든 국민의 인간다운 생활을 보장하는 것이다. 국민의 인간다운 생활보장이라는 복지국가의 목표는 19세기 이후 발달한 생존권적 기본권 사상에 그 뿌리를 두고 있다. 장애인복지도 바로 이와 같은 권리사상에 기초하여 장애인이 자아를 실현하며, 인간으로서 만족할 만한 삶을 실현할 수 있는 조건을 확보하도록 하는 것이다. 이와 같은 장애인복지의 이념은 역사적으로 어떻게 발달하여 왔는가. 장애인복지의 이념은 장애인복지에 관한 궁극적 가치와 관련되는 사상체계이다.

장애인복지의 궁극적 가치는 '장애인도 똑 같은 인간이다'라는 데서 찾아야한다. 장애인도 하나의 인간으로서 똑 같은 권리를 가지고 있다는 사상은 시민혁명 이후 인도주의 사상과 민주주의 사상이 발달하면서 비롯되었다. 특히 18세기 중엽부터 장애의 원인을 발견하고 치료하는 지식이 보급되면서 장애인의 재활 개념이 등장하였으며, 이 개념의 등장과 함께 장애인도 똑 같은 인간으로서 다른 시민과 평등하다는, 존재에 대한 인식이 확산되고 이에 따라 동등한 권리의식도 발달하게 되었다.

그래서 18세기 중엽부터 유럽에서는 장애인을 위한 교육이나 시설에서의 보호가 시작되었으며, 19세기 중엽 이후에는 구미 제국에서 장애인 학교·병원·시설들이 설립되기 시작하였다. 한편 19세기 자본주의 체제가 진전되고 모든 인간의 인간다운 생활을 보장하는 생존권적 기본권 사상이 발달하면서 장애인의 생존권 사상도 함께 발달하였다. 19세기 후반 서구사회에서 공장노동자들이 양산되고 공장에서 일하다가 재해를 입은 장애인이 많아지고, 또 20세기 초 1차 세계

대전을 통하여 전쟁에서 부상당한 장애인들이 양산되면서 이들 장애인의 권리사상이 한층 더 발달하게 되었다.

장애인의 인간다운 생활과 사회참여의 보장

이와 같은 역사적 과정을 거치면서 20세기 중엽 2차 세계대전 이후에는 장애인의 권리사상이 전 세계적으로 보급되었다. 현대적 의미의 장애인복지 이념이 가지고 있는 근본적 가치는 장애인을 시혜나 보호의 대상으로 보지 않고, 동등한 권리를 가진 똑같은 시민으로서 인간적 존엄성을 가지고 있는 존재로 보는 것이다. 이와 같은 사상이나 이념적 가치는 전 세계적으로 장애인복지 정책이나 제도의 변화에 큰 영향을 미쳤다.

유엔이 1948년에 채택한 세계인권선언은 장애인권리선언의 근거를 제시하였다. 그리고 그 이후에 발표한 정신지체인 권리선언(1972년)과 신체장애인 권리선언(1975년)은 장애인 복지의 이념을 보다 구체적으로 표현하였다. 이들 선언은 장애인의 생존권·교육권·취업권 등의 권리를 비장애인과 똑같이 가지고 있는 인간임을 확인하여 장애인복지의 이념을 제시하고 있는 것이다.

유엔은 1981년을 세계장애인의 해로 정하고 1983~1992년까지 '재활 10년(Rehabilitation Decade)'으로 선포하면서 완전한 참여와 평등을 제창하였다. 이는 장애인의 사회참여의 권리와 기회균등 보장을 천명한 것이다. 이 선언은 지금까지 장애인의 참여와 권리행사를 제약하고 있는 모든 제약요인들을 제거하고, 적절한 환경개선 등의 조치를 취할 것을 요구하는 행동계획으로 발전하였다.

특히 1993년 유엔은 기회균등화를 위한 기본규칙을 제정하여 이를 세계 각국에 배포하고 그 이행을 위한 법률의 제정과 정책개발을 촉구하였다. 한편 아시아 태평양 지역에서는 유엔이 정한 장애인 10년이 끝난 후 1993~2002년을 아·태 장애인 10년으로 선포하고 장애인복지의 종합적 계획수립을 독려하였다. 그리고 2002년 말에는 아·태 장애인 10년을 총평가하면서 2003~2012년을 제2의 아·태 장애인 10년으로 선포하였다.

유엔을 중심으로 한 이러한 일련의 움직임은 전 세계적으로 장애인의 권리사상을 보급하고, 각국으로 하여금 장애인에 대한 차별을 금지하며 장애인의 인간다운 생활과 사회참여를 보장하는, 장애인복지의 제반 조치를 강구하도록 하는데 큰 영향을 미쳤다.

1948년 건국헌법, 장애인복지 이념이 도입되다

한국에서 현대적 복지국가의 이념이 도입된 것은 1948년 대한민국 정부수립 시 제정된 건국헌법부터이다. 장애인에 대한 복지정책의 이념도 이 때 도입된 것으로 해석할 수 있다. 그러나 헌법의 이와 같은 이념 규정에도 불구하고 장애인에 대한 국가의 복지정책이 본격화된 것은 30년 정도의 세월이 지난 뒤의 일이다. 1948년 이후 1960년대 초반까지 초기 15년 기간은 식민지 해방과 한국전쟁, 그리고 정치적 혼란 및 경제적 빈곤 등으로 장애인에 대한 국가정책이 발전할 여지가 없었다.

　1960년대 초 경제개발5개년계획을 시작하여 1970년대 중반까지 세 차례의 계획을 성공적으로 수행할 때까지에도, 경제성장에만 치중한 나머지 장애인복지를 비롯한 사회복지정책은 크게 발달하지 못하였다. 이 기간 동안 여러 가지 사회복지법이 만들어졌으나 거의 형식상의 법률제정에 지나지 않았으며 실제적인 프로그램은 발달되지 않았다.

　1979년 4월 서울에서 제6차 범태평양재활대회가 개최될 당시만 해도 한국의 장애인복지는 맨 땅이었다. 외국 참가자들은 휠체어를 타고 회의 장소인 워커힐 호텔을 누비고 다녔지만, 우리나라 대표 중에서는 휠체어를 탄 사람이 한 사람도 없었다. 그 당시 서울시내에서 큰 병원이외는 휠체어를 볼 수 없었다. 1980년 9월 9일 태국 방콕에서 유엔 ESCAP(아시아태평양경제사회이사회)이 주최한 「세계장애인의 해의 목적과 계획에 관한 실무회의 및 지역세미나」에서 한국대표로 참석한 저자는 당시 한국 장애인복지의 상황을 다음과 같이 보고하였다.

　"재활서비스 부문에 있어서는 서비스시설 뿐만 아니라 보호서비스의 질 면에서도 크게 부족한 상태에 놓여있다. 오늘날 한국에서 장애인에게 제공되는 재활서비스는 68개의 시설에서 제공되는 것이 거의 전부이다. … 최근 몇 년 동안 정부에서는 시설정책을 변화시켜 단순 수용보호 위주에서 의료재활과 직업재활을 강조하는 재활시설로 전환하고자 노력하고 있다. 그러나 장애인의 욕구를 충족시켜 주기 위해서는 현재의 재활서비스는 형편없이 불충분하다."

1980년 전후, 비로소 한국 장애인복지가 싹트다

사실상 1970년대 말까지 국가가 장애인복지 정책으로 실시한 사업은 거의 없었다고 해도 과언이 아니다. 다만 산재장애인에 대한 사회보험사업과 극빈계층의 장애인에 대한 공공부조 사업과 무료 수용보호 사업이 있었을 뿐이다. 1963년 제정된 산재보험법에 의하여 소수의 산재장애인에 대하여 의료재활과 소득보장 급여가 제공되었고, 1961년 제정된 생활보호법에 의하여 공공부조 대상자인 장애인에게 1970년대 초부터 생계보호, 그리고 1977년부터 의료보호 등 구호수준의 급여서비스가 제공되었다.

수용보호 사업은 현대적인 법적제도가 만들어지기 전부터 구호사업 형태로 존재하였으며, 특히 한국전쟁 이후 전쟁 장애인을 위한 시설들이 일부 생겨났었다. 그러나 장애인시설은 전국적으로 크게 증가하지 못하였다. 1955년 한국전쟁 직후에도 장애인시설은 겨우 10여개뿐이었다. 1975년까지 47개의 시설(수용인원 4,526명)로 늘어났으나 1980년까지도 장애인시설은 68개소(수용인원 6,326명) 뿐이었다. 이들 시설은 극빈계층의 장애인을 무료로 수용하여 보호하는 수용보호시설이었으며, 이들 시설 내에서 재활서비스 사업은 거의 발달하지 않았다.

한국에서 장애인복지가 발아하기 시작된 것은 〈그림1〉에서 보는 바와 같이 1980년을 전후한 시기이다. 1970년대 말과 1980년대 초의 이 시기는 장애인복지의 발달사에 있어서 중요한 의미를 지니는 때이다. 1960년대 초부터 1970년대 중반까지 한국은 3차의 경제개발계획을 성공적으로 수행하여 고도의 경제성장을 이룩하였다. 이 기간의 연평균 경제성장률은 10%를 상회하였고 1인당 국민소득도, 1960년의 100달러 미만($80)에서 1977년에는 1,000달러 이상($1,012)으로 15년간 10배 이상 증가하였다.

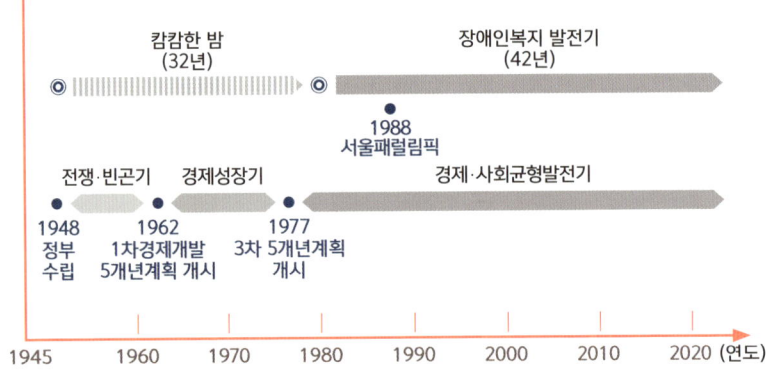

〈그림1〉 한국 장애인복지 발달사

이 시기에는 산업화와 도시화가 급격히 진전되었다. 산업화의 진전과 함께 인구의 도시 집중, 2·3차 산업 종사인구의 급격한 증가 등 사회경제적 조건이 크게 변모하였다. 사회구조의 변화와 함께 사회정치적 상황도 큰 변화를 경험하였다. 급격한 산업화로 계층 간과 지역 간의 격차현상이 심화되어 사회문제가 점차 크게 확대되어 왔다. 상대적 격차와 상대적인 빈곤 문제는 정치적으로도 큰 이슈로 부각되었다.

1970년대 말 정부는 경제성장의 결과로 국민의 신임을 얻는 측면도 있었으나, 민주주의적 정통성의 결여로 큰 정치적 부담을 안고 있었다. 더욱이 1979년 대통령 시해사건으로 종말을 고한 제3공화국의 뒤를 이은 제5공화국은 정치적으로 불안한 상황에서 출발하였다. 이러한 정치·경제·사회적 상황을 배경으로 하여 정부에서는 1977년 제3차 계획의 첫 연도부터 경제성장과 사회복지의 균형발전을 국가의 기본정책방향으로 설정하였다.

1978년 10월 당시 신현확(申鉉碻) 보건복지부 장관이 경북대학교에서 행한 다음과 같은 연설은 이러한 정책 변화를 잘 입증해 주고 있다. "사회복지가 경제성장에 뒤떨어지면 사회적 불안과 혼란이 오는 반면, 반대로 사회복지가 경제성장의 속도보다 빠르면 성장에 대한 과중한 부담으로 성장지체에 파탄을 가져온다는 점에서 이 양자 간의 균형발전을 꾀하여야 한다."

서울패럴림픽, 장애인복지 발전에 날개를 달다

1980년에 등장한 제5공화국 정부는 복지를 국가의 3대 국정목표의 하나로 설정하였다. 영세 빈곤층과 소외된 사회계층에 대한 국가정책을 강조하였다. 장애인복지정책도 이와 같은 국가정책의 변화 가운데 사회복지정책의 하나로 발전되기 시작한 것이다. 1981년 유엔이 정한 세계장애인의 해(IYDP)는 한국의 이와 같은 국가정책의 변화상황에서 장애인복지 정책을 촉진하는 하나의 촉매작용을 하였다. 1980년을 전후한 시기에 한국의 장애인복지 정책은 다음과 같은 상황에서 발아(發芽)하게 되었다고 종합적으로 요약할 수 있다.

첫째, 1960년대 이후 경제성장과 사회구조적 변화로 계층 간·지역 간·산업 간 격차현상이 확대되고, 잘 살아 보겠다는 국민적 욕구가 증대되는 상황에서 장애인의 욕구와 문제도 하나의 사회문제로 등장하기 시작하였다. 둘째, 국가가 1970년대 후반부터 경제성장과 사회복지를 균형적으로 발전시켜나가고자 하였으며, 이와 같은 정책기조의 변화가운데 장애인복지 정책도 추진하기로 하였다. 셋째, 2차 세계대전이후 전 세계적으로 확산되기 시작한 장애인복지의 이념과, 특히 1981년 유엔이 정한 세계장애인의 해(IYDP)는 한국에도 영향을 미쳐 장애인복지 정책을 발전시키는 시대적 배경과 촉매작용이 되었다.

1948년 대한민국 정부수립 이후 어려운 시기를 거쳐 1980년대부터 발아하기 시작한 한국 장애인복지에 그 날개를 달아 준 것은 1988년 서울패럴림픽이었다. 서울패럴림픽이 장애인들의 무한한 잠재적 능력을 깨우쳐 주었을 뿐만 아니라, 국가적으로는 잘 살 수 있도록 도와주는 장애인복지 정책의 발전에 박차를 가한 것이다.

장애인복지 발전과정 2

-제2절-
장애유형과 범주의 확대가 이루어지다

장애인의 유형과 범주가 크게 넓어지다

국제적으로 장애에 대한 공식적 정의는 1980년 세계보건기구(WHO)가 국제장애분류체계를 채택하고 수정 보완하면서 지속적으로 변화되어오고 있다. 세계보건기구는 장애를 손상(impairment)이나 기능장애(functional disability) 등 당사자 개인적 관점으로 보는 입장에서, 환경요인과 같은 환경적 및 사회적 관점(social environment)으로 보는 패러다임의 변화를 보여주고 있다.

역사적으로 오랜 기간 동안 우리나라는 장애를 불구(不具)의 상태로 보고 비하하는 용어를 사용하여 왔으며 장애인을 차별적으로 대하는 전통을 지녀왔다. 이 오랜 전통에 변화가 생긴 것이 1980년대 이후이다. 1981년 유엔 세계장애인의 해를 계기로 심신장애자복지법을 만들면서 장애자(障碍者)라는 용어를 처음 사용하였고, 1989년 장애인복지법을 만들면서 장애인(障碍人)이라는 용어를 처음 사용하였다.

1988년 서울패럴림픽 개최는 장애의 개념이나 장애인이라는 용어를 긍정적인 의미로 사용하는 데 큰 영향을 미쳤다. 장애와 관련된 우리나라 현행법은 모두 16가지이다. 각기 법에 따라 장애·장해·폐질·상이·후유장애 등 장애를 다양하게 표현하고 있고 그 범위도 다르게 규정하고 있다. 그리고 법의 목적에 따라 장애의 개념과 범위를 다르게 규정하고 있다. 일반적으로 정책의 대상으로서 장애인은 장애인복지법에서 규정하는 장애 개념과 범주를 따르고 있다.

1981년 심신장애자복지법 제정 당시에 처음으로 장애를 가진 사람을 지칭하는 용어로 '심신장애자'를 처음 사용하였다. 이 법 제2조에서는 심신장애자를 "지체부자유·시각장애·청각장애·음성/언어기능장애 또는 정신박약 등 정신적 결함을 가진 자"로 정의하였다. 오늘날 통용되는 지체장애·시각장애·청각언어장애·정신지체장애 등 4대 장애개념으로 시작하였다. 그런데 서울패럴림픽 이후 장애의 용어와 개념의 범주가 조금씩 발전되고 확대되었다.

1989년에는 장애인복지법을 개정하고 그 명칭을 심신장애자에서 장애인으로 바꾸었다, 그해 장애인등록 제도도 실시하였다. 이 법에서 종래 지체부자유를 지체장애로, 정신박약을 정신지체로 명칭을 변경하였다. 그 이후 1999년에 개정된 장애인복지법에서 장애의 범주가 크게 확대되었다. 우선 장애인을 신체적 장애와 정신적 장애로 크게 구분하였다. 신체적 장애는 외부 신체기능장애와 내부 기관장애로 구분하고, 정신적 장애는 정신지체와 정신적 질환으로 발생하는 장애로 구분하였다.

또한 장애 범주를 지체장애·시각장애·청각장애·언어장애·정신지체 등 5대 장애에서 뇌병변장애·심장장애·신장장애·발달장애·정신장애 등을 추가하여 10대 영역의 장애로 확대하였다. 뇌병변장애는 이전에 지체장애에 포함되었던 것을 분리한 것이고, 나머지 심장장애 등 내부 장애인을 새로이 추가된 것이다. 그리고 지체장애 영역에 왜소장애를 추가하여 지체장애의 범위를 확대하였다. 또한 2003년 법 개정에서는 10종인 장애종류에 호흡기장애·간장애·안면장애·장루/요루장애·간질장애 등 5종을 추가하여 장애종류가 모두 15종으로 확대되었다.

▶ 장애유형과 범주의 변화

연 도	장 애 유 형		
1981	지체부자유, 시각장애, 청각장애, 음성·언어기능장애, 정신박약 등 정신적 결함		
1989	지체장애, 시각장애, 청각장애, 언어장애, 정신장애		
1999	신체적 장애		정신적 장애
	외부 신체기능 장애	내부기관 장애	
	지체장애 뇌병변장애 시각장애 청각장애 언어장애	신장장애 심장장애	정신지체 정신장애 발달장애
2003	지체장애 뇌병변장애 시각장애 청각장애 언어장애 안면장애	신장장애 심장장애 간장애 호흡기장애 장루 요루장애 간질장애(뇌전증)	지적장애 정신장애 자폐성장애

출처 : 장애 개념과 범주의 변화, 2014 장애인실태조사-2015 보건복지70년사

이어서 2007년 장애인복지법 시행령을 개정하면서 사회적 오해를 없애기 위하여 정신지체장애인을 지적장애인으로, 발달장애인을 자폐성장애인으로 용어를 변경하였다. 이처럼 장애의 범주가 확대되어 온 것은 그동안 장애인으로 인정받지 못하던 사람들에게도 복지서비스를 확대하려는 뜻을 담고 있다.

장애범주 변화로 장애인 인구 지속적으로 증가하다

이렇게 장애의 정의와 범주가 변함에 따라 우리나라 장애인 인구도 지속적으로 증가하여 왔다. 장애인 인구는 전 세계적으로도 증가하는 경향을 보이고 있다. 산업화에 따른 산업재해나 교통사고를 통한 각종 사고의 증가도 요인이고, 인구 고령화와 난치병의 증가, 공해와 약물 남용의 증가 등 다양한 요인의 결과이기도 하다. 우리나라에서는 1980년 처음으로 전국 규모의 장애인 실태조사를 실시하고 그 후 정기적인 조사를 계속하고 있다.

1980년 실태조사에서 장애출현율은 2.37%였으며 장애인 인구는 약 90만 명이었다. 1990년대에는 2%대의 장애출현율이 지속되었다. 그 후 2000년과 2003년에는 법정 장애인의 종류가 확대되면서 장애인 인구도 크게 증가하여 2005년 5%대로 늘어났으며, 이 추세가 계속되어 2020년에는 등록 장애인이 263만 명(5.7%)으로 증가하였다. 등록 장애인이 크게 증가한 것은 1998년 이후 장애인복지발전5개년계획에 따라 장애인복지 정책과 서비스가 대폭 확대된 것과 관련이 있다.

▶ 장애유형별 인구 현황   단위 : 명, %   2020년 12월 현재

구 분	총 계		남	여	비 고
총 계	2,633,026명	100 %	1,521,260	1,111,766	
지 체	1,207,368	46.7	699,726	507,642	
뇌병변	250,407	9.6	143,703	106,704	
시 각	252,324	9.7	149,737	102,587	
청 각	395,789	14.4	208,604	187,185	
언 어	22,391	0.8	15,949	6,442	
지 적	217,108	8.1	130,767	86,341	
자폐성	30,802	1.1	25,946	4,856	
정 신	103,525	3.9	52,738	50,787	
신 장	97,530	3.5	57,584	39,946	
심 장	5,233	0.2	3,377	1,856	
호흡기	11,544	0.4	8,527	3,017	
간	13,808	0.5	9,720	4,088	
안 면	2,677	0.1	1,550	1,127	
장루·요루	15,427	0.6	9,475	5,952	
뇌전증	7,093	0.3	3,857	3,236	

출처 : 보건복지부, 2021 보건복지통계연보

2020년 12월 현재 우리나라 등록 장애인 2,633,026명 중 남자가 1,521,260명, 여자가 1,111,766명으로 나타나고 있다. 장애유형별로는 지체장애인이 1,207,368명(46.7%)으로 가장 많고, 반면, 가장 적게 나타난 장애는 안면(0.1%), 심장(0.2%), 뇌전증(0.3%)의 순이었다.

1980년대에 들어와 정부에서는 장애인에 대한 실태조사 사업과 등록제도도 실시하였다. 장애인에 대한 실태조사는 1980년에 처음으로 국가정책으로 실시하였다. 1961년과 1966년 보건복지부에서 아

동장애인 실태조사를 실시한바 있지만 조사방법상의 제약이 있어서 자료로서의 가치가 부족하였다. 이 실태조사 사업은 그 후 제정된 심신장애자복지법에 반영되어 매 5년 단위의 정기적인 조사로 제도화되었다.

1980년 이후 다섯 차례의 장애인 실태조사 결과에 의하면 장애인의 출현율과 인구는, ·1980년 – 2.37% (902,000명), ·1985년 – 2.27% (915,000명), ·1990년 – 2.21% (956,000명), ·1995년 – 2.35% (1,053,468명), ·2000년 – 3.09% (1,449,496명), ·2020년 – 5.7% (2,633,026명) 등으로 나타난 바 있다. 서울패럴림픽 이후 1989년부터는 장애인복지법에 따라 장애인등록제도도 실시하였다. 장애인의 등록은 [읍·면·동사무소 신청 → 병·의원의 진단 → 장애인수첩 발급]의 과정을 거쳤다. 2003년등록 장애인은 전국적으로 1,454,215명이었다. 그런데 장애인등급제도는 2018년 폐지되었다.(등록제 폐지 X, 등급제 폐지 ○)

－제3절－
장애인복지법제도와 정책이 발달하다

장애인 복지법과 제도가 많이 만들어지다

장애인복지란 모든 장애인이 전 생애에 걸쳐 건강하고 행복한 삶을 살 수 있도록 도와주는 국가와 사회의 제반시책을 말한다. 특히 장애인이 인간으로서의 존엄한 권리를 보장받고, 장애의 예방과 재활에 필요한 제반 서비스를 제공받으며, 취업과 노후생활 등 전 생애에 걸쳐 인간다운 생활을 할 수 있도록 돕는 법제도적 지원이 중요하다.

국가에서는 특히 서울패럴림픽 이후 장애인이 인간으로서 존엄한 권리를 보장받고 완전한 사회참여와 평등을 보장받을 수 있도록 제도적 장치로서 다양한 법률을 제정하여 장애인의 삶을 지원하여 왔다. 그런데 직접적으로 장애인을 대상으로 하는 법률은 다음과 같다. 이렇듯 제정된 법률의 종류와 내용만 보아도 우리나라 장애인복지정책과 제도가 짧은 기간에 얼마나 많은 발전을 해왔는지 알 수 있다.

- 1977 특수교육진흥법
- 1981 심신장애자복지법
- 1989 장애인복지법
- 1990 장애인고용촉진 등에 관한 법률
- 1997 장애인, 노인, 임산부 등의 편의증진에 관한 법률
- 2000 장애인 고용촉진 및 직업재활법
- 2005 교통약자의 이동편의 증진법
- 2005 장애인기업 활동촉진법
- 2007 장애인 차별금지 및 권리구제에 관한 법률
- 2007 장애인 등에 대한 특수교육법
- 2008 장애인생산품 우선구매 특별법
- 2008 유엔장애인권리협약
- 2010 장애인연금법
- 2011 장애인활동지원법
- 2011 장애아동복지지원법
- 2012 장애인, 고령자 등 주거약자지원에 관한 법률
- 2014 발달장애인 권리보장 및 지원에 관한 법률

우리나라에서 장애인복지에 관한 최초의 법률은 1981년 심신장애자복지법으로 탄생하였다. 이 법은 1989년에 장애인복지법으로 그 명칭이 개칭되었다. 장애인복지법에서 규정하고 있는 장애인복지의 기본이념은 장애인의 완전한 참여와 평등을 통하여 사회통합을 이루는데 있다. 이 법은 특이하게도 장애인의 권리에 관하여 우리나라 헌법과 꼭 같이 "장애인은 인간으로서의 존엄과 가치"를 존중받는다고

규정하고 있다.

또 이 법은 장애인에 대한 차별금지를 별도로 규정하여 "누구든지 장애를 이유로 정치·경제·사회·문화생활의 모든 영역에서 차별을 받지 아니한다."고 하고 있다. 또 이 법은 장애인에 대한 성범죄와 학대에 관한 규정을 따로 규정하고 있다. 이 장애인복지법은 보건복지부 장관이 장애인의 권익과 복지증진을 위하여 장애인정책종합계획을 수립하도록 하고, 관계부처의 의견을 종합하기 위해 국무총리 직속의 장애인정책조정위원회를 두도록 규정하고 있다.

장애인복지법의 제정목적은 장애인의 인간다운 삶과 권리보장을 위한 국가 및 지방자치단체의 책임을 명확히 하고, 장애발생의 예방과 장애인의 의료·교육·직업재활·생활환경개선 등 장애인복지대책의 종합적 추진을 도모하는 것에 두고 있다. 장애인의 자립과 보호 및 수당의 지급 등을 통하여 장애인의 생활안정에 기여하고 장애인의 사회활동참여증진에 기여하는 것도 포함하고 있다. 이와 관련하여 이 법에서는 장애인복지의 기본정책을 아래와 같이 규정하고 있다.

- 장애발생예방
- 의료와 재활치료
- 교육
- 직업
- 정보접근
- 편의시설

- 안전대책 강구
- 사회적 인식개선
- 홍보영상의 제작 배포
- 주택보급
- 문화환경정비 등

장애인복지법은 장애인의 정의와 장애의 범주를 규정하고 있는데 앞에서 이야기한 것처럼 법 개정 과정을 통하여 여러 종류의 장애를 추가하여 현재는 15종의 장애를 규정하고 있다. 1989년 장애인복지법으로 규정하였던 장애인등록제도는 2018년 법 개정으로 폐지되었고, 종래 장애등급은 장애정도로 개정되었다. 장애정도의 기준은 보건복지부 고시의 장애정도 판정기준에 따른다.

그리고 1990년에는 장애인의 직업재활을 위한 「장애인 고용촉진 등에 관한 법률」이 별도로 제정되었다. 이 법률은 장애인의 고용촉진을 위한 여러 가지 조치, 특히 의무고용제도의 실시를 규정하고 있다. 의무고용제는 일정 규모이상의 기업은 일정비율 이상의 장애인을 의무적으로 고용하도록 강제하고, 의무고용율을 충족하지 못할 경우 일정한 부담금을 부과하는 제도이다.

이렇게 조성되는 부담금은 장애인 직업재활사업이나 고용촉진사업에 사용하도록 하고 있다. 이 법은 2000년에 「장애인고용촉진과 직업재활에 관한 법률」로 개정되었다. 그리고 1997년에는 장애인의 사회통합에 필요한 환경을 조성하기 위하여 「장애인등의 편의증진

보장에 관한 법률」이 따로 제정되었다. 장애아동을 지원하기 위한 장애아동복지지원법도 2011년에 제정되었다.

2011년에는 스스로 일상생활 활동을 하기 어려운 장애인을 지원하기 위한 장애인활동지원법도 제정되었고, 장애인·고령자·주거약자 지원에 관한 법률도 별도로 제정되었다. 2014년에는 발달장애인 권리보장 및 지원에 관한 법률도 별도로 제정되었다. 2006년 유엔이 전 세계적 규범으로 유엔장애인인권협약(CRPD: Convention on Rights of People with Disability)을 채택하였다.

이와 관련하여 우리나라는 2007년 이 협약에 서명하고 그 이듬해 국회의 심의의결을 거쳐 2009년 국내에서 효력을 발휘하였다. 유엔장애인권리협약을 전후하여 우리나라에서는 국내적으로는 장애인 차별금지에 관한 운동이 전개되었으며, 마침내 2007년 장애인차별금지 및 권리구제에 관한 법률을 별도로 제정하였다.

장애인복지 발전계획이 지속적으로 진전되고 있다

1981년 장애인복지법이 처음 제정되면서 보건복지부 내에 장애인복지 정책을 담당하는 전담부서가 처음 만들어졌고 그 명칭이 재활과였다. 1970년대 말까지 보건복지부에는 장애인복지를 전담하는 조직부서가 없었으며 사회과에서 장애인복지를 담당하였다. 저자 두 사람(차흥봉·안이문)은 그 당시 이 사회과에서 함께 일하며 빈곤계층에 대한 복지사업과 함께 장애인복지 일도 담당하였다.

이 무렵 시·도나 시·군·구 지방행정기관에는 장애인복지를 전담하는 부서가 없었고, 사회과와 같은 다른 이름의 부서에서 장애인 업무를 담당하였다. 중앙부처인 보건복지부의 장애인복지 담당부서는 1997년 국 단위로 승격하여 장애인복지 심의관실이 설치되었고, 이 무렵부터 지방의 시·도와 시·군·구에도 장애인 복지 전담조직이 만들어지기 시작하였다.

서울패럴림픽 이후 장애인복지 발전을 위한 정부의 계획도 정기적이고 체계적으로 수립되기 시작하였다. 1988년 대통령자문에 응하기 위하여 대통령소속기구로 「장애인복지대책위원회」가 설치되었다. 이 위원회는 한시적으로 운영되어 1989년 8월 장애인복지 종합대책에 관한 특별보고서를 대통령에게 보고하였다. 이 보고서에는 장애발생예방·의료의 보장·재활용구의 보급·교육기회의 확대·취업의 보장·소득의 보장과 경제적 부담의 경감·장애인복지시설의 확충·생활환경의 조성·국민의 이해증진·전문가의 양성과 연구의 활성화·전달체계 개선 등 11개 부문의 대책이 포함되어 있다.

이 보고서에 근거하여 정부에서는 1989년에 최초로 장애인복지발전 10개년 계획을 수립하였다. 범정부 차원의 장애인복지 세부사업계획도 함께 만들었다. 그 후 정부에서는 1997년 최초로 장애인복지발전5개년계획(1998년~2002년)을 수립하여 시행하였으며, 그 이후 매 5년마다 장애인복지발전5개년계획을 수립해오고 있다. 그런데 제1차 장애인복지발전 5개년계획은 나름대로 성과를 거두었다.

장애 범주의 확대로 복지대상 장애인 인구가 1997년 42만여 명에서 2002년 125만여 명으로 대폭 확대되었다. 그 기간에 장애인복지예산도 2.2배 증가하였다. 그리고 장애인복지 선진화를 위한 법제도 등 인프라를 구축하였다. 아울러 장애인복지의 기본이념인 사회참여와 평등을 실현하기 위해 1998년 장애인 인권헌장도 선포했다. 1998년부터 장애인·노인·임산부 등의 편의증진 보장에 관한 법률을 시행하여 장애인의 이동편의 증진을 위한 법적 기반도 마련하였다.

2000년에 편의시설확충 5개년계획을 수립하여 지하철역사 내 휠체어리프트 및 엘리베이터를 설치 운영하였으며, 장애인 특별수송용 버스의 운영도 시작하였다. 2003년에 시작된 제2차 장애인복지발전 5개년계획을 통하여 장애인복지·특수교육·고용·정보화·이동편의·사회적 인식개선 등 과제를 추진하였다.

장애범주 15종 확대와 장애수당 및 장애아동 부양수당 확대, 그리고 활동보조서비스 제도 도입 등이 이 기간에 이루어졌다. 2008년에 시작된 제3차 계획기간에 장애인연금제도가 도입되었고, 장애인활동지원제도가 체계화되었으며 돌봄 서비스가 확대되었다. 발달장애인의 특성을 고려한 맞춤형 서비스제공의 기반도 이 시기에 조성되었다.

장애인 복지예산이 대폭적으로 증가하였다

1980년대 이후 정부예산과 보건복지부 예산의 변화를 살펴보면 1988년 서울패럴림픽 이후 장애인복지예산이 크게 변화하고 있음을 알 수 있다. 1981년 보건복지부의 장애인복지 사업예산은 3억 3천여만 원이었다. 보건복지부 예산이 정부전체 예산의 2.3% 정도였는데 장애인복지 예산은 그 중 0.2%였다. 그런데 서울패럴림픽 직후 1991년 장애인복지예산은 298억여 원으로 1981년 대비 거의 1백배 정도 증가하였다.

2004년에는 장애인복지 사업예산이 3천억 원으로 늘어나 1991년에 비하여 다시 10배 이상 증가하였다. 보건복지부의 전체 예산 비중도 정부예산의 7.7%로 대폭 증가되었는데 보건복지부 예산 중에 장애인복지 사업예산이 차지하는 비중도 0.1%에서 3.3%로 크게 늘어났다.

▶ 1980년 이후 장애인복지 예산의 증가 추이 (단위 : 백만원)

연 도	정부예산 (A)	복지부예산 (B)	장애인복지예산 (C)	A:B (%)	B:C (%)
1980	6,466,756	165,200	179	2.6	0.1
1981	8,040,000	188,718	331	2.3	0.2
1986	13,800,532	400,662	11,014	2.9	2.7
1991	27,455,733	1,151,823	29,859	4.2	2.6
1993	38,050,000	1,665,932	38,415	4.4	2.3
2000	88,736,307	5,310,021	147,631	6.0	2.8
2001	99,180,065	7,458,139	183,861	7.5	2.5
2004	120,139,368	9,232,154	305,701	7.7	3.3

자료 : 1) 1980년도: 보건복지부, 심신장애자복지의 현황과 과제, 1981. 1.
2) 1981~1993년도, 보건복지부 재활과, 장애자복지현황, 1993. 3.
3) 2000~2004년도, 보건복지부 내부자료

장애인복지 발전과정 4

―제4절―
장애인의 이동 및 접근성이 개선되다

장애인 이동권 보장에 변화가 시작되었다

    1988년 서울패럴림픽의 성공은 우리나라 장애인복지사에 획기적인 전환점이 되었다는 것은 누구도 부정할 수 없을 것이다. 주지하는 바와 같이 서울패럴림픽 이전에는 장애인이 세상 밖으로 나오기가 두려웠던 시절이었다. 그 까닭은 무엇보다도 장애인을 바라보는 시선이 따가웠기도 하였지만, 그 외에도 물리적 환경면에서 장애인들이 접근 가능한 시설이 부족했기 때문이었다.

    바로 장애인의 이동권과 접근권이 제대로 보장되지 않았다는 뜻이다. 이러한 상황에서 서울패럴림픽이 개최되고 이 세계대회에 참가한 선진 외국선수들이 밝고 당당하고 스스럼없이 소통하는 모습을 보면서 많은 국민들에게 큰 충격을 주었다. 우리도 장애인들을 위해 무언가 해야 한다고 소스라치게 깨닫게 된 것이다. 그래서 가장 뚜렷이 변하게 된 것이 장애인의 이동권과 접근권을 개선하는 것이었다.

교통약자법, 접근과 안전이 좋아졌다

서울패럴림픽이 끝나고 1989년 12월 장애인복지법을 전면 개정하여 동법 제33조에 편의시설 조항이 처음 포함되었다. 또한 1997년 4월 "장애인·노인·임산부 등의 편의 증진보장에 관한 법률"-이하 '편의증진법'-이 제정되어 1998년 4월에 시행되었다. 이에 따라 도로·공원·공공건물·공중이용시설·공동주택·교통수단·통신시설에 이르기까지 광범위하게 설치기준을 정해서 시행하였다.

그럼에도 실제 접근성이나 이용 측면에서 제대로 시공되지 못하였기 때문에 장애인의 불편은 여전하였다. 그런 상황에서 2001년 휠체어장애인 리프트 추락사고가 발생하였다. 이를 계기로 장애인이동권연대가 발족되어 지속적인 이동권운동도 전개되었다. 이를 계기로 2005년 비로소 "교통약자의 이동편의 증진법"-이하 '교통약자법'-이 별도로 제정되어 2006년 1월부터 현재까지 시행되고 있다.

그 결과 대부분의 철도 및 도시철도 역사 등에서 휠체어 사용자의 접근성이 용이해졌고, 도시철도 역사의 플랫폼에 스크린도어와 엘리베이터가 설치됨으로써 안전성과 접근성이 용이하게 되었다. 거기에 각 지자체별로 장애인 콜택시와 시내 저상버스도 운영되고 있다. 그러나 아직까지는 그 수요에 미치지 못하고 있는 실정이다.

장애인 편의시설 설치현황은 이러하다

 1997년 편의증진법 제정 이후 도로, 공원, 공공건물, 공중이용시설 및 공동시설의 편의시설 설치는 꾸준히 개선되고 있다. 아울러 1998년부터 5년 단위로 전수조사도 시행되고 있다. 이후 2006년에는 도로와 교통시설을 포함한 "교통약자의 이동편의 증진법"이 분리 제정되었다. 그리고 동법 제6조에 의거 5년 단위로 교통 약자의 이동편의 증진계획을 수립하도록 하고 있다.

 2021년 보건복지부 통계연보에 의하면 전국 편의시설 설치대상은 모두 185,947 개소이다. 그 중 편의시설 설치율은 80.2%에 이르고 있다. 접근로 93.3%, 주차장 80.3%, 출입구 82.7%, 계단승강기 83.0%, 화장실 70.7% 등이다. 그러나 일부 시설은 기준에 미치지 못하는 사례들이 나타나고 있어 여전히 장애인들이 불편을 겪고 있다.

 장애인들이 이용 가능한 교통수단인 저상버스와 특별교통수단들인 휠체어 장애인탑승과 장애인콜택시의 현황을 살펴보면, 저상버스의 경우 2004년 이후 지속적으로 증가되고 있으며, 2008년 이후 대부분의 지역에서 저상버스를 도입하고 있다. 그런데 2016년 기준으로 2004년부터 도입된 저상버스는 총 6,447대인 것으로 나타났다. 그러나 이는 제1차 교통약자 이동편의 증진계획(2007~2011)에서는 9,130대 도입을 목표로 했을 뿐 아니라, 한국형 저상버스를 개발(2008년 말)하여 대량생산체계 구축을 전제로 했던 것에 비하면 목표대비 42.7% 달성한 것에 지나지 않는다.

이후 제2차는 목표대비 37.7%의 달성으로 저조한 실적이었으며, 이에 국토교통부는 제3차(2017~2021)에서는 보급율을 42.0%까지 상승시키겠다는 목표를 제시하고 있다. 특히 서울시는 65.0%, 광역시는 45.0%를 제시하여 서울시의 저상버스 보급률은 크게 높아질 것으로 기대된다. 또한 특별교통수단 보급현황은 교통약자법에 의해 인구 100만 이상의 시에는 80대, 인구 30만 이상 100만 미만의 시에는 50대, 인구 10만 이상 30만 미만의 시에는 20대의 특별교통수단을 갖추도록 하고 있다.

그러나 편의증진법이나 교통약자법에 의한 수요량 확보와 시설물 설치에 대한 목표달성을 위해서는, 무엇보다도 장애유형별로 이동권이나 접근권에 만족할 수 있도록 장애당사자의 의견이 적극적으로 반영되어야 할 것이다. 한편 "장애물 없는 생활환경(Barrier Free/BF)" 인증제도는 "장애인·노인·임산부 등의 편의증진 보장에 관한 법률"이 지속적으로 추진되고 있던 2005년을 전후해서 처음 시작되었다, 당초엔 편의시설 수준향상을 위해 인증제도 도입 필요성에 따라, 보건복지부와 국토해양부에서 공동으로 장애친화(BF) 인증제 TF를 운영하기 시작했다.

이런 과정을 거쳐 2007년 4월 마침내 "장애물 없는 생활환경 인증제도 시행지침(관련근거 : 건설교통부 제2007-001호(2007.04.05.))"을 발표함으로써 공식적인 인증제도가 시행되었다. 이후 2007년 9월에 한국장애인개발원과 한국토지주택공사는 인증기관으로 지정되었으며, 9개월 동안의 시범운영을 거쳐 2008년 7월부터 본격적으로 인증 제도를 시행하였다. 이후 공공시설뿐 아니라 민간시설까지 점차적으로 인증이 확대되고 있는 추세이다.

장애인 편의시설의 전망과 과제

장애인의 이동권 및 접근권은 1989년 장애인복지법과 1998년 장애인·노인·임산부 등의 편의증진 보장에 관한 법률과 2006년 교통약자의 이동편의 증진법에 의거 시행되어 왔다. 이렇게 만들어진 제도대로라면 장애인이 도로·공원·공공건물·공중이용시설·공동주택·교통수단·통신시설의 접근 또는 이동에 불편이 없어야 한다. 하지만 안타깝게도 아직도 불편이 따르고 있는 것을 자주 목격하게 된다. 그 이유는 목표 대비 달성율이 저조하기 때문이라고 생각된다.

◆ 수도권 지하철 역사(驛舍)내 엘리베이터 설치문제

2020년 현재 수도권 지하철 역사에 엘리베이터가 설치되어 있는 곳은 전체 277개역 중 253개역으로 91.3%의 설치율을 보이고 있다. 스크린도어는 대부분 설치되어 있다. 수직형 리프트는 2012년부터 승강기 안전관리법 승강기 검사기준으로 관리되고 있다. 비상정지장치, 승강장문 잠금장치 등 전기 안전장치가 존재하고, 중증장애인이 일반 엘리베이터와 동일하게 혼자 이용이 가능한 것으로 판단된다. 4m 이하의 높이로 설치할 예정이기 때문에 기존의 인명사고와 같은 사례는 발생하지 않을 것이라고 보고 있다.

◈ 휠체어 이동상의 안전문제

아직 신도시지역에는 장애인의 이동 및 접근시설이 잘 되어 있지 않아 휠체어 장애인이 이용하는데 위험한 곳이 여기저기 많다. 건널목을 건너기 위해 진입했는데 경사도가 가팔라 그만 넘어지는 사고로 자칫 제2의 장애를 입을 수 있는 곳도 많다. 그뿐만이 아니라 경사면 턱을 없애야 함에도 아직도 10㎝ 정도의 단차로 인해 휠체어 이용에 불편이 따르고 있다. 현행 기준에서는 단차의 허용범위를 2㎝로 정하고 있으나 이런 허용범위도 아예 없애는 것이 옳다. 편의시설의 설치는 장애인만이 아니라 노인, 임산부, 어린이에 이르기까지 모두가 편히 사용할 수 있다는 점을 알아야 한다.

그럼에도 희망적인 것은 서울패럴림픽 이후 장애인에 대한 인식이 많이 달라지고 있으며, 2008년 4월 시행된 장애인차별금지법에 의해 시설을 이용하는 자가 불편을 느끼거나 차별을 받았다면 시설주나 개인에게 시정해 줄 것을 요구할 수 있다는 점이다. 그런데 이러한 규정을 철저히 지켜 나가는지를 모니터링하고 잘못된 것은 반드시 개선하고자 하는 의지가 중요하다.

> ▶ 제4절 장애인의 이동권 및 접근권과 관련하여 유년시절 소아마비로 휠체어를 타는, 5선 국회의원(전 국회법제사법위원장, 현 헌법개정특별위원)인 이상민 의원이 보내온 내용과 시각장애 국회의원으로 보건복지위원회 위원인 김예지 의원이 체험한 사례를 살펴본다.

1. 장애인 이동권 확대위해 왕성하게 의정활동하는 이상민 의원

1960-70년대는 우리나라의 모든 여건이 어려운 시대였다. 전쟁의 폐해 속에서 먹고 살기가 급급했던 시대에 장애인은 더더욱 어려웠다. 지금도 이동 편의가 확충되지 못하고 있는 상황에서 그 시절은 물리적 환경이 더욱 열악했다. 장애인이라는 용어도 없었고 법률에서도 장애인 비하 용어가 존재했던 시대였다. 헌법에 장애인 규정은 34조 5항으로 "신체장애자 및 질병·노령 기타의 사유로 생활능력이 없는 국민은 법률이 정하는 바에 의하여 국가의 보호를 받는다"고 되어있다.

1987년 이전 8차 개정까지도 헌법에서는 장애인에 대한 직접적인 규정이 존재하지 않았다. 그러나 1988년 서울패럴림픽을 준비하며 장애인에 대한 획기적인 변화가 있었다. 서울패럴림픽 1년 전에는 헌법에 장애인 규정이 들어갔으며, 패럴림픽을 치른 후 1989년에는 장애인복지법이 전면 개정되었다. 그러나 20여년이 지난 지금도 여전히 장애인이 함께 어우러져 살기 힘든 사회이다. 여전히 철도의 휠체어 사용자 접근은 어렵고 스크린도어 간격이 넓으며 장애인콜택시와 저상버스는 수요만큼 공급이 따라주지 못하는 실정이다.

1970년대에는 지금보다 더 장애인 처우가 열악했다. 전쟁과 빈곤 해결이 먼저였던 터라 장애인에 대한 관심은 거의 없었다. 1975년 장애인의 권리 선언 및 1976년 세계장애인의 해 지정 등으로 국제적 관심이 높아지면서, 한국에서도 1978년 심신장애자종합보호대책 등이 수립됐지만 예산과 법은 전무한 상황이었다. 장애인을 전혀 고려하지 않은 버스와 기차의 승하차때문에 매일 어려움을 겪었던 기억이 생생하다. 장애인 특별전형 등이 없어 대학입학자체가 어려웠고, 일반 대학에 입학해서도 장애인을 고려하지 않은 건물에서 어려움을 겪었다.

국회에서 의정활동을 하는 장애인은 불편함이 전혀 없을 것 같지만 놀랍게도 여전히 많은 어려움이 있다. 국회의원 초·재선 시절 지방 대학교로 국정감사를 가게 되었다. 수많은 건물 속에서 엘리베이터도 없는 5층 건물의 5층에 국정감사 장소가 마련되어 있었다. 그 학교를 다니는 장애인 학생들의 불편함이 주마등처럼 지나갔다. 나의 학창시절과 비교해서 전혀 발전이 없다는 사실이 개탄스러웠다. 이에 열악한 장애인 접근시설의 문제점을 지적하고 장애인 이동권 보장 및 열악한 장애인 접근시설 확충을 위한 예산을 반영한 것이 가장 기억에 남는다.

서울과 지역구인 대전에서 수많은 약속을 잡을 때마다 식당 예약도 다시 한번 확인해야한다. 입식으로 된 테이블이 있는지, 계단과 엘리베이터는 어떻게 되는지 이 모든 것을 확인하고 가도 입구에 작은 턱이라도 있는 경우에는 에베레스트 산 보다 더 높게 느껴지곤 한다. 고작 1~2센티의 턱이지만 장애인에게는 크게 느껴지는 것이다. 오래된 맛집에 가려고 해도 1998년 이전 건축물은 증개축을 하지 않는 한 편의시설을 설치하지 않아도 되기 때문에 장애인 편의시설을 갖춘 맛 집을 찾기란 쉽지 않다.

그 외에도 화장실 이용에서도 어려움은 크다. 장애인용 화장실이 따로 있다고 하더라도 입구의 폭이 좁다던가, 개인 화장실에 들어가서 휠체어를 옮길 수 없다던가 하는 불편이 존재한다. 신호등을 기다려 길을 건널 때도 시간이 짧아 건너기 불안한 경우도 있으며, 택시를 탈 경우 휠체어를 넣을 공간이 없어 불편함을 겪고 있다. 최근에는 키오스크로 주문 받는 매장이 많은데, 휠체어를 타고 있는 신장을 고려하지 않거나 시각장애인 청각장애인은 고려하지 않은 인터페이스, 모바일 앱이나 OTT 등 예전에는 겪지 못한 새로운 불편함들도 계속 생겨나고 있다.

국회에서 장애인 처우개선에 관심을 가지고 여러 가지 법을 준비 중이다. 정부는 2021년 8월 탈 시설장애인 지역사회 자립지원 로드맵을 발표하였다. 정부는 2024년까지 3년간 시범사업을 통해 탈 시설, 자립지원 기반 인프라를 구축하고, 2025년부터 매년 740여 명의 자립을 지원해 2041년까지 지역사회 전환을 마무리한다는 목표를 가지고 있다. 그러나 중증 발달 장애인 자녀들을 둔 부모들의 혼란과 어려움이 예상된다는 지적이 많아, 지역사회에서 자립생활을 보장받을 수 있도록 하는 장애인 복지법을 준비하고 있다.

또한 교통약자 이동권 보장을 확대하기 위한 교통약자의 이동편의 증진법 일부 개정 법률안과, 장애인 편의시설 설치율을 제고하기 위한 장애인·노인·임산부 등의 편의증진 보장에 관한 법 일부 개정 법률안을 발의 준비 중이다. 그 외에도 장애인 자기결정권을 확대하기 위한 장애인권리보장 및 복지지원에 관한 법률안, 장애인 금융생활 지원을 위한 금융소비자 보호에 관한 법률 일부 개정 법률안, 선거공보의 장애인 선거정보접근성을 보장하기 위한 공직선거법 일부 개정 법률안, 약자편의 기준 준수율 제고를 위한 공중화장실 등에 관한 법률 일부 개정 법률안도 함께 발의하고자 하고 있다.

이처럼 국회에서 장애인들의 사회 인식을 개선하고 제도적으로 장애인 권리를 확충하기 위해 노력해 왔다. 이제는 일상생활의 제도 개선을 넘어 문화예술의 가치를 진흥시키는 것이 필요하다. 2020년부터「장애예술인 문화예술 활동 지원에 관한 법률」이 시행되고 있다. 우리나라가 진정한 선진국이 되기 위해서는「장애인문화예술진흥법」을 기본법으로 제정하여 창작활동, 예능분야의 교육권, 장애예술인의 경제활동 지원방안 등 정책들이 펼쳐질 수 있도록 하는 것이 당면과제이다.

올해는 특히 도쿄 하계패럴림픽과 베이징 동계패럴림픽이 있었다. 선수들이 최상의 기량을 선보여 자랑스럽다. 이처럼 장애인들도 지원이 있다면 다양한 스포츠를 즐길 수 있다. 또 문화예술 교육과 창작지원 향유 프로그램을 통해서 장애인의 문화를 보장해 나갈 수도 있을 것이다. 앞으로는 장애인들이 소외 없이 생활체육, 예술문화 향유 접근성을 높이고 삶의 질을 끌어 올릴 수 있도록 해 나가야 한다.

2. 안내견 '조이'와 함께
열심히 의정활동 펴는 김예지 의원

피아니스트 출신으로 21대 국회의원인 김예지 의원은 국회문화체육관광위원으로 활동하는 시각장애인이다. 김 의원은 선천성 망막색소 변성증으로 태어날 때부터 시각을 잃고 앞이 보이지 않게 되었다. 김 의원이 어릴 때 어머니는 딸의 눈을 보이게 하려고 유명하다는 병원과 의사들을 찾아 다녔지만 점점 앞이 보이지 않게 되었다. 그래서 결국 딸만 더욱 괴롭게 하는 것 같아 진단을 포기했다. 그리고 "네 눈에 별이 가득해서 눈이 부셔 못 보게 되는 것이야"라고 말해 주었다.

비록 그렇게 앞은 볼 수 없게 되었지만 음감이 뛰어나다는 것을 알게 되었다, 그래서 초등학교 입학 전부터 바이올린과 플루트 등 악기를 다루게 했다. 그때부터 음악에 열중하게 되었고 자신이 연주하는 악기의 소리에 빠져 점점 바깥 활동은 하지 않은 채 스스로 음악에 더 집중하게 되었다. 눈으로 무엇을 볼 수가 없으니 당연히 악보의 음계를 모두 외워서 연주해야 했다. 당연히 한 곡을 완주하고 다음 곡을 연주하기 위해서는 또 악보를 외우고 연주하기를 반복했다. 그런 가운데 학교는 시각장애인들만 다니는 서울맹학교(초·중·고)를 12년간 다녔다.

그렇게 맹학교를 졸업하고 나서 피아노 연주자가 되기로 마음을 먹고 숙명여대 피아노과에 일반전형으로 지원했다. 그 결과는 수석 입학이었고 그로 인해 뉴스에도 나왔다. 그저 좋아하는 일을 하게 된 것이고 결과가 좋았을 뿐인데 마치 장애인의 기적과 인간승리로 미화되어 매우 당황스러웠다고 회상했다. 처음엔 시력에 전혀 문제가 없다가 중도에 시력을 잃었다면 훨씬 더 좌절할 수 있었다. 하지만 김 의원의 경우는 선천적 장애를 가졌었다. 따라서 애초부터 보는 것이

주된 감각 수단은 아니어서 큰 어려움은 없었다.

그렇다고 전혀 문제가 없는 것은 결코 아니었다고 하면서 이렇게 털어놓고 말하였다. 즉, "제가 본격적으로 피아노를 공부하기 위해 선생님을 찾을 때면 많은 분이 장애를 이유로 가르치길 꺼렸으며, 점자 악보도 구하기 쉽지 않아서 어려움이 많았다." 그리고 학교의 모든 강의교재도 점자도서로 전환해야 하는데 학기 초에 맡긴 교재가 학기 말이 될 즈음에 나오다 보니, 일일이 싸우고 부딪치면서 아마도 그의 성격이 적극적으로 바뀌게 되었을 것이라고 토로했다.

김 의원이 안내견을 만난 것은 대학 시절이다. 그가 2000년 삼성안내견학교를 통해 처음으로 만난 안내견은 '창조'이었고, 두 번째 안내견은 미국 유학 시절을 함께 한 '찬미'였다. 김 의원은 대학을 마치고 생계를 책임지기 위해 음악 교사가 되려던 생각을 접고 미국 유학 길에 올랐다. 미국으로 건너간 김 의원은 피바디 음대에서 석사학위를 받았고, 위스콘신 음악대학에서 피아노 연주와 교습법을 연구해 박사학위를 받았다. 그 당시 유학 시절 개발한 다차원 촉각 악보가 미국언론에 소개되기도 했다.

물론 이때도 안내견의 도움을 받는데 미국 사회에서는 자신이 안내견과 함께 길을 걷고 있다고 생각하지 못할 만큼 사람들이 똑같이 봐주고 행동하는 것을 알았다. 그러나 한국 사회에서는 안내견과 함께하는 것이 정말 부담스러울 정도로 인식이 좋지 않았을 뿐만 아니라 지나치게 호의적이라는 것도 문제라고 말한다.

한국에서 최초로 안내견을 파트너로 삼은 사람은 대구대학교 임안수 교수였다. 그는 1972년 말에 미국 유학을 마치고 셰퍼드 종인 안내견 '사라'와 함께 귀국하였다. 이후 외국기관으로부터 몇 차례 분양이 있었으나 사후관리의 어려움과 안내견에 대한 사회적 인식 부족으로 보편적인 활동을 할 수 없었다. 이런 가운데 국내에서는 처음 1994년 삼성화재가 체계적인 과정을 갖춘 양성기관을 설치하여 보건복지부의 안내견 양성기관으로 인증 받았다. 이후 세계안내견협회(IGDF)의 정회원 학교로서 매년 12~15두의 안내견을 시각장애인에게 무상으로 분양하고 있다. 이는 기업의 사회공헌활동의 모범사례이기도 하다.

한편 미국에서 돌아온 그녀는 덕영트리오 단원, 유니온 앙상블 예술 감독, 숙명여대 피아노 실기 강사, 하트 시각장애인 체임버오케스트라 단원, 우리 동작 장애인자립생활센터 운영위원, 숙명여대 문화예술대학원 피아노 교수학 전공 초빙 대우 교수, 한국장애인국제예술단(단장 김남제) 이사로 활발한 활동을 해오다가 지난 2020년 5월 제21대 국회의원으로 정치에 입문하였다. 국회에 들어가자마자 점자 번역이 가능한 보좌진과 점자프린터, 점자정보 단말기, 음성지원 노트북 등을 지원받아 의정활동을 하고 있다.

그의 곁에는 항상 안내견 '조이'가 함께하고 있다. 물론 국회 어느 장소이든 '조이'가 접근할 수 있다. 2020년 국회의원이 되고나서 2년 동안 120건의 법안을 대표 발의하였으며, 그 중 보조 안내견 출입 거부 사유를 대통령령으로 명확히 해서 장애인 이동권을 보장하는 내용의 장애인복지법 일부개정 법률안(일명 조이법)을 통과 시켰다. 그리고 장애계의 오랜 염원인 유엔 장애인권리협약 선택의정서 비준 촉구 결의안을 2021년 3월 31일 발의하여 본회의에서 의결케 하였고, 아울러 2022년 2월 22일 유엔 선택의정서 비준 촉구 공동 기자회견을 열기도 하였다.

김 의원은 "사회통합은 특별한 게 아니고 일상에서 장애인과 비장애인이 협업하고 함께 만들어 가는 것"이라고 강조한다. 이처럼 김 의원의 왕성한 의정 활동은 과연 어떤 도움이 있었기에 가능했을까. 그것은 곧 "조이"라 불리는 안내견이 있었기 때문이다. 김 의원은 '조이'의 활동에 새삼 고마움을 느끼고 있다. 이처럼 장애인의 이동이나 접근이 자연스레 가능한 사회가 만들어질 때 진정한 선진복지사회로 나아가는 것이다.

장애인복지 발전과정 5

－제5절－
장애발생 예방과 의료재활이 향상되다

장애발생 예방 사업 발달하다

　2020년대를 살아가는 우리 사회는 누구나 언제든 장애 발생에 노출되어 있다는 것이 현실이다. 그만큼 산업사회에서 지구의 환경오염, 이름 모를 질병, 교통사고, 산업재해 등이 중요한 요인이다. 보건복지부의 조사보고에 의하면 장애인의 약 89%가 후천적 장애인이다. 그 중에는 각종 질환에 의한 발생과 함께 최근에는 원인 모를 질병에 의해서도 장애(지적장애, 발달, 간질환)가 발생되고 있다.

　2014년 장애인실태조사에서 나타난 원인을 살펴보면 전체적으로 후천적 원인이 88.9%를 차지하며, 후천적 원인 중 질환이 56.2%, 사고가 32.7%를 차지하는 것으로 나타나고 있다. 장애 유형별로는 뇌병변, 시각, 청각, 언어, 정신, 신장, 심장, 호흡기, 간, 장루·요루 장애는 질환으로 인해 가장 흔하게 나타나고 있으며, 지체장애와 안면장애는 사고로 인한 원인이 가장 많았다. 지적장애, 자폐성장애, 간질(뇌전증)장애는 원인불명이 많았다. 따라서 건강한 사람을 대상으로 손상 발생을 사전에 예방하기 위한 장애예방 노력이 있어야 한다.

선천적 장애 발생을 예방하기 위해서 유전성 질병 검사 등 산전 관리에 대한 의료보험 급여를 2000년부터 실시하고 있다. 선천성 대사이상증 환아를 조기에 발견하여 치료함으로써 영유아의 건강을 증진시키기 위해서, 1997년부터 국고 부담으로 모든 선천성 대사이상 신생아에게 특수 조제분유 및 의료비를 지원하고 있다.

2009년 신생아 대비 선천성 대사이상 검사율이 94.2%에 달하였고, 검사종목은 2006년부터 한국인에게 발생빈도가 높은 선천성 대사이상 질환 6종(페닐케톤뇨증, 갑상선기능 저하증, 호모시스틴뇨증, 단풍단뇨증, 갈락토스혈증, 선천성 부신 과형성증)으로 확대되어 모든 신생아에게 검사비용을 지원하고 있으며, 검사 후 발견된 환아에 대해서는 월 소득과 상관없이 특수조제 분유, 특수식이(저단백 식품) 및 의료비를 지원하고 있다.

영유아의 성장 발달 지연이나 고 위험 요인을 조기 발견하고 치료하여, 발생 가능한 장애를 사전에 예방하기 위하여 영유아의 성장 단계별 스크리닝 검사를 실시하고 있다. 스크리닝 실시 보건소는 2003년 23개소에 불과했으나 2007년에는 162개소로 확대되었고, 2008년부터는 6세 미만 영유아 무료 건강검진 사업에 포함되었다. 또한 2010년부터는 영유아 발달장애 정밀 진단비 지원사업이 실시되고 있고, 2011년부터는 차 상위계층 영유아까지 지원 대상을 확대하였다.

장애 발생을 줄이고 영아사망률을 낮추기 위하여 1999년부터 미숙아나 선천성 이상아로 출생하는 신생아(생후 28일 이내)에게 의료비를 지원하고 있다. 미숙아는 출생 후 24시간 이내 긴급 수술 및 치료가 필요하며, 신생아 중환자실에 입원한 미숙아에 대해 의료비를 지원하고 있다.

선천성 난청은 신생아 1,000명당 1~3명이 발생할 정도로, 선천성 질환 중 발생율이 높은 질환이며 언어 및 학습장애를 초래한다. 선천성 난청을 조기 발견하여 재활치료 및 인공 와우 수술 등을 연계하기 위해 국민기초생활보장 및 의료급여제도에서 지원하고 있다. 전국 가구 월평균 소득 60%이하 저소득층 가구 및 다자녀(3명 이상) 가구에서 출생한 신생아는 소득수준에 관계없이 신생아를 대상으로 출생 후 2~3일 이내(분만 후 퇴원전)에 이 검사를 실시하도록 권장하고 있다.

장애발생을 예방하기위한 노력 중에서 가장 중요한 것은 교통사고, 산업재해 등 각종사고를 사전에 예방하는 것이다. 2015년 119 구조 활동 실적을 통해 본 우리나라의 사고종별 현황은 총 120,393명으로 이 가운데 교통사고와 승강기 갇힘으로 인한 사고가 가장 많았다. 구조 인원은 교통사고가 전체 구조 인원의 21.8%(26,218명)로 가장 많았다. 우리나라 교통사고 발생 현황은 2015년에 총 232,035건으로 사망자가 4,621명이었으며, 인구 10만 명당 9.1명이 사망하고 부상자는 350,400명이었다. 2,000년 후 교통사고 사망자와 부상자는 점차 감소하는 추세이다.

한편, 산업재해 발생 현황은 2015년 총 90,129명이며, 사망자는 1,810명인 것으로 나타났다. 국립재활원 입원환자를 대상으로 조사한 결과에 의하면, 외상(外傷)으로 인한 척수손상의 원인으로는 승차 중 자동차 사고가 가장 많았고, 그 다음이 낙상, 오토바이 사고, 보행 중 자동차 사고 등의 순이었다. 한편, 뇌 손상의 원인으로는 교통사고가 68.7%, 추락사고가 11%, 낙상이 10.4%, 폭력이 8.8%이었다.

이런 결과로 볼 때 장애예방 대책으로 교통사고 줄이기 운동과 산업재해예방 활동이 중요하다. 특히 그간 산업재해 예방을 위한 다양한 교육과 홍보활동을 해오고 있다. 교육의 대상은 초등학생과 중학생을 선정하여 교통사고 및 스포츠 사고의 예방에 중점을 두고 있으며, 사고로 휠체어 장애인이 된 강사들을 발굴하여 교육적인 효과를 높이고 있다. 이 교육은 한 해 동안 2,600회 총 131,200명을 교육하여 매년 장애예방 정책에 대한 세미나를 개최하기도 한다.

장애인 의료재활 서비스가 크게 발달하다

장애인복지는 장애발생의 예방에서 출발하는 것이지만, 장애상태에 이르러서도 그 장애상태를 최대한 치료하고 다시 회복할 수 있도록 돕는 것이 중요하다. 이것이 의료재활의 영역이다. 우리나라에서 장애인 의료재활서비스 부문이 일찍 발달하지 못한 것은 다른 영역과 마찬가지이다. 1953년 전쟁 중에 설립한 국립재활원을 제외하고는 1980년까지 정부부문에서 재활의학과나 재활병원을 운영한 적이 없었다. 민간 부문에서도 1980년까지 재활의학과를 설치한 곳은 전국적으로 대학병원 6개뿐이었다.

　이때까지 국가의 재활전문의 제도도 없었다. 재활요원 양성기관도 1980년 기준으로 전문대학의 물리치료사 양성기관 뿐이었으며, 작업치료사와 언어치료사 및 보장구제작요원의 양성제도와 자격제도는 아예 없었다. 이처럼 빈약한 의료재활서비스의 상태에서 1980년 정부차원의 사업으로는 처음으로 장애인의 신체재활을 위한 보장구 무료 보급사업을 시작하였다. 이 사업을 통하여 정부는 1980년에 의수족·보조기·휠체어·보청기·흰 지팡이 등 5종의 보장구를 1,442명의 장애인에게 무료로 보급하였다.

　민간부문의 의료재활사업도 1980년대 들어와서 시작되었다. 1983년에 재활전문의제도가 만들어졌으며 종합병원의 재활의학과와 재활의학과 단독 개업의도 이즈음부터 생기기 시작하였다. 서울패럴림픽 이후 1988년 장애인복지대책위원회가 설치되어 장애발생 예방과 의료보장 및 재활용구의 보급 등 종합적인 복지대책을 수립하면서 체계적인 의료재활사업이 본격화되었다. 정부에서는 1994년에 국립재활원에 재활병원을 확대하여 개원하였으며 민간 재활전문병원도 늘어나기 시작하여 장애인에 대한 의료재활서비스를 제공하고 있다.

　2006년부터는 장애인에게 질 높은 재활의료서비스를 제공하기 위하여, 6개 권역에 권역별 재활병원 건립을 추진하여 2014년에 완료하였다. 1982년도부터 만들어진 장애인종합복지관에서도 재활의학과를 설치하거나, 물리치료와 작업치료 및 언어치료 등의 의료재활 서비스를 제공하고 있다. 1990년 정부는 임산부 및 영·유아 정기검사를 비롯한 장애예방시책을 강구하고, 보건소에서 장애예방 및 조기발견 등을 위한 모자보건사업계획을 발표하였으며, 1991년에는 3만 명의 신생아 대사이상 검사를 무료로 실시하였다. 2000년부터는 선천적 장애발생의 예방을 위한 유전성 질병검사 등 산전관리에 대한 건강보험의 적용도 시작되었다.

장애인들은 낮은 소득수준에 비하여 의료비 지출이 과다한 편이다. 실제 조사결과를 보면 장애로 인한 경제적 지출 중 의료비용이 가장 높은 비율을 차지하는 것으로 나타나고 있다. 이런 상황에서 2000년에 시작한 통합건강보험제도는 장애인의 의료비 부담경감에 큰 효과가 있는 것으로 나타나고 있다. 왜냐하면 거의 모든 장애인이 건강보험에 가입하고 있거나 의료급여의 혜택을 받고 있기 때문이다. 예를 들어 2009년부터 만 15세 이하 아동의 경우 양쪽 인공와우 수술비를 모두 건강보험급여로 혜택 받고 있다.

1990년대에 들어와서 비로소 정부차원의 장애인용 재활보조기구와 관련된 국가정책이 본격적으로 시작되었다. 보장구제도의 정비를 위한 법 개정, 보장구산업의 경쟁력 강화, 보장구보급의 활성화 등이 본격화되었다. 1997년부터 보건복지부는 저소득층 장애인에 대한 보장구무료지급사업을 확대하였다. 지원품목도 지팡이, 보청기 등에서 시작하여 휠체어, 의지보조기 등으로 확대하고, 2005년에는 전동휠체어, 스쿠터 등도 건강보험적용 품목으로 확대하였다.

장애인복지 발전과정 6

−제6절−
장애인의 직업재활과 고용이 확대되다

장애인 직업재활사업이 본격화 되다

장애인복지의 꽃은 장애인이 스스로 독립하여 일하면서 살아가도록 하는 것이다. 장애인의 직업재활과 고용확대가 그래서 중요하다. 장애인복지가 발전하기 이전 캄캄한 밤중의 시대에 장애인은 변변한 직업에 종사하지 못한 채 어렵게 살아왔다. 그래서 직업재활이라는 용어조차 없었다. 장애인은 일할 능력이 없다는 편견이 오랫동안 지배해 왔기 때문이다. 그런 가운데 서울패럴림픽은 온 국민들로 하여금 장애인도 할 수 있다는 인식을 심어주었다. 아울러 장애인도 일을 통하여 독립할 수 있다는 인식도 심어주었다.

1970년대 말까지 장애인의 직업재활 사업은 민간부문에서 부분적으로 실시되었을 뿐이다. 국가정책으로는 1982년에 처음으로 장애인을 위한 직업재활사업을 시작하였다. 이 사업은 장애인에 대한 직업상담과 직업훈련 의뢰와 취업알선을 하는 것으로, 민간기관인 한국

장애인재활협회에 위탁하여 실시하였다. 또 1987년 정부에서는 일반 사업장에 취업이 곤란한 장애인에게 직업훈련과 고용기회를 제공해 주기 위하여 보호 작업장을 설치하기로 결정하였다.

현재 장애인의 35%가 일하고 있다

2021년 5월 기준 한국장애인고용공단의 '장애인경제활동실태조사'에 의하면, 우리나라 15세 이상 장애인 2,574,907명 중 경제활동인구는 37.3%인 959,950명이다. 그 중 92.9%인 891,804명이 취업자이고 7.1%인 68,146명은 실업자이다. 그런데 이 취업자는 15세 이상 장애인의 34.6에 해당한다. 결국 15세 이상 장애인의 35% 정도가 취업하여 일하고 있다.

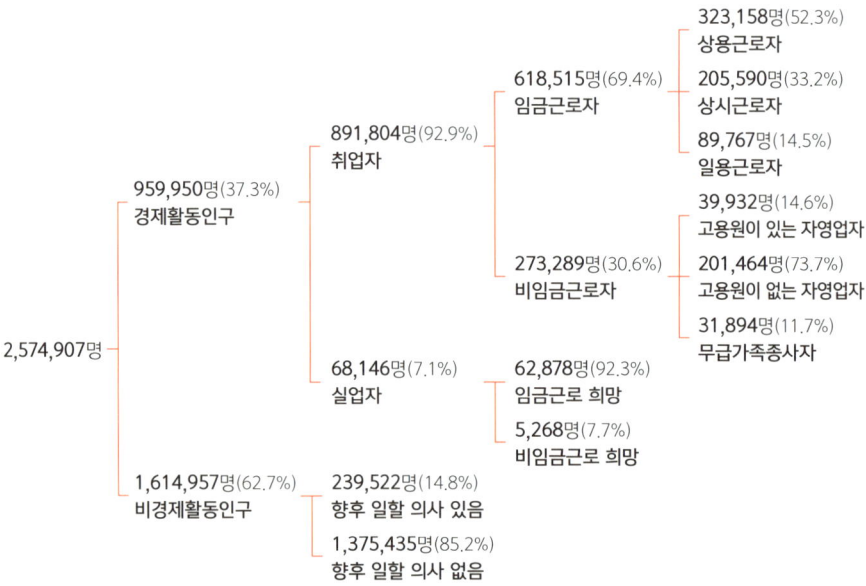

▶ 장애인 경제활동 실태(15세 이상 인구)　　2021.5. 한국장애인고용공단

장애인 취업자 891,804명을 분석해보면 임금근로자 618,515명(69.4%), 비임금근로자 273,289명(30.6%)으로 구분된다. 임금근로자 중 52.3%가 상용근로자이고 나머지는 상시근로자 33.2%, 일용근로자 14.5% 등이다. 비임금근로자 중에는 1인 이상 유급종업원을 두고 있는 자영업자가 14.6%이고 혼자서 운영하는 자영업자 73.7%, 무급 가족종사자가 11.7%로 구성되고 있다.

장애인 취업자를 전체인구의 취업자와 비교분석해보면 비임금근로자의 비중이 크고, 임금근로자 중 임시, 일용근로자의 비율이 높으며, 비임금근로자 중에는 고용원이 없는 자영업자의 비중이 크게 나타나고 있다. 전반적으로 살펴보면 장애인의 고용이 확대되고 있음에도 불구하고 그 고용상태는 비장애인에 비하면 아직 열악한 실정이다.

장애인 의무고용제를 실시하고 있다

우리나라에서 장애인의 직업재활사업이 빈약한 상태에서 1988년 서울패럴림픽은 장애인의 직업재활과 고용확대를 촉진하는 큰 계기가 되었다. 특히 서울패럴림픽 이후 장애인 재활사업 중에서 괄목할 만한 변화는 1990년 장애인고용촉진법이 제정된 것이다. 이 법은 '장애인 고용촉진 및 직업재활법'-이하 장애인고용촉진법-으로 개정되었다.

장애인고용촉진법은 일정 규모 이상의 사업장은 일정 비율 이상의 장애인을 의무적으로 고용하도록 하는 제도이다. 장애상태로 인하여 과거 취업에 제약을 당해왔던 장애인들에게는 참으로 중요한 제도이다. 장애인고용촉진법은 사업체가 정해진 의무고용율을 위반할 때에는 일정한 부담금을 납부하도록 하고, 반대로 기준 이상의 장애인을 고용할 때에는 고용지원금을 지급하도록 규정하고 있다.

1990년 최초의 법 제정 이후 20차례 법률을 개정하면서 의무고용율을 개선하여 왔다. 현재는 법 28조에 따라 상시 50인 이상의 근로자를 고용하고 있는 사업장은, 민간 사업자의 경우 3.1%, 공공기관의 경우 3.6%의 장애인을 의무고용 해야 한다. 이 법에 따라 일정한 비율의 의무고용율을 지키지 않는 사업장은 정해진 부담금을 납부해야 한다.

장애인고용촉진법에 따라 고용노동부는 매년 장애인의 고용율이 현저히 낮음에도 불구하고 장애인 고용을 위한 노력을 기울이지 않은 기관 및 기업의 명단을 발표하고 있다. 명단 공표 대상은 단순히 장애인 고용율이 저조하다고 해서만 공표하는 것이 아니고, 장애인 고용을 위한 최소한의 노력을 기울이지 않는 곳이 그 대상이 된다. 2020년 12월 장애인 고용율이 저조하여 사전 예고된 곳 중에서 2021년 11월까지 신규채용이나 구인 진행 등의 노력을 기울이지 않은 515개소가 최종 공표되었다.

공공기관은 30개였고, 민간기업은 485개소였다. 반면 명단 공표 제도에 따라 장애인 고용율을 획기적으로 개선한 기관도 꽤 많다. 반면 장애인의 고용을 촉진하기 위한 주요 정책으로 장애인고용 장려금 지급제도가 있다. 장애인고용촉진법에 따라 일정한 의무고용율(민간사업장 3.1%, 공공기관 3.6%)을 초과하여 장애인을 고용한 사업주에게는 고용장려금을 지급한다.

중증장애인의 직업재활이 중요하다

장애인이 직업을 갖는다는 것은 생계유지 수단일 뿐만 아니라, 생활능력의 회복과 사회구성원으로서의 권리 확보 등의 의의를 지니며, 직업을 통해 만족감을 느끼고 자신에 대한 존중감을 갖게 하는 의의를 지니고 있다. 그런 의미에서 중증장애인의 직업재활이 중요하다. 심한 장애상태로 취업하기 어려운 중증장애인이 일하도록 도와주는 사업이기 때문이다. 중증장애인 직업재활사업은 중증장애인의 직업능력개발 및 역량 강화를 통해 사회참여기회를 확대하고 삶의 질을 향상시키는 데 그 목적이 있다.

중증장애인 직업재활지원사업을 수행하는 기관은 현재 직업재활센터 34개소, 직업평가센터 6개소, 직업재활시설 83개소, 장애인단체 32개소, 직업재활프로그램사업수행기관 9개소, 직업능력개발훈련기관 21개소 등이다. 중증장애인의 직업재활을 지원하기 위하여 현재 중증장애인생산품 우선구매제도를 운영하고 있다. 이 제도는 중증장애인의 생산품판매를 촉진함으로써 이들의 고용기회 확대를 도모하고 생활을 지원하는 것을 목적으로 하고 있다.

그 법적인 근거인 장애인복지법 제31조와 제40조에 의거하여 국가 및 공공기관은 물품구매 시 일정비율을 장애인 생산품으로 구매하도록 의무화하고 있다. 2008년에는 중증장애인생산품우선구매특별법을 별도로 제정하여 이 제도를 시행하고 있다. 이 법의 제정에 의한 구매적용기관은 2017년 현재 국가기관 51개소, 지방자치단체 245개소, 교육청 193개소, 기타 공공기관 201개소 등 962개소이다.

-제7절-
장애인의 소득보장이 발달하다

장애인 소득보장제도가 크게 발전하였다

알다시피 장애인은 경제적 활동능력이 취약하다. 따라서 장애인 가구의 경제적 수준은 일반적으로 비장애인가구에 비하여 열악하다. 그래서 장애인에게 경제적 혜택을 제공하기 위한 각종 지원제도는 1980년대 이후 여러 가지 형태로 시작되었다.

① 중증·중복장애인에 대한 생계보조수당 – 공공부조대상자
② 본인부담 의료비지원 – 공공부조대상자
③ 중증 장애아동부양수당 – 저소득 장애인가구
④ 자녀 교육비지원 – 저소득 장애인가구
⑤ 장애인 자립자금 대여 – 저소득 장애인가구
⑥ 장애인 전화요금할인 – 20세 이상 장애인 가구주
⑦ 장애인 승용차 특별소비세 및 자동차세 면제
⑧ 장애인용 자동차 LPG 사용 허용

⑨ 세제혜택 : 수입물품 관세감면, 상속세 인적공제, 소득세 장애인 공제
⑩ 각종요금면제 또는 할인 : 항공기, 철도, 지하철, 공원, 고궁, 박물 관이용료 – 등록장애인

1948년 대한민국 정부수립 이후 절대빈곤층을 위한 구호사업과, 한국전쟁 이후 전재민에 대한 구호사업은 전개되었지만 그 내용은 빈약하였다. 절대빈곤 상태에서 살아온 장애인은 그 구호대상이 되었지만 그 내용은 마찬가지로 형편없었다. 1980년대 이후 시작된 앞서 열거한 여러 가지 경제적 지원제도는 종전의 구호사업 단계를 지나 좀 발전된 형태로 시작된 것이다. 그러나 그 경제적 지원내용이 빈약한 것은 종전과 큰 차이가 없었다. 이러한 상황에서 서울패럴림픽 이후 발전된 소득보장제도는 큰 의미를 갖는 것이다.

장애인 소득보장 제도를 구분하면 이러하다

그동안 발전되어온 우리나라 장애인 소득보장 제도를 체계적으로 구분해보면 다음과 같이 세 가지이다. 그런데 이들 소득보장제도는 당연히 일반국민을 대상으로 하는 소득보장제도 안에 있는 장애인 소득보장을 말하는 것이다.

사회보험제도
- 국민연금제도에 포함된 장애연금
- 산재보험제도에 포함된 산재장해급여

공공부조제도

- 국민기초생활보장제도에 포함된 생계급여, 주거급여, 교육급여.
- 의료급여제도에 포함된 의료급여

장애인소득보전제도

- 무기여장애인연금
- 장애수당
- 장애아동수당

먼저 장애인의 소득보장을 위한 사회보험제도로서의 보편적 연금제도는 아직까지 미완성이다. 공무원·교직원·군인 등 특수직역 연금제도에서는 장애연금 급여제도를 오래전부터 실시하고 있다. 그러나 일반국민을 위한 국민연금 제도는 1988년에 시작하였기 때문에, 국민연금 가입자 중에서 장애연금의 혜택을 받는 경우는 아직 많지 않다. 국민연금에 가입했어도 보험료를 내지 않는 납부예외자가 많아 이들은 아예 연금급여혜택이 없다. 가입자라 하더라도 연금수준이 낮아 노후 소득보장기능을 제대로 하지 못하는 경우도 많다.

다음으로 빈곤층을 위한 공공부조제도는 1999년까지 생활보호법 체계에서는 그 급여수준이 빈약하였다. 2000년 이후 국민기초생활보장법 체계에서도 장애상태에 따른 취약성을 커버하지 못하여 장애가구의 욕구불만이 끊이지 않았다. 2002년 뇌성마비 장애인인 최옥란이 국민기초생활보장제도에 의한 급여수준이 장애인 가구의 특성을 반영하지 못하고 최저생계를 보장해주지 못한다고 주장하면서 명동성당에서 농성을 벌리다가 끝내 사망한 사건도 발생하였다. 그 이후 정치권에서 무기여방식의 장애인연금을 도입하겠다는 공약이 계속되었다.

마지막으로 장애인소득보전제도는 공공부조방식의 국민기초생활보장제도나 사회보험방식의 국민연금과는 별개로, 저소득 장애인을 위한 정부재정지원제도로 논의가 시작된 이래 2010년 장애인연금법으로 제도화되었다. 제도시행 초기 기초생활수급자와 차 상위계층을 포함하여 약 30만 명 내외를 대상으로 출발하였으며, 그 급여수준은 월 9만 원 내외였다. 그 후 2014년 장애인연금법이 개정되면서 지급대상이 소득하위 70%로 확대되고 급여수준도 20만 원까지 늘어났다. 장애인연금제도는 생활이 어려운 중증장애인의 생활안정을 지원하는 대표적인 장애인 소득보장제도로 자리 잡고 있다.

저소득 장애인의 경제적 생활을 지원하기 위한 정부지원방식의 장애수당제도는, 1990년 저소득장애인·중증·중복장애인에 대한 부양수당으로 출발하였다. 그 후 1999년 장애수당으로 명칭을 변경하였고, 2005년에는 수급대상자를 30만 명까지 대폭 확대하였다. 2010년 장애인연금제도가 시작되면서 중증장애인은 장애연금수급자로 전환되었고 경증장애인만 수급대상자로 남았다. 장애수당 급여액도 하향 조정되었다.

그리고 장애아동수당은 장애아동의 보호자에게 장애로 인한 추가

비용을 지원하는 제도이다. 2002년 기초생활보장 1급 수급자를 대상으로 출발하여 월 4만 5천 원을 지원하였는데, 2007년에 차 상위계층까지 확대되고 수급액도 대폭 확대되었다.

장애인복지 발전과정 8

–제8절–
장애인복지 시설이 다양하게 발전되다

1945년, 최초로 서울 천애원 설립되다

　장애인복지시설이란 장애인에게 효과적인 복지서비스를 제공하기 위한 시설로서, 장애인거주시설·직업재활시설·지역사회재활시설·장애인생산품 판매시설·장애인의료재활시설로 분류되고 있다. 우리나라 최초의 장애인복지시설은 장애와 고아를 대상으로 하는 민간시설로서 1945년에 서울 서소문에 설립된 천애원이며, 국립시설로는 1949년에 설립된 중앙각심학원(현 국립재활원)이다.

　한국전쟁 중인 1952년 부산에 상이군인을 위한 정양원이 설립되었고, 전쟁 중 고아가 된 장애아동을 수용하기 위해 1951년 맹인대린원을 비롯해서 다수의 민간 시설이 설립되었다. 1956년 보건복지부 통계연보에 의하면 당시 지체장애인시설 15개소, 맹·농아시설 7개소가 있었다. 그리고 1960년대까지 장애인복지시설의 성격은 수용보호시설이었다. 운영주체는 주로 민간, 그것도 외국 원조기관의 도움으로

운영되었다.

법·제도적으로는 1961년 12월 생활보호법이 제정되어 장애인에 대한 국가의 보호가 시작되었으나 그 내용은 빈약하였다. 이 시기까지는 장애인복지시설의 역할은 수용보호 차원에 머물렀으며, 운영은 민간단체와 외국 원조기관의 지원에 의존하였다. 1960년대 이후 경제개발계획이 추진되고 1970년대까지 고도성장이 지속되면서 장애인 복지시설도 변화가 시작되었다.

1981년, 심신장애자복지법으로 체계화

1978년 보건복지부에서 심신장애자 종합보호대책을 발표하였다. 그런데 이 정책에는 장애인 보호시설에 입소중인 장애인을 위한 직업훈련을 실시하고, 보호시설에 물리치료시설·작업치료시설·언어치료시설·직업훈련시설을 연차적으로 설치하는 것이 포함되었다. 아울러 장애아의 영양급식을 위해 급식물자의 양과 질을 개선하는 것도 포함되었다. 이때 한국전쟁 이후 급증하였던 아동복지시설을 장애인재활시설로 전환하는 정책도 시작되었다. 그 이후로 많은 아동시설이 장애인생활시설로 전환되었다[12].

그런데 장애인복지시설이 체계적으로 분류된 것은 1981년 심신장

---

[12] 1980년 태국 방콕 ESCAP 주최로 개최된 유엔 세계장애인의해 실무회의에서 저자(차흥봉)가 발표한 한국 장애인복지시설은 모두 68개소(6,326명)이었다.

애자복지법의 제정 이후이다. 이 법률에 따라 장애인복지시설은 8개로 분류되었다. 그 중 신체장애인재활시설·시각장애인시설·청각/언어장애인재활시설·지적장애인재활시설·심신장애인 요양시설·심신장애인근로시설 등 6개 시설은 입소(入所) 및 통원(通院)이 가능한 시설이었다. 그리고 점자도서관과 점자출판시설 등 2개 시설은 통원만 가능하게 하는 시설로 정의함으로써, 단순한 수용보호시설에서 벗어나 입소와 통원이 가능한 시설로 분류되었다. 즉, 수용보호 이상의 개념이 도입된 것이다.

서울패럴림픽 대비 시설현대화 시작하다

그러나 장애인복지시설은 요보호대상자의 보호를 중심으로 하는 수용시설 위주의 형태에서는 크게 벗어나지 못하였다. 한편 이러한 시설의 운영은 국가와 지방자치단체 및 민간차원에서 맡았으며, 민간이 장애인복지시설을 설치·운영하기 위해서는 해당시설의 소재지 관할 시·군·구청장에 신고를 거쳐야 했다. 이러한 상황에서 정부에서는 1988년 서울패럴림픽에 대비하여 장애인복지시설 현대화계획(1985~1987)을 수립하고, 약 250억 원을 투자하여 노후시설 증개축과 전문재활기능 보강 등의 사업을 시작하였다.

이 때부터 재가(在家) 장애인을 위한 지역사회재활사업을 담당하는 장애인복지관 사업이 시작되었다. 이에 따라 1982년 서울에 장애인종합복지관이 처음 만들어지고 전국적으로 복지관사업이 확대되었다. 1984년 대구장애인복지관, 1986년 서울남부장애인종합복지관이 설립되었고, 1987년부터 광주장애인복지관, 1989년 강원도 장애인종합복지관을 비롯해서 각 시·도에 장애인복지관이 설립되었다. 국립재활원도 바로 이 시기인 1986년에 개원하였다.

국립재활원 개원과 복지시설의 방향전환

국립재활원(National Rehabilitation Center)은 원래 1981년 세계장애인의 해 기념사업으로 보건복지부가 설립하기로 추진하였다. 1949년 우리나라 최초의 국립장애인시설인 중앙각심학원을 폐지하고 대신 국립재활원을 설립하기로 한 것이다. 그 당시 중앙각심학원은 정신지체아 등의 복합시설로 정부수립 후 태릉에 설치하였다가 그 후 도봉구 수유리로 이전한 상태였다.

국립재활원은 당초 1982년 정부예산(61억)까지 확보하였으나, 그 후 서울시의 도시계획심의에서 문제가 생겨 그 추진이 미루어지게 되었으며, 1985년 시설을 완공하여 1986년 개원하게 되었다. 국립재활원 설립 초기에는 장애인의 의료재활, 직업재활, 사회재활 등 종합적인 장애인복지시설의 시범적 프로그램을 운영하는 것으로 설계되었다. 그리고 1986년 개원 당시까지는 그 계획이 유지되었으나, 그 후 직업재활, 사회재활 등의 프로그램을 실시하는 장애인복지시설이 다양하게 발생하게 됨에 따라, 국립재활원은 의료재활에 치중하는 것으로 그 성격이 변모하게 되었다. 그래서 지금도 국립재활원은 장애인재활병원 등 의료재활사업을 주로 하고 있다.

그런데 서울패럴림픽 이후 장애인복지의 기본목표가 장애인의 완전한 사회참여와 평등으로 방향이 전환되면서 장애인복지시설도 그 방향으로 전환되기 시작하였다. 즉, 탈시설화(脫施設化)와 재가복지서비스로의 전환이 본격화되었다. 이용시설과 장애인직업재활시설이 확대되고, 재가 장애인재활센터와 그룹 홈 등 소규모시설이 늘어났다. 1996년에는 주간보호시설과 단기보호시설이 설치되기 시작하였으며, 장애인공동생활가정(group home)에 대한 정부지원도 시작되었다.

1998년부터 허가에서 신고제로 변경하다

이런 가운데 새 천년이 시작되는 2000년을 전후하여 장애인복지의 기본이념과 장애인복지시설 정책의 방향도 새로이 설정되었다. 먼저 1998년 장애인복지법 제38조의 개정에 따라 장애인복지시설의 설치가 허가제에서 신고제로 변경되었다. 1989년 12월 장애인복지법이 전면 개정되고, 제1, 2차 장애인복지발전 5개년계획(1998~2008년)이 시행되면서 장애인복지의 기본이념이 새로이 설정되었다. 장애인이 보통시민과 동등한 생활을 영위할 수 있는 기본적 권리를 보장받는, '완전한 참여와 평등' '기회균등을 통한 사회통합'을 그 이념으로 정했다.

이에 따라 ·장애인복지시설의 평가, ·미신고 시설의 제도권 유입, ·장애인복지시설 운영의 지방 이양, ·장애인 당사자주의 확대 등 장애인복지시설을 둘러싼 외부환경의 급격한 변화가 이루어졌다. 또한 지역사회이용시설 확대를 위한 장애인복지정책이 본격적으로 시행되었으며, 이에 따라 소규모시설이 급격히 증가하였다. 이렇게 하여 장애인복지시설을 생활시설, 지역사회재활시설, 직업재활시설로 명칭을 변경하면서, 장애정도나 연령에 따라 장애유형별 생활시설, 중증장애인요양시설, 유료복지시설, 기타 대통령령이 정하는 시설로 구분하였다.

아울러 수용시설은 장애인재활시설로 명칭을 변경하면서 장애정도나 연령에 따라 장애유형별 생활시설, 중증장애인요양시설로 구분하였다. 2003년부터 생활시설을 대폭 확대하고, 시설장애인의 지역사회 복귀를 위해 공동생활가정 등 중간시설을 대폭 확대하고 자립생활지원 모델을 개발하였다. 또한 지역사회중심 재활사업을 강화하기 위해서 지역 내 보건소·복지관·장애인단체 등으로 구성된 지역사회중심재활협의체를 구성하여 운영했다. 또한 정부는 이때부터 본격적으로 중증장애인 자립생활지원센터를 설치하는 등 자립생활지원을 위한 제도적 개선을 추진하기 시작했다.

이런 과정을 거쳐 2011년 3월 장애인복지법의 전면개정으로 장애인복지시설을 다시 체계화 하였다. 즉 장애인복지 시설의 종류를 ·장애인거주시설, ·장애인 지역사회재활시설, ·장애인 직업재활시설, ·장애인 의료재활시설, ·기타 대통령령이 정하는 시설로 변경한 것이다. 장애인복지시설 중 생활시설이 거주시설로 명칭이 변경되고 거주시설의 개념과 기능이 재정립되었다. 동법 제59조에서 거주시설의 정원은 30명을 초과할 수 없다고 규정하여 거주시설의 소규모화를 추진하였다. 그 외에도 거주시설의 이용절차와 서비스의 최저수준, 시설운영자의 의무규정을 신설함으로써 이용자의 인권과 이용자 중심의 운영을 강화했다.

장애인시설 변화와 발전과정은 이러하다

장애인직업재활시설은 1981년 장애인복지관의 직업재활프로그램으로 출발하여, 2000년 장애인고용 및 직업재활법 개정으로 프로그램이 활성화되었고 2006년부터 시설도 급증하기 시작하였다. 장애인지역사회재활시설은 1982년 서울장애인종합복지관의 시작으로 전국적으로 확대되었다.

1999년 이후에는 장애인복지관 이외의 다양한 소규모시설들이 설치되기 시작하였으며, 장애인주간보호시설, 단기보호시설과 공동생활가정도 본격 설치되기 시작하였다. 외곽지역에 거주하는 장애인을 위한 소규모 복지관과 순회재활서비스센터가 설치되기 시작하였다. 지역사회재활시설은 2005년부터 그 숫자도 크게 증가하였다.

그런데 서울패럴림픽 이후 장애인복지시설의 양적 증가는 괄목할 만하다. 대회 2년 이후인 1990년에는 거주시설이 118개소(12,759명)로 증가하였고, 지역사회재활시설도 18개소로 늘어났다. 약 10년 기간에 시설이 4배 가까이 증가한 것이다. 더욱이 2000년 이후에는 더욱 가파르게 증가하여 2020년에는 거주시설 1,539개소(29,086명), 직업재활시설 720개소(19,734명), 지역사회재활시설 1,519개소(종사자 14,328명)로 크게 증가하였다. 이렇듯 직업재활시설과 지역사회재활시설이 크게 증가하였다.

이중에서 재가장애인을 위한 지역사회시설의 변화는 특이하다. 장애인복지관은 1982년 서울에 처음 설립된 이래 2020년 현재 258개로 늘어났다. 주간보호시설, 체육관, 생활이동지원센터, 수어통역센터 등을 포함하면 2020년 현재 지역사회재활시설은 모두 1,519개소에 달한다. 이중에서 종합복지관은 정부에서 설립하여 민간복지기관에 그 운영을 위탁하고 있다. 이들 복지관에서는 상담·평가·의료재활·직업재활·사회적응훈련 등의 재활서비스 프로그램을 실시하고 있다.

이들 장애인복지시설은 1986년 이후 전국 시도에 1개씩 장애인종합복지관이 설치되기 시작하여, 1993년부터 외곽지역에 거주하는 장애인을 위해 소규모로 종합복지관 분관과 순회재활서비스센터가 설치되기 시작했다. 2001년부터는 단기보호시설, 공동생활가정이 본격 설치되기 시작했고, 2005년을 기점으로 상당히 큰 폭으로 증가되었다. 2010년 지역사회재활시설이 1,701개소까지 증가하였는데 2015년에는 1,248개소로 줄어들었다.

2011년 개정 법에 의해서 2012년 단기보호시설과 공동생활시설이 거주시설로 시설의 분류가 바뀌면서 지역사회시설의 수가 감소된 것이다. 반면 2011년부터 단기거주시설과 공동생활가정에 대한 분류가 지역사회재활시설에서 거주시설로 변경되면서 거주시설은 급증현상을 보이고 있다.

▶ 장애인복지시설의 증가추이

연 도	1985	1990	1995	2000	2005	2010	2015	2020
계	97	136	210	443	1,558	4,161	3,327	3,813
거주시설	92	118	174	195	265	452	1,484	1,539
직업 재활시설	-	-	-	172	244	417	560	720
지역사회 재활시설	5	18	36	76	1,049	1,701	1,248	1,519
장애인 생산품 판매시설	-	-	-	-	-	16 (2011)	17	17
장애인 의료 재활시설	-	-	-	-	-	17 (2011)	18	18

─제9절─
서울패럴림픽 이후 장애인복지의 평가와 과제

장애인복지, 많이 발전했으나 아직 미흡하다

　1988년 서울패럴림픽 이후 우리나라 장애인복지가 괄목할 만큼 많이 발전하였지만 아직도 국가발달의 전반적 상황과 비교해 보면 미흡하다. 장애인의 욕구는 아직 제대로 충족되지 못하고 있으며 장애인이 지니고 있는 문제도 여전히 지속되고 있다. 1988년 이후 장애인복지 발전 30여년의 역사는 이 모든 문제를 해결하기에는 너무 짧은 시간인지도 모른다.

　1980년대 이후 한국에서 장애인복지에 대한 국가의 정책이 발달하고 서비스제도나 프로그램이 크게 확대되었는데도 불구하고, 장애인의 욕구와 문제가 제대로 해결되지 않고 있는 상황을 어떻게 설명할 수 있을까. 그 까닭을 크게 세 가지 측면에서 살펴볼 수 있을 것 같다.

　첫째, 우선 국가정책이 수립되고 실시된 역사가 짧았다는 점을 지적할 수 있다. 1980년부터 시작된 장애인복지 정책은 이제 겨우 40여 년 정도밖에 안 된다. 따라서 정책의 효과성이 나타나기에는 그 시간이 너무 짧다는 점을 먼저 지적할 수 있다.

둘째, 〈그림2〉에서 보는 것처럼 정책과 제도 등의 하드웨어(H/W) 부문에서는 꽤 발달하였으나, 서비스나 프로그램 등의 운영에 관한 소프트웨어(S/W) 부문에서는 취약성을 면하지 못하고 있다는 점이다. 가령 장애인을 위한 시설로서 종합복지관은 많이 만들어졌지만, 장애인복지관이 해야 할 지역사회복지 프로그램은 잘 발달되지 못하고 있다. 프로그램에 대한 지식과 정보와 경험이 모두 부족하고 그것을 운영할 사람도 부족하다.

또한 장애인 직업재활사업을 위해 보호 작업장이 많이 만들었지만 그 작업장을 운영할 프로그램은 발달되지 않았다. 장애인재활서비스의 소프트웨어(S/W) 부문이 뒤떨어져 있고 취약하다는 점은, 재활서비스의 모든 영역에서 동일한 현상으로 나타나고 있다. 소프트웨어의 취약성 문제에 큰 원인이 되는 것은 바로 전문 인력이 부족하다는 점이다.

재활서비스 발달의 역사가 짧기 때문에 이 분야에서 성장한 전문 인력이 크게 부족한 상태이다. 갓 대학을 졸업한 전문 인력이 배출되고 있지만 경험이 부족한 사람이 많다. 또한 재활서비스 프로그램에 대한 국제적 교류도 부족하다. 전문인력의 지식과 경험과 노하우가 부족한 상태에서 전문적 프로그램이 발달되기 어려운 것이다.

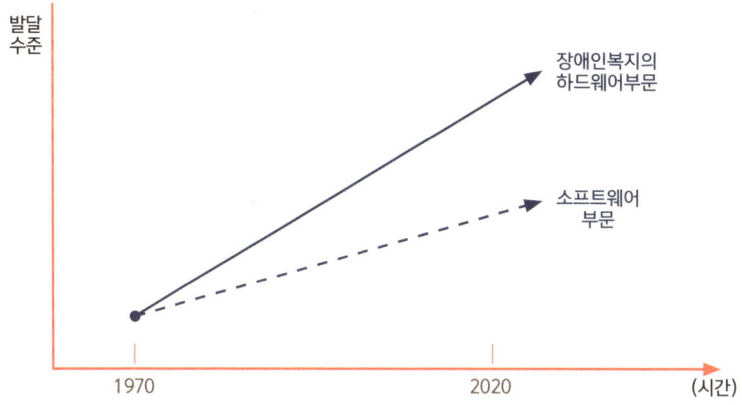

〈그림2〉 장애인복지의 하드웨어 부문과 소프트웨어 부문의 격차

　셋째, 장애인복지의 발전에도 불구하고 장애인 자신의 욕구수준이 점차 더 증대됨으로써 장애인복지의 성취수준이 장애인의 기대증대의 수준을 따라가지 못하고 있는 현상도 그 원인의 하나로 들 수 있다. 1980년대 장애인에 대한 국가정책의 발달과 재활서비스의 확대에 따라 그동안 묻혀있던 장애인의 욕구도 크게 증대하였다.

　말하자면 각종 욕구가 뚜껑이 열리듯 한꺼번에 분출되는 모습을 보여 주었다. 이와 같은 기대수준의 증대는 〈그림3〉에서 보는 것처럼 그간의 국가정책의 성취수준을 훨씬 앞질러 가는 현상으로 발전하였다. 따라서 국가정책의 발달에도 불구하고 장애인의 욕구불만은 더 커져가게 된 것이다.

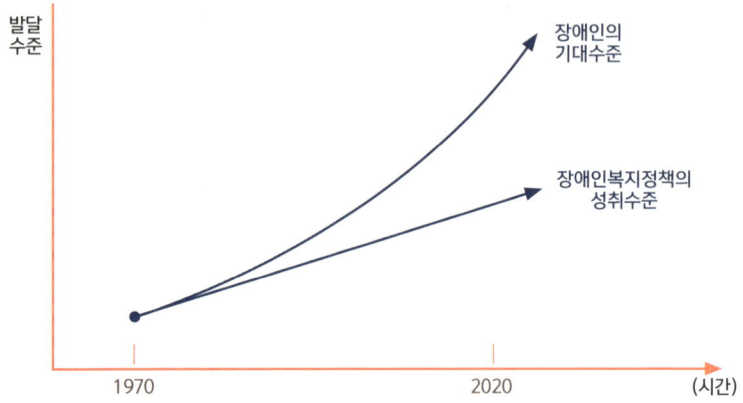

〈그림3〉 장애인복지의 성취수준과 기대수준의 격차

장기적 목표 설정하여 꾸준히 발전시켜야 된다

이와 같은 이론적인 해석에 따라 도출할 수 있는 시사점은 다음과 같다. 즉 첫째, 장애인에 대한 국가의 장애인복지정책은 장기적인 목표를 설정하여 꾸준히 발전시켜야 된다. 둘째, 재활서비스의 하드웨어(H/W) 부문뿐만 아니라 소프트웨어(S/W) 부문도 동시에 보다 더 적극적으로 개발해야 한다. 각종 서비스 프로그램에 대한 노하우(Know how)를 개발하고 전문 인력을 양성·배치해야 한다. 셋째, 장애인복지의 일선 전달체계를 개선하여 국가정책에 따른 각종서비스가, 지역사회 수준에서 개개 장애인에게 제대로 스며들 수 있도록 만들어야 한다. 지방정부 수준의 전문적 전달체계와 민간부문의 전달체계의 종합적·체계적 개발이 필요하다. 넷째, 국가의 정책적 성취수준보다 앞서가기 쉬운 장애인의 욕구수준을 적절히 대응할 수 있도록 장애인에 대한 홍보노력을 기울여야 한다.

-제10절-
'장애인문화'가 꽃피는 선진국을 향하여!

장애인복지의 환경이 크게 변화하고 있다

　20세기 후반 50년 한국의 장애인복지는 2단계의 과정을 거치면서 나름대로 발전하였다. 특히 1980년대 이후 지난 40여 년간 국가 사회적 노력이 강화되었다. 특히 1988년 서울패럴림픽을 계기로 장애인복지가 더욱 괄목하리만큼 발전하였다. 그런데 우리가 주목할 것은 21세기에 들어와서 장애인복지의 환경이 크게 변하고 있다는 점이다. 즉, 20세기 후반 이후 계속되어 온 산업화와 경제성장으로, 사회구조가 크게 변모하고 있고 국민들의 생활수준이 크게 향상되고 있다.

　2021년 7월 유엔무역개발회의(UNCTAD)는 우리나라를 세계선진국으로 공식 분류하였다. UNCTAD가 설립되고 57년 역사상 처음이다. 이러한 상황에서 국민들의 삶의 질에 대한 욕구가 증대하고 있다. 따라서 장애인복지의 차원에서 보면 만만치 않은 도전이 우리 앞에 기다리고 있다고 할 수 있다. 그런데 무엇보다 장애인의 수가 크게 증가

할 것으로 전망된다.

산업정보화 사회에서 교통사고 등으로 인한 후천적 장애인이 증가하는 추세인 데다가, 2000년부터 장애인 범주를 계속 확대하여 장애인의 절대인구가 20세기보다 크게 증가하고 있다. 바로 장애인 인구 10%의 시대가 도래 하고 있는 것이다. 또한 의학기술의 발달과 생활수준의 향상으로 평균수명이 연장되면서 고령인구가 증가하고 있으며, 이들 고령자 중에는 만성질환이나 심신의 허약으로 장애노인이 증가하고 있다. 그러나 한편으론 소가족화의 영향으로 장애인을 보호하는 가족의 부양기능은 점차 쇠퇴하고 있다.

이렇듯 장애인을 위한 사회적 보호의 수요가 크게 늘어나고 있는 것이다. 여기에 지난 세기 50년 동안 사회 구조의 변화로 빈부격차가 심해지고 있고, 특히 장애인의 생활수준이 전반적으로 열악한 상태에서 이와 같은 21세기의 사회변화는 새로운 도전으로 다가오고 있다. 그러므로 21세기의 장애인복지는 그 동안 미흡한 상태를 채워나가는 한편, 앞으로 새로운 도전에 대응하는 과제를 함께 해결해 나가야 한다.

장애인복지의 네 가지 과제를 해결해야 한다

물론 그동안 미진했던 과제들인 ・장애인복지 정책 및 제도의 소프트웨어로서 내용을 갖추는 것, ・장애인복지의 일선 전달체계를 제대로 갖추는 것, ・특히 지역사회차원에서 장애인복지서비스 체계를 잘 만드는 것 등은 우선적으로 해결해 나가야 한다. 이러한 방향에 따라 한국 장애인복지 사업은 다음과 같이 네 가지 큰 과제를 적극적으로 해결해 나가야 한다.

첫째, 장애인의 발생예방을 위한 노력과 의료재활 사업을 강화해야 한다. 바로 장애인복지의 기본과제는 장애발생을 예방하여 장애인을 만들지 않는 것이다. 이를 위하여 장애발생 예방사업을 강화해야 한다. 따라서 모든 국민을 대상으로 의학적 지식을 보급하고, ・임신 전후의 장애 예방교육을 실시하는 것, ・출산 후 조기발견과 치료대책을 강화하는 것, ・산재사고 및 교통사고의 예방 등 후천적 장애발생의 예방사업을 강화하는 것들이 중요한 과제이다.

둘째, 장애인이 경제적으로 자립할 수 있도록 소득보장 제도를 완성해야 한다. 장애인이 인간다운 생활을 위해 가장 필요한 것은 경제적 생활보장이다. 바로 경제적 생활을 보장하기 위하여 장애인이 일을 하도록 하는 것이 우선적인 과제이다. 이를 위하여 직업재활 사업을 활성화하고 고용촉진 제도를 성숙시켜나가야 한다. 그리고 일을 하기가 어렵거나 일을 해도 소득능력이 부족한 장애인을 위해서는 소득보장 제도를 확충해야 한다. 아울러 국민연금제도상의 장애인연금을 모든 대상자에게 확대 적용하고, 저소득층의 장애인을 위한 장애인연금제도와 장애수당제도를 완성해야 한다.

셋째, 장애인복지서비스 체계를 완성해야 한다. 장애인복지서비스는 장애인의 생활에 필요한 다양한 욕구를 충족시켜 주기 위한 각종 사회적 서비스를 말한다. 시설을 통한 서비스체계가 그중의 하나이다. 따라서 장애인이 입소하여 생활하는 생활시설 주변에서는 중증장애인을 위한 요양시설이나 그룹 홈(Group Home) 형태의 시설을 발전시켜나가야 한다.

지금까지 추세로 보면 가정에서 생활하며 서비스를 이용하는 이용시설의 수요가 매우 크다. 따라서 장애인복지관을 비롯한 이용시설을 확충해야 한다. 이들 이용시설은 지역별로 기능별로 고르게 분포되도록 해야 한다. 장애인복지서비스를 위한 시설은 앞으로 장애종류별로 구분하여 설치할 것이 아니라, 가능한 한 모든 장애인이 함께 이용할 수 있도록 통합적 관점에서 설치해 나가야 한다.

2008년 노인장기요양보험제도의 시행이후 장애노인과 노인장애인을 위한 요양서비스제도가 발달하고 있다. 장애노인은 노인이 된 후 중풍, 치매 등으로 장애를 갖게 된 사람이고, 노인장애인은 장애인으로 살아오다가 나이가 들어 노인이 된 사람을 말한다. 장기적인 요양보호를 필요로 하는 장애노인과 노인장애인을 위한 요양·보호·수발 등의 서비스를 제공하는 제도와 프로그램이 발달해야 한다,

그리고 노인복지서비스와 장애인복지서비스를 어떻게 통합할 지를 지금부터 준비해야한다. 노인요양보장제도를 실시하면 요양시설과 재가복지시설이 크게 늘어 날 전망이다. 따라서 이러한 시설은 노인과 장애인이 함께 이용할 수 있도록 만드는 것이 중요하다.

넷째, 장애인의 사회통합을 위한 국가·사회적인 노력을 강화해야 한다. 두말할 필요도 없이 장애인복지의 궁극적 목표는 장애인이 모

든 시민과 함께 더불어 살아가는 사회통합이다. 이를 위해서는 ·물리적 환경과 ·제도적 환경과 ·의식구조상의 환경 등을 개선하여 장애인이 '장애' 없이 잘 살아가도록 만들어야한다.

❶ 먼저 물리적 환경의 개선을 위해서는 지금까지 발전시켜온 편의시설을 계속 확충하여 이를 완성해야 한다. ❷ 다음으로 제도적 환경의 개선을 위해서도 현재까지 발전시켜온 학교 입학, 자격 취득, 취업 등 각종 제도를 사회 통합적 관점에서 완성해야 한다. ❸ 마지막으로 의식구조상의 환경개선은 장애인에 대한 인식개선으로 차별을 완전 철폐하고, 비장애인과 함께 어울려 살아갈 수 있는 사회 환경을 완성해야한다.

다행히 서울패럴림픽 이후 장애인복지의 발전과정에서 각종 행사나 매스컴의 활동으로 장애인에 대한 부정적 의식구조가 크게 변화하고 있다. 앞으로도 이러한 노력이 지속되어 21세기에는 장애인이 전혀 장애인이라는 생각을 하지 않고 스스럼없이 살아갈 수 있는 통합적 사회 환경을 만들어야 한다.

장애인복지를 장애인문화로 완성해야한다

우리는 지난 세기 전반부 50년 동안에는 국권을 상실하고 남북이 분단되어 전쟁을 치르면서 정치적으로 참으로 어려운 시련의 시대를 보냈다. 후반부 50년 동안에도 전쟁의 잿더미 위에서 빈곤과 질병의 시련을 겪으며 많은 국민들이 고통 속에 살아왔다. 다행히 20세기 후반부 40년 기간에 경제성장을 이룩하여 이제는 세계 10위의 경제대국으로 발전하였다.

그 과정에서 국민의 생활수준도 크게 향상되어 앞서 언급한 것처럼 지난해 UNCTAD는 우리나라를 선진국으로 분류하였다. 이러한 국가 발전과정에서 장애인복지는 늦게 발달하기 시작하여 이제 겨우 나무를 키우는 상태에 머무르고 있다. 그러나 지금부터는 본격적으로 그 나무에 꽃을 피워야 한다. 그러기 위해서는 앞에서 얘기한 네 가지 과제를 적극적으로 해결해 나가면서 장애인복지를 완성해야한다. 장애인복지는 장애인문화를 꽃피울 때 완성할 수 있다.

일반적으로 문화란 사람들의 의식과 행위에 따라 파생하는 다양한 생활양식을 의미한다. 따라서 장애인문화란 장애인에 대한 생각과 행동에 관련된 모든 사항, 그러니까 장애인에 관한 인식·정책·제도·교육·재활·직업·예술 등 소프트웨어적인 요소와, 장애인이 쉽게 접근할 수 있는 각종 편의시설·주거환경 및 보조장구·교통표지물 등 하드웨어적인 요소를 아우르는 개념이다.

그렇다! 지금껏 모든 선진국에서는 장애인복지가 발전하여 장애인문화가 굳건하게 뿌리내리고 있다. 모름지기 장애인문화를 수준 높게 이루는 것은 우리가 성숙되고 완전한 선진국으로 자리 잡기 위해서는 빠트릴 수 없는 요소이다. 앞으로 우리나라가 선진국답게 장애인복지가 발달하고 아울러 '인간사랑'으로 '장애인문화'를 활짝 꽃피워 나가기를 열망한다.

저자(차흥봉) 인터뷰 1

장애인복지, 새천년 새희망을 추구하자!
- KBS 내일은 푸른 하늘 (2000. 1. 3.) -

안녕하세요. 장애인문인협회장 방귀희입니다. 지금부터 '내일은 푸른 하늘'을 진행하겠습니다. 새 천년은 모든 어려움 특히 장애의 고통으로부터 자유로워져서 장애인들이 그 어떤 차별도 받지 않는 완벽한 복지사회가 되었으면 합니다. 장애인 여러분들의 새천년 소망을 들으면서 오늘 시간 시작하겠습니다. 장애를 갖고 있는 모든 분들의 소망을 전해드리고, 과연 장애인복지가 어떻게 발전할 것인지 알아보기 위해 모셨습니다. 장애인복지의 주무부처인 보건복지부의 차흥봉 장관입니다.

Q1. 가장 바쁘신 시간이실 텐데 귀한 걸음 해주셔서 감사합니다.

"오히려 장애인복지에 관한 새천년 특집을 마련해 주신 것에 대해 제가 감사를 드리고 싶습니다. 그리고 이 자리를 빌어 국민 여러분과 400만 장애인 가족 여러분께 인사를 드리겠습니다. 새천년 새해 복 많이 받으십시오."

Q2. 지금 장애인들의 소망을 들어보셨는데요. 이런 소망이 장애인복지 정책에 반드시 반영되어야 하지 않을까 해요.

"그렇습니다. 우리 장애인들이 다양한 소망을 갖고 있는 것을 잘 알고 있습니다. 정부는 장애인들의 소망을 정부정책에 반영하기 위해 열심히 노력하고 있고, 상당한 성과를 거두기도 했습니다만 아직 부족한 점이 많은 것 또한 사실이어서 아쉬운 마음을 갖고 있습니다. 새해에는 장애인들의 소망을 실현하는데 더욱 노력하겠습니다."

Q3. 장관님께서는 과거 공무원 시절 장애인복지 분야에도 직접 근무하신 걸로 알고 있는데 장애인복지의 목표를 어디에 두고 계신지요.

"장애인복지의 이념은 동등한 인간적 가치에서 출발합니다. 즉 장애인도 완전한 능력을 소유하고 있고, 우리사회에서 꼭 필요한 사람으로서 인간답게 살 권리가 있다는 것입니다. 따라서 특별한 대우나 차별 없이 교육과 직업 등 모든 분야에서 동등한 기회를 보장함으로서 장애인의 완전한 사회참여와 평등이 보장되는 사회를 구현하고, 그 속에서 장애인이 비장애인과 함께 스스럼없이 살아갈 수 있도록 만들어 나가는 것이 장애인복지의 목표라고 말씀 드릴 수 있겠습니다."

Q4. 물론 지금까지도 장애인복지가 지속적으로 발전해 왔지만 2000년 새해에는 정말 장애인들이 원하는 만큼의 발전을 이룩했으면 해요.

"먼저 그 동안의 우리나라 장애인복지사를 간략하게 회고해 보겠습니다. ⊙'70년대 말 이전에는 전체적으로 빈곤과 질병 속에서 장애인복지에 관심을 가질만한 여력이 없었던 만큼 장애인복지의 암흑기였다고 표현할 수 있을 것입니다. ⊙'80년대는 장애인복지의 생성기 즉, 여명기라고 말할 수 있는데 경제발전과 도시산업화로 인한 사회문제가 증가 되면서 점차 장애인 문제에도 관심을 갖기 시작했습니다.

▶ UN이 정한 '세계장애인의 해'를 맞아 ■심신장애자복지법 제정(1981), ■보건복지부에 장애인 전담 부서 설치(1981), ■장애인등록제도 도입(1987), ■서울패럴림픽대회 개최(1988).

⊙'90년대에는 장애인복지 확대기로 저소득층 장애인에 대한 생계비 지원 등 기본적인 복지서비스를 확충해 나가면서, 장애인의 기본적 권리를 보장하기 위한 제반 제도의 기틀을 마련한 시기였다고 말할 수 있겠습니다. 1988 서울패럴림픽은 90년대 이후 장애인복지 발전에 큰 계기가 되었습니다.

▶ ■장애인복지대책위원회구성(1996) 및 장애인복지발전 5개년 계획 수립·시행(1997) ■장애인·노인·임산부 등의 편의증진 보장

에 관한 법률 제정(1997) ■장애인 정책 전담국(심의관) 설치(1997) ■장애인 인권헌장선포(1998) ■장애인복지법 전면개정(1999)

이러한 기틀 속에서 올해는 특히 새천년이 시작되는 첫해인 만큼 장애인복지를 위한 여러 가지 시책을 준비하고 있습니다. 우선 만성 신장 및 심장장애, 중증 정신장애, 자폐장애인 등 약 23만 명이 장애 범주에도 포함되어 보호와 지원을 받게 됩니다. 그리고 2002년 이후에는 만성호흡기간질환·만성 알콜·약물중독까지 장애범주를 확대하기 위해 현재연구를 진행하고 있습니다.

또한 장애인 직업재활사업이 획기적으로 개선됩니다. 지난해 마련된 장애인고용촉진 및 직업재활법이 7월 1일부터 시행되면서 다양한 고용서비스가 지원되도록 하고, 장애인복지관 등 지역사회 내의 직업재활 실시 기관을 통하여 직업상담 등 전문 서비스를 제공해 나갈 계획입니다. 아울러 장애인생산품 판매 촉진을 위해 판매시설을 증설하고(1999년 7개소 → 2000년 10개소) 정부와 공공기관에서 장애인생산품을 우선 구매하는 발주지정제도를 도입·시행합니다.(복사용지와 면장갑, 칫솔 등 6개 품목)

그리고 저소득 장애인에 대한 생활안정 지원사업을 확대해나가고 재활서비스도 계속 강화해 나가겠습니다. 월 45,000원씩 지원하는 장애수당을 장애범주 확대로 추가 등록하는 장애인까지 확대 지원('99년 61천 명 → 2000년 77천 명)하고 의료비와 교육비도 계속 지원해 나가겠습니다. 장애아동부양수당과 보호수당 지원에 필요한 예산을 금년에 확보하여 2001년부터는 지원될 수 있도록 추진해 나갈 계획입니다.

또한 재가장애인을 위한 복지관 등 지역사회재활시설을 확충하고 시청각 장애인의 의사소통을 지원하기 위해 시각 장애인 심부름센터와 수어통역센터도 각각 16개소에서 21개소로 확충해 나갈 계획입니다. 특히 올해에는 작년에 조성한 '편의시설촉진 기금(30억 원)'을 활용하여 편의시설을 대폭 확충하는 등 장애인의 사회참여 및 복지증진을 도모해 나가겠습니다."

Q5. 장관님께서는 복지전문가로서 우리나라 사회복지행정을 맡으셨기 때문에 국민들의 기대가 큰 데요. 특히 새해에는 국민기초생활보장법의 시행 등 우리나라 사회복지사에 일대 변화가 일어날 것으로 예상하고 있지 않습니까.

"대통령께서는 2000년대 우리의 복지국가 비전을 제시하면서 중산층 육성과 서민생활 향상을 위한 생산적 복지정책을 추진하겠다고 말씀하셨습니다. 이에 따라 보건복지부에서는 국가복지정책을 대 전환하여 모든 저소득 국민의 기초생활을 보장하고 의료보험국민연금 등 사회보험제도를 내실화하여 모든 국민이 질병으로부터 해방되고 노후에 안정적인 삶을 영위해 나갈 수 있도록 복지정책을 추진하고 있습니다.

특히 지난해 8월 13일 국회에서 국민기초생활보장법이 통과됨에 따라 지난 40여 년간 시행해온 생활보호법에 의한 시혜적이고 단순한 보호차원의 시책으로부터 저소득층에 대한 국가책임을 강화하는 복지시책으로 전환하는 계기를 마련하게 되었습니다. 이번 국민기초생활보장법의 주요내용을 보면 현행 생활보호법에서 규정하고 있는 연령이나 소득. 재산기준에 관계없이 최저생계비에 미달하는 모든 가구에 대하여 생계비를 지급하며(현재 54만 명 → 2001년 약 190만 명), 주거보호와 긴급보호를 신설하여 주거안정과 긴급생계지원을 강화했습니다.

이와 함께 근로능력이 있는 분들에 대해서 근로 유인정책을 동시에 병행함으로써, 근로의욕의 감퇴를 방지하는 제도적 장치를 마련했습니다. 가구규모·가구특성·지역의 3가지 변수를 고려한 최저 생계비를 매 5년마다 계측하여 발표함으로써, 최저생계비 이하의 분들에 대한 기초생활을 보장 하도록 하였습니다. 또한 이미 선진국에서는 보편화되어 있는 수급대상자의 소득이나 재산에 대한 자산조사(means test)제도를 도입하겠습니다. 이를 위해 사회복지전문요원을 확대하고(현행 3,000명→7,200명) 이들의 개인 PC에 고용 전산망과 행정전산망 등이 연계되도록 D/B도 구축해 나가겠습니다."

Q6. 장애인들의 가장 큰 관심은 역시 직업 문제 이거든요. 앞으로는 중증장애인 고용업무를 보건복지부에서도 관장을 하게 되지 않았습니까. '장애인고용촉진 및 직업재활법'이 국회에

서 의결이 되었는데 종전의 장애인고용촉진법으로 하지 못했던 일들을 하시게 되었지요?

"장애인복지는 예방·재활·통합의 과정이 하나의 체계 하에서 서로 연계되어 이루어져야 합니다. 이중 직업재활은 의료재활·교육재활·사회심리재활 등 모든 재활의 완성단계로서 장애인의 사회통합의 필수요건 입니다. 이번에 장애인고용촉진 및 직업재활법이 마련됨에 따라, 이러한 재활서비스에 강점을 갖고 있는 보건복지부가 장애인 고용업무에 참여하게 되어 장애인에게 보다 전문적이고 체계적인 서비스제공이 가능할 것이며, 특히 그 동안 정책에서 다소 소외되어 온 중증장애인에 대한 관심이 보다 높아질 것으로 기대합니다.

앞으로 노동부와 교육부 등 관계 기관과의 협조 하에 의무고용·지정고용·지원고용·보호고용·자영업자 지원 등과 같은 다양한 고용형태를 개발하고, 직업상담·직업능력평가·직업적응훈련·직업훈련·취업알선·취업 후 지도 등 각 단계별로 체계적인 서비스를 제공하여 직업재활을 촉진해 나갈 계획입니다."

Q7. 새해에는 중증장애인들도 취업을 해서 스스로 자립할 수 있는 기회가 생기겠군요. 그리고 장관님은 장애인에 대해서 각별한 사랑을 갖고 계신 것으로 알고 있어요. 복지시설이나 달동네 장애인 가정 등 어려운 분들을 종종 방문 하신다면서요.

"제 개인적인 입장에서 보면 과거 보건복지부 공무원 시절 지금과 같이 전담 국과는 없었지만 장애인복지업무를 담당하는 과에서 장애인복지의 모태가 되었던 심신장애자복지법 제정 등 관련 업무를 수행했습니다. 대학교수로 일하면서도 장애인복지 등 사회복지분야에 계속 관심을 갖고 공부를 해왔기 때문에 말씀 하신 대로 장애인에 대해 남다른 애정을 갖고 있습니다.

장관 취임이후 바쁘다는 이유로 많은 기회를 갖지는 못했지만 15~6회 정도 현장의 어려운 분들을 찾아 뵌 것 같습니다. 앞으로도 우리 장애인들을 포함해서 어렵게 생활하고 계신 분들과 직접 만날 기회를 많이 만들어서, 현실에 맞는 정책과 가슴에 와 닿는 정책이 수립되고 집행될 수 있도록 노력해 나가겠습니다."

제20회 장애인의 날 기념식

Q8. 그래서 현실적인 복지정책이 나오고 있는 것이군요. 우리나라 사회복지도 이제 세계적인 수준으로 끌어올려야 할 텐데요. 우선 지난 '97년 말 "장애인복지발전5개년 계획"을 수립하신 걸로 알고 있는데 계획대로 잘 진행이 되고 있는지요?

"복지와 교육, 고용부문을 연계시킨 '장애인복지발전 5개년계획'이 1998년부터 2002년까지 시행되고 있습니다. 그동안 정부에서는 이 계획을 착실히 추진하여 일부 부분적으로는 미진한 분야도 있습니다만 전체적으로 볼 때 계획대로 잘 진행 되고 있습니다. 앞으로 장애인복지법에 따라 국무총리 소속하에 장애인복지조정위원회(종전의 장애인복지대책위원회를 대체)가 설치되면 이 위원회를 통해 계속해서 내실 있는 집행이 이루어지도록 조정 평가해 나갈 계획입니다."

Q9. 21세기에는 국제장애인 체육행사도 치러야 하지요?

"새천년에는 장애인들이 모든 사회생활을 하는데 있어 사회구성원으로서 당당하게 참여할 수 있어야 합니다. 체육활동을 하는데 있어서도 비장애인과 같이 균등한 기회가 주어져야 할 것입니다. 부산아시안게임 종료 후인 2002년 10월 26일부터 11월 1일까지 부산광역시에서 제8회 아시아태평양 장애인 경기대회가 개최됩니다. 이 대회에는 아시아태평양 지역 45개국에서 약 2,500여 명이 17개 종목에 참가할 것으로 예상하고 있습니다. 이 대회가 성공적으로 개최되어 '88서울패럴림픽에 이어 또 한 번 우리나라 장애인복지와 체육발전에 획기적인 계기가 될 수 있도록 대회준비를 차질 없이 해 오고 있습니다."

Q10. 지금 장관님 말씀 하나 하나에 귀 기울이고 있는 장애인 가족들이 많습니다. 덕담 삼아서 희망적인 말씀을 해주세요. 그 말씀이 새천년을 기대에 차게 해 줄 것으로 믿습니다. 정말 장애인을 위해서 더 많은 일을 해주실 것을 부탁드립니다. 우리의 삶은 참으로 고귀한 것입니다. 그렇기 때문에 삶의 질을 향상시켜서 모든 사람들이 그 고귀함을 잃지 말아야 합니다.

하지만 우리 사회는 자신이 책임질 수 없는 장애라는 굴레 때문에 소외된 장애인들이 많습니다. 장애인들이 장애라는 굴레에서 벗어날 수 있도록 해주는 것이 장애인복지입니다. 장애인들이 우리사회 속에서 스스럼없이 살아갈 수 있을 때 그 때 비로소 장애인은 우리사회 중심부에 떳떳이 설 수 있게 될 겁니다. 2000년 새해는 바로 그런 목표를 향한 출발점입니다.

"우리나라의 장애인복지는 20세기 〈암흑기와 여명기를 거쳐 이제 아침〉이 시작되는 희망의 21세기를 맞이하고 있습니다. 서두에서도 말씀드렸듯이 정부에서는 우리 장애인들이 차별받지 않고 자신들의 능력을 100% 발휘하면서 비장애인들과 함께 스스럼없이 살 수 있는 사회를 만들기 위해 계속 노력해 나갈 것입니다.

장애인 가족 여러분도 아직 어려운 점이 많이 있겠습니다만, 희망을 가지시고 꿋꿋하게 가정과 지역 사회에서 주어진 역할에 충실해 주실 것을 부탁드립니다. 모쪼록 장애인 여러분과 여러분의 가정에 항상 사랑과 행복이 가득하길 기원 드립니다."

제20회 전국장애인체육대회 개회식(2000.6.13.~15.)

저자(차흥봉) 인터뷰 2

장애인복지, 새천년을 바라보면서!
- 함께 걸음 (1999. 9월호) -

차흥봉 보건복지부 장관은 드물게 이론과 행정 경험을 동시에 가지고 있는 장관이다. 오랜 동안 대학에서 사회복지학과 교수로 재직했기 때문에 사회복지 전문가로 널리 알려져 있지만, 교수가 되기 전 그는 보건복지부 전신인 보건사회부에서 복지행정을 펴는 중간 책임자로 일했던 경력을 가지고 있다.

그래서 어느 때보다도 국민복지가 중요시되고 있는 요즈음 복지이론과 행정에 밝은 그가 복지부장관으로 임명된 것은 적격 인사라고 평가를 받고 있다. 그가 장관으로 취임한 후 때마침 장애인복지에도 큰 의미가 있는 국민기초생활보장법이 제정돼서 내년 10월부터 시행되게 됐다. 장관이기 이전에 사회복지 전문가인 차흥봉 보건복지부 장관을 만나 분배정책의 첫 시발점인 국민기초생활보장법 제정 후 변화와 장애인복지 현안에 대한 이야기를 나눠 보았다.

Q1. 복지부 사상 처음으로 복지전문가가 장관으로 취임해서 장애

인복지 뿐만 아니라 사회복지계도 많은 기대를 가지고 있습니다. 이제 취임 3개월을 맞아 감회가 남다를 것 같은데 어떤 각오로 일하고 계신지요.

"특별히 복지전문가라고 해서 내세울 것은 없습니다. 다만 이런 저런 인연으로 약 30년을 복지 분야에 몸담고 있었습니다. 제가 공무원 생활을 14년 정도 했는데 그 때도 주로 복지 분야에 있었고, 그 다음에는 대학교수로 가서 만 16년 정도를 사회복지정책에 대해서 강의를 했습니다. 그러다 약 20년 만에 다시 친정인 복지부에 돌아온 셈인데 복지부의 일도 그 동안 굉장히 많이 발전했습니다.

그리고 현재는 20세기를 마감하고 21세기 문을 여는 시점입니다. 이제 우리나라도 사회복지를 본격적으로 실시할 때가 됐습니다. 그럴 때 장관으로 일하게 되어 책임감을 크게 느끼고 있습니다. 복지시대를 여는데 사회복지분야에 경험이 있는 사람으로서 참으로 할 일이 많다는 걸 절감하고 있습니다."

Q2. 제정과정에서 논란이 있었지만 최근에 마침내 '국민기초생활보장법'이 제정됐습니다. 주무부처 장관으로서 국민들의 이해를 돕기 위해 먼저 '기초생활보장법'이 어떤 법인지 설명해 주시죠.

"지난 8월 13일 제206회 임시국회에서 국민기초생활보장법이 통과돼서 드디어 우리나라도 국민기초생활보장법을 갖게 됐습니다. 우리나라 사회보장 분야에서 매우 획기적인 법이 이번에 제정됐습니다. 이 법의 기본적인 내용은 '국민의 최저생활을 정부가 보장 한다'는 겁니다. 물론 우리나라 헌법에는 국민의 인간다운 생활이나 최저생활을 보장한다고 규정돼 있지만, 구체적으로 실정법에서 하나의 프로그램적인 법을 갖추기는 이 법이 처음입니다.

이 법 제정으로 자동 폐기된 생활보호법이 종전에 있었지만, 실질적으로 국민의 최저생활을 보장하는 여러 가지 수준·장치·방법들이 규정되어 있지 않은 법률이었기 때문에 생활보호법으로는 국민의 최저생활 보장이 안됐습니다. 그에 반해 기초생활보장법은 국민의 최저생활 보장을 위한 최저생계비 계측, 최저생계비 이하의 국민에 대한 최저생활의 보장, 구체적인 급여, 그 급여를 지급하기 위한 여러 가지 방법과 조사 등에 대해서 실질적으로 규정하고 있습니다."

Q3. 국민기초생활보장법이 시행되면 우리나라 복지에 어떤 변화가 있을지 궁금해 하는 장애인들이 많습니다. 단순히 생계비만 인상해서 좀 더 많은 저소득 국민들에게 지급하는 것인지 아니면 정부가 그 외에 다른 복지서비스도 제공하는지 구체적으로 얘기해 주시죠.

"여러 가지 복지서비스가 제공됩니다. 생계보호, 의료보호, 주거보호, 교육, 생활보호와 해산·장제 등 사람의 기본적 일상생활에 필요한 것은 다 포함해서 말 그대로 국민의 최저생활을 보장하는 것이 이 법의 취지입니다. 이 법은 서두에도 말씀드렸지만 종래의 생활보호제도와 비교해서 달라진 게 많은데, 그 중에서 최저생계비를 계측해서 그 이하의 국민에 대해서는 정부가 최저생활을 보장한다는 것이 가장 중요한 내용입니다.

이전의 '생활보호법'은 인구학적인 특성이라든지 신체적 특성으로 구분해서, 18세 미만의 아동, 65세 이상의 노인, 장애인과 같은 구분을 두어서 생활보호 혜택을 줬는데, 이제는 그런 구분을 폐지해서 누구든지 연령의 구분 없이, 장애여부와 관계없이 빈곤선 이하로 떨어지면 정부가 기초생활을 보장하게 됩니다.

복지부는 이를 위해 조만간 실태조사를 해서 조사결과를 바탕으로 저소득 국민들에게 차등급여를 실시할 예정입니다. 이를테면 최저생계비가 23만 4천 원으로 책정되고 저소득 국민 김 아무개 씨의 실제소득이 월 15만 원이면 정부가 부족분 8만 원을 지원해주는 거죠. 그리고 이 법의 또 하나의 특색은 복지급여를 그냥 주면 경우에 따라서는 사람을 게으르게 할 수 있기 때문에, 저소득 국민들이 스스로 자립을 할 수 있도록 유도하는 제도적 장치를 만들어 놓았다는 것입니다."

Q4. '기초생활보장법' 시행에 있어서 관건은 최저생활을 보장하

는데 따른 막대한 예산을 어떻게 마련하느냐가 향후 문제로 대두될 것 같은데요. 경우에 따라서는 예산 마련의 어려움 때문에 이 법 시행이 제대로 이루어지지 못할 수도 있다는 시각도 있습니다. 구체적으로 법 시행에 예산이 얼마나 필요하다고 보십니까?

"지금 현재 빈곤층의 어려운 국민들을 위한 생활보호사업에 정부가 쓰는 돈이 약 1조 3천억 원 정도입니다. 기초생활보장제도를 내년에 시행한다고 할 때 1년에 드는 돈이 얼마 정도 될 것이냐는 것은 이 법을 적극적으로 시행하는 경우와 보수적으로 시행하는 경우가 다를 수 있는데 제 생각에는 시행 첫 해 드는 돈 약 1조 수천 억 원이 추가적으로 필요하다고 보고 있습니다."

Q5. 아무래도 '기초생활보장법'에 대한 장애인들의 관심은 이 법과 장애인복지가 어떤 관련이 있을까 하는 점인데 이 법 제정으로 장애인복지에 어떤 변화가 있을 것으로 보는지 설명해 주시죠.

"기본적으로 '기초생활보장법'은 장애인이라고 해서 정부가 도와주는 것이 아니라, 경제활동 능력 즉, 소득이 부족하면 정부가 지원한다는 것입니다. 이렇게 장애인과 비장애인을 구분하지 않고 소득에 따라 지원하는 것이므로, 어떻게 보면 장애인에 대한 차별이 철폐됐다고 볼 수 있습니다. 예전에는 장애인이기 때문에 도와준다는 것이었습니다. 이 시각은 암묵적으로 장애인은 무능하다, 그래서 도와준다는 인식을 배경에 깔고 있는 것이죠.

그래서 이게 장애인에겐 하나의 낙인이 되기도 했었습니다. 그런 의미에서 장애인들은 이 법에서 장애인 차별철폐를 가장 큰 의미로 받아들일 수 있을 겁니다. 그리고 또 '기초생활보장법'이 시행되면 현재 여건에서 볼 때 장애인들이 가장 많은 혜택을 받게 될 것으로 저는 전망하고 있습니다."

Q6. 현재 장애계의 가장 큰 현안은 '직업재활법' 제정 문제입니다. 이 법이 제정되면 장애인 직업문제를 관장하는 부서가 복지부가 되는데 현재 복지부는 이 법 제정에 소극적인 입장을 가지고 있는 것으로 비쳐지고 있습니다. 이런 시각에 대해 장관으로서 어떻게 생각하는지 얘기해 주시죠.

"직업재활법과 장애인고용제도에 대한 기본적인 제 철학은 장애인의 재활 및 복지는 예방·재활·통합이라는 일관된 체계 속에서 이루어져야 한다는 겁니다. 그런 관점에서 봤을 때 직업재활은 재활서비스의 완성단계입니다. 이 단계가 돼야 장애인이 사회적으로 통합된 생활을 할 수 있는 것이죠. 따라서 장애인고용촉진 사업, 즉 장애인 직업재활사업은 장애인에 대한 복지사업의 일관된 체계 속에서 사고하고 이루어져야지, 복지부가 할 것이냐 노동부가 할 것이냐 하는 부처이기주의 가지고 얘기를 할 사항은 아니라고 봅니다."

Q7. 직업재활법 제정을 반대하는 일부의 주장은 복지부가 시혜적인 부처여서, 장애인 직업문제를 복지부가 맡으면 역시 시혜적인 차원에서 이 문제도 접근할 것이라는 지적을 하고 있습니다.

"저는 장애인과 관련된 제도나 정책을 기본적으로 권리의 개념으로 보고 있고 그것을 존중합니다. 이 말은 복지라는 건 기본적으로 인간의 존엄성, 인간으로 태어나서 인간답게 살 권리와 인간으로서의 품위를 유지할 권리가 있다는 것입니다. 그런 의미에서 장애인은 여러 가지 서비스나 수당을 받을 권리가 있는 거죠. 우리나라는 복지가 미국의 영향을 많이 받아서 베풀어주는 것이고, 시혜적인 것이라고 보는 시각이 있는데 기본적으로 복지는 권리이지 시혜가 아닙니다."

Q8. 현재 장애인 문제 중 심각한 양상을 띠고 있는 것이 바로 중증장애인 문제입니다. 중증장애인이 처해 있는 어려운 삶의 여건을 볼 때, 결국은 소득보장이 문제 해결의 열쇠라는 결론을 도출할 수 있겠는데요. 현재 국민연금제도가 실시되고 있지만 중증장애인들은 이 제도 수혜자에서 제외되고 있습니다. 외국의 경우 무 갹출로 장애연금을 지급하고 있는 것에 비해, 우리나라 중증장애인들은 소득보장이 이뤄지지 않아 어려운 삶을 살고 있습니다. 지금쯤 대책을 마련할 때라고 보는데 어떻게 생각하십니까.

"장애인의 소득보장 문제는 직업재활을 통해서 취업을 하고, 그 소득으로 자립적인 생활을 하는 것이 재활의 기본적인 목표이자 완성된 형태입니다. 대다수 장애인들이 그렇게 사는 형태가 바람직하겠죠. 하지만 일반고용이 어려운 중증장애인의 경우 기본적으로 소득보장체계는 연금으로 이뤄져야 합니다. 지금도 국민연금에 가입한 성인이 매월 연금 보험료를 납부하다가 어느 날 사고로 장애인이 되면 그 때부터 국민연금 제도상 장애연금을 받고 있습니다. 문제는 국민연금에 가입하지 않고 있거나 가입하였더라도 연금보험료를 납부하지 않고 있는 장애인입니다.

또 선천적으로 장애를 가지고 있거나 혹은 아주 어렸을 때 국민연금에 가입하지 않은 상태에서 장애인이 됐을 때 연금을 지급 받지 못하고 있는 것도 문제입니다. 이런 경우 다른 나라는 두 가지 제도를 시행하고 있습니다. 하나는 무 갹출 연금을 지급하는 것이고, 또 하나는 공공부조 즉 장애수당 등을 통해서 중증장애인의 소득을 보장해주는 경우입니다. 현재 우리나라에서는 수당제도가 막 시작되었습니다. 장애수당·생활보호수당·장애아동수당 형태로 발전되고 있는데 현재 한 달에 4만 5천 원 정도니까 그 액수는 얼마 되지 않습니다.

하지만 수당도 모든 장애인에게 다 지급할 수는 없습니다. 우리나라 사회체제의 성격으로 보아 경제적으로 부유한 장애인에게는 지급할 수 없습니다. 결국 대상은 저소득 중증장애인으로 한정해서 일을 할 수 없는 장애인에게 생계보조차원에서 일정한 액수를 지급하고 있습니다. 수당의 종류는 두 가지입니다. 우선 기초생활보장법에 의해서 최저생계비 이하로 사는 장애인에게 최저생계비를 보장해주는 소득보장 성격의 수당이 있고, 기초생활보호대상자가 아니지만 장애인으로서 생활이 어려울 때 지급하는 생활보조적 성격의 수당이 있습니다."

Q9. 수당보다는 장애연금 지급으로 중증장애인의 소득보장을 해주는 게 바람직하지 않나 라는 생각이 듭니다.

"장기적으로 볼 때 수당제도가 발전되면 효과나 성격은 장애연금과 같을 거라고 봅니다. 수당이냐 연금이냐 하는 문제는 외형상으로는 별 차이가 없고 다만 연금이 권리적 성격이 보다 강하다고는 볼 수 있겠죠. 앞으로 국민기초생활보장법이 시행될 것이고, 장애인수당은 중증장애수당과 장애아동보호수당으로 곧 시행될 겁니다. 이렇게 수당제도를 발전시켜나가면 소득보장 문제는 일정 부분 해결될 수 있을 것으로 보고 있습니다."

Q10. 마지막으로 장애인의 사회통합과 관련해 질문을 드리겠습니다. 장애인복지의 궁극적인 목적은 사회통합인데 사회통합이 어떻게 가능할 것인가를 놓고 그 동안 논란이 많았던 게 사실입니다. 복지부 장관으로서 장애인 사회통합이 어떻게 가능할 지 견해를 말씀해 주시죠.

"장애인 사회통합은 장애인이 스스로 자립하도록 정부가 여러 가지 복지서비스를 제공해서, 장애인이 사회에서 정상적인 생활을 할 수 있도록 하는 것이 전형적인 모습입니다. 그리고 장애인이 사회 환경 속에서 함께 어울려 살아가려면 편의시설과 같은 물리적인 환경을 개선하여 접근성을 높이는 것도 중요합니다.

편의시설 얘기가 나와서 드리는 말씀입니다만, 제가 20년 전에 보건사회부 장애인 담당 과장으로 있을 때는 우리나라에 장애인 편의시설이 하나도 없었습니다. 예를 들어 1980년에 김포공항 제1청사가 최신식 건물로 지어져서 준공을 했는데 장애인을 위한 화장실이 없었습니다. 그게 신문에 톱기사로 보도되었습니다.

그래서 제가 문제제기를 했죠. 적어도 우리나라의 관문인 김포공항에 장애인 화장실이 없어서야 되겠느냐고 지적을 했습니다. 그 결과 겨우 김포공항에 장애인 화장실이 생겼습니다. 장애인 사회통합을 위해 제가 중요하다고 생각하는 또 한 가지는 제도적인 장벽을 철폐하는 것입니다. 그동안 장애인을 차별하는 제도적 장벽이 하나 둘씩 많이 철폐되었습니다만 아직도 남아있는 장벽이 많습니다. 그것들을 깨끗하게 철폐해야 합니다. 그리고 중요한 것은 장애인에 대한 국민인식을 개선하는 문제입니다.

예전에 제가 아는 한 장애인 교수가 스웨덴에 갔는데 거기서는 자신이 장애인이라는 사실을 전혀 느낄 수가 없었다고 말하는 걸 들은 적이 있습니다. 스웨덴에서는 아무도 그를 특별하게 대해주지 않고 특별하게 차별하지도 않아서 스스럼없이 살 수 있었다는 것입니다. 그래서 스웨덴이 복지국가구나 라는 생각이 들었다는 거예요. 스웨덴처럼 우리나라가 장애인에 대한 인식개선이 이루어지려면 아직 시간이 많이 필요한 것이 사실입니다. 우리 사회는 장애인에 대한 차별의식이 강하게 남아 있는 게 현실입니다. 오랜 문화와 전통 때문에 편견과 차별의식이 남아있는데 그런 부정적인 국민인식을 없애는 게 매우 중요합니다.

마지막으로 장애인 사회통합이 이루어지려면 장애인과 가정도 문제해결에 적극적으로 나서야 한다고 봅니다. 인구조사를 하는데 한 가정에서 뇌성마비장애인을 가족으로 여기지 않고 숨겼다는 얘기를 들은 적이 있습니다. 참 가슴 아픈 이야기이지요. 이렇게 되면 장애인은 의식구조에서 결핍의식을 느끼게 됩니다. 다른 사람들이 나를 봐주지도 않는다, 보더라도 자꾸 이상한 눈으로 본다는 거죠. 그런 생각이 결국 열등의식과 피해의식으로 나아가게 됩니다.

그래서 장애인들의 태도도 부정적인 방향으로 가는데 어떻게든 이걸 막아야 합니다. 교육이 하나의 방법이 될 수 있겠죠. 강조해서 말씀드리자면 장애인들이 다른 사람들과 어울릴 때 자신 없어 하면 장애인의 사회통합은 요원합니다. 장애인이 아무 거리낌 없이, 아무 부담감 없이 살아갈 수 있도록 해야 합니다. 제가 이 자리에 있는 동안 장애인들이 스스럼없이 살아갈 수 있도록 하는 사회통합을 위해 열심히 노력하겠습니다."

'88서울패럴림픽을 성공으로 이끈 세 사람!

1988년 10월 15일부터 24일까지 개최된 서울패럴림픽은, 국내적으로는 우리 장애인복지의 새벽을 열었고 국외적으로는 전 세계 장애인들에게 용기와 희망을 북돋우었다. 그런데 당시 안팎으로 온갖 어려움을 헤치고 서울패럴림픽이 성공적으로 개최되도록 철저하게 준비한 서울패럴림픽조직위원회(SPOC)에 3명의 주역이 있었다. 바로 제2대 고귀남 위원장과 김한규 실무부위원장과 조일묵 사무총장이다.

서울패럴림픽조직위원회 고귀남 위원장

외유내강의 탁월한 지도력으로 '88서울패럴림픽을 성공으로 이끌다

'88서울패럴림픽 위원장에 취임하다

1985년 8월 12일, 민주정의당의 고귀남(高貴男) 국회의원이, 서울패럴림픽대회조직위원회(SPOC)의 2대 위원장으로 취임하였다. 고귀남 위원장은 1933년 전남 강진에서 태어났다. 그리고 광주고등학교를 거쳐 전남대학교 공과대학을 졸업하고, 전남대학교 대학원에서 경영학 석사와 조선대학교 대학원에서 경영학 박사 학위를 취득하였다. 그리고 언론계로 진출하여 전남매일신보사의 정치부장과 편집부국장 등을 역임하였다.

이후 정계로 진출하여 1960년대와 1970년대에 걸쳐 민주공화당의 전라남도지부 선전부장·조직부장·사무국장 등을 두루 역임하였다. 이어서 1979년 유신정우회 예비후보 1번으로서 승계하여 초선 국회의원이 되었다. 그리고 1981년 3월 25일 시행된 제11대 국회의원 선거에서 민주정의당 전국구 후보로 당선됨으로서 재선 국회의원이 되었다.

그리고 1983년 전라남도 광주시 동구-북구지구당위원장 직무대리에 임명된 후에, 이어서 1985년 2월 12일 시행된 제12대 국회의원 선거에서 광주시 동구-북구 선거구의 민주정의당 후보로 입후보하여 당선되었다. 그래서 3선 국회의원이 되었다. 앞서 언급한 것처럼 8월 12일자로 SPOC 위원장에 선출되었다. 이어서 1987년에는 민주정의당 국책연구소(현 여의도연구원) 소장에 임명되기도 했다. 1988년이 끝난 후에는 장애인고용촉진공단 초대 이사장에 취임하였다.

왜 어렵고 험난한 3가지 길을 택했을까

앞서 열거한 고귀남 위원장의 경력을 쭉 살펴보면 몇 가지 특이한 점이 발견된다. 첫 번째는 대학 시절엔 공과대학에서 이공계를 전공하였음에도 불구하고, 졸업 후에는 전혀 생소한 언론사로 진출하여 기자로서 정치부장과 편집부국장 등으로 대단한 성공을 거두었다는 점이다. 두 번째는 정계로 진출함에 있어 당시 지배적인 지역정서와는 결이 다른 유신정우회로 출발하여, 민주공화당과 민주정의당에 몸담으면서 드물게 전국구와 지역구 국회의원을 섭렵한 3선의원이 되었다는 점이다. 세 번째는 그로서는 참으로 뜻밖이며 생소한 분야인 장애인분야와 인연을 맺어 한국 장애인복지사에 길이 남을 엄청난 역할을 했다는 점이다.

모름지기 고 위원장이 그런 어렵고 험난하지만 그렇게 그가 쌓아온 3가지 특이한 경력은 그 나름으로는 다 그럴만한 까닭과 믿음의 발로였다고 짐작된다. 먼저 당시에 통상적인 개념에서 기자는 대체로 대학에서 인문계를 전공한 사람들이 주로 선택하는 직업이었다. 그럼에도 굳이 이공계 전공자가 언론사 기자로 진출하는 것 자체도 쉽지 않거니와 더군다나 성공한다는 것은 남다른 결단력과 노력이 뒷받침 되었다는 것을 의미한다.

다음으로 1979년 이른바 12·12사태로 권력을 찬탈한 신군부세력에 의해 1980년 5월 18부터 27일까지 자행된 엄청난 만행과, 이에 맞선 5·18 광주민주화운동으로 형성된 지역정서를 무릅쓰고, 정치적인 선택을 했다는 것은 참으로 놀라운 용기로서 거기엔 분명한 까닭과 명분이 있었다고 여겨진다. 마지막으로 그때까지 어둠 속에서 철저하게 버려져 소외받고 있던 장애인 분야에 발을 들여 놓는다는 것 자체가 엄청난 모험이며 두려움이었음에도 불구하고, 감히 뛰어든 것도 그 나름으로는 분명 그렇게 판단한 까닭과 신념이 있었을 것이다.

전형적인 외유내강의 성품을 지녔다

　고 위원장을 잘 아는 지인들은 고 위원장이 그런 어렵고 힘든 길을 선택한 까닭은 그의 타고난 성격 때문이라고 한결같이 의견을 모으고 있다. 즉, 고귀남 위원장은 전형적인 외유내강(外柔內剛)의 성품을 지녔다. 바로 겉은 한없이 부드러워 그 누구도 고 위원장이 남에게 화를 내는 것을 본적이 없었다고 한다. 하지만 속은 정말 꿋꿋하고 곧아서 한번 마음먹으면 끝까지 밀고 나가는 강인한 추진력을 가졌다.

　따라서 겉으로는 평온하지만 첫 번째로 기자의 길을 선택할 때도 언론을 통해 사회정의를 구현해야한다는 차원에서 그런 어려운 선택을 했었다. 그리고 두 번째로 정치의 길을 선택할 때도 비록 당장은 지역정서와는 배치되는 것처럼 보이지만 장차 나라와 지역사회의 발전을 위해서는 자신은 오로지 그 길을 가야한다고 믿었다. 그리고 그 선택이 옳았음은 그 자신이 지역에서 당당히 국회의원으로 당선되었고 또 지역에서 사랑과 존경을 받았다는 것이 이를 증명한다. 마지막 세 번째로 그의 인생에서 가장 의미 있는 선택인 장애인들과 함께한 길에 대해서는 지금부터 자세하게 기술하려고 한다.

조용히 내실을 다지면서 때를 기다리다

　고 위원장이 SPOC의 위원장으로 취임한 1985년 8월 당시의 SPOC은 참으로 어려운 난제들이 산적해 있었다. 가장 근본적인 걸림돌은 장애인에 대한 인식이 형편없었던 까닭에 서울패럴림픽 자체에 대한 부정적인 인식이 팽배해 있었다. 그리고 가장 협조를 받아야할 서울올림픽조직위원회(SLOOC)는 너무나 냉담하였다. 당시 SLOOC은 제2대 노태우 위원장이 맡고 있었다. 그래서 고 위원장은 부임 후 SLOOC 노태우 위원장 실을 찾아갔다.

그리고 "서울패럴림픽도 국가적 행사이고 성공적으로 치러야 하므로 SLOOC에서 적극 지원해 달라"고 부탁을 했다. 하지만 돌아 온 대답은 "민정당에서 함께 정치활동을 하는 사람으로 당협 위원장 자격으로는 만나지만, 서울패럴림픽조직위원장으로는 찾아오지 않았으면 좋겠다"는 말만 듣고 왔다. 물론 추후 노태우 위원장이 대통령 후보가 된 후로는 적극적으로 지원했다. 하지만 고 위원장은 그날부터 각고면려(刻苦勉勵)면 고진감래(苦盡甘來)라는 두 가지 사자성어를 명심하게 되었다. 즉, 온갖 고생을 견뎌 내며 부지런히 노력하면, 쓴 것이 다하고 단 것이 오는 것처럼 고생 끝에 즐거움이 있다고 믿었다.

그래서 "조용히 내실을 다지면서 때를 기다리기"로 했다. 구체적으로는 무엇보다 SPOC의 예산을 철저하게 아껴 쓰기로 굳게 결심하였다. 당시의 SPOC는 SLOOC의 반대로 지원법 제정도 무산되어 뚜렷한 수익사업도 펼치지 못해 예산 상황은 엄청 곤궁에 처해 한치 앞도 내다볼 수 없었다. 그날부터 SPOC 직원들은 예산이 수반된 서류를 들고 위원장의 결제를 받기위해서는 야단도 많이 받고 때로는 수모도 겪었다. 고 위원장이 온화하다는 이야기는 어느새 쑥 들어가 버렸다. 결코 개인감정 때문은 아니지만 그래도 분위기가 이렇다 보니 간부회의나 결재를 받기 위해서는 우선 임·직원들은 긴장할 수밖에 없었다.

두 차례 어려운 선택, SPOC과 인연이 되다

그렇다면 고 위원장이 SPOC 위원장을 맡게 되고 그로인해 한국 장애인복지사에서 큰 역할을 하게 된 것은 어떤 연유 때문일까. 그것은 앞서도 살핀 것처럼 언론인의 길을 걷고, 정치의 길에서 집권 여당과 함께 했다는 두 차례의 결단과 장애인단체 전남지회의 후원회장 역할을 한 것이 서로 인(因)과 연(緣)이 되어 이루어졌다. 이에 대해서는 고 위원장이 부임 후 한 달여쯤 지난 후 어느 사석에서 스스로 밝힌 SPOC 위원장을 맡게 된 계기는 바로 이러했다.

정작 당사자인 고 위원장도 한동안 어떻게 해서 자신이 SPOC 위원장을 맡게 되었는지는 정확히 몰랐다고 했다. 그러니까 1985년 8월 초 갑자기 당시 보건복지부 이해원 장관이 SPOC 위원장을 맡아 달라고 요청하면서, 이 장관 자신도 대통령의 뜻이라고만 덧붙였다. 그래서 아무튼 무거운 짐을 지게 되었다고 생각하면서 정치권을 비롯해서 관계 인사들에게 전화를 했다. 그런데 당시 최영철 국회부의장이 "축하한다"면서 사실 그 자리는 자기가 하고 싶었다고 속내를 얘기하므로 앞으로 '열심히 잘 해야 겠다'는 다짐을 하게 되었다고 했다.

어느 날 전두환 대통령과 자리를 함께 할 기회가 생겨 비로소 그 자리에서 "어떤 이유로 SPOC 위원장을 나한테 맡겼느냐"고 물었다. "그 자리가 어려운 자리라는 것을 알았고, 그 일을 성공시킬 수 있는 인물이 누군지 찾아보니 바로 그대가 적격이었소"라고 말했다. 듣고 보니 자신이 한국신체장애인협회 전남지부장을 맡고 있는 고교동창생이 자신에게 도와달라고 해서 후원회장을 맡아서 하게 되었는데 그것이 대통령께 보고된 것으로 짐작하였다.

서울패럴림픽추진합동협의회 발족시키다.

드디어 서울패럴림픽 준비에 서광이 비추기 시작하였다. SLOOC의 노태우 위원장이 여당인 민주정의당의 총재로 가고, 1986년 5월 7일 SLOOC 3대 위원장으로 박세직 체육부 장관이 취임하였다. 때마침 SPOC 실무부위원장으로 노태우 총재와 박세직 위원장과 친분이 두터운 김한규 홀트아동복지회 회장이 취임하였다. 이에 따라 고 위원장은 기민하게 대처해 나갔다. 박세직 위원장이 1985년 2월부터 총무처 장관으로 재직 중일 때 서울패럴림픽 준비상황을 설명했던 조일묵 사무총장과 김한규 부위원장을 중심으로 SLOOC와 긴밀한 업무협의를 진행하였다.

그런데 새로 취임한 박세직 위원장은 장애인에 대해 무한한 사랑을 가지고 있었다. 장애인을 더불어 함께 할 긍정적인 대상으로 확실하게 여겼다. 따라서 당연히 장애인들의 세계적 스포츠 행사인 서울패럴림픽도 서울올림픽과 함께 성공적으로 개최되어야 한다고 생각하였다. 그래서 SLOOC이 SPOC을 지원하는데 걸림돌이 되고 있는 서울패럴림픽의 개최일자를 변경하기로 했다. 1987년 2월 27일 청와대에서 열린 [패럴림픽 준비 상황 및 지원계획 보고회]에서 당초 5월에 개최키로 된 서울패럴림픽을 서울올림픽이 끝나고 10월 15일부터 24일까지 개최하는 것으로 확정하였다. 이에 따라 SLOOC과 SPOC 간에 실무 협의를 거쳐 1987년 4월 17일자로, SLOOC 박세직 위원장과 SPOC 고귀남 위원장을 공동위원장으로 하는 [서울패럴림픽추진 합동협의회]를 정식으로 발족시켰다.

서울패럴림픽 후속 기구를 설립하다

1988년 서울패럴림픽은 성공적으로 끝났다. 그리고 국내의 언론들은 일제히 "장애인들에게 희망과 용기를 심어주었고, 비장애인들에게는 장애를 극복하는 인간능력의 위대한 감동을 보여 주었다"고 평가했다. 그렇게 대회를 잘 치를 수 있었던 것은, 바로 고 위원장이 이끄는 SPOC이 있었기에 가능하였다. 그렇다면 SPOC이라는 한시 조직을 어떻게 처리해야 할 것인가. 따라서 고 위원장은 SPOC 후속기구의 설립이 반드시 필요하다고 생각했다. 그래서 SPOC은 1989년 2월 22일 법인설립 발기위원회를 구성하고 두 차례 발기위원 총회를 개최하였다.

또한 후속기구 설립에 대한 논의가 본격화 되면서 대회 준비 기간 중 고 위원장을 중심으로 예산을 절약한 결과 58억 원의 잉여금이 든든한 마중물 역할을 했다. 청산에 필요

서울패럴림픽 시상하는 고귀남 위원장

한 8억 원을 제외한 50억 원과 SLOOC 지원금 50억 원을 합쳐 100억 원의 후속기구 기금이 확보되었다. 그리고 1989년 4월 28일 보건복지부의 법인설립을 허가를 받았다. 이에 따라 SPOC의 후속기구인 (재)한국장애인복지체육회가 1989년 5월 1일 정식으로 발족하였다.

장애인 복지·체육·문화예술로 3원화되다

서울패럴림픽이 성공적으로 끝나고, 1989년 4월 28일 SPOC의 후속기구로 한국장애인복지체육회가 설립되었다. 당초 한국장애인복지체육회는 서울패럴림픽 이후 장애인의 복지와 체육과 문화예술 진흥 등 세 가지 목적사업을 추진하는 것으로 설립되었다. 하지만 이후 한국장애인복지체육회는 ·복지 ·체육 ·문화예술 등 세 가지 목적사업을 각각 분리하여 운영하는 3개 단체로 분화된다. 먼저 한국장애인복지체육회는 2000년 3월에 한국장애인복지진흥회로 명칭을 변경한다.

이어서 장애인체육과 문화예술업무는 문화체육관광부로 이관하여 체육업무는 대한장애인체육회가 된다. 그리고 문화예술업무는 문화예술정책실의 예술정책과로 옮겨서 현재에 이르고 있다. 한편 한국장애인복지진흥회는 체육업무와 문화예술업무를 문화체육관광부로 이관한 뒤, '장애인복지진흥업무'만 수행하도록 결정되어 한국장애인개발원이 되고 있다. 오늘날 장애인복지는 고위원장이 SPOC 위원장으로 이룩한 성과가 장애인의 "복지·체육·문화예술"로 3원화되어 기둥 역할을 하고 있다. 고귀남 SPOC 위원장은 한국 장애인복지사에 참으로 큰 족적을 남겼다.

서울패럴림픽조직위원회 김한규 실무부위원장

숱한 난제들을 쾌도난마로 해결하다

김한규(金漢圭) 서울패럴림픽조직위원회(SPOC) 실무부위원장은 1940년 대구에서 태어났다. 그리고 미국 켈리포니아 주립대학교 국제행정학 석사와 러시아 국립사회과학원 정치학 박사를 취득하였다, 한편 미국 유학시절에는 재미한국유학생 회장을 지냈다. 이후 홀트아동복지회 회장, 제13·14대 국회의원, 민자당 총재비서실장. 김영삼 대통령직인수위원회 사회분과위원, 제31대 총무처장관 등을 역임하고 현재 21세기한중교류협회 회장을 맡고 있다.

한마디로 김한규 부위원장은 1986년부터 SPOC의 실무부위원장으로서, 대회준비에 가로놓인 숱한 난제들을 동분서주하며 쾌도난마(快刀亂麻)로 슬기롭게 풀었다. 그런데 김 부위원장이 장애인복지 분야와의 첫 인연은 1981년 홀트아동복지회 회장을 맡으면서 시작되었다. 홀트아동복지회는 1955년 미국인 홀트 부부(Harry Holt & Bertha Holt)가 한국전쟁으로 발생한 혼혈고아 8명을 입양한 것이 계기가 되어 발족되었다. 초기에는 혼혈아나 고아들을 미국 등 해외에 입양시키는 사업을 진행하였다.

장애인복지마을, '홀트일산복지타운' 조성

그러나 1972년 지금의 명칭으로 바뀌면서 입양 사업 외에 소외아동·청소년·비혼모·장애인·저소득계층·다문화가정 및 지역사회를 위해 전문적인 사회복지서비스를 제공하고 있다. 김 부회장은 홀트아동복지회 회장으로 취임한 후에 지적장애 아동 또는 자폐성장애 아동들의 수용보호시설인 '홀트일산원'을, 사랑이 보장된 시설로 완전히 탈바꿈 시켰다, 아울러 소비적 존재를 생산적 일꾼으로 바꾸는 직업재활관과 홀트체육관 등을 갖춘 장애인복지마을인 '홀트일산복지타운'을 조성하였다.

바로 이런 뚜렷한 성과를 바탕으로 수많은 난제가 가로놓인 서울패럴림픽조직위원회(SPOC)의 실무부위원장으로 취임하였다. 김 부위원장이 취임하자마자 가장먼저 해결한 과제는 서울올림픽조직위원회(SLOOC)의 적극적인 협조를 얻어낸 것이다. 서울패럴림픽이 성공적으로 개최되기 위해서는 무엇보다 SLOOC의 적극적인 협조가 필수적이었다. 그런데 1984년 1월에 서울패럴림픽이 유치되고 6월에 SPOC이 발족했지만 2년이 경과한 1986년 초까지 이런저런 사유로 SLOOC의 협조를 전혀 받지 못하였다.

그런 상황에서 SLOOC에 큰 변화가 일어났다. 제2대 노태우 위원장이 여당인 민주정의당의 총재로 가고 그 후임으로, 1986년 5월 7일 박세직 체육부 장관이 SLOOC의 3대 위원장으로 취임하였다. 김 부위원장은 전임 노태우 위원장과 신임 박세직위원장과는 두루 깊은 인연을 갖고 있었다. 특히 신임 박 위원장과는 같은 기독교 장로로서 남다른 관계를 유지하고 있었다. 그동안 SLOOC과 SPOC 간에 원활한 협력관계가 이루어지지 못하고 있었던 것은 두 가지 문제가 걸림

돌이었다.

SLOOC & SPOC 협조 체제 구축하다

첫째는 무엇보다 그 근원에는 SLOOC 측이 장애인을 바라보는 곱지 않은, 다시 말해 장애인을 함께 더불어 갈 대상으로 여기지 않는 인식에 기인하였다. 하지만 이 부분은 장애인사랑이 남다른 박 위원장이 취임함으로써 자연스레 해소되었다. 둘째는 서울패럴림픽의 개최시기가 문제였다. 당초 1981년 1월 서울패럴림픽 유치 당시의 개최시기는 서울올림픽 개최 기간인 10월 보다 앞서 5월에 개최토록 되어 있었다. 우리나라가 모든 역량을 경주하여 준비하고 있는 서울올림픽의 개최에 앞서 서울패럴림픽이 개최된다는 것은 대회 안전 문제 등 해결해야할 많은 문제가 대두되고 있었다.

그래서 1986년 10월 5일 아시안 게임을 성공적으로 끝낸 후부터 김 부위원장은 우선 박 위원장을 면담하고 본격적으로 SLOOC과의 실무 협의에 들어갔다. 그 결과 1987년 2월 27일 청와대에서 열린 "패럴림픽 준비 상황 및 지원계획 보고회"를 거쳐, 서울패럴림픽을 서울올림픽이 끝나고 10월 15일부터 24일까지 개최키로 변경하였다. 이에 따라 1987년 4월 17일 SLOOC 박세직 위원장과 SPOC 고귀남 위원장을 공동위원장으로 〈서울패럴림픽추진합동협의회〉를 정식으로 발족시켰다.

이로서 SLOOC과 휘장과 광고사업 등 수익사업과 예산지원 및 개폐회식 프로그램의 지원 등 제반사항에 관해 논의할 공식 협력 체제를 구축함으로써, 서울패럴림픽이 성공적으로 개최할 수 있는 근본적인 기틀을 마련하였다. 또한 김 부위원장은 국회올림픽특별위원회 위원으로서 역사적인 서울올림픽과 서울패럴림픽이 원만하게 개최되도록 국회차원의 지원에도 최선을 다 하였다.

사마란치 IOC 위원장 맞이하는 김한규 부위원장

그리고 서울패럴림픽이 성공적으로 끝난 후에는 여당인 민주정의당 소속 국회 보사위원(간사)으로서, 장애당사자들의 요구에 따라 1989년 12월 심신장애자복지법을 장애인복지법으로 개정하여 장애자라는 용어를 장애인으로 바꾸는데도 기여하였다. 김한규 SPOC 실무부위원장은 1981년 홀트아동복지회 회장으로 장애인과 맺은 인연은 이후 서울패럴림픽과 국회의원으로 역할을 계속 이어가며 한국 장애인복지 발전에 큰 공헌을 하였다.

서울패럴림픽조직위원회 조일묵 사무총장

다양한 경험으로 실무를 총괄하다

서울패럴림픽 준비 실무를 총괄하다

1988년 서울패럴림픽의 성공적인 개최와 관련하여 꼭 기억해야 할 인물이 있다. 바로 서울패럴림픽조직위원회(SPOC)에서 줄곧 대회 준비업무를 총괄한 조일묵(趙一默) 사무총장이다. 일찍이 조 총장은 1936년 충남 아산에서 태어나 한양대학교 공과대학 화학공학과를 졸업하였다. 중학생 때부터 대한적십자의 청소년 봉사활동에 참여하였고 대학 재학 시에는 총 학생회장으로서 4·19 혁명을 위해 앞장서서 투쟁하기도 했다.

그리고 대학을 졸업한 후에는 직업훈련 기술수준의 향상과 기술검정에 관심을 갖고 국제기능올림픽대회 한국위원회에서 사무처장으로 재직하였다. 이런 가운데 보건복지부는 1981년 유엔 '세계장애인의 해'를 기념하여 전국장애인기능경기대회를 개최하게 되었다. 이에 따라 비장애인 기능대회의 경험이 풍부한 중소기업진흥공단 조일묵 기술이사에게 제1회 전국장애인기능경기대회의 기술위원장을 맡겨서 대회를 성공적으로 진행하였다.

이럴 즈음에 보건복지부는 1984년 1월 서울패럴림픽을 유치하고 6월에 SPOC을 설립하였다. 이에 따라 SPOC의 초대 위원장은 이진우 국회사무총장이 임명되었다. 그러나 서울패럴림픽을 성공적으로 치르기 위해서는 준비 실무를 총괄할 사무총장을 적임자로 임명하는 것이 보다 더 급선무였다. 따라서 보건복지부는 국제기능올림픽에서 한국을 세계1위로 도약시킨 국제적인 경험과, 1981년 전국장애인기능대회 기술위원장을 역임한, 조일묵 중소기업진흥공단 기술이사를 SPOC 초대 사무총장으로 임명하였다.

SPOC의 세 가지 현안사항을 해결하다

조 총장은 적십자봉사활동을 비롯하여 학생운동과 기능올림픽 등을 거치면서, 각계에 풍부한 인맥과 다양한 업무 경험을 쌓았다. 이를 바탕으로 특유의 친화력과 뚝심과 조직 장악력을 더하여 많은 난제가 도사린 SPOC의 업무를 잘 풀어나갔다. 먼저 조 총장은 취임하자마자 SPOC이 당면하고 있던 세 가지 화급한 과제를 실무적으로 잘 마무리 지었다.

첫 번째는 서울패럴림픽의 대회 규모와 예산을 확대하였다. 보건복지부가 1984년 작성한 서울패럴림픽 유치계획서의 전체예산은 82억 원이었다. 당시에 급히 유치계획서를 만들어 대통령의 재가를 받아 신청하기 위해서는 규모를 축소 지향적으로 잡을 수밖에 없었을 것이다. 그렇지만 대회유치가 확정된 상황에서 이런 규모의 예산으로서는 하계올림픽과 동반개최를 내세울 만한 그런 적절한 수준은 전혀 아니었다. 이런 상황에서 조 총장은 190억 규모의 기본계획을 다시 수립하고 이 안을 보건복지부에 승인을 요청하였다. 이후 보건복지부에서 어렵게 승인이 났고 김정례 보건복지부장관이 청와대에 직접 보고하여 확정하였다.

두 번째는 대회 유치이후 아직 미결 상태로 남아 있던 ICC와 SPOC간 서울패럴림픽대회 개최에 관한 정식 조인을 마무리했다. 즉, 1984년 1월20일 오스트리아 인스부르크 ICC 총회에서의 유치 확정 후, 1984년 6월 19일 미국 뉴욕 ICC 총회에서 가조인식을 가졌다. 그리고 1985년 2월 1일 네덜란드 안헴 ICC 총회에서 대회개최에 회의적인 시각을 가진 분위기에서 이진우 위원장과 조 총장이 참가하여 정식조인을 했다.

세 번째는 당시 SLOOC 부위원장을 겸하고 있던 박세직 총무처 장관에게 SPOC의 부족한 예산과 편의시설 문제, 경기장과 선수 숙소 확보 등 현안 사항을 자세하게 설명했다. 이는 박세직 체육부 장관이 1986년 5월 SLOOC의 제3대 위원장으로 취임하기 전에 미리 SPOC의 상황을 정확하게 인식시켜줌으로써 SLOOC의 공식적인 협력체제를 갖추는데 큰 도움이 되었다.

다양한 경험과 폭넓은 인맥을 활용하다

다음은 조 총장의 다양한 경험과 폭넓은 인맥을 SPOC 업무에 활용된 사례들이다. 전국장애인체육대회는 1981년부터 한국장애인재활협회가 주관하고 있었다. 그런데 조 총장이 보건복지부와 협의하여 1985년부터 1987년까지 세 차례 대회는 SPOC가 주관하게 되었다. 사실 SPOC은 출범 이래 서류와 이론상으로만 계획을 수립했을 뿐이었다. 그러나 전국장애인체육대회를 통해서 비로소 장애인 체육행사의 실제적인 노하우와 경험을 축적하게 되었다.

다음은 조 총장의 인맥을 업무에 적극 활용한 사례들이다. 조 총장은 중학교 때부터 대한적십자사의 청년봉사회에 참여하였다. 그때 청년봉사회장이 바로 미얀마 아웅산 묘소 사태로 불의에 숨진 고 이범석 외교부 장관이었다. 그런 인연으로 고 이 장관의 미망인인 이 여사에게 SPOC을 위해 유익한 역할을 해달라고 해서 만들어 진 것이 서울패럴림픽 자원봉사단이다. 그래서 당시 이정숙 단장과 가까운 미국대사 부인을 비롯하여 여러 나라 대사 부인들과 국무총리 부인 등, 다양한 계층의 여성들이 지원봉사단원이 되어 전국장애인체육대회에서 바자회도 열고 '88서울패럴림픽에서 활발하게 봉사활동을 펼쳤다.

한편 조 총장의 마당발 인맥은 초창기 서울패럴림픽의 홍보와 수익사업을 펼칠 때도 어김없이 발휘되었다. '사랑의 음악회'나 '가곡의 밤 행사'나 '디너 쇼'와 '백만인걷기' 등을 펼쳤다. 서울음대 이인영 교수와 길옥윤 작곡가, 연예인 송해, 뽀빠이 이상용 등이 기꺼이 나서 도움을 준 것도 조 총장과의 인연 때문이었다.

서울패럴림픽을 위한 안성맞춤의 인물!

우리나라가 서울패럴림픽을 개최하기엔 하드웨어와 소프트웨어 등 제반 여건이 전혀 갖추어지지 않았다. 특히 장애인에 대한 차가운 인식이 그러하였다. 하지만 아무도 해보지 않은 분야와 누구도 생각해 보지 않은 부분을, 하나하나씩 잘 헤쳐가야만 서울패럴림픽은 비로소 성공할 수 있었다. 그런 전인미답(前人未踏)의 길을 가는 것이 SPOC의 임무이며 역할이었다. 그러나 다행히도 그런 일을 해 갈 수 있는 인물이 있었다. 바로 조 총장은 서울패럴림픽을 위한 안성맞춤의 인물이었다.

선수 격려하는 조일묵 총장

조 총장은 은퇴 한 후에는 당뇨가 심하여 2009년 미국에 가서 치료를 받다가 2010년 11월 20일 일시 귀국하였다. 그때 SPOC 동우회를 통해 연락이 닿은 옛 SPOC 직원들과 올림공원 식당에서 만남을 가졌었다.

조일묵 사무총장은 안타깝게도 2013년 12월 10일 향년 78세로 미국에서 별세하였다. 그리고 2013년 12월 21일 서울삼성병원으로 옮겨와 장례를 치르었다. 이에 고귀남 전 SPOC 위원장과 차흥봉 전 선수촌 본부장과 박삼옥 전 사업지원처장과 안이문 전 개폐회식 총괄부장 등이 조 총장의 마지막 가는 길을 배웅하였다.

한마디로 조일묵 SPOC 사무총장의 일생은 소외받는 장애인을 위한 삶이었다. 조문을 간 안이문 부장에게 부인께서 조 총장이 생전에 쓴 육필편지를 건네주었다. 거기에는 이렇게 적혀 있었다.

"안 부장, 조현희 선수와 딸 보람이의 개회식 성화 봉송장면은 너무 감격적이었소, 서울패럴림픽의 그 감동의 순간을 깊이 간직 하시오"

내용은 길지 않았지만 가슴이 먹먹한 순간이었다. 두 손 모아 조일묵 사무총장의 명복을 빈다. 앞으로 조 총장의 뜻을 이어 한국 장애인 복지의 "저 드높고 푸른 하늘을 향하여!" 굳건히 나아가기로 다짐한다.

우리 함께 장애인을 올바르게 대합시다!

◆ 인간의 존엄과 가치

○ 장애인의 권리

1. 장애인은 인간으로서 존엄과 가치를 존중받으며, 그에 걸맞은 대우를 받는다.

2. 장애인은 국가·사회의 구성원으로서 정치·경제·사회·문화, 그 밖의 모든 분야의 활동에 참여할 권리를 가진다.

3. 장애인은 장애인 관련 정책결정 과정에 우선적으로 참여할 권리가 있다. 장애인은 특별한 인간이 아니다. 장애로 인해 사회적 활동에서 불편을 겪고 있는 하나의 인간이라는 것을 기억하자. 장애를 가졌다는 특수한 제한점을 제외하고 다른 사람들과 똑같은 인간이다.

4. 사람이 각기 다르듯이 장애인 역시 각기 다르다.

5. 장애인을 모두 동일시하지 말고 각각 다른 인격을 가진 인격체라는 것을 인식하자.

6. 장애인과 함께 생활하는 것은 풍부한 인간성의 표현이다. 장애가 있거나 없거나 서로 도와서 생활하는 것은 당연한 일이다.

7. 장애인을 만날 때는 자연스럽게 대하고, 오직 그의 요구가 있을 때만 도와주자. 많은 시각장애인들이 남의 도움 없이 지내고 싶어 하는 것처럼 지체장애인들도 넘어졌을 때 스스로 일어나고 싶어 할 것이다.

8. 장애인을 도울 때는 그가 무엇을 원하는지 잘 듣고 행동하는 것이 좋다. 독단적으로 행동하는 것은 친절이 아니고 쓸데없는 참견이 된다.

9. 잘 모르는 장애인을 보았을 때 주춤하거나 유심히 보지 말라. 과잉보호나 과잉 염려, 그리고 과잉 친절은 금물이다.

10. 보행이나 대화 시 장애인 자신의 보조대로 하도록 안내하라. 그리고 장애인과 식사할 때 음식 먹는 일을 돕지 말라. 도움이 필요하면 요청할 것이다.

11. 동정이나 자선을 베풀지 말자. 장애인은 대등한 인간으로 대우받기를 원하며, 자신을 나타낼 수 있는 기회를 갖고 싶어 한다.

12. 장애인에 대해서 앞질러 생각하지 말자. 그의 능력과 관심에 대해 얼마나 잘못 판단하고 있는지 놀라게 될 것이다.

◆ 장애인 안내하기

○ 청각장애인에 대해

1. 청각장애인 가운데는 대화하는 것을 좋아하는 이가 많다.

2. 대화 방법에는 우선 구화법이 있는데 입의 모양을 보고 상대방이 무슨 말을 하는지를 아는 방법이다. 이때 몸의 동작을 섞으면서 정면에서 입을 크게 움직이며 여유를 갖고 천천히 명확하게 이야기하자.

3. 수어를 할 수 있는 사람은 수어로 하자. 간단한 인사말이라도 수어로 하면 서로 가까워지는데 도움이 된다.

4. 필기법은 손바닥이나 종이에 글자를 써서 읽어 주는 방법이다. 다소 시간이 걸리지만 보다 정확히 전달된다.

5. 청각장애인이 가장 불편을 느낄 때에는 보행 중 뒤에서 나는 소리를 듣지 못하는 경우, 병에 걸려 병원에 갔으나 접수창구에서 우왕좌왕하는 경우, 급한 일이 있는데 전화를 사용할 수 없는 경우 등이다.

○ **휠체어 장애인에 대해**

1. 휠체어 사용자가 거리에서 곤란해할 경우를 보면 먼저 말을 걸어서 어떤 상황인지 정확히 알고 필요한 조치를 해주자.

2. 계단을 오르내릴 때에는 2-3명이 호흡을 맞춰서 천천히 휠체어를 들어야 한다. 전동휠체어는 무겁기 때문에 주변의 휠체어 보관소를 파악해서 일반휠체어로 바꿔 타게 해서 조치해 준다.

3. 휠체어 사용자를 도울 때는 먼저 휠체어의 브레이크를 건 다음 몸을 앞으로 옮기고 발받침을 접어 올리고, 발 위치를 충분히 넓히고 허리를 낮추어 등과 엉덩이 밑으로 손을 넣어 안고 일어선다.

4. 휠체어에 앉히는 방법
먼저 휠체어에 브레이크 장치를 하고 발판을 올린다. 쿠션을 놓고 장애인을 들어앉힌다. 이때 휠체어에서 떨어지지 않도록 허리를 안쪽 깊숙이 앉힌다.

○ **지체장애인에 대해**

1. 보행에 불편을 느끼는 사람들 즉, 목발이나 의족 등을 사용하는 사람이 있는데 이런 경우 자리를 양보하자.

2. 목발 사용자는 계단이나 턱에서 곤란을 느낄 때가 많다. 도움이 필요

한가를 물어보고 도와줘야 한다.

3. 우천 시에 제일 곤란을 느낀다. 그것은 우산을 사용할 수 없기 때문이다. 옆에 있는 이들이 도와줘야 한다.

○ **시각장애인에 대해**

1. 처음 만나 인사를 하게 될 때는 먼저 말을 걸어주고 악수하자.

2. 시각장애인 중에는 전맹과 약시가 있는데 돕는 방법은 각기 다르다. 무슨 도움이 필요한지 정확히 아는 것이 필요하다.

3. 방향과 장소를 알려 줄 때는 전후좌우와 몇 발짝, 몇 미터 등 정확한 위치를 말해 줘야 한다.

4. 안내할 때는 흰 지팡이 반대쪽에 서서 자기 팔을 빌려주고 시각장애인의 반보 앞에서 걸어가자. 흰 지팡이는 시각장애인의 눈이므로 그것을 잡고 있는 손을 붙잡는 다거나, 당긴다거나, 민다거나 하는 것은 금물이다.

5. 계단이나 엘리베이터에서는 올라간다거나 내려간다는 것을 확실히 설명해 줘야 한다. 엘리베이터가 중간에 멈춘 경우는 여기는 몇 층이라고 알려준다.

6. 차 대접 또는 식사 시, 먼저 각 그릇의 위치와 그 음식내용을 작은 목소리로 확실히 설명해 줘야 한다. 이때 시각장애인의 식사하는 손목을 가볍게 잡고 시계방향으로 말하면 빨리 알아차린다.

○ 발달장애인에 대해

1. 발달장애인(지적장애, 자폐성 장애)과 비장애인 간에는 공통점이 더 많다는 것을 이해하자.(지적장애/정신발육의 지체로 지능지수가 낮을 뿐 정서나 감정은 비장애인과 다르지 않음. 자폐성장애/상호작용과 의사소통의 어려움은 있으나 제한된 관심과 흥미를 보이는 특성이 있음)

2. 발달장애인과 정신장애인을 혼돈하지 말자.
   ※정신장애 : 신경증/우울증·강박증·불안증 등과 정신병증/망상·환각, 사고로 인한 판단력과 통찰력에 손상이 있는 장애

3. 발달장애인을 만났을 때 흘깃흘깃 쳐다보거나 이상한 눈으로 바라보지 말자.

4. 대화를 할 때는 밝은 표정으로 쉬운 용어와 간단한 내용의 대화를 시도하자.

5. 말이 어눌하거나 지능이 낮다고 반말하거나 빤히 쳐다보지 않아야 한다.

6. 길을 헤맬 때는 누구인지 물어보고, 이름표나 소지품에 있는 연락처로

알려서 안전하게 돌아갈 수 있도록 도와주자.

7. 음식점에서 글자를 모를 경우에는 메뉴를 읽어 주고 그림이 있는 메뉴판이 있다면 그림을 보면서 메뉴를 정할 수 있도록 해 준다. 계산을 할 때는 도와주고 영수증을 챙겨서 보호자가 확인할 수 있도록 한다.

8. 있는 모습 그대로 봐 주고, 변화를 미리 알려 주어야 한다.

책을 덮으며

어둠을 뚫고 새벽을 열어 '밝은 햇살'로!

옛말에 '활과 과녁이 서로 맞는 것'을 궁적상적(弓的相適)이라고 했다. 그러니까 무언가 하려는 일과 좋은 기회가 때맞추어 왔음을 일컫는 말이다. 일찍이 우리 세 사람은 시절 인연이 닿아 어언 30여 년이 훌쩍 지나간 1988년 서울패럴림픽 개최 당시 대회 운영요원으로 함께 참여하였다. 그리고 서울패럴림픽 이후에도 직·간접으로 장애인복지와 연관한 일들을 줄곧 이어왔다. 바로 그런 인연으로 한데 뜻을 모으고 때를 맞추어 [어둠을 뚫고 새벽을 열다]라는 책을 이렇게 펴내게 되었다.

애시 당초 우리는 한국 장애인복지는 1970년대 말까지의 캄캄한 어둠을 뚫고, 1988년 서울패럴림픽을 계기로 새벽을 열었으며, 마침내 긍정적인 밝은 아침을 맞이하였다는 데 뜻을 같이 하였다. 그래서 이를 널리 알리려고 이 책의 원고를 쓰기 시작하였다. 그렇지만 막상 때를 맞추어 집필을 마감하고 나니 제대로 잘 썼는지 은근히 걱정이 되기도 한다. 우리들 나름으로는 최선을 다했다고 여기지만 결국 "길고 짧은 것은 대어 보아야 안다"라는 속담처럼, 책 내용에 대한 평가와 판단은 오로지 독자들의 몫이기 때문이다.

따라서 앞으로 이 책을 읽은 독자들의 의견에 따라 내용을 더 보태고 모자람을 채워 나가려고 생각하고 있다. 솔직히 1년 여 동안 흩어진 자료들을 일일이 찾아 모으고, 잊혀진 기억들을 애써 되살리며 관련 문헌들을 살펴서 숱한 원고들을 쓰는 것이 결코 쉽진 않았다. 그렇지만 우리들을 분발하게 한 것은 무엇이었을까. 바로 힘겹게 어려움을 이겨내며 살아가는, 우리 장애인들에게 적은 힘이라도 보태고 싶은 간절한 마음이었다.

우리 장애인복지는 '캄캄한 밤'에서 '갓밝이 빛'이 트며 새벽을 열었다. 그래서 '부풀은 꿈'을 안고 '샘솟는 힘'을 내며 분발하였다. 이어서 '새로운 날'을 맞아 '밝은 햇살'을 받으며 걸어가고 있다. 이런 내용을 고스란히 담은 [어둠을 뚫고 새벽을 열다]라는 이 책이, 인간사랑의 뿌리인 장애인문화로 이룩되어 모든 장애인들이 스스럼없이 살아가는데 길라잡이 역할을 하게 되기를 바라고 있다. 아울러 여기까지 오는데 정성과 격려를 주신 모든 분들께 깊이 감사드린다.

2022년 6월.

차흥봉 · 박삼옥 · 안이문

부 록

1. 서울패럴림픽 국가별 참가인원

2. 서울패럴림픽 국가별 메달현황

3. 개·폐회식 출연기관 및 참가인원

4. 부처별 소관 법인단체현황

1. 서울패럴림픽 국가별 참가인원

번호	국가명	참가인원				비고
		합계	선수	임원	보호자	
	총계	4,301	3,013	205	1,083	
1	과테말라	3	1	1	1	
2	그리스	11	6	4	1	
3	네덜란드	143	108	4	31	
4	노르웨이	61	34	4	23	
5	뉴질랜드	25	17	4	4	
6	덴마크	73	48	4	21	
7	독일	253	185	4	64	
8	리비아	10	2	4	4	
9	리히텐슈타인	7	3	3	1	
10	마카오	11	8	1	2	
11	말레이시아	25	16	4	5	
12	멕시코	38	33	2	3	
13	모로코	17	13	3	1	
14	미국	486	352	4	130	
15	바레인	13	9	3	1	
16	바하마	8	4	3	1	
17	벨기에	79	56	4	19	
18	불가리아	12	8	4	-	
19	브라질	84	54	4	26	
20	사이프러스	11	6	4	1	
21	러시아	30	22	4	4	
22	스웨덴	137	101	3	33	
23	스위스	56	38	4	14	
24	싱가포르	11	8	3	-	
25	아르헨티나	47	35	4	8	
26	아이슬란드	21	8	3	4	
27	아일랜드	77	55	4	18	
28	스페인	72	52	4	16	
29	그레이트 브리튼	301	230	4	67	
30	오만	15	8	4	3	

번호	국가명	참가인원				비고
		합계	선수	임원	보호자	
31	오스트레일리아	245	171	4	11	
32	오스트리아	57	42	4	11	
33	요르단	12	7	4	1	
34	유고슬라비아	43	31	2	10	
35	이란	49	35	4	10	
36	이스라엘	88	61	4	23	
37	이집트	64	45	3	16	
38	이탈리아	145	91	4	50	
39	인도	6	4	1	1	
40	인도네시아	30	22	4	4	
41	일본	185	140	4	41	
42	자메이카	7	5	–	2	
43	중국	68	43	4	21	
44	체코슬로바키아	2	1	1	–	
45	캐나다	220	149	4	67	
46	케냐	18	13	3	2	
47	콜롬비아	17	12	2	3	
48	쿠웨이트	49	35	4	10	
49	태국	16	10	3	3	
50	튀니지	1	1	–	–	
51	트리니다드 토바고	5	3	2	–	
52	페로 제도	13	4	4	5	
53	포르투갈	23	13	4	6	
54	폴란드	56	44	2	10	
55	푸에르토리코	20	13	3	4	
56	프랑스	151	116	4	31	
57	핀란드	87	59	4	24	
58	필리핀	14	6	4	4	
59	헝가리	47	34	4	9	
60	홍콩	60	41	4	15	
61	대한민국	366	236	4	126	

2. 서울패럴림픽 국가별 메달현황

번호	국 가 명	메 달				비 고
		합 계	금	은	동	
	총계	2,186	729	728	729	
1	과테말라	1	1	-	-	
2	그리스	4	-	1	3	
3	네덜란드	82	30	23	29	9위
4	노르웨이	35	11	11	13	
5	뉴질랜드	17	2	4	11	
6	덴마크	65	25	18	22	
7	독일	189	77	64	48	2위
8	리비아					
9	리히텐슈타인					
10	마카오					
11	말레이시아	1	-	-	1	
12	멕시코	23	8	9	6	
13	모로코					
14	미국	268	92	91	85	1위
15	바레인	3	1	1	1	
16	바하마					
17	벨기에	41	15	17	9	
18	불가리아	3	2	1	-	
19	브라질	27	4	9	14	
20	사이프러스					
21	러시아	55	21	19	15	
22	스웨덴	102	42	38	22	6위
23	스위스	34	12	12	10	
24	싱가포르					
25	아르헨티나	9	-	7	2	
26	아이슬란드	12	2	2	8	
27	아일랜드	44	13	13	18	
28	스페인	43	18	13	12	
29	영국	179	62	66	51	3위
30	오만					

번호	국 가 명	메 달				비 고
		합 계	금	은	동	
31	오스트레일리아	94	23	34	37	8위
32	오스트리아	35	13	7	15	
33	요르단					
34	유고슬라비아	19	4	4	11	
35	이란	8	4	1	3	
36	이스라엘	43	15	13	15	
37	이집트	6	1	2	3	
38	이탈리아	58	16	15	27	
39	인도					
40	인도네시아	1	–	1	–	
41	일본	45	16	12	17	
42	자메이카	8	1	4	3	
43	중국	43	17	17	9	
44	체코슬로바키아	1	–	1	–	
45	캐나다	153	54	42	57	4위
46	케냐	5	–	4	1	
47	콜롬비아					
48	쿠웨이트	18	4	6	8	
49	태국	1	–	1	–	
50	튀니지	2	–	–	2	
51	트리니다드 토바고					
52	페로 제도	7	1	3	3	
53	포르투갈	12	3	4	5	
54	폴란드	81	22	25	34	10위
55	푸에르토리코	3	1	2	–	
56	프랑스	142	45	48	49	5위
57	핀란드	49	11	23	15	
58	필리핀					
59	헝가리	11	–	4	7	
60	홍콩	9	–	2	7	
61	대한민국	95	40	34	21	7위

3. 개·폐회식 출연기관 및 참가인원

1. 개회식 식전공연

구 분	작품명	출 연 기 관	역 할	출연인원	비고
작품 1	하늘의 축복	특전사	고공낙하팀	27	
작품 2	북의 제전	국립무용단	무용출연	55	
		리틀엔젤스	〃	48	
작품 3	도전과 극복	삼육재활학교	휠체어 무용	44	
		명예학교		44	
		서울시립무용단	안무지도 및 출연	44	
작품 4	태초의 빛	현대무용단	태초의 빛 무용공연	70	
		이화여자대학교	〃	122	
		세종대학교	〃	100	
		서울예술전문대학	〃	133	
		서울여자상업고등학교	〃	600	
		동대문상업고등학교	〃	500	

2. 개회식 공식행사   사회자 : 원종관, 차명희

구 분	작품명	출 연 기 관	역 할	출연인원	비고
작품 1	팡파레	육군 군악대	팡파레(지휘자1명)	89	
작품 2	어서오세요	서울여자상업고등학교	태초의 빛 연계출연	600	
		동대문상업고등학교		500	
작품 3	선수단 입장	성암여자상업고등학교		300	
		육군의장대	기수 및 정렬유도	203	
		국명표지판수		67	
		맹도견퍼레이드	보이스카웃연맹 등	65	
작품 4	ICC기 게양	육군의장대	기인도 및 게양	14	
		영락고등학교	합창단	937	
		서울시립교향악단		85	
		MBC 경음악당		45	
		육군 군악대	취타대	45	

구분	작품명	출 연 기 관	역 할	출연인원	비고
작품 4	ICC기 게양	여주자영농업고등학교	취타대	58	
		국립국악원		35	
		서울시립국악당		44	

3. 개회식 식후공연

구분	작품명	출 연 기 관	역 할	출연인원	비고
작품 1	화관무	경희대학교	무용	200	
		김백봉 무용단		50	
		염광여자상업고등학교		800	
		대동상업고등학교		400	
작품 2	혼돈	국립무용단	무용	55	
		국립국악원 무용단		37	
		한양대학교		181	
		중앙대학교		120	
		선봉무용단		400	
작품 3	벽을 넘어서	비호태권단	태권무	808	
		서울미동국민학교	〃	200	
작품 4	정적	곰두리(이인삼각)	국교생	2	
작품 5	새싹	삼전국민학교	새싹 공연	200	
작품 6	화합	선봉 고놀이팀(72사단)	고싸움놀이	750	
		선봉 농악팀(72사단)	농악놀이	200	
작품 7	평화와 우정	서울선희학교	SPOC 자체 작품	180	서울시립무용단
		서울맹학교		28	
		한빛맹학교		25	
		서울애화학교		20	
		서울정진학교		68	
		교남복지학교		20	
		주몽학교		10	
		한국구화학교		30	
		인천혜광학교		25	
		홀트학교(원)		80	

구분	작품명	출 연 기 관	역 할	출연인원	비고
작품 7	평화와 우정	다니엘학교		25	
		삼육재활학교	도전과 극복 중복 출연	44	
		명혜학교		44	

4. 폐회식 공연

구분	작품명	출 연 기 관	역 할	출연인원	비고
작품 1	코리아 환타지	염광여자상업고등학교	무용	800	
작품 2	오작교 다리놓기	선봉고놀이팀		750	
		숭의여자대학교		160	
		숭의여자전문학교		160	
		선봉무용단		400	
작품 3	떠나는 배	창무회		46	
		한국유도회		90	
		이화여자대학교		114	
		수원대학교		150	
		선봉무용단		150	
작품 4	장애인올림픽 축가	가수 조덕배		1	
작품 5	정적	남서울상업고등학교		400	
		국악예술고등학교		300	
		계원예술고등학교		100	

4. 부처별 소관 법인단체현황

[보건복지부 소관 재단법인]

2023. 05. 현재

연번	단체명	대표자	허가일자	설 립 목 적	비고
1	한국장애인개발원	이경혜	'89.04.28	장애인복지진흥관련 평가, 인증 및 국제협력, 조사연구, 이룸센터관리, 운영	재단법인
2	한국장애인재단	이성규	'04.03	장애인의 인권증진, 차별해소, 단체의 지속적인 활동지원, 나눔과 공유의 공동체 정신 확산	〃
3	이형섭복지재단	장석균	'08.10.22	중증장애인 복지시설 및 의료기관에 대한 지원사업, 뇌병변장애인의 삶의질 향상과 재활사업	〃
4	푸르메재단	강지원	'05.03	장애인이 재활·자립할 수 있는 기회제공, 의료재활, 사회적응·자립,교육,문화,여가사업 등	〃

[보건복지부 소관 사단법인]

(무순)

연번	단체명	대표자	허가일자	설 립 목 적	비고
1	한국지체장애인협회	김광환	'89.07.15	장애인에 대한 사회인식개선, 삶의 질 향상, 상담, 계몽, 중증장애인 재활지원, 자립심고취	사단법인
2	한국신장장애인협회	이재현	'93.12.08	신장장애예방 및 인식개선, 의료정보제공, 상담전화 운영 등	〃
3	장애우권익문제연구소	김성재	'94.12.14	장애인인권센터 운영, 인권교육 콘텐츠 개발, 직업센터, 국제협력 사업, 장애인문제 조사 연구	〃
4	한국장루장애인협회	전봉규	'97.02.05	배변 및 배뇨기계통의 인공항문 시술시 정기 전문화된 교육정보	〃
5	한국장애인단체총연맹	김영일 고선순 진 건 최공열	'99.04.09	기업과 함께하는 협력사업, 장애인단체 상호유대강화 및 협력, 장애인단체 실무자역량 강화 등	〃
6	한국장애인복지관협회	조석영	'00.05.25	장애인복지관 상호 교류협력 강화, 종사자 전문성제고, 장애인 사회참여 및 복지증진	〃
7	한국여성장애인연합	문애준	'00.10.05	여성장애인연합 공동체형성, 상호유대강화 및 교류협력,여성장애인의 권익신장,사회참여확대 등	〃

연번	단체명	대표자	허가일자	설 립 목 적	비고
8	한국장애인부모회	고선순	'86.07.29	장애인부모교육, 재활에 필요한 정보교환, 자녀에 대한 사회적편견 해소, 불편없는 사회환경 조성.	사단법인
9	한국장애인연맹(DPI)	황광식	'02.05.16	연맹 회원 상호간 이해증진, 장애인당사자 중심의 사회참여와 기회균등 실현, 사회보건,교육환경개선	〃
10	한국장애인단체총연합회	손영호	'02.12.23	장애당사자주의 실현, 인권보장, 권익옹호, 국내·외적 활동, 단체 회원 간 이해증진 등	〃
11	함께 만드는 세상 (사회연대은행)	김용덕	'02.12.31	자활의지 및 능력이 있는 빈곤층, 사회취약계층의 빈곤퇴치를 위한 창업 자문, 교육훈련, 기술지원 등	〃
12	장애인먼저 실천운동본부	이수성	'03.12.13	국민 모두가 함께 나눔 운동전개, 생활 속에서 장애인실천운동을 통한 대국민의식 개선	〃
13	한국장애인복지시설협회	정석왕	'83.05.30	장애인복지시설 운영의 전문화, 다양화를 통한 시설의 육성·발전	〃
14	한국장애인인권포럼	이권희	'06.02.09	장애인정책개발, 유니버설디자인, 문화향유권 나눔운동, 인권 및 권익 보호와 장애인복지증진도모	〃
15	한국척수장애인협회	정진완	'06.04.07	척수장애인권익보호, 동등한 기회와 권리확보를 통한 사회의 주류로 살아갈 수 있도록 지원.	〃
16	한국장애인직업재활시설협회	최종태	'06.08.01	직업재활시설 상호간 교류협력활성화, 시설종사자 자질향상과 전문성 증진, 장애인권익 및 복지증진.	〃
17	한국자폐인사랑협회	김용직	'06.12.26	자폐인(자폐성발달장애인)의 복지증진, 자폐인과 가족의 인간다운 삶을 영위하게 함.	〃
18	한국마이크로 크레디트 신나는 조합	이선우	'08.03.13	사회경제적으로 소외된 빈곤, 취약계층의 소규모 창업자금 무담보, 무보증 대출로 자활자립지원	〃
19	한국장애인자립생활센터 총연합회	황백남	'09.03.27	중증장애인 자립생활의 정책개발 연구, 자립센터 간 상호지원 및 인적교류,활동보조 서비스이용자교육	〃
20	해냄복지회	김재익	'09.03.30	발달장애인 교육 및 재활, 뇌병변장애예방과 재활, 중증장애인 자립생활기반 조성사업 등	〃
21	전국장애인부모연대	윤종술	'09.06.12	장애인과 그 부모 및 가족지원 사업.보편적 권리확대를 통한 장애인의 인간다운 삶을 실현.	〃

연번	단체명	대표자	허가일자	설 립 목 적	비고
22	전국언어재활사협회	이은경	'11.09.09	언어장애인 의사소통능력 향상, 언어재활사 권익보호, 프로그램개발 및 언어장애의 복지증진 도모.	사단법인
23	국제키비탄한국본부	김봉옥	'11.09.09	국제키비탄회원은 장애아동의 재활과 복지를 위해 봉사하며, 훌륭한 시민 정신함양.	"
24	한국장애인재활상담사협회	박경순	'18.04.19	장애인권익과 사회참여를 위한 전문지식과 기술을 개발.보급하며, 복지증진에 기여	"
25	자행회(자혜학교, 수봉재활원,자혜직업재활센터)	김 우	'68.07.04	영친 황태자비 이방자 여사 설립. 지적발달장애인 교육, 복지 및 재활증진사업 추진	"
26	한국지적발달장애인복지협회	박선자	'68.07.04	발달장애인부모교육,주간활동서비스 실무역량 강화, 공공 및 민간서비스 의사소통지원교육, 직업지도.	"
27	한국장애인재활협회	김인규	'70.12.04	장애인복지증진, 인간다운 삶 제고 장애발생예방, 권익보호, 재활사업 추진, 존엄과 가치실현	"
28	한국의지보조기협회	조일호	'75.08.28	의지.보조기 정보제공, 보장구개발 및 보급, 기사 보수교육을 통한 보장구 제작기술 향상	"
29	한국뇌마비복지회	김정우	'78.10.16	뇌성마비인의 발생예방, 재활복지사업, 권익증진사업 등 자립의욕 과 능력 제고	"
30	한국농아인협회	변승일	'80.08.30	농아인의 사회계몽, 자질향상, 능력개발, 생활안정 등 사회통합모색 사회적 편견과 제도 개선	"
31	한국시각장애인연합회	김영일	'81.05.01	중도 시각장애인의 재활지원, 시각장애인편의시설 지원, 장애인 인식개선교육, 복지증진 및 권익옹호	"
32	한국신체장애인복지회	한정효	'81.10.21	장애인의 권익대변, 장애당사자와 비장애인이 더불어 사는 사회조성, 소외계층에 대한 복지지원 사업	"
33	장애물없는생활환경시민연대	소준영	'02.05.16	장애인, 노인, 임산부, 어린이 등 사회적 교통 약자가 접근과 이동이 자유로운 생활환경조성	"

[문화체육관광부 소관 법인]

연번	단체명	대표자	허가일자	설립목적	비고
1	대한장애인체육회	정진완	'05.11.25	장애인생활체육활성화, 경기단체 및 시도지부 지원, 선수와 지도자 양성, 국제스포츠교류 등	국민체육진흥법 제34조
1	한국장애인문화예술원	김형희	'15.03	장애인문화예술 지원사업, 실태조사 및 연구, 콘텐츠개발, 발달장애 교육프로그램 연구 등	재단법인
1	국제장애인문화교류협회	최공열	'87.09.01	장애인문화예술의 국내·외교류, 문화엑스포, 캠프, 세미나 및 예술제 개최, 장애인합창단 육성발전도모.	사단법인
2	한국장애인미술협회	고민숙	'95.12.18	시각예술의 창작활동지원, 정보교환, 작가권익옹호를 위한 전시회및 국제교류를 통한 국위선양	〃
3	우리들의 눈	김진희	'96.	다양한 문화예술 활동에 참여를 통하여 문화예술 활동을 통한 인식개선 및 함께 어울리는 사회만들기	〃
4	장애인문화예술진흥개발원	윤덕경	'96.12.20	각종 문화사업을 통해 장애인 문화복지 증진에 기여	〃
5	세계장애인문화복지진흥회	이송자	'99.07.05	장애인의 문화향수권을 신장시킴으로써 '삶의 질' 향상	〃
6	수레바퀴재활문화진흥회	홍이석	'02.01.31	소외계층의 문화예술 활동에 적극 참여, 문화향수의 기회제공, 문화정보공유를 통한 창의적 분위기조성	〃
7	한국청각장애인예술협회	변승일	'02.07.23	청각장애 청소년 대상 미술교육 및 육성, 전시회, 청각장애 작가 작품교류 사업 등	〃
8	한국장애인문화협회	신동일	'03.04.18	문화복지 프로그램개발 보급, 모든 계층이 누릴 수 있는 문화적 권리 확보로 밝고 건강한 사회조성.	〃
9	열린세상 국민문화운동본부	이일세	'03.04.09	장애인에 대한 인식개선 운동을 통해 장애인과 비장애인 모두가 편리한 열린 세상 만들기	〃
10	한국장애인서예협회	유제흥	'04.12.	역량 있는 작가 발굴, 전문 서예인으로 성장지원 및 경제활동에 기여. 창작아트페어 등 국제교류활동	〃
11	빛소리친구들	최영묵	'06.08.14	장애예술인의 문화적 권리 보호, 장애예술인 발굴육성, 문화향유를 통한 문화복지 사회 조성에 기여.	〃

연번	단체명	대표자	허가일자	설 립 목 적	비고
12	빛된소리 글로벌예술 협회	배은주	'15.06.26	장애인문화예술을 경쟁력 있는 문화산업으로 발전시키고, 장애예술인의 경제적 활동을 도모함.	사단 법인
13	한국장애 예술인협회	방귀희	'09.07.08	장애예술인의 창작활동 활성화, 권익보호, 창작 및 표현환경조성을 지원사업.	〃
14	한국장애인 공연예술단	조남승	'10.01.28	장애예술인 인재발굴 육성 및 다양한 공연을 통한 장애예술인에 대한 편견불식 등 장애인식개선.	〃
15	꿈틔움	이성규	'11.07.12	장애인문화소외계층의 다양한 문화향유,자립심고취, 자활기반조성, 함께 살아가는 사회적 공감대조성	〃
16	복지네트워크 유어웨이	도영미	'11.12.02	장애인, 사회소외계층에 대한 다양한 문화·예술활동 기회제공	〃
17	한국장애인 문화예술단체 총연합회	배은주	'12.08	장애인문화예술단체의유대강화,협력을 통해 장애예술인이 주체가되어 자립생활을 이루도록 조력	〃
18	월드 휴먼케어	정순경	'14.01.14	문화예술 나눔으로 소외계층에게다양한 문화예술향유 기회제공	〃
19	만다라미술 심리연구원	김영옥	'14.03.27	만다라문화예술 연구 보급 및 소외계층의 정서함양, 사회공헌	〃

[고용노동부 소관 법인]

연번	단체명	대표자	허가일자	설 립 목 적	비고
1	한국장애인 고용공단	조향현	'90.09.01	장애인이 직업생활을 통하여 자립할 수 있도록 지원하고, 사업주의 장애인고용을 전문적으로 지원.	직업 재활법 제43조
1	한국장애인 고용안정협회	손영호	'99.02.07	직업생활을 통해 사회참여와 자립할 수 있도록 지원, 함께 잘 사는 사회, 국가산업·경제에 기여함	사단 법인
2	한국장애인 중심기업협회	장선도	'02.12.24	장애인고용중심기업(표준사업장, 자립작업장, 직업재활시설) 활성화하여 장애인직업안정과 고용창출.	〃
3	한국근로 장애인진흥회		'09.08.	장애인직업재활(취업상담, 알선), 중증장애인생산품판매, 고용창출, 장애인자립 지원(창업지원 등)	〃
4	한국사회적 일자리협회	조종민	'18.05	장애인취약계층 사회적 일자리알선, 고용확대 및 인식개선, 사회적기업 확산 및 네트워크 구축	〃

[교육부 소관 법인]

연번	단체명	대표자	허가일자	설립목적	비고
1	한국특수교육총연합회	조현관	'98.02.23	장애별·직종별단체 연합 특수교육 종사인력의 자질, 경제적·사회적 지위 향상, 장애학생의 교육 여건 개선	사단법인

[중소벤처기업부 소관 법인]

연번	단체명	대표자	허가일자	설립목적	비고
1	한국장애경제인협회	이경선	'06.01	국내 약 95,000여개 장애인기업의 건전한 발전도모, 창업촉진, 기업홍보, 판로, 디자인, 금융무역 지원	장애인기업활동촉진법
2	한국장애인기업협회	한광희	'97.12.09	장애인기업활동과 예비창업자의 창업지원, 지역사회로부터 소외된 장애인 노인 등 취약계층 지원	사단법인

[해양수산부 소관 법인]

연번	단체명	대표자	허가일자	설립목적	비고
1	한국선원장애인복지협회	김미옥	'09.01	선원출신 장애인, 가족, 사회적 취약계층의 복지와 자활의지 향상을 위해 노력	사단법인

[과학기술정보통신부 소관 법인]

연번	단체명	대표자	허가일자	설립목적	비고
1	한국장애인정보화협회	고만규	'97.12.09	장애인의 정보격차 해소를 통하여 사회참여 기회를 확대, 자립 여건을 조성, 인권과 기회의 균등이 보장.	사단법인

[여성가족부 소관 법인]

연번	단체명	대표자	허가일자	설립목적	비고
1	내일을 여는 멋진여성	허혜숙	'05.09.06	장애여성 적합직종 발굴, 교육 인력 개발 및 소규모 창업 컨설팅 장애여성의 역량강화	사단법인
2	한국시각장애인여성연합회	이낙영	'06.12.07	시각장애인의 사회인식개선 출판, 홍보, 문화사업, 가정폭력, 성폭력에 대한 상담 및 평생교육	〃